内容简介

铜鼓是中国南方与东南亚古代众多民族的文化瑰宝，已有两千七百余年的历史。铜鼓是权力与财富象征的重器，是沟通人神的祭器，类似于古代中原的铜鼎。铜鼓又是娱神娱人的乐器，还是指挥军阵的响器……铜鼓是名副其实的“大器”。

20世纪后半叶，植根于农耕文化的铜鼓日渐式微。随着改革开放之后中国经济的日益繁荣，中华民族传统文化开始复兴，铜鼓文化保护、传承与发展的问题也提上议事日程，本书作者就这一主题申请了国家社会科学基金项目，其主要成果就是深入探讨在社会主义市场经济背景下如何保护、继承和发展铜鼓文化。

本书通过对国内外铜鼓研究成果的梳理和近年来非物质文化遗产保护经验的借鉴，从文献上把握了铜鼓文化保护的脉络。通过对中国和东南亚的八个国家铜鼓文化的历史考察和重点田野调查，对铜鼓文化的重要性进行了再认识，为我们保护铜鼓文化提供了田野基础。对已有的铜鼓文化保护案例进行了实地调研与分析，提炼了好的经验。结合作者们亲身参与的案例，完整地提出了以“四化”为核心的铜鼓文化保护的理论。

本书图文并茂，装帧精美，深入浅出，雅俗共赏，重视、支持和热衷于非物质文化遗产保护的人士及广大读者都会欢迎此书。

Abstract

Bronze drum is the cultural treasure of numerous ancient nationalities in southern China and Southeast Asia. It has a history of more than 2700 years. Bronze drum is an important instrument which is the symbol of power and wealth, and the instrument which is also used as the medium between people and their god in the sacrificial ceremony. It is similar to the bronze tripod of Central Plain in ancient times. Bronze drum is also the instrument for human to entertain themselves and their god, as well as the instrument for commanding the army. Bronze drum is worthy of the name of "Da Qi", which means Grand Instrument.

During the second half of the 20th century, the bronze drum which is rooted in the farming culture was diminishing gradually. With China's economy booming after the reform and opening, Chinese traditional culture begins to have a Renaissance. The protection, inheritance and development of bronze drum are on the agenda. With this theme, the authors of this book have applied for National Social Science Fund Project, and its main achievement is to have in-depth discussion on how to protect, inherit and develop bronze drum culture against the background of socialist market economy.

By combining the results of domestic and overseas bronze drum researches and learning from the experiences of non-material cultural heritage protection in recent years, the book grasps the thread of the bronze drum culture protection from the literature direction. Through the historical investigation and fieldwork of bronze drum culture in China and eight Southeast Asian Nations, the book gives a new recognition on the importance of bronze drum culture and also provides the field basis for bronze drum culture protection. The authors have done the field researches and analysis for the current bronze drum culture protection cases, and summarized the experiences. Combing with cases in which the authors have participated, the book completely puts forward the theory of bronze drum culture protection which takes "4 points" as the core.

The Book is rich in excellent illustration and words, exquisitely decorated and easily understood. Those readers and people who are valuing, supporting and enthusiastic about non-material cultural heritage protection will appreciate this book.

国家出版基金项目
NATIONAL PUBLICATION FOUNDATION

国家社会科学基金项目
国家出版基金项目

大器铜鼓

铜鼓文化的发展、传承与保护研究

GRAND BRONZE DRUM
THE RESEARCH ON THE DEVELOPMENT, INHERITANCE AND PROTECTION OF BRONZE DRUM CULTURE

万辅彬　蒋廷瑜　韦丹芳
廖明君　蒋　英　吴伟峰　著

中国科学技术出版社
·北　京·

图书在版编目（CIP）数据

大器铜鼓：铜鼓文化的发展、传承与保护研究／万辅彬等著．—北京：中国科学技术出版社，2013.8

ISBN 978-7-5046-6382-5

Ⅰ．①大… Ⅱ．①万… Ⅲ．①铜鼓—研究—中国 Ⅳ．① K875.54

中国版本图书馆 CIP 数据核字（2013）第 143223 号

出 版 人 苏 青
策划编辑 苏 青 王晓义
责任编辑 王晓义
装帧设计 中文天地
责任校对 王勤杰
责任印制 张建农 马宇晨

出　　版 中国科学技术出版社
发　　行 科学普及出版社发行部
地　　址 北京市海淀区中关村南大街16号
邮　　编 100081
发行电话 010-62173865
传　　真 010-62179148
投稿电话 010-62103347
网　　址 http://www.cspbooks.com.cn

开　　本 720mm×1000mm 1/16
字　　数 360千字
印　　张 25
印　　数 1~3000册
版　　次 2013年8月第1版
印　　次 2013年8月第1次印刷
印　　刷 北京华联印刷有限公司

书　　号 ISBN 978-7-5046-6382-5/K·126
定　　价 150.00元

作者简介

万辅彬
WAN FUBIN

1942年9月20日生于安徽繁昌，教授，广西民族学院（现广西民族大学）原副院长，中国科学院自然科学史研究所兼职博士生导师，广西高等学校首届教学名师。主要研究方向为科技考古、少数民族科技史、科技人类学。先后主持三项国家自然科学基金资助项目和一项国家社科基金项目，均以铜鼓文化为研究对象。出版专著近十种，发表学术论文七十余篇，获得国家级教学成果二等奖一项，1992年起享受国务院政府特殊津贴，被评为广西优秀留学回国人员，现为广西民族大学资深教授。

作者简介

蒋廷瑜
JIANG TINGYU

广西兴安人，1939 年生，文博研究馆员。1964 年毕业于北京大学历史系考古学专业，进入广西壮族自治区博物馆，从事田野考古和地方历史研究。历任广西壮族自治区文物考古工作队副队长、队长，广西壮族自治区博物馆馆长，是 20 世纪 70 ~ 90 年代广西考古工作的主要组织者和领导者，对古代铜鼓有较专门的研究。曾任广西第六届、第七届政协委员，中国考古学会理事、广西历史学会副会长、中国古代铜鼓研究会理事长、广西文物专家小组组长、广西文物鉴定委员会主任委员，现为广西文史研究馆馆员。发表学术论文一百多篇，出版专著《铜鼓艺术研究》《古代铜鼓通论》《壮族铜鼓研究》《桂岭考古论文集》等十多种，其中三种专著、四篇论文分别获广西社会科学研究优秀成果二等、三等奖。1990 年被评为“广西有突出贡献科技人员”，1991 年起享受国务院政府特殊津贴。

作者简介

廖明君

LIAO MINGJUN

壮族，1978年就读于宜山县师范学校，1980—1984年在宜山县梅洞小学任教，1984—1991年就读于广西师范大学中文系，获文学硕士学位。现为广西民族文化艺术研究院院长、研究员，民族艺术杂志社社长兼总编辑，中国艺术人类学研究会常务副会长，西南民族研究会常务理事，广西壮学会副秘书长。长期在广西各民族地区进行民族文化艺术田野调查与研究，主要从事中华民族民间文化艺术研究，主持壮族艺术的人类学研究、广西民族艺术概论等八项国家级及省部级科研课题；在《民族文学研究》《中国诗学》《暨南大学学报》《广西民族研究》《广西民族学院学报》等期刊上发表了《壮族水崇拜与生殖崇拜》《左江流域崖壁画的祭祀对象及文化意蕴》等学术论文和考察报告五十余篇；出版《壮族生殖崇拜文化》《壮族自然崇拜文化》等多部学术著作。

作者简介

韦丹芳
WEI DANFANG

女，1979年生，广西宜州人，壮族。2000年毕业于广西民族大学民族学专业，获学士学位；2003年毕业于广西民族大学民族学专业，获硕士学位；2009年毕业于北京科技大学科学技术史专业，获博士学位。现为广西民族大学民族学与社会学学院副教授，中山大学人类学系博士后，主要从事南方民族技术史和传统工艺研究，主持或完成国家社科基金一项，省部级项目三项，在《自然辩证法研究》《中国科技史杂志》《广西民族研究》等期刊上发表了《老挝克木族铜鼓考察》《老挝克木族铜鼓铸造工艺初探》《西南地区的技术转移与文化摩擦》等二十余篇学术论文。

作者简介

蒋 英

JIANG YING

1961年10月生，中共党员。1989年7月毕业于贵州师范大学艺术系音乐专业，学士学位，音乐学硕士课程班结业，主修民族音乐学。现为贵州师范大学音乐系书记，中国古代铜鼓研究会会员，高等学校音乐教育学会会员，贵州民族音乐研究会常务理事，贵州省美学学会副秘书长，贵州文艺理论家协会会员，贵州省民族民间文化保护促进会副秘书长，贵州省国际文化交流中心理事。发表论文有《贵州贞丰县布依族铜鼓“十二则”初探》《贵州高原神秘的少数民族文化生态》《贵州岩画上的铜鼓》《铜鼓的呼唤》《贵州布依族原始铜鼓音乐文化的调查与研究》《从布依族“摩经”探讨铜鼓铸造的历史渊源》等。

吴伟峰
WU WEIFENG

1962年出生，副研究馆员，毕业于中央民族大学历史系民族史专业，主要从事民族史、博物馆学、民族工艺方面的研究，在博物馆相关学说、民族历史、民族文化展示和民族工艺研究方面具有较深的造诣。现任广西壮族自治区博物馆馆长，广西师范大学历史文化与旅游学院外聘硕士生导师，中国博物馆协会常务理事，中国民族学会理事，中国博物馆协会民族博物馆专业委员会副主任，中国博物馆协会“丝绸之路”沿线博物馆专业委员会副主任，中国博物馆协会区域博物馆专业委员会常委，中国百越民族学会常务理事，广西民族研究学会副会长，广西历史学会常务理事，广西少数民族古籍整理出版规划领导小组成员。发表论文二十余篇，主编专著五部。

前　言
Foreword

本书是国家社会科学基金“铜鼓文化保护、传承与发展研究”项目（项目号：03BMZ016 ）的最终成果。自 2003 年 8 月立项以来，课题组做了大量的田野调查，先后赴云南、贵州、广西、广东、海南、四川等省（自治区）进行调研，包括广西铜鼓之乡东兰县、贵州三都水族自治县，以及河池上朝乡韦氏兄弟铸造铜鼓作坊，还有各地博物馆、文化生态博物馆，并走访了部分省（自治区）、市、县文化厅局以及民间铜鼓收藏家。完成了《铜鼓文化产生原因、传播路线发展情况》《铜鼓文化的多样性》《活着的铜鼓文化》《东南亚各国铜鼓文化保护、继承和发展现状》《铜鼓文化与“畨文化”》及《铜鼓文化保护、继承、发展状况田野调查报告》等多篇论文，提出了保护、继承和发展铜鼓文化的“四化”措施，构建了本书的框架。

为了高质量地完成本项目的研究工作，并认真实践我们自己提出的理论，2009 年项目申请延期结项。之后，全体成员又经过了几年的努力，参与了“广西红水河流域铜鼓艺术保护工程”和“铜鼓习俗”申报世界文化遗产等实践活动，取得了很好的成效。同时，配合上述实践活动出版了专著《铜鼓》（万辅彬、蒋廷瑜、韦丹芳编著，中国社会出版社，2008 年 3 月），并陆续发表了 14 篇论文（见结项审批书第 3 ~ 4 页），培养了专攻铜鼓文化保护、继承与发展问题的硕士（刘莉，广西民族大学少数民族科技史专业，2003 年 9 月 ~ 2006 年 7 月）、博士（韦丹芳，北京科技大学科学技术史专业，2005

年9月～2009年1月）各1名。

本书除序言和结束语外，分为六章。

第一章为导论。介绍了铜鼓研究的现状和选题的意义及创新。

第二章为铜鼓文化的重要性。这章首先阐述了铜鼓的起源、发展及传播，在此基础上，分别讨论了铜鼓的分类及文化多样性、铜鼓文化与賨（那）文化、铜鼓与铜鼎的文化功能。认为铜鼓是中国南方和东南亚古代文化的共同载体，铜鼓文化则是亟需保护的宝贵的非物质文化遗产。

第三章为铜鼓文化的现状。分别从铜鼓文化曾经遇到的摧残、广西活态铜鼓文化和东南亚的铜鼓文化三个方面介绍铜鼓文化的现状。

第四章为铜鼓文化的保护研究。分别从南丹里湖白裤瑶铜鼓文化的保护与传承、贵州布依族铜鼓文化与“十二则”的传承和壮族铜鼓文化的传承与保护三个方面进行阐述。

第五章为铜鼓文化保护与传承的实践。介绍项目组成员理论与实际相结合，积极参与保护、继承和发展铜鼓文化的各项实践活动。如成功地争取了第一批国家民族民间传统文化保护试点工程项目——“广西红水河流域铜鼓艺术保护工程”；积极参与“铜鼓习俗”申报联合国非物质文化遗产名录工作；在贵州开展了长期深入的铜鼓音乐的调研、保护和传承工作；将河池铜鼓各种资料与信息数字化；开展铸造铜鼓试验。

第六章为铜鼓文化保护的建议和对策。指出了铜鼓文化保护的理念和基本措施，并指出保护、继承和发展铜鼓文化是一项伟大的系统工程，必须多方互动，形成合力。一要政府部门起主导作用，制定保护非物质文化遗产政策乃至法律、法规，制定保护规划，采取切实有效措施；二要发挥博物馆保护与宣传铜鼓文化的特殊作用；三要营造宽松的文化生态，引导民众自觉保护、传承和发展铜鼓文化；四要组织铜鼓艺人传、帮、带，确保铜鼓铸造工艺、铜鼓打击乐谱、铜鼓舞蹈得以传承；五要发挥研究部门和学者智库作用；六要鼓励企业开发与赞助；七要推动媒体积极宣传。

为了拓展项目研究的深度与广度，与此同时，设立了3个子课题。目前，子课题也已相继完成。

1. 由项目组成员河池市文物站站长梁富林负责的子课题“河池铜鼓调查资料与相关信息数字化”已于 2006 年 5 月结题。主要成果是全面调查、整理研究河池铜鼓，并将相关资料全部数字化。此课题有效地配合了正在进行的国家第一批民族民间传统文化保护试点工程项目“广西红水河流域铜鼓艺术保护工程”。这一成果已收录在由项目组成员、广西壮族自治区博物馆馆长吴伟峰和梁富林等主编，梁富林、蒋廷瑜、万辅彬等人作为主要作者编著的《河池铜鼓》一书中（该书于 2009 年 5 月由广西民族出版社出版）。

2. 由贵州师范大学蒋英同志负责的子课题“布依族铜鼓文化”已于 2005 年 12 月结题。主要成果是将濒临失传的布依族“铜鼓十二则”挖掘、整理出来，并记录了他亲自考察的铜鼓文化和相关民俗。成果《布依族铜鼓文化》一书已经出版（作者：蒋英，贵州民族出版社，2006 年 2 月）并受到广泛好评，被誉为“一份宝贵的民族文化遗产，是布依族铜鼓音乐可以传承的经典，是铜鼓音乐文化研究新的里程碑”，为发掘、抢救传承和发展布依族铜鼓文化做出了重要贡献。

3. 由广西民族大学研究生刘莉负责的子课题“白裤瑶铜鼓文化的传承与保护研究——以广西南丹县里湖瑶族乡怀里村为例”已于 2006 年 5 月结题。主要成果是通过对白裤瑶铜鼓的功能、使用和保护等实况考察，提出将“参与式”理论方法运用到铜鼓文化的传承与保护项目中，同时结合学者及政府资源，发挥当地人的主动作用，使他们成为重要力量参与到铜鼓文化的传承与保护中来。此成果收入《广西民族大学民族学与社会学学院优秀研究生毕业论文集》，并即将出版（广西民族出版社）。在文献收集的基础上，几位研究生还先后多次深入到少数民族地区进行实地田野调查，对铜鼓的使用、保管以及与铜鼓相关的传说、仪式进行了详细的记录，形成 6 万多字的田野调查报告。

此外，课题组负责人万辅彬与成员韦丹芳于 2007 年 1 ~ 2 月应老挝国家文化研究院院长通台先生的邀请，赴老挝北部琅南塔省、琅勃拉邦、万象等地进行铜鼓考察。在此基础上完成论文两篇，丰富了项目的成果，也拓宽了研究的范围。

目录 CONTENTS

第一章　导　论
Chapter 1 Introduction

第三章 铜鼓文化现状
Chapter 3 The Culture Status of Bronze Drum

第四章 铜鼓文化的保护研究
Chapter 4 The Protection Research of Bronze Drum Culture

第五章　铜鼓文化保护与传承的实践
Chapter 5 The Practice of Protection and Inheritance of Bronze Drum Culture

第六章　铜鼓文化保护的建议和对策
Chapter 6 Suggestions and Measures of Bronze Drum Culture Protection

插图目录

列表目录

Chapter 1 Introduction

从某种程度上说，北方的“铜鼎”和南方的“铜鼓”是我国青铜器时代最有代表性的器物。商周时期，铜鼎在黄河流域大量出现。它源于陶釜—陶鼎，是明尊卑别上下的标志，也是权力和财富的象征。铜鼓是我国南方少数民族创造的青铜艺术瑰宝。它源于陶釜—铜釜，两千多年前

第一章 导论

春秋时期的云南。之后，铜鼓逐渐流行于我国西南和岭南，并传播到整个东南亚，不仅作为权力、财富的象征，还具有娱乐、赛神、传递信息、指挥军阵等多种社会功能，在诸民族的社会生活中成为不可缺少的重要器物，得到广泛使用，形成了独特的铜鼓文化。它是中国南方以及东南亚各国古老文化的象征，也是技术传播、文化交流的缩影。到今天，除了部分铜鼓被珍藏于各国博物馆及王宫之外，尚有数以千计的铜鼓，以它们独特的魅力活跃于中国南方和与之接壤的东南亚国家的少数民族之中，承载着丰富的有形和无形的铜鼓文化。

第一节 铜鼓研究的现状

一、国外的铜鼓研究

铜鼓研究已有两百多年的历史。多年来，国外学者对铜鼓的研究取得了丰硕成果。他们对古代铜鼓的源流、分布、年代、族属、分类、纹饰、功能、使用民族、铸造工艺、社会意义等进行了研究。

西方记述铜鼓的文献最早可上溯到 1705 年，是介绍印度尼西亚巴厘岛一具当地奉为神物的异型铜鼓[①]。到了 1901 年，德国汉学家夏德（Friedrich Hirth）与荷兰汉学家狄葛乐（De Groo）在《东印度群岛及东南亚大陆铜鼓考》中，第一次证明铜鼓是中国南部少数民族的作品[②]。1902 年，奥地利学者弗朗茨·黑格尔（Franz Heger）完成了《东南亚古代金属鼓》一书。在该书中，作者对铜鼓实体进行测绘、对花纹图案进行传拓和临摹、对金属成分进行了测定，并将古代铜鼓划分为 4 种基本类型和 3 个过渡类型[③]。这一巨著是当时铜鼓研究的一个集大成的专著。

20 世纪 70 年代，日本学者以 60 年代积累的数据为基础，以东京大学今

---

①② 汪宁生. 汪宁生论著萃编（下卷）[M]. 昆明：云南民族出版社，2001：1270，1271.

③ ［奥］弗朗茨·黑格尔. 东南亚古代金属鼓［M］. 石钟健，等，译. 上海：上海古籍出版社，2004：10 ~ 18（德国莱比锡：W. 希尔曼出版社，1902）.

村启尔的《古式铜鼓的变迁和起源》(1973年)为开端[①]，开展的器物类型研究多了起来。1993年，今村启尔的《论黑格尔Ⅰ式铜鼓的二个系统》[②]，提出同一时代同一类型铜鼓中有东西两个系统，将黑格尔Ⅰ型区分为石寨山系和东山系。此时的日本学界，研究同时期、同类型铜鼓中的复数“系统”问题成为热门。1973年以来，日本东京大学今村启尔教授、鹿儿岛大学新田荣治教授对东南亚铜鼓进行了一些调查，对黑格尔的分类体系与分期问题作了若干修正，但亦未涉及铜鼓文化问题研究。近几年，日本青年学者吉开将人（原东京大学博士生，现任北海道大学副教授）开始关注“活着的”铜鼓文化，尚在调研中。

越南是古铜鼓主要集中分布区之一。20世纪50年代中期后，越南学者才掌握了研究铜鼓的主动权，开始从各个角度对铜鼓进行研究。1956年3月，陈文甲发表了《铜鼓与越南奴隶占有制》一文，是越南学者研究铜鼓的第一篇论文[③]。越南《考古学》杂志1974年连续两期刊发铜鼓的论文，共计29篇文章。这些文章除了论述铜鼓的起源、类型、分布、年代和装饰艺术之外，还探讨了铜鼓的合金成分、铸造技术和用途，[④]并开始进行“玉缕鼓”的复制。越南学者的这些研究局限于越南国内，对其他地区特别是中国不甚了解，武断地提出“铜鼓在地理上起源于越南北方”的观点。这些研究也主要是从考古学角度，而不是从民族文化角度进行研究。

泰国的学者对铜鼓的研究则还处于描述阶段。

二、国内的铜鼓研究

近百年来，国内学者对中国南方的铜鼓进行了多层面的研究。特别是改革开放以来，成立了铜鼓研究会，召开了两次全国性的铜鼓学术会议，四次

① 蒋廷瑜．古代铜鼓通论［M］．北京：紫禁城出版社，1999：277.

② ［日］今村启爾．ヘーガーⅠ式銅鼓におけるっの系統［Z］．東京大學文學部考古學研究室研究紀要，1992：78～83.

③ 蒋廷瑜．古代铜鼓通论［M］．北京：紫禁城出版社，1999：278.

④ 蒋廷瑜．铜鼓研究一世纪［J］．民族研究，2001（1）：1.

铜鼓国际会议，出版研究铜鼓的专著数十种，论文数百篇，并在全国进行了铜鼓大普查，研究队伍和研究内容日益扩大，研究成就巨大。

1. 考古学的研究

20 世纪初，受西方学者影响，中国一些民族学家开始注意对铜鼓资料进行收集和研究。1934 年，广西学者刘锡蕃将他在苗山看到的铜鼓写入《岭表纪蛮》。1954 年，闻宥编著《古铜鼓图录》一书。该书是我国运用现代科学方法研究铜鼓并正式出版图录的开端。20 世纪 60 年代，宋世坤在文献资料整理和实地调查的基础上总结了贵州铜鼓的分布情况，并对贵州省博物馆先后收藏的 88 面铜鼓进行了分类和断代研究。之后，中国古代铜鼓研究会编著的《中国古代铜鼓》，根据丰富的史料和发现的大量铜鼓，介绍了中国古代铜鼓的起源、分类、分布、年代、族属、纹饰、用途、合金成分和铸造工艺等内容。

1955 年 5 月，云南省博物馆在晋宁石寨山遗址甲区 1 号墓内挖掘出一面铜鼓和两面铜鼓型贮贝器。这是中国学者首次发掘出土的铜鼓，使我国学者第一次有条件利用考古数据对铜鼓进行研究，同时取得了丰硕的成果，如冯汉骥的《云南晋宁出土铜鼓研究》，洪声的《广西古代铜鼓研究》，汪宁生的《试论中国古代铜鼓》等都是利用新考古资料所作的研究。1988 年，蒋廷瑜出版的《铜鼓艺术研究》则从艺术学、美学方面开拓了铜鼓研究的新领域。

2. 运用科技手段进行的铜鼓研究

20 世纪 80 年代以后，现代科技手段被运用到铜鼓研究中，进一步开阔了铜鼓的研究领域，使铜鼓的合金成分、矿料来源、铸造工艺、防腐保养、音乐性能等问题得以深入研究。1982 年，北京钢铁学院（现为北京科技大学）冶金史研究室对 92 面铜鼓进行了测量分析，基本弄清楚古代铜鼓的铸造工艺流程。随后，广西民族学院（现为广西民族大学）、上海博物馆、广西博物馆和南宁重型机器厂合作，根据北京钢铁学院的研究结果进行了“铜鼓王”的复制。1988 年，孙淑云、韩汝玢对铜鼓的锈蚀和防腐问题进行了研究，发现绝大多数铜鼓表面锈层薄而致密，锈蚀产物主要是氧化物，不同类型、不同合金元素含量的铜鼓锈蚀产物及锈蚀程度不同。1992 年，万辅彬等从铜鼓矿料来源的铅同位素入手，考证铜鼓的冶铸工艺和铜鼓的声学方面的内容，并总结 6 年来他们用科学方法研究铜鼓所取得的研究成果，形成了《中国古代铜鼓科学研究》一书。进入 21 世纪，万辅彬、孙淑云等还对越南东山出土的 58 面铜鼓和伴生的其他 14 件铜鼓进行了铅同位素测定。

3. 对铜鼓文化的调查

20 世纪末，国内铜鼓界掀起了新一轮对传世铜鼓及铜鼓文化的调查研究，取得了不少成果，出版了一些相关的专著，发表了一系列的论文。

在专著方面，主要有：蒋英的《布依族铜鼓文化》(2006 年)，该书对布依族铜鼓源流、铜鼓文化（铜鼓与节日、铜鼓与丧葬、铜鼓与传说、铜鼓与神灵等）、铜鼓音乐、铜鼓“十二则”鼓谱与谱式等方面进行研究，是一部针对某一特定民族的铜鼓文化进行研究的总结性著作；蒋廷瑜、廖明君的《铜鼓文化》(2007 年) 对铜鼓文化起源，铜鼓文化主要类型和铸造工艺，铜鼓文化的传播与分布，铜鼓文化的艺术特征，铜鼓文化的主要内涵等方面进行系统的总结，是一部较为完整地介绍和系统地研究铜鼓文化的专著。

其他关于铜鼓文化研究的专著有钟文典的《广西通史》第1卷第十章（1999 年），黄才贵的《影印在老照片上的文化——鸟居龙藏博士的贵州人类学研究》(2000 年)，广西博物馆的《广西博物馆文集》第 2 辑“铜鼓研究”栏（2005 年），容小宁的《红水河民族文化艺术考察研究》(2005 年)，拉巴平措的《加强藏学研究发展藏族科技——第七届中国少数民族科技史国际会议论文集》(2006 年)，覃德清的《壮族文化的传统特征与现代建构》(2006 年)，周润民，何积全的《解析夜郎千古之谜》(2007 年)，陆敏珠的《壮族生活情感与灵魂》(2008 年) 等。这些专著虽不是专门研究铜鼓文化，但在书中的一些章节里涉及铜鼓文化的研究，内容包括铜鼓文化复兴的启示，铜鼓文化中心的探讨，铜鼓文化的构建，铜鼓文化的迁移，壮族、侗族、水族等民族的铜鼓文化研究，铜鼓文化的开发利用及铜鼓文化的保护和传承等问题。

除了专著外，大多数铜鼓文化研究还是以论文为主。如吴正光的《郎德苗寨铜鼓文化活动调查》(2001 年)，韦丹芳的《试论铜鼓文化的变迁》(2002 年)，梁富林的《白裤瑶的铜鼓崇拜》(2005 年)，吴卓峰的《大盘江瑶布依族铜鼓及铜鼓曲的文化考察》(2005 年)，张娜娜、沈德坤的《铜鼓装饰造型作为象征符号的现代应用》(2007年),谭滟莎的《论东南亚古代铜鼓文化及其在东南亚文化发展史上的意义》(2009年)等论文在实地调查基础上从铜鼓文化的起源、铜鼓文化与其他民族的关系、铜鼓文化的变迁等各个角度去研究和探讨铜鼓文化。

广西是铜鼓生产和使用的重要区域,也是铜鼓文化的发展和传播的重要地区。对广西铜鼓文化的研究资料较为丰富,刘莉的《铜鼓文化保护与传承——以东兰县长江乡兰阳村周乐屯为例》(2005年),温远涛的《河池村寨传世铜鼓使用的人类学意义》(2005年),韩德明的《天峨县都隆屯"四季鼓"考察与研究》(2007年),廖明君的《瑶山中的铜鼓声——图说田林瑶族铜鼓舞》(2008年)等文章都是对广西某一特定区域的铜鼓文化进行考察和研究的论文。除了专门研究广西这一特定区域的铜鼓文化外,在其他的文章中也有涉及广西铜鼓文化研究的,如姚舜安的《布努瑶与铜鼓》(1986年),龙符的《壮族铜鼓的历史文化内涵》(2005年),苏和平的《试论我国南方少数民族的铜鼓艺术》(2005年),张东茹的《壮族铜鼓传说与古代风俗习惯》(2009年)等文章均涉及广西铜鼓文化研究的内容。

4. 铜鼓文化的保护与传承研究

近年来,随着对铜鼓文化的重视,不少学者也对铜鼓文化的保护与传承问题进行了探讨。

本课题组负责人万辅彬和成员秦红增在《壮族铜鼓文化的复兴及其对保护民族村寨文化的启示》① 中指出,壮族铜鼓文化的复兴及其所表现出的新的文化功能,对我们今天传承与保护民族民间文化具有几方面的启示。第一,政府的态度是关键。第二,内容上的推陈出新是根本。第三,学术界是桥梁。第四,人民群众是主体。课题组负责人指导的几名硕士研究生② 在对东兰铜鼓进行调查后,认为应对铜鼓文化的价值进行全面评估,从政策、法规上加大对铜鼓文化的保护力度,在技术上给予铜鼓文化保护以强大支持,为铜鼓

① 秦红增,万辅彬:壮族铜鼓文化的复兴及其对保护民族村寨文化的启示[J]. 中南民族大学学报(人文社会科学版),2005(6):42 ~ 45.

② 袁华韬,黄万稳,唐剑玲:铜鼓文化保护与传承——以东兰县长江乡兰阳村周乐屯为例[J]. 广西民族学院学报(自然科学版),2005(4):61 ~ 66,84.

文化培养继承人，给铜鼓文化发展营造有利的社会环境，让铜鼓文化走出山门，面向世界，把铜鼓文化保护与旅游经济协调地结合起来。课题组成员刘莉在硕士论文[①]中指出，南丹白裤瑶对铜鼓文化的传承与保护主要有民间、政府及学者三种形式。政府和学者确实为铜鼓文化的传承和保护提供了不同的方法、途径，但效果并不理想。她建议将“参与式”理论方法运用到铜鼓文化的传承与保护项目中，结合学者及政府资源，发挥当地人的主动作用，使他们成为重要力量参与到铜鼓文化的传承与保护中来。课题组成员廖明君指导的硕士研究生黄文富在其毕业论文《东兰壮族铜鼓习俗研究》[②]中指出，传统民俗的传承、保护与发展的至少有三种可能途径。一是让传统民俗在民众自在的生活时空中自然传承与发展。二是让传统民俗走“市场化”的道路。三是让传统民俗文化在新语境下传播，使其获得更大的文化空间，拥有更多的受众，从而推动其传承、保护与发展。

刘智英[③]在对白裤瑶铜鼓文化进行研究后，认为命名民间铜鼓文化传承人，营造良好的社会保护氛围，加强领导，形成合力是铜鼓文化保护与传承的关键。覃德清在《红水河流域文化艺术遗产保护及其衍生载体的建设》[④]一文中，认为至今仍然传承在黔桂两省区交界处的壮、瑶等民族的铜鼓艺术、蛙神崇拜以及民间歌咏习俗，具有作为人类口头与非物质遗产的保护重要的价值，很有必要将其中的一些文化元素融入体现区域族群生存智慧和文化理想的现代生活空间的建构之中，让千百年来生生不息的民族文化艺术资源在新的衍生载体中焕发生机活力。高艳玲在《对广西铜鼓文化的开发式保护思考》[⑤]中指出，铜鼓文化作为一种非物质文化遗产，对其实施保护与开发是相

---

① 刘莉. 白裤瑶铜鼓的传承与保护研究——以南丹县里湖瑶族乡怀里村为例［D］. 广西民族大学，2006：1 ~ 48.

② 黄文富. 东兰壮族铜鼓习俗研究［D］. 广西民族大学，2011：1 ~ 89.

③ 刘智英. 白裤瑶铜鼓文化及其变迁研究——以广西南丹县里湖乡怀里村白裤瑶为例［D］. 广西民族大学，2007：1 ~ 36.

④ 覃德清. 红水河流域文化艺术遗产保护及其衍生载体的建设［J］. 贵州民族研究，2005（2）：72.

⑤ 高艳玲. 对广西铜鼓文化的开发式保护思考［J］. 广西社会主义学院学报，2009（6）：70.

辅相成的，不可偏废任何一方。由于非物质文化遗产的民族性和“活态性”，以旅游开发的“动态”保护形式，实现文化遗产的传承发展目的，既是实施开发式保护的初衷，也是实现铜鼓文化传承和发展的一种方式创新。具体的策略包括：旅游开发中以保护为主，注重体现铜鼓的文化内涵；加强政府主导，完善管理体系；协调好政府、投资商、传承人及铜鼓文化传承地社区民众的关系，兼顾各方利益；重视对传承人的保护与培养；加强宣传，提高铜鼓文化的社会知名度和影响力。江日青在《论桂西北旅游发展中铜鼓文化的保护传承》① 中认为，应该通过认真普查建档、积极开发宣传、健全长效机制、增加各项投入、建设多种基地、促进活态发展等途径加大铜鼓文化保护传承力度。梁妮和陈钰文在《论如何打造广西铜鼓文化品牌》② 一文中认为，要打造广西铜鼓文化品牌，要建立铜鼓博物馆和铜鼓文化展示交流中心，宣传铜鼓的人文历史；加强铜鼓研究理论研究，推动文化品牌的打造；打造民族铜鼓音乐品牌，抢占文化市场制高点；打造原生态铜鼓歌舞剧，建立广西铜鼓文化品牌的独特性；培育铜鼓影视文化产业，开创科技文化新领域。

通过对铜鼓研究的回顾，我们发现这些研究涉及铜鼓的起源、族属、类型、年代、造型艺术、音乐性能、冶铸工艺、合金成分、金属材质等各个方面，涉及文物考古、民族史、科技史、艺术史等学科领域，取得了很大的成绩。而对于铜鼓文化的保护与传承，近年来虽也有涉及，但仍局限于个案的探讨，对铜鼓文化保护与传承的理论研究和实践工作仍有待进一步的开展。保护、继承和发展铜鼓文化任重而道远，唯有举全社会之合力，才能担负起民族民间文化的传承与保护的历史重任。

① 江日青．论桂西北旅游发展中铜鼓文化的保护传承［J］．传承，2010（9）：162.

② 梁妮，陈钰文．论如何打造广西铜鼓文化品牌［J］．广西大学学报（哲学社会科学版），2012（增刊）：98～99.

第二节 非物质文化遗产保护模式研究现状

近年来，我国在非物质文化遗产的保护与研究方面取得了较大进展。研究涉及方方面面。现仅介绍非物质文化遗产的几种保护模式的研究概况。

一、立法保护

近年来，非物质文化遗产的保护问题在全球范围已经成为各国政府、国际组织和学术界讨论的热点问题。在国际社会，联合国教科文组织已于 2003 年通过了《保护非物质文化遗产公约》。经全国人民代表大会批准，我国在 2004 年已经加入该公约。联合国世界知识产权组织创设了专门论坛讨论民间文艺与传统知识的知识产权保护问题。我国也于 2011 年 2 月出台了《中华人民共和国非物质文化遗产法》，各省级政府已经出台了各自的非物质文化遗产保护规定或办法。围绕这一问题，各国学术界亦有大量的论文讨论非物质文化遗产或民间文艺及传统知识的保护。其中，有不少文章或著作专门讨论以知识产权[1]

① Daniel Wüger：《以知识产权法防止对非物质文化遗产的盗用》； Coenraad J. Visser：《知识产权法服务于传统知识》； Michael Finger. *Poor People's Knowledge*： *Promoting Intellectual Property in Developing Countries*，World Bank，2004.

或者专门的传统资源权[①]等的方式保护这种非物质文化遗产。

而在国内，这种关注基本上局限于民俗学领域，专门论及非物质文化遗产法律保护的著作少之又少，基本上只是散见于为数不多的学术论文当中。李墨丝[②]以非物质文化遗产保护法律体系的构建为主要内容，对公法保护（主要是行政法保护）和私法保护（主要是知识产权法保护）当中所涉及的相关法律问题进行了探讨。杨璐源[③]以立法学理论为指导，结合地方立法实际，运用解释分析、实证分析和比较分析的研究方法，阐释了与保护非物质文化遗产相关的地方民族民间传统文化保护条例的主要内容及经验借鉴，并提出对完善西部地区地方文化立法的具体建议。周真刚[④]则指出少数民族习惯法是我国民间重要的传统法律文化资源，他指出，应将尊重传统文化方面的习惯法作为政府的执政理念等。黎美杏在其硕士论文[⑤]中通过条文分析《保护非物质文化遗产公约》的机制设置，解析了我国最新出台的《中华人民共和国非物质文化遗产法》与公约的对接状况。认为我国近年来对非物质文化遗产的保护工作有所成就，但仍然需要遵循《公约》的目标和宗旨，完善我国的非物质文化遗产法律保护体系，开展更多的国际合作。

对于非物质文化遗产保护究竟应当以公法保护为主还是以私法保护为主，学界仍然存在诸多争论。不少学者[⑥~⑨]提出文化遗产权的概念。这种模式在本质上就是通过在非物质文化遗产上设立一种私权，进而赋予非物质文化

---

① 达里尔·A. 波塞，格雷厄姆·杜特费尔德. 超越知识产权———为原住民和当地社区争取传统资源权利［M］. 许建初，等，译. 昆明：云南科技出版社，2003：1 ~ 241.

② 李墨丝. 非物质文化遗产保护法制研究——以国际条约和国内立法为中心［D］. 华东政法大学，2009：1 ~ 263.

③ 杨璐源. 西部地区非物质文化遗产保护的地方立法研究［J］. 法制与社会，2012（1）：20 ~ 21.

④ 周真刚. 习惯法对少数民族传统文化的保护［J］. 西南民族大学学报（人文社会科学版），2011（3）：48 ~ 53.

⑤ 黎美杏. 论《保护非物质文化遗产公约》及其在中国的适用［D］. 广西师范大学，2011：1 ~ 36.

⑥ 黄玉烨. 论非物质文化遗产的私权保护［J］. 中国法学，2008（5）：136 ~ 145.

⑦ 王光文. 非物质文化遗产知识产权保护初探［J］. 理论研究，2007（4）：22 ~ 25.

⑧ 袁晓波，崔艳峰. 非物质文化遗产的知识产权保护新探［J］. 学术交流，2009（7）：45 ~ 48.

⑨ 刘杰. 非物质文化遗产权的私权性研究［D］. 湖南大学，2007：1 ~ 36.

遗产以排他性的权利。郭禾[①]则认为，以私权尤其是知识产权模式保护非物质文化遗产的做法是一种舍本逐末、杀鸡取卵的短视行为。这种保护模式不仅不能从根本上解决非物质文化遗产的传承问题，而且在法理逻辑上也不自恰，甚至还会在其他方面带来负面效应。他认为中国需要对自己的非物质文化遗产给予充分的重视，尤其是那些濒临失传的遗产更应当以公权力给予适当的干预以保证其正常的传承。

二、生产性保护

生产性保护是指通过生产、流通、销售等方式，将非物质文化遗产及其资源转化为生产力和产品，在产生经济效益的同时，使非物质文化遗产在生产实践中得以传承、保护和发展，达到活态的、自觉的、积极的保护非物质文化遗产的目的，使其适应现代市场经济，并与当代社会文化进行良性互动的一种保护方式。其宗旨是“以保护带动发展，以发展促进保护”。

中国艺术研究院院长王文章在《非物质文化遗产概论》[②]的“导论”部分，首先提出了“生产性保护”的概念，提出手工艺必须在生产实践中进行保护。吕品田[③]提出，生产性保护是切合手工技艺存在形态和传承特点，可以不断“生产”文化差异性的一种生态保护方式，是努力遵循非物质文化遗产自身规律的社会文化实践。谭宏[④]则认为，生产性方式保护是一种符合非物质文化遗产存在形态和传承特点的保护方式，非物质文化遗产必须进行“发展性”和“活态性”保护。陈华文[⑤]认为，非物质文化遗产具有活态性与生产性的特点，对于这种生活中的文化，必须仔细区别和对待其生产性传承

① 郭禾. 对非物质文化遗产私权保护模式的质疑［J］. 中国人民大学学报，2011（2）：28 ~ 33.

② 王文章. 非物质文化遗产概论［M］. 北京：文化艺术出版社，2006：1 ~ 35.

③ 吕品田. 重振手工与非物质文化遗产生产性方式保护［J］. 中南民族大学学报（人文社会科学版），2009（4）：4 ~ 5.

④ 谭宏. 对非物质文化遗产生产性方式保护的几点理解［J］. 江汉论坛，2010（3）：130 ~ 134.

⑤ 陈华文. 论非物质文化遗产生产性保护的几个问题［J］. 广西民族大学学报（哲学社会科学版），2010（5）：87 ~ 91.

与生产性保护的问题。在进行生产性保护时，要避免过度开发，避免出现非物质文化遗产保护的商业化、产业化、旅游化，并要坚持生产性保护的原生态原则、就地保护原则、政府扶持原则、技能传承原则。汪欣①也认为，“生产性保护”是当前我国非物质文化遗产保护的基本方式之一，是使非物质文化遗产融入当代社会生产生活实践的最直接和现实的途径。宋俊华在《文化生产与非物质文化遗产生产性保护》②一文中则指出，非物质文化遗产保护是基于现实、着眼于未来的系统工程，目的是维护人类文化的多样性存在，确保文化享用代际公平和文化可持续发展。在这个问题上，保守派认为现代记录技术的“物化”手段和生态区建设的“环境不变”方法可以确保非物质文化遗产“活着”存在；激进派则认为非物质文化遗产的活态性、资源性证明与时俱进的产业开发是保护的有效手段。而生产性保护是对二者的折中，强调从非物质文化遗产发生本质即生产中去探索保护方法，是一种符合非物质文化遗产本质的可持续性的保护方式。但在使用这种方式时，要注意非物质文化遗产的特殊性，要因项目制宜，要尊重传承人的愿望，要充分考虑遗产产权等问题。

叶春生③以广东凉茶为例，探讨了非物质文化遗产的生产性保护。他认为广东凉茶的生产性保护，是一种活态的保护，正是这种保护方式使凉茶融入了现代人的生活，使凉茶保存具有了群众性基础，但同时，流水线式的生产也导致了产品的单一化，扼杀了文化的多样性。林凤群④以咀香园杏仁饼传统制作工艺为例，探讨了非物质文化遗产的生产性保护。韩富贵⑤则在研究西藏非物质文化保护传承和旅游资源开发的契合点基础上，探索性地提出了基于旅游资源开发的西藏非物质文化遗产生产性保护模式。

---

① 汪欣．对非物质文化遗产生产性保护理念的认识［J］．艺苑，2011（2）：97～100.

② 宋俊华．文化生产与非物质文化遗产生产性保护［J］．文化遗产，2012（1）：1～5.

③ 叶春生．以广东凉茶为例看“非遗”的生产性保护［J］．寻根，2009（6）：13～17.

④ 林凤群．非物质文化遗产生产性保护刍议——以咀香园杏仁饼传统制作工艺为例［J］．文化遗产，2010（1）：146～149.

⑤ 韩富贵．基于旅游资源开发的西藏非物质文化遗产生产性保护模式研究［J］．四川民族学院学报，2011（1）：67～69.

2012年2月10日，中国非物质文化遗产生产性保护座谈会在京召开[①]，主要议题包括“非物质文化遗产生产性保护与合理利用的关系”、“非物质文化遗产生产性保护、传承与发展问题”及“非物质文化遗产生产性保护的政策支持”。文化部非物质文化遗产司副司长马盛德指出，“坚持传统工艺流程的整体性”和“核心技艺的真实性”是“生产性保护”的最核心的两个部分，在对非物质文化遗产进行生产性保护时，要守住“手工制作特色”这一底线。中国艺术研究院建筑艺术研究所所长刘托在会上也强调，非物质文化遗产生产性保护是一种有效、可行的保护方式，但不要搞“一刀切”，应针对不同特点的非物质文化遗产采用不同的保护措施，并吸取国外经验，建立品牌战略，走高端化、品牌化路线。

三、数字化保护

非物质文化遗产作为人类历史文明的遗传，具有很高的文化价值。如何更好地借助网络技术和虚拟现实技术加强对与此相关的艺术及其文化存在形式的保护，已成为被普遍关注的课题。

目前，世界发达国家正在大规模地把文化遗产转换成数字文化形态。1992年，为了便于永久性地保存和最大限度地为公众公平地享有文化遗产，联合国教科文组织（UNESCO）开始推动“世界的记忆”（Memory of the World）项目，在世界范围内推动文化遗产数字化。1999年，在芬兰的倡议下，欧盟国家开始启动一项多国框架性合作项目“内容创作启动计划”。在该计划中，文化遗产数字化被确定为基础性内容。[②]

国内对物质和非物质文化遗产的数字化保护工作也已经取得了一些令世界瞩目的成绩，比如浙江大学CAD & CG国家重点实验室对敦煌艺术的数字化保护，浙江大学虚拟故宫漫游，北京大学故宫数字化，微软研究院的兵马

① 郭智东. 中国非物质文化遗产生产性保护座谈会在京召开［J］. 民族论坛，2012（4）：87.

② 彭冬梅，潘鲁生，孙守迁. 数字化保护——非物质文化遗产保护的新手段［J］. 美术研究，2006（1）：47 ~ 51.

俑，南京大学三峡文化遗产数字化展览工程，国内各种数字博物馆包括南京博物馆的数字化、山东大学考古数字博物馆、中国国际友谊博物馆工程等项目，为我国通过信息技术对濒危文化遗产的保护、传承与再创造提供了有益的方法与经验。而在非物质文化遗产领域，国内也开展了一些实质性质的数字化保护项目，比如浙江大学 CAD & CG 国家重点实验室的“民间表演艺术的数字化抢救保护与开发的关键技术研究”，浙江大学计算机学院现代工业设计研究所的“楚文化编钟乐舞数字化技术研究”、“云南斑铜工艺品数字化辅助设计系统”、北京航空航天大学的“虚拟五禽戏交互系统”等项目的研究工作。[①]

在研究方面，彭冬梅[②]以浙江大学与山东工艺美术学院合作的非物质文化遗产数字化保护项目为例，指出了中华民族进行非物质文化遗产数字化保护的意义及紧迫性。在文中，她还对文化遗产的数字化保存与存档；数字化虚拟博物馆；虚拟文物修复、复原及演变模技术；数字化图案、工艺品辅助设计系统；数字化故事编排与讲述技术；数字化舞蹈编排与声音驱动技术等进行了综述。王云虎则探讨了浙江民间美术的数字化保护，他认为数字化保护是运用现代科学技术对传统文化艺术形式保护的一种新颖模式，是适应当今时代需求的产物。他在文中阐述了数字化保护所使用的具体方法，包括数字摄影、数字视频、数字音频、数字全景、数字动画和触觉媒体等几大方面的技术手段，并归纳了在数字化保护过程中应遵循的原则和注意的问题。并指出，由于数字化的易复制、易传播特性，使得对知识产权的保护尤为重要。李欣的著作《数字化保护：非物质文化遗产保护的新路向》[③]，围绕非物质文化遗产数字化保护主题，结合目前数字技术在非物质文化遗产中的应用形态，通过对相关数字技术的介绍和作者在具体开发实践中的经验总结，从理论和实践操作层面探讨了非物质文化遗

---

① 彭冬梅，潘鲁生，孙守迁．数字化保护——非物质文化遗产保护的新手段［J］．美术研究，2006（1）：47 ~ 51.

② 彭冬梅．面向剪纸艺术的非物质文化遗产数字化保护技术研究［D］．浙江大学，2008：1 ~ 129.

③ 李欣．数字化保护：非物质文化遗产保护的新路向［M］．北京：科学出版社，2011：1 ~ 243.

产的数字化保护方法。

在个案研究方面，蔡群等人[①]通过对贵州少数民族非物质文化遗产的现状及特点的分析，认为采用数字化多媒体技术可以实现对贵州非物质文化遗产的快速有效地保护，具体的数字化保护方法包括数字化录音及录像技术、动态三维成像技术、数字化舞蹈编排与声音驱动技术、数字化图案数据库及计算机辅助设计系统。常凌翀[②]以西藏非物质文化遗产保护为例，从理论上分析探讨了数字化保护方式的优劣。认为利用大众媒体超越时空限制的数字传播特性，可扩大文化传播的受众范围，提高文化遗产的传播效果，为西藏非物质文化遗产的保护和传承提供新路径。石庆秘则以唐崖土司王城为例，认为文化遗产数字化对文化遗产的保护与复原、虚拟与重建具有重大的意义。冯晓宪等[③]认为，应该基于数字化技术，对贵州民族民间舞蹈资源进行数据采集、数据库建立及应用的研究。马静[④]则围绕数字技术在非物质文化遗产保护和文化创新发展中的运用，以傣族织锦的数字化保护为例，探讨数字化可以使非物质文化遗产得到更有效的保护，同时作为新的传播手段，建立一种公共性、开放性、互动性的对话与交流平台，为非物质文化遗产在全世界范围内的传播提供无限潜能。李军[⑤]利用现代数字化技术研究了土家族织锦传统图案的版权保护，给出了基于 Haar 小波的土家族织锦图案的水印算法、基于混沌的土家族织锦图案彩色分量水印嵌入算法和基于双混沌映射的土家织锦图案数字加密算法，为利用数字化技术手段实现非物质文化遗产保护和应用提供技术支撑。

---

① 蔡群，任荣喜，邱望标．贵州少数民族非物质文化遗产的数字化保护方法研究［J］．贵州工业大学学报（自然科学版），2007（4）：43 ~ 46.

② 常凌翀．新媒体语境下西藏非物质文化遗产的数字化保护与传承探究［J］．西南民族大学学报（人文社会科学版），2010（11）：39 ~ 42.

③ 冯晓宪，舒瑜，彭秀英．贵州少数民族民间舞蹈数字化保护与开发研究［J］．贵州社会科学，2010（3）：30 ~ 32.

④ 马静．浅析非物质文化遗产数字化保护——以傣锦为例［J］．艺术与设计（理论），2011（11）：34 ~ 36.

⑤ 李军．土家族织锦遗产的数字化保护［J］．暨南大学学报（自然科学版），2011（5）：468 ~ 472.

四、政府行为保护

“政府主导、社会参与”是搞好“非遗”保护并促其发展的原则和保证，也是我国保护非物质文化遗产的基本理念。在我国，政府行为已成为非物质文化保护的一种主要模式，如《文物保护法》《传统工艺美术保护条例》和《中华人民共和国非物质文化遗产保护法（草案）》的颁布以及云南、贵州等省颁布的民族民间传统文化保护条例。

在政府保护机制方面，谢克林①以对花鼓灯的保护，探讨了地方政府如何构建非物质文化遗产的保护机制体系。强调应建立由法制建设为核心的刚性机制、以专业性保护为核心的“软性”机制和以传承民俗为核心的本体保护机制。刘焱②则指出，罗尔斯《正义论》的政治平等自由原则、机会公正平等原则和差别原则是政府对非物质文化遗产保护机制建构的三个基本原则，政府需要通过完善相关立法和行政程序保障非物质文化遗产传承群体和个人的权利主体地位。张红敏③从非物质文化遗产“软件”角度，强调政府在构建非物质文化遗产的保护机制时要重视非物质文化遗产的“软件”保护，通过部门间的通力协调、经费保障、专业研究人员和和谐的工作氛围，完善政府的保护机制。廖明君④在将我国《文物保护法》与日本的《文化财保护法》比较后，指出我国现有的法律制度容易形成不同的管理部门和条块分割的体制，不利于形成相互协调的管理机制。刘桂莲⑤认为，非物质文化遗产中民族民间文化抢救与保护应遵循“政府主导、社会参与、长远规划、分步实施、明确职责、形成合力”的原则，依靠各级政府的组织和领导，由各地文化部

① 谢克林. 从花鼓灯的保护探讨非物质文化遗产保护机制体系的构建［J］. 北京舞蹈学院学报，2004（4）：57 ~ 61.

② 刘焱. 非物质文化遗产保护机制的两个正义原则考量［J］. 求索，2008（1）：156 ~ 158.

③ 张红敏. 论非物质文化遗产中的“软件”价值及保护机制［J］. 齐齐哈尔师范高等专科学校学报，2007（3）：70 ~ 71.

④ 廖明君，周星. 非物质文化遗产保护的日本经验［J］. 民族艺术，2007（1）：26 ~ 35.

⑤ 刘桂莲. 抢救与保护非物质文化遗产的思考［J］. 中国土族，2006（4）：62 ~ 63.

门牵头来实施完成。祁樱[①]从政府行为外部性的视角探讨了对非物质文化遗产的保护与开发，指出政府在进行非物质文化遗产保护与开发时会产生外部性。这种外部性可能是政府事先没有预料到的，甚至是与其初衷相反的。牟延林等[②]从责任的维度考察非物质文化遗产保护工作，界定政府责任，认为非物质文化遗产保护工作中政府主导问题伴随着责任问题，没有责任约束的政府主导可能由于权力缺乏约束而异化，甚至被滥用。

在政府职能方面，刘坤[③]从宪政理论的视角分析了非物质文化遗产保护中的政府角色，将政府角色分为有限政府和有效政府，认为有限政府的角色主要体现为：对政府权力与职能疆域进行合理限定，实现政治国家与公民社会的合作治理保护，建构相应的问责与回馈机制。有效政府的角色主要体现为：政府职能的到位与有效，整塑组织结构、为政府有效发挥职能提供权能平台以及催生相应的法律保障体系等。谭启术[④]从文化产业和文化事业的角度，认为非物质文化遗产要保护，而不是利用，政府对文化产业市场要加强监管，坚守"原生态"。在文化事业管理中政府要克服短视的功利思想，重新审视在文化多样性生存和文化精神产品提供方面的公益角色，为非物质文化遗产的传承人提供"文化低保"福利。丁永祥[⑤]在《论非物质文化遗产保护的责任主体》一文中指出个人能力有限，此时政府可以发挥它的社会管理者的作用，起到集中社会资源，制定保护与传承非物质文化遗产的各项法律、政策、资金扶助、组织人员等方面的作用。王大为在《浅谈对非物质文化遗产传承人的保护》[⑥]一文中指出，非物质文化遗产传承人面临着来自商业社

① 祁樱. 非物质文化遗产保护与开发中的政府行为外部性研究［D］. 电子科技大学，2011：1 ~ 53.

② 牟延林，吴安新. 非物质文化遗产保护中的政府主导与政府责任［J］. 现代法学，2008（1）：179 ~ 186.

③ 刘坤. 非物质文化遗产保护中的政府角色研究——基于宪政理论的视角［J］. 青海民族研究，2009（3）：96 ~ 101.

④ 谭启术. 政府该如何保护非物质文化遗产［J］. 学习月刊，2007（13）：27 ~ 28.

⑤ 丁永祥. 论非物质文化遗产保护的责任主体［J］. 广西师范学院学报（哲学社会科学版），2008（4）：9 ~ 13.

⑥ 王大为. 浅谈对非物质文化遗产传承人的保护［J］. 墨河学刊，2007（3）：51 ~ 52.

会、各级政府、知识界的过分“关爱”的冲击，政府应以适当的干预手段，如利用经济、行政等方式对其予以保护。赵德利在《主导·主脑·主体——非物质文化遗产保护中的角色定位》[①] 一文中阐述了在非物质文化遗产保护与传承的过程中，官方是不可缺少的主导性角色，如果没有政府的政策和资金支持，非物质文化遗产就不可能得到妥善的保护。易文君[②] 从梳理国家级非物质文化遗产的保护历程和地方政府保护职能入手，从保护政策、保护途径、保护模式三个层面探讨了国家级非物质文化遗产保护的现状和地方政府的职能，将其定位于委托代理管理职能、市场化和产业化监管职能以及社会参与协调职能。

在政府的保护措施方面，谢兴华[③] 以流传于四川甘孜藏区的巴塘弦子为例，提出了地方政府主导下的保护办法与措施，包括立法保护，资金投入，大众参与，教育文化保护以及通过合理的开发利用来促进发展与传承等。周志勇[④] 以湘西自治州政府抢救和保护非物质文化遗产的工作实践为案例，提出了我国政府主导下的保护办法与措施，包括立法保护，科学管理模式，大众参与，文化生态保护，知识产权特别保护等。谭荣[⑤] 对舟山市政府参与非物质文化遗产保护的现状进行调研，并从适度政府干预理论、责任政府理论及服务型政府理念出发，分析非物质文化遗产保护中政府的作为问题，提出要规范政府行为边界、规范政府责任边界、完善对政府行为的监督机制。黄赛凤[⑥] 则指出，西藏自治区政府从 2005 年正式开展非物质文化遗产的保护工作，在地方性法律法规建设方面、资金投入与运行方面、普查与宣传方面、

① 赵德利：主导·主脑·主体——非物质文化遗产保护中的角色定位［J］. 宝鸡文理学院学报（社会科学版），2006（1）：72 ~ 74.

② 易文君. 中国国家级非物质文化遗产保护中的地方政府职能研究——以湖北武当武术为例［D］. 华中农业大学，2011：1 ~ 60.

③ 谢兴华. 论地方政府在保护少数民族非物质文化遗产中的主导作用——以巴塘弦子为例［D］. 中央民族大学，2011：1 ~ 58.

④ 周志勇. 论政府主导下的非物质文化遗产保护［D］. 湖南大学，2007：1 ~ 49.

⑤ 谭荣. 非物质文化遗产保护中的政府行为研究——以舟山市为例［D］. 浙江海洋学院，2011：1 ~ 33.

⑥ 黄赛凤. 政府主导的西藏非物质文化遗产保护研究［D］. 西藏大学，2010：1 ~ 60.

传承人和人才培养等方面都存在很多问题。她认为政府应从政策立法机制、弘扬与传承机制两个大方面加强保护工作。杨莹① 以吴江市非物质文化遗产芦墟山歌为例，认为地方政府在非物质文化保护与传承中存在着政府责任的失缺；地方政府应坚持以人为本的基本原则，依法对非物质文化遗产开展保护。具体的政策包括加强非物质文化遗产的科学研究与宣传教育，吸引社团组织参与非物质文化遗产保护和增加非物质文化遗产保护经费的投入。

五、产业化保护

随着非物质文化遗产保护研究的不断深入，关于非物质文化遗产保护的产业化运作模式的探讨成为近年的热点，同时也是争议最多的一个话题。产业化保护模式是把非物质民族民间文化的保护推向市场，并通过市场机制来运作。

李昕② 认为，就保护非物质文化遗产的原生态而言，现代产业化运作不见得是最好的选择，但是，是否原生态是保护非物质文化遗产的终极目标，还有待进一步商榷。产业化运作并非洪水猛兽，只要运用得当，相信一定能够成为非物质文化遗产保护的重要途径。她在另一篇文章③ 中指出，鉴于非物质文化遗产的准公共品的性质，以及准公共品的多种提供方式，可以将非物质文化遗产（从产业化角度）分为可经营性非物质文化遗产与非经营性非物质文化遗产。对于可经营的非物质文化遗产可以通过产业化运作模式进行保护，就是要推进和实现非物质文化遗产面向社会化、保护主体多元化，实现非物质文化遗产保护的投入产出效益化。苑利④ 等则认为，非物质文化遗

① 杨莹. 非物质文化遗产保护与传承中地方政府责任研究——以江苏吴江“芦墟山歌”为例[D]. 华东理工大学，2011：1 ~ 40.

② 李昕. 论非物质文化遗产保护产业化运作的可能性[J]. 贵州民族研究，2008（2）：68 ~ 73.

③ 李昕. 可经营性非物质文化遗产保护产业化运作合理性探讨[J]. 广西民族研究，2009（1）：165 ~ 171.

④ 苑利，顾军. 非物质文化遗产的产业化开发与商业化经营[J]. 河南社会科学，2009（4）：20 ~ 21.

产能否进入市场并进行商业化经营，关键在于非物质文化遗产传承规律自身。只要遵循非物质文化遗产传承规律——原来走市场的继续走市场，原来不曾走过市场的尽量不要走市场，而介乎于两者之间者在进入市场时如果能谨慎从事，通常都不会出现太大问题。非物质文化遗产保护与产业化开发确有矛盾的一面，但只要将“保护”与“开发”工作分开来做，就很容易实现“保护”与“开发”的双赢。王焯[①]指出，“非遗”产业化应该主要追求有利于文化资源的合理配置、有效传承和文化资本不断积累的社会利益。由于“非遗”项目种类繁多、特点鲜明，其存在状况和市场价值等也不尽相同，因此需要遵循相应的标准与原则，以符合产业化模式的构建规律。

吕军[②]指出，对非物质文化遗产的保护，既要保护又要发展，以保护带动开发，以开发促进保护。对其进行产业化开发和经营则是保护和传承非物质文化遗产的有效途径之一。王松华等[③]则认为在非物质文化遗产保护利用过程中，通过产业化的手段寻求非物质文化遗产在新的环境下传承与传播的市场空间，并借市场化的机会扩大规模与集聚资金，实现非物质文化遗产存续与发展的良性循环。同时，审视过去开发利用中出现的问题，还必须在产业化的同时，建立起非物质文化遗产市场化后的评估、监测、规范等管理机制与收入分配体系，在坚持整体性保护的原则下，积极寻求新时代背景下非物质文化遗产的生存与发展空间。徐赣丽[④]认为，鉴于非物质文化遗产的特殊性，单纯的记录、保存、隔离的做法不能做到有效的保护，要采用开发式的保护手段，引进旅游的市场机制，调动政府、商家、学者和文化的主体的积极性，使非物质文化遗产在现实中找到生存、发展的土壤。崔凤军等[⑤]则认为，非物质文化遗产具有旅游品牌效应，非物质文化遗产的生产性

---

① 王焯. 非物质文化遗产产业化原则的界定与模式构建［J］. 江西社会科学，2010（8）：214 ~ 218.

② 吕军. 吉林省非物质文化遗产保护与文化产业化关系初探［J］. 博物馆研究，2010（1）：60 ~ 65.

③ 王松华，廖嵘. 产业化视角下的非物质文化遗产保护［J］. 同济大学学报（社会科学版），2008（1）：107 ~ 112.

④ 徐赣丽. 非物质文化遗产的开发式保护框架［J］. 广西民族研究，2005（4）：173 ~ 180.

⑤ 崔凤军，罗春培. 旅游与非物质文化遗产的保护［J］. 法制与社会，2006（19）：195 ~ 196.

开发，是抢救、保护非物质文化遗产的主要渠道。宋欢[①]也认为旅游开发是保护非物质文化遗产的有效途径，他从旅游资源调查评价、宏观战略制定、旅游项目设计三个方面阐述了保护的措施。辛儒[②]认为，我国非物质文化遗产资源丰富，开发利用价值加大，对其进行产业化开发和经营是保护和传承非物质文化遗产的有效途径之一。我国非物质文化遗产资源开发程度和规模都有待提高。如果要加快其产业化经营发展的步伐，需要进行合理规划和有效扶持。比如，制定产业化经营的发展规划，进行合理布局，延长文化产品的产业链；以政策扶优为宗旨，构筑产业发展支持体系；打造产业化经营的服务平台，提高非物质文化产业的发展能力，从而提升非物质文化遗产资源产品的影响力和持续发展能力。佟玉权[③]等认为，面对我国大量非物质文化遗产传承环境的日渐式微或被过度地商业化、庸俗化的现实，依据文化遗产的特性走适度的产业化发展道路，是非物质文化遗产保护利用的现实选择。在非物质文化遗产的产业化问题上，要把文化传承作为评价产业化发展质量的首要标准，把促进社区参与看做产业化发展的根本保障，同时还要通过现代科技和传媒的有力支撑，通过整合并做强文化产业链条，有效提高非物质文化遗产的传承能力和传承效果。

郭悦[④]指出，传统手工技艺类的非物质文化遗产，往往通过产业化的开发和保护，成为市场中流通的旅游工艺品，这也是目前能使之得以延续的较好方式之一。但成为旅游工艺品后，非物质文化遗产的物质层面常常会脱离“非物质性”而存在，成为纯粹的商品，这种情况促使我们需要对非物质文化遗产的价值进行反思。罗茜[⑤]认为现代旅游活动促进了非物质文化遗产的保护，但同时也对其造成了负面影响。为了正确处理非物质文化遗产旅游开发

---

① 宋欢. 旅游开发与非物质文化遗产保护［J］. 沧桑，2006（4）：88 ~ 89.

② 辛儒. 我国非物质文化遗产产业化经营问题探讨［J］. 生产力研究，2008（6）：4 ~ 5，12.

③ 佟玉权，赵玲. 非物质文化遗产保护利用的产业化途径及评价体系［J］. 学术交流，2011（11）：187 ~ 191.

④ 郭悦. 分离还是统一：非物质文化遗产与旅游工艺品——以靖西绣球为例［J］. 广西民族研究，2009（4）：197 ~ 203.

⑤ 罗茜. 中国非物质文化遗产保护性旅游开发问题研究［D］. 湘潭大学，2006：1 ~ 46.

中保护与开发的关系，促进两者的长足发展，引入了世界遗产保护真实性理论，提出了保护性旅游开发的措施，在开发旅游时要坚持可持续发展原则、保护第一的原则及“以人为本”的原则；要正确处理旅游开发中保护与开发、继承与发展及自我与他人的关系；在此基础上，构建了由政府、旅游企业、当地村民和学者等四方力量搭建的保护性旅游开发主体合作模式；提出了非物质文化遗产保护性开发的新思路——民族生态旅游村。藏萍①从产业能力、产业效益、文化传承、社区参与四个方面构造了农村非物质文化遗产适度产业化发展评价指标体系，并从实证的角度对新宾永陵满族民族文化适度产业化评价指标体系进行了具体运用。

产业化保护模式在云南、贵州等地已越来越成为一种主要的保护模式，较为普遍的做法是“文化搭台，经济唱戏”。这对于非物质民族民间文化的开发与保护确实起到了一定的作用。如卢家鑫②以贵州为例，认为民族歌舞戏剧对地方经济发展有促进作用，指出民族歌舞戏剧的传承发展与地区旅游的关系，并提出了民族歌舞戏剧在地区旅游发展中保护的对策。王焯③以辽宁的非物质文化遗产为个案，提出了具有可行性的产业化保护的原则与模式。认为非物质文化遗产的保护应该以“文化”为核心，通过技术的介入，制造、营销不同形态的文化产品，从而实现文化多样性和多元化的立体保护，达到标准化、专业化、规模化和连续化，也就是产业化。形成产业化保护是非物质文化遗产保护的发展趋势，是既符合其文化自身发展规律，又能充分挖掘其市场潜能的平衡点，可以使其得到文化、经济、历史、社会价值的最大开发与利用。刘水良④等也指出湘西地区的非物质文化遗产保护要实行产业化经营。

---

① 藏萍．农村非物质文化遗产适度产业化及其管理策略［D］．大连海事大学，2011：1 ~ 64.

② 卢家鑫．民族歌舞戏剧与地区旅游开发——以贵州为例［J］．贵州民族学院学报（哲学社会科学版），2006（6）：117 ~ 121.

③ 王焯．辽宁非物质文化遗产产业化保护模式探究［J］．文化学刊，2009（6）：113 ~ 116.

④ 刘水良，吴吉林，姚小云．湘西地区非物质文化遗产产业化经营思考［J］．邵阳学院学报（社会科学版），2011（6）：64 ~ 67.

但同时，也有学者指出，这种保护模式也带来了以下几个方面的问题：一是产业化的核心是市场化，而市场化的目的是追求利润。把非物质民族民间文化保护完全通过市场机制来运作，必然带来非物质民族民间文化保护的变味。同时，在追求利润的驱动下，投资者往往急于赚钱，而不愿意长远地去规划非物质民族民间文化的可持续发展。二是产业化易导致非物质民族民间文化的肤浅化。一些少数民族原生态的歌舞、戏曲，原本只允许出现在特定的节日或场合，但是为了让游人领略民族风情，也就打破了传统的要求和限制，完全用“演”的方式来展示民族文化，久而久之这种程式化的表演不仅难以表现民族文化的精髓，也使得一些优秀的非物质民族民间文化被庸俗化和肤浅化。[①] 三是产业化保护模式易带来非物质民族民间文化的知识产权保护问题。在产业化过程中，非物质民族民间文化被抛向市场，再加上非物质民族民间文化的产权不明晰，使非物质民族民间文化的知识产权容易遭到侵犯，从而出现资源的拥有者和权属者没有获益的问题。这是产业化保护模式有待于解决的关键问题。

六、学校保护

非物质文化遗产在学校教育中的传承，是近年来教育领域共同关注的一个问题。

热依拉·达吾提的《维吾尔麦西莱甫与学校教育》[②]，郝苏民的《西北各民族在行动（抢救保护非物质文化遗产）》[③]，汪立珍的《少数民族非物质文化遗产的保护与教育》[④] 等都提出了非物质文化遗产需要通过教育方式保护

① 黄晓. 产业化视角下的贵州民族民间文化资源保护［J］. 贵州社会科学，2003（2）：51 ~ 53.

② 热依拉·达吾提，阿依古丽·买买提. 维吾尔麦西莱甫与学校教育［J］. 新疆艺术学院学报，2004（2）：71 ~ 75.

③ 郝苏民. 西北各民族在行动（抢救保护非物质文化遗产）［M］. 北京：民族出版社，2006：1 ~ 462.

④ 汪立珍. 少数民族非物质文化遗产的保护与教育［J］. 民族教育研究，2005（6）：61 ~ 66.

的观点。桑圣毅等[①]也认为，学校教育具有传承和培养功能，通过学校教育这个平台来培养传承者，注重保护非物质民族民间文化的“源头”，有利于非物质民族民间文化的保护与可持续发展，是对非物质民族民间文化外生型保护模式的有益补充。罗浩[②]认为，面对当前非物质文化遗产传承和发展过程中日益凸显的“瓶颈”难题，仅仅依靠政府部门单独应对显然不够，非物质文化遗产保护工作更需要多方社会力量的共同参与，其中以高校为代表的影响力大、知识人才广聚的教育机构参与其中尤为重要。谭宏等人[③]也指出，地方性高等院校是非物质文化遗产保护工程中连接政府机构与社会力量的桥梁，它承担着四重任务：记录、保存、文化创新与经济转化。吴正彪[④]认为虽然民族文化知识进校园与通过学校教育来传承和保护非物质文化遗产是一致的，但此项工作的落实还必须通过立法的途径才可得到全面的实施。贺能坤[⑤]指出，西南少数民族非物质文化具有独特性，其保护及传承的意义重大。但现行的保护方式更多地强调了保存其外在形式，仍是一种静态保护，不能保存蕴藏在非物质文化之中的民族精神、民族心理等本质内容，不利于非物质文化的传承。他在另一篇文章中[⑥]则指出，西南少数民族创造了极其丰富的非物质文化，但传统的保护方式存在着较大的弊端：只保存了非物质文化的“形”，不能保存蕴藏在非物质文化之中的民族精神、民族心理等“神”的内容，无法真正实现传承。根据非物质文化传承的要求，应积极对民族地区的学校教育进行改革，并通过学校的辐射作用建立有利于民族

① 桑圣毅，肖庆华. 论非物质民族民间文化的学校保护路径 [J]. 贵州民族研究，2011 (6)：136 ~ 139.

② 罗浩. 高校参与非物质文化遗产保护工作的对策研究 [J]. 今日南国，2009 (9)：11 ~ 12.

③ 谭宏，王天祥. 地方性高等院校与边区非物质文化遗产——以渝黔川边区为例 [J]. 重庆文理学院学报 (社会科学版)，2006 (2)：7 ~ 11.

④ 吴正彪. 民族文化知识进课堂与发挥学校教育在保护和传承非物质文化遗产中的作用 [J]. 民族教育研究，2008 (6)：52 ~ 55.

⑤ 贺能坤. 西南少数民族非物质文化传承与学校教育改革研究 [J]. 重庆文理学院学报 (社会科学版)，2008 (4)：5 ~ 8.

⑥ 贺能坤，张学敏. 构建少数民族非物质文化传承的新机制——促进西南少数民族非物质文化传承的学校教育改革研究 [J]. 民族教育研究，2008 (6)：47 ~ 51.

非物质文化传承的学习型社区，培养民族非物质文化“活的传人”，从根本上建立起少数民族非物质文化的“再生机制”。王卓亚[①]也认为我国是非物质文化遗产的大国，加强大学生非物质文化遗产的教育对于培养高素质的非物质文化遗产保护和利用的人才具有重大意义。高等学校在加强大学生非物质文化遗产教育方面应发挥重要作用，但大多数高校忽视非物质文化遗产方面的教育，因此应结合学校特色，加强非物质文化遗产教育，提高大学生文化修养和素质。普丽春[②]认为学校教育在少数民族非物质文化遗产保护和传承方面具有独特的优势，是我国非物质文化遗产保护工作中不可或缺的重要力量。同时，提出了少数民族非物质文化遗产要进入学校教育必须“坚持党和国家的教育方针，遵循教育的基本规律和服务于经济社会的发展”的观点。孙伟[③]指出，高校作为系统的学校教育的一个重要环节，应在非物质文化遗产的保护和传承中发挥重要作用。大学生是未来社会中掌握经济、文化、教育等重要命脉的主体，是未来社会建设的中坚力量，培养他们对非物质文化遗产的正确态度、深厚感情，是保证我国未来文化政策的正确导向和树立全民族文化保护观念的长久之计，是我国非物质文化遗产可持续性发展的内在机制和重要途径。

在学校参与非物质文化传承与保护的具体措施方面，苑岚冰[④]认为，目前在普通高校传承非物质文化遗产方面，要形成高校机构参与非物质文化遗产保护的基本理念，逐步推进非物质文化遗产进校园的进程；做好非物质文化遗产相关资料的整理和保存工作；有针对性地推进非物质文化遗产学科建设；进一步完善和强化非物质文化遗产交流与学术研究机制。要让高校教师参与到非物质文化遗产保护工作中来，开展这方面的学术研究、整理、申报工作；构建长期的政府咨询机制；逐渐实现研究成果的转化。要发挥高校学

① 王卓亚，李惠英. 高校非物质文化遗产教育现状及对策［J］. 知识经济，2010（9）：154.

② 普丽春. 学校传承少数民族非物质文化遗产的教育［J］. 当代教育与文化，2010（1）：19 ~ 25.

③ 孙伟. 让民族传统文化薪火相传——论高校艺术教育在非物质文化遗产保护中的作用［J］. 民族艺术研究，2011（4）：166 ~ 171.

④ 苑岚冰. 普通高校传承非物质文化遗产可行性的研究［D］. 河北师范大学，2009：1 ~ 49.

生的参与热情，充分发挥学生组织的作用，使学生们积极参与非物质文化遗产活动，并把专业学习与非物质文化遗产实践活动相结合，促进非物质文化遗产的传承和保护。靖桥等人[①]指出，高校在传承与保护非物质文化遗产中具有得天独厚的条件，可以在非物质文化遗产的传承和保护中发挥积极作用。非物质文化遗产的传承与保护应建立在高校的课程体系上，通过非物质文化遗产项目与高校课程体系的融合，将非物质文化遗产的传承与教学实践紧密结合，纳入学校整体课程体系和学生艺术素质教育体系，为非物质文化遗产在高校的传承与传播做出积极贡献。张爱琴[②]通过对少数民族非物质文化遗产相关政策的价值选择及其合法性分析，提出重建公共教育权力体制、实现教育主体多元化；建立少数民族非物质文化遗产全方位、多层次教育传承体系；改革教育评价体制；加强少数民族非物质文化遗产学校教育网络资源开发。李建成等[③]也认为，保护和传承非物质文化遗产不仅是地方政府和文化部门的责任，也是教育部门的义务。文章认为，非物质文化遗产进校园对传承民族精神和弘扬爱国主义具有战略意义，对建设和谐校园和促进学生养成明礼诚信，崇尚伦理道德也具有积极作用。为使非物质文化遗产能进校园，应建立工作机制，加强专业人才队伍建设；加大宣传力度，营造非物质文化遗产进校园的良好氛围；积极探索课程改革，将优秀文化遗产内容渗透进教学之中；充分发挥各类学生社团的作用，广泛开展有民间文化特色的校园文化活动。

在个案研究方面，谢梦[④]以湖北省保存较好的典型的苗族聚居地“小茅坡营苗寨民俗村”为例，研究了教育对非物质文化遗产保护的现状、作用及

---

① 靖桥，盖海红，王靖敏. 河北非物质文化遗产与高校课程相融合的可行性研究［J］. 河北师范大学学报（教育版），2010（3）：126 ~ 128.

② 张爱琴. 我国少数民族非物质文化遗产学校教育传承的政策分析［J］. 民族教育研究，2010（1）：19 ~ 23.

③ 李建成，孙泉. 关于非物质文化遗产进校园工作的思考［J］. 承德民族师专学报，2007（4）：70 ~ 72.

④ 谢梦. 恩施州非物质文化遗产的保护与教育——以宣恩县高罗乡小茅坡营苗寨民俗村为例［J］. 湖北民族学院学报（哲学社会科学版），2008（5）：48 ~ 52.

意义，并提出了以学校为阵地、社会为摇篮、开展具有民族特色的素质教育以保护恩施土家苗族自治州的非物质文化遗产的建议。刘晓辉[①]认为，贵州民族非物质文化遗产“保护”的关键在于文化的“传承”，而“传承”的关键是传承者的教育。当今，年轻一代受教育的主要场所是学校，民族学校教育的课程设置应当考虑把非物质文化遗产的传承与学校的课程设置联系起来，开设相应的课程，通过学校教育的渠道，实现对非物质文化遗产的保护和传承。特木尔巴根[②]以北京邮电大学民族教育学院为例，探索了民族教育如何在学校德育、智育、美育、体育和校园文化建设等方面发挥其传承、保护少数民族非物质文化遗产的独特作用，同时呼吁保存和发展非物质文化遗产必须高度重视非物质文化遗产教育。杜丽[③]以中学为个案，认为非物质文化遗产具有活态性、民间性和生活性等特征，利用校园教育保护和传承非物质文化遗产，是进行素质教育的重要方式，将非物质文化遗产与校园文化建设结合起来，对中学美术教育的促进和非物质文化遗产的保护起到双重的促进作用。陈鑫[④]以乌鲁木齐市十所中学为案例，讨论了学校非物质文化遗产教育的文化传承功能、多元文化与新疆本土文化的关系、学校教育与社会文化的关系等问题。郝好燕[⑤]以广西地区的非物质文化遗产为例，从小学美术教育进行分析和探索，认为从小培养学生非物质文化遗产保护和传承意识，加大非物质文化遗产教育非常必要。

---

① 刘晓辉. 贵州非物质文化遗产应纳入民族乡村学校教育［J］. 贵州工业大学学报（社会科学版），2007（3）：178 ~ 180，184.

② 特木尔巴根. 民族教育在保护少数民族非物质文化遗产中的作用——以北京邮电大学民族教育学院为例［J］. 内蒙古师范大学学报（教育版），2008（7）：41 ~ 44.

③ 杜丽. 甘肃省非物质文化遗产在中学美术教育中的应用研究［D］. 陕西师范大学，2011：1 ~ 35.

④ 陈鑫. 新疆非物质文化遗产的教育传承研究——以乌鲁木齐十所中学为例［D］. 新疆大学，2010：1 ~ 53.

⑤ 郝好燕. 广西非物质文化遗产在小学美术教育中传承的探究［D］. 广西师范大学，2011：1 ~ 38.

七、传承人保护

遗产，特别是非物质文化遗产的传承离不开传承人。正像有学者描述的那样，“一个民族传统的非物质文化遗产往往主要集中掌握在杰出的艺人、匠人以及巫师这三种人手中，他们是一个民族传统文化的传承主体，一个民族的历史、天文、历法、地理、文学、乐理、艺术、舞蹈、医药、工艺、技能等传统知识与技能，主要通过他们来传承。”① 非物质文化遗产的保护和传承人的保护与培养息息相关，非物质文化遗产要永续传承下去并且发扬它的魅力，就必须坚持不断地保护与培养传承人。

近年来，对非物质文化遗产传承人的保护研究，成为学者们关注的重要方面。对非物质文化遗产传承人的认定成为首要的任务，而传承人的推荐和选定是认定传承人的关键。有人认为传承人的推荐应该弄清个人或群体在社区的身份、传承内容、传承谱系、传承方式、濒危程度以及其所传承文化的内涵等内容。传承人的认定应该采取这样的工作思路：由专家委员会遵循严格的、具有权威性的工作程序，进行具有专业水准的深入的田野调查，在严谨和公正的学术研究成果的基础上，依据大量翔实的资料（调查报告）和得出的审定结论，再经过各级政府或相关部门的权威公布（认可或指定）等来开展认定。同时“必须尊重当地社区和传承者当事人的意愿，包括尊重他们在守望传统技艺和各种人生选择之间的基本自由，而政府所能做的主要是通过政策方面的引导以解决诸如传承者后继乏人等各种具体的实际问题”②。传承人的培养与造就同样是非物质文化传承保护的重要内容。有学者认为非物质文化遗产传承人的培养和造就必须确立科学发展观，保持积极有益的民俗民风，保护传承人立位仪式和成年礼仪，解决老传承人的福

① 许林田. 传承人：非物质文化遗产保护的核心载体［J］. 浙江工艺美术，2006（4）：97 ~ 101.

② 冯莉. 传承人调查认定看当前“非遗”保护工作中存在的问题［J］. 青海民族研究，2010（4）：163 ~ 167.

利待遇，鼓励他们对后世人的传、帮、带，努力培养和造就新一代的传承人，促使他们健康成长[①]。总之，应当建立以人为本的非物质文化遗产保护机制。

在非物质文化传承人保护方面，有学者提出了类型化保护的观念[②]，认为针对传承人的年龄、职业、民族、性别、传承方式、传承目的以及对“非遗”的态度等方面的不同情况，可以将传承人保护分为三大类：扶持性保护、引导性保护和开发性保护，并据此制定个性鲜明的传承人保护方案。有学者认为在今天轰轰烈烈的非物质文化遗产运动中，各类传承和保护主体纷纷登场，除了传统的民间的传承之外，中央和地方政府、学者、商人、新闻媒体等也都纷纷加入了这场博弈。与数字化技术同步进入这场运动的还有一类新型主体，那就是“数字传承人”。他们是民族非物质文化遗产传播、生存和发展的又一类新型主体，他们的数字传承活动，使非物质文化遗产从唯一、不可共享和不可再生的变成了无限、可共享和可再生的。[③]尽管数字传承和数字传承人是一个较新的传承形式和传承群体，但他们的加入将有助于改变非物质文化文化遗产传承与保护的这种现状。

总的来说，近年来，尽管在非物质文化遗产的保护模式上，仍有很大争议，但相同的一点是，大多数人都认为应采取必要的手段对非物质文化遗产进行保护。

---

① 王光荣. 非物质文化遗产传承人培养与造就模式试探——从彝族祭司立位仪式得到的启示[J]. 广西师范学院学报(哲学社会科学版)，2009(4)：1～6.

② 孙正国：论非物质文化遗产传承人的类型化保护[J]. 求索，2009(10)：52～54.

③ 阮艳萍：数字传承人：一类遗产表述与生产的新型主体[J]. 西南民族大学学报(人文社会科学版)，2011(2)：50～54.

第三节 选题的意义及创新

一、研究意义

流传两千多年的铜鼓在大炼钢铁和“文化大革命”中遭到严重的破坏，数以千计的铜鼓被砸毁熔化，以铜鼓为载体的铜鼓文化也遭到了摧残。随着我国社会主义市场经济的日益发展与繁荣，中华民族传统文化也正在复兴。近 20 年来，壮族、布依族、水族、侗族、苗族、瑶族、彝族、傣族、佤族等，又恢复了使用铜鼓的传统习俗。在闹年迎春、节日庆典、婚丧礼仪、祭祀聚众等重要场合敲打铜鼓。但是，铜鼓的歌谣、铜鼓的舞蹈、铜鼓的乐谱（鼓点）没有得到全面系统的整理，会敲铜鼓的人日益减少，更为严重的是，铜鼓铸造技术已经失传。尤其是在贸易全球化、经济一体化的今天，民族民间传统文化正面临着现代文化特别是西方文化的冲击。为了保持文化的多样性，维护一个良好的文化生态，保护、继承和发展包括铜鼓文化在内的民族民间传统文化十分重要。

本课题试图通过文献考证、田野调查，系统研究铜鼓文化的产生、传播与发展的历史和现状，着重联系实际探讨在社会主义市场经济的背景下如何保护、继承和发展铜鼓文化，为民族地区社会经济发展、社会主义精神文明建设做贡献。

二、基本思路和创新

在研究内容上，我们将有形文化（铜鼓铸造等）与无形文化（铜鼓习俗与社会文化功能）结合起来。在研究时间范围上，将古代与现代结合起来。在研究空间范围上，将中国与东南亚结合起来。在研究方法上，将文献研究与田野调查结合起来。在研究过程中，把理论与实践结合起来。应该说，在内容和方法上都有诸多创新。

第一，我们在占有文献和现有调查资料的基础上，对中国和东南亚的八个国家铜鼓文化进行了系统的历史考察和重点田野调查，进一步厘清了铜鼓文化产生的起因、传播路线与发展过程，对历史上和现今铜鼓的社会文化功能进行归纳，揭示出铜鼓文化与“畬文化”（南方稻作文化）之间的联系。

第二，我们在广西、贵州的壮族、布依族、侗族、苗族、瑶族、彝族地区选择具有代表性的地方，对民间铜鼓及铜鼓文化保存、继承和发展的情况进行深入的调查研究，摸清了铜鼓文化的现状，指出铜鼓文化的保护、继承和发展的必要性、紧迫性。

第三，通过对越南、老挝、缅甸、泰国等国家的学术交流与访问，了解国外保护、继承和发展铜鼓文化的情况。

第四，在调查研究和课题组实践的基础上，提出切合实际的并被证明行之有效的保护、继承与发展铜鼓文化的基本措施。

三、研究方法

采用文献研究法和田野调查相结合的方法。除了传统的民族学调查方法外，在对民族地区农村进行田野调查时主要采用“乡村参与式快速评估”（PRA）方法。在分析文献和田野资料时，运用数理统计方法进行数据处理。

Chapter 2 The Significance of Bronze Drum Culture

铜鼓是中国古代南方和东南亚众多民族珍爱的“重器”，被誉为“一部无字的民族历史文化百科全书”。它流传至今已有两千七百余年历史，最初从炊具分离出来成为打击乐器，后来发展成为祭祀用的神器，指挥作战用的军鼓和权力象征的重器，最后又回到民间作为乐器，至今仍

第二章

铜鼓文化的重要性

活跃在中国南方少数民族和东南亚一些民族中。铜鼓是东盟和中国南方古代文化的重要载体，也是它们历史上共同联结的重要纽带，承载着这片土地上各个民族的历史文化。在漫长的历史演化过程中，这一区域形成了丰富多彩的铜鼓文化，至今仍以“活态”的方式留存于中国西南民族地区及老挝、越南、缅甸等东南亚国家，但随着现代化进程的加速，使用铜鼓的地区也在不断缩小，铜鼓文化也面临着传承的困境，如何传承、保护和发展铜鼓文化需要更多的关注。

第一节

铜鼓的起源、发展与传播

世界上绝大多数鼓都以皮膜发声，称为膜鸣乐器。出土于中国南方及东南亚诸国数以千计的铜鼓，则“铸铜为之，虚其一面，覆而击其上”。极具地域特色和科技文化象征的铜鼓已流传2700年之久，最初从炊具中分离出来成为打击乐器，后来发展成为祭祀用的神器，指挥作战用的军鼓和权力象征的重器，最后又回到民间作为乐器。这千古流传的神奇的青铜艺术瑰宝，至今还活在中国南方和东南亚一些国家的民族之中，不但以它雄浑的音色给众多古老民族世世代代带来欢乐，而且以它无穷无尽的奥秘，诱发着人们不断去思考和探索①。

一、铜鼓的起源

关于铜鼓起源于何物说法较多，有源于皮鼓说、源于錞于说、源于木臼说，似乎都有些道理。但源于铜釜说（见图2-1），随着考古证据的有力支持，日益被人们认同。

① 蒋廷瑜. 古代铜鼓通论［M］. 北京：紫禁城出版社，1999：287.

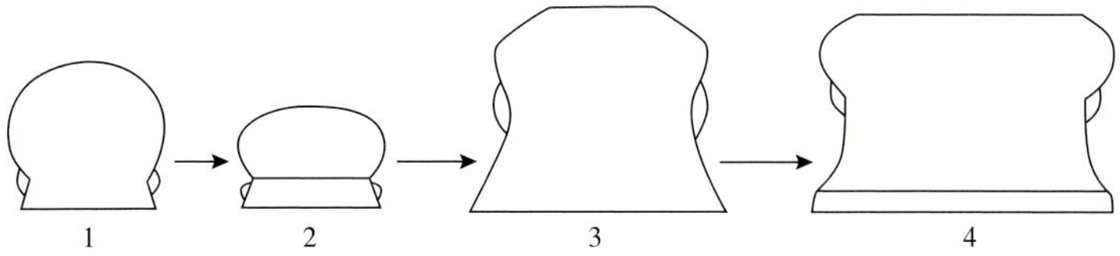

图 2-1 铜鼓发展示意图（蒋廷瑜 提供）

1, 2. 陶釜 3. 铜釜 4. 铜鼓

1964 年，在云南祥云县大波那木椁铜棺墓中出土一面鼓形釜及铜鼓。冯汉骥在《云南晋宁出土铜鼓研究》一文中明确指出：“祥云大波那铜棺墓中这种形状的铜釜及铜鼓的发现，给了我们以明确的启示，说明了早期铜鼓……是从铜釜发展而来，所以打击面只有一面而非两面[①]。”

1975 年，考古工作者从云南楚雄彝族自治州城南万家坝的一座春秋晚期 23 号墓的棺底垫木之下挖出 4 面铜鼓。这 4 面铜鼓的外表都很粗糙，鼓面小，引人注目的是，鼓面上有烟炱，说明它们曾作炊具用过。经碳 14 测定，这一墓葬距出土年代为 2640 ± 90 年。万家坝墓的发掘简报指出：“万家坝所出铜鼓，是迄今为止我国经科学发掘的铜鼓中之最原始者。这批铜鼓大部分鼓表面有烟痕，明显曾作炊爨之用；与此同时，有的釜又是利用铜鼓改制的，如 M1：1。这些都足以证明本地的铜鼓不但是从釜发展而来，而且尚停留在乐器、炊器分工不十分严格的初期阶段。这对于解决铜鼓产生的时代、地点以及追溯其发展的源流，都具有重要的意义。”[②] 这一结论已逐渐为国内外学者认同。大量证据表明“滇池和洱海之间这块富饶美丽的地方就是铜鼓与铜鼓文化的发源地”[③]。

上述事实给我们什么启示呢？我们认为：

1. 铜鼓出现是社会发展过程中人们精神追求的产物

铜鼓作为一种乐器为何从釜演变而来呢？我们知道，音乐产生于生产劳动

① 冯汉骥．云南晋宁出土铜鼓研究［J］．文物，1974（1）：58 ~ 59.

② 张增祺．铜鼓的起源与传播［C］// 中国古代铜鼓研究会．古代铜鼓学术讨论会论文集．北京：文物出版社，1982：79 ~ 86.

③ 李晓岑．云南早期铜鼓矿料来源的铅同位素考证［J］．考古，1992（5）：464 ~ 468，455.

过程中。石器时代，人们经常打制石器，发现一些形状特别、石质较硬的石块，能发出悦耳的声音。这样的石块就成了当时伴奏歌舞的乐器。我国春秋时期辑成的《尚书·益稷篇》里有这样一段话："击石拊石，百兽率舞。"说的是一些人敲击、拍打着石头，许多人便合着节拍跳起模仿百兽的舞。我们今天还可以在考古发掘中看到石制的乐器，例如，湖北随县擂鼓墩出土的石磬。新石器时代有了陶器，人们在兴高采烈的时候，会情不自禁地敲击身边的陶器。新石器时期的陶釜不仅是人们日常生活必需的器具，由于它具有一切鼓类乐器的共性——有打击面和共鸣腔，因此适合做打击乐器。可以设想，当年人们在用陶釜煮食之后，在高兴之时，有人吁呀而歌，有人手舞足蹈，有人随手击打身边的陶釜以合拍。

到了铜器时代，铜釜的音响效果比陶釜更好，而且可以经受较重、较长时间的打击而不破。然而，这种炊具和乐器兼用的铜釜要转变成乐器铜鼓，还必须取决于社会的需要。在当时的奴隶社会里，首先取决于奴隶主的需要。为了祭祀祖先、神灵或取乐，奴隶主总是养着一大批以唱歌、跳舞、奏乐为专职的乐舞奴隶。在发现铜釜有较好的音响效果后，就把铜釜当作乐器使用，并不断让人去改进它。首先是把打击面加大，把釜耳移至腰部，并在外表加以装饰。这样，专门用来作为乐器的铜鼓便应运而生了。到后来，滇王对铜鼓的声音和造型有越来越高的要求，铸造铜鼓的铜鼓师也就产生了，他们不断创新，不断改良铸造工艺，使铜鼓日臻完美，成为权力和财富的象征。[①]

仔细想来，南方青铜文化发展与中原地区青铜文化的发展过程有相似之处，却又迥然不同。在中原，鼎由食器变成了重器。拥有鼎之多少，鼎的大小成为权力和等级的象征。南方的铜釜则由食器发展成为先是乐器的铜鼓，最后也发展成为重器。"得鼓二三，便可僭号称王。"[②]

2. 铜鼓的流行是自然环境与文化环境共同作用的结果

铜鼓不但在中国南方广泛流传，而且在东南亚八个国家（越南、老挝、缅甸、泰国、柬埔寨、马来西亚、印度尼西亚、新加坡）都有，分布

① 万辅彬. 铜鼎与铜鼓社会文化功能比较研究［J］. 广西民族研究，2003（1）：68～74.

② ［清］张廷玉，等. 明史·刘显传［M］. 北京：中华书局，1974：5620.

地区纬度低，炎热多雨，土地卑湿。皮鼓在这种环境下容易受潮。皮鼓一受潮就会失去张力，声音变得低沉短促，木腔皮面也容易霉烂。进入青铜时代后，南方民族懂得用铜、锡、铅合金制造的器物，即使在雨地里敲击，同样会发出清脆的响声，所以用青铜制鼓，独受南方民族青睐。北方也曾有过仿木腔皮鼓做成前后皆有鼓面的铜鼓，一件是容庚所著《殷周青铜器通论》著录的据说是商代的《双鸟饕餮纹鼓》，可惜这件标本早已流出国外，在国内只能看到它的图样。另一件是1977年在湖北崇阳大市河边发现的，形制与前者仿佛。这类铜鼓均非敲之以作乐的鼓，至为罕见。自古至今，北方一直流行木腔皮鼓而无铜鼓流行。

铜鼓在南方诞生并广泛流传，最主要还是南方社会文化使然。铜鼓脱胎于铜釜后其社会功能不断扩展。随着社会经济的发展，人们精神上的追求，以及图腾崇拜意识影响，铜鼓的功能、作用也愈来愈变得丰富多彩——“用作猎首、乐器、重器、赏赐、贮贝、葬具、礼器”。大量出土器物上的歌舞、娱乐场景以及四川省珙县“僰人”悬棺崖画、广西宁明骆越人花山崖画都有铜鼓形象。铜鼓的这些传统功能一直沿袭至今。

铜鼓本身又是民族文化的载体，从铜鼓身上的图案、立体饰物和铜鼓的社会功能，多角度地反映了当时铸造和使用铜鼓的民族生产、生活、社会活动情形以及他们的精神追求和审美体现。

二、铜鼓文化的发展与传播

代表历史文化的器物，随着民族的迁徙、战争的推移和经济文化交流，以交换、贸易、征服、劫掠等方式播迁，无论是中原文化或少数民族文化都是如此。这种相互渗透的作用，使得冶铸技术和铜鼓文化不胫而走，并且与当地民族文化融为一体，有所创新，使之得到不断的发展。

1. 铜鼓文化的分布范围不断扩大

铜鼓从铜釜分离出来成为专门乐器，时间是公元前7世纪左右，中心地点在我国云南中部偏西地区。当时，生活在那里的民族是濮人。濮人与百越民族有密切的联系。他们是通过巨川大河互相往来的。战国晚期至汉代，铜鼓由发祥地逐渐东移，首先在滇池地区的晋宁、江川、呈贡等地由滇人之手发展成为形制成熟的石寨山型。这一时期铜鼓铸造技术大大提高了一步，比以前更为精美，给铜鼓文化带来了耳目一新的局面，铜鼓文化跨入了辉煌时期。这也是社会生产力发展、技术进步、文化发展的缩影和必然产物。石寨山型铜鼓逐渐呈扇形向东、南、北三个方向传播开去（见图 2-2）。

滇池往东，石寨山型铜鼓一路由南盘江经贵州和广西交界地区，并经红水河传播到百濮族群中的句町和夜郎地区。另一路通过西洋江、驮娘江顺流而下，首先在广西的西林、田林传播，并到达右江河谷。在右江河谷不仅出土了石寨山型铜鼓，而且也出土了万家坝型铜鼓（田东县就先后出土了 3 面）。20 世纪 70 年代，在贵县发掘了南越王时期的一座古墓，出土了几面精美的

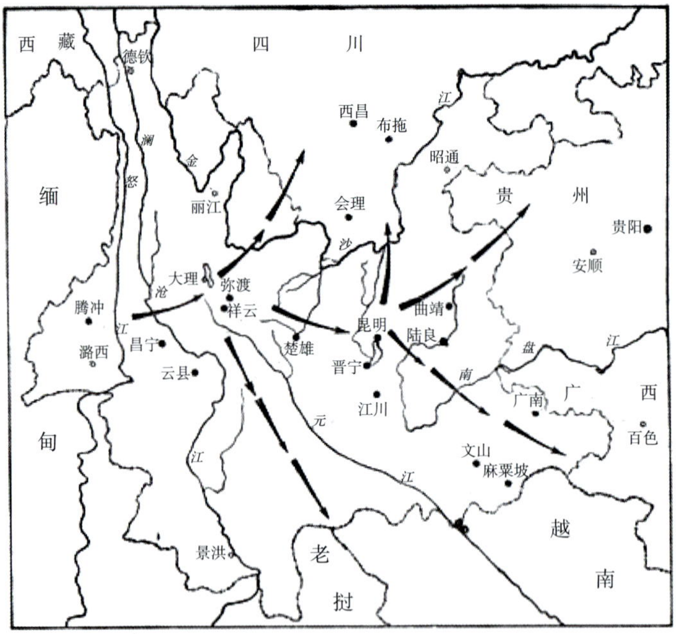

图 2-2　铜鼓传播主要路线示意图①（蒋廷瑜　提供）

① 出自：张增祺. 略论铜鼓的起源于传播［C］// 中国古代铜鼓研究会. 古代铜鼓学术讨论会论文集，北京：文物出版社，1982：85.

石寨山型铜鼓，其中一面定为国宝。句町、夜郎地区的滇系铜鼓继续东传，与北来的楚（汉）文化汇于郁江流域（出土北流型铜鼓和灵山型铜鼓）、浔江流域（出土冷水冲型铜鼓），于汉至两晋时期在两广地区南部形成一个新的器形硕大的被人们称为粤式铜鼓的分布中心。这里居住着百越族群的后裔乌浒人，也即后来的俚人。他们与北边的楚、西边的滇、南边的骆越密不可分，并把铜鼓传播到广东的云浮和阳江，经雷州半岛直抵海南岛。

滇池往南，经向东南奔流的礼社江到元江，石寨山型铜鼓传到了红河三角洲。生活在那里的是骆越人。由于他们具有较高的农业文明和青铜冶铸业，使铜鼓铸造工艺在这个地区获得了充分的发展。越南东山地区出土的大量铜鼓集中反映了他们的成就。东山铜鼓以其显著的特点及大规模制作，成为东山文化的代表。

越南北部民族的一支往南发展，到老挝、柬埔寨、泰国、马来西亚，远至印度尼西亚的爪哇、苏门答腊和甘尼安岛，往东到卡伊群岛的土瓦岛，最远到达新几内亚。

滇池以北，横陈着金沙江，使石寨山型铜鼓很便利地散布到四川和重庆南部地区，往东北遍及贵州全省，最东到达湖南西部山区。在滇东南、贵州和桂西北，经过遵义型铜鼓发展成为麻江型铜鼓。

云南南部往西，铜鼓文化流入缅甸掸邦地区，在这里形成一个晚期铜鼓（西盟型铜鼓）的铸造中心①②。

2. 铜鼓社会文化功能的发展变化促进铜鼓冶铸技术的发展变化

据统计，按照合金成分的不同、铜鼓可分为红铜、锡青铜、铅锡青铜三种类型。

从变化与时代的关系上看，大致的趋势是锡的含量在春秋时期很低，战国以后不断增加。锡与铅含量的总和也是从春秋、战国到南朝不断增加；唐

① 张增祺. 铜鼓的起源与传播［C］// 中国古代铜鼓研究会. 古代铜鼓学术讨论会论文集. 北京：文物出版社，1982：79 ~ 86.

② 胡振东. 云南型铜鼓的传播与濮人的变迁［C］// 中国铜鼓研究会. 中国铜鼓研究会第二次学术讨论会论文集. 北京：文物出版社，1986：142 ~ 151.

代、宋代到清代铅、锡、铜比例变化不大，趋于稳定。

合金成分之所以有上述变化与社会发展及铜鼓的社会文化功能的变化有着密切的关系。

当铜鼓还未从炊具脱胎出来，作为炊具、乐器两用的时候，冶铸水平较低，成分多为二元锡青铜鼓（即铜锡合金鼓），少数甚至干脆用红铜。铸造的铜鼓表面粗糙，存在气孔或针孔等缺陷，说明铸模材料还不讲究，做得也不精细。铜鼓上几乎没有什么纹饰，即使有也很稚拙简单，也没有刻意追求音响效果。

当铜鼓从铜釜脱胎出来，正式成为乐器之后，人们懂得要加一定含量的锡，不仅音响效果得到改善，熔点也会降低，而且改善了合金铸造性能，提高了铸件的强度和硬度。

但锡的含量不能无限制地增加，当它超过 6% 时，青铜的脆性便逐渐增大，合金的延伸率急剧下降，铸件的机械性能就会变差。用这种合金铸造出来的铜鼓经不起长期敲击。如果加入一定数量的铅去代替部分锡，不仅可以起到降低熔点的作用，而且利用铅在青铜合金中属于软的基体组织，可以有效地避免高锡青铜的脆性。用这种合金铸造出来的铜鼓，可以经得起长时期的敲打而不至于破裂，音响效果也不错。①

当铜鼓演变成象征权力和财富的重器时，铜鼓做得越来越大，鼓身与鼓面纹饰及立体雕塑越来越复杂、繁缛。相当一部分北流型和灵山型铜鼓（汉代至隋）的面径在 1 米以上，最大的一面北流型铜鼓面径竟达 165 厘米。如《后汉书・马援传》唐章怀太子注引晋裴渊《广州记》：“俚僚铸铜为鼓，鼓惟高大为贵，面阔丈余。初成，悬于庭，尅晨置酒，招致同类，来者盈门，豪富子女，以金银为大钗，执以叩鼓，叩竟，留遗主人也。”《隋书・地理志》载：“自岭以南，……诸僚皆然，并铸铜为大鼓”，“欲相攻，则鸣此鼓，到者如云。有鼓者号为‘都老’，群情推服”。当时，土地、财产及奴隶俱归都老、豪酋。

① 北京钢铁学院冶金史研究室，等. 广西、云南铜鼓铸造工艺初探、广西云南铜鼓合金成分及材质的研究［C］// 中国铜鼓研究会. 中国铜鼓研究会第二次学术讨论会论文集. 北京：文物出版社，1986：74 ~ 131.

为了铸成大鼓，就要求铸造技术进一步改进，不仅模具要做得好，火候掌握得好，还要改善合金铜熔液的流动性。部分冷水冲型铅的含量加入过多，声音比较低沉哑涩；北流型和灵山型铜鼓铜含量适当，并在鼓的背面有规则的铲削调音，使其达到预期的音响效果。据李世红和万辅彬研究发现，北流型铜鼓都将声音调至浊黄钟，[①] 显得庄严雄浑。冷水冲型铜鼓花纹繁缛精细，音响效果不怎么讲究，也许更在意夸富，作为钱财、权力的象征。

到了宋代，朝廷在岭南实行土官制，中央政权加强了控制，都老、豪酋的权力不复存在，象征权力的重器——大铜鼓不再制造，原有体积较大的铜鼓逐渐被埋入地下不再启用。但铜鼓作为乐器仍在少数民族的村寨中有极大的魅力，回到民众中的铜鼓体积小、重量轻，而且音响效果好。这就是麻江型铜鼓和西盟型铜鼓。这种铜鼓耗材少，重量轻，便于集会庆典时携带。这时，铅的含量减少了，铜锡铅以最有利发挥音响效果的比例来配合。

铸造技术也几经发展与变化。大多数铜鼓有合范缝，暴露有芯垫。但是，全部西盟型铜鼓和部分麻江型铜鼓未见暴露芯垫；部分西盟型铜鼓未见合范缝。这说明晚期铜鼓铸造技术有很大提高。早期和中期铜鼓多数是用泥范（陶范）铸造，西盟型则是用失蜡浑铸而成的。其他类型铜鼓上的青蛙、乘骑、牛橇、马、牛、鸟等立体造型装饰，结构复杂、做工精细，表面没有合范缝和焊接或分铸痕迹，也应是采用失蜡法铸造的。而失蜡法技术与石寨山铜鼓同时出土的青铜贮贝器上的立体雕塑技术一脉相承。不同类型的铜鼓既有承传关系，又都有自己的技术特色，并且很多技术高超。今天，大多数铜鼓已经失传，我们用现代技术来复制都不容易成功。可见，古代南方少数民族青铜铸造工艺已经达到了相当高的水平。

---

① 万辅彬．中国古代铜鼓科学研究［M］．南宁：广西民族出版社，1992：188.

第二节

铜鼓的分类与文化的多样性

铜鼓在自身的发展过程中，不同时代、不同地区、不同民族，形成了各自的特点。专家们从共性之中找出它们的差异，区别它们的时代和原产地，以及根据铸造和使用它们的民族，把铜鼓划分为各种类型。

最早对铜鼓采取科学分类的要算德国学者 A. B. 迈尔（A. B. Meyer）和 W. 夫瓦（W. Fuwa）。他们在 1898 年发表的《东南亚的青铜鼓》中将 52 面铜鼓按形制和纹饰的不同分为 6 个类型。而奥地利学者黑格尔在 1902 年出版的《东南亚古代金属鼓》将 165 面铜鼓分成 4 个主要类型和 3 个过渡类型，为铜鼓的科学分类奠定了基础。此后，铜鼓大量出土，更多的人参与研究，特别是中国众多学者参与深入研究。1980 年 3 月，在南宁召开的第一次中国古代铜鼓学术讨论会上，比较了诸种分类方法，经过反复讨论，大多数学者倾向于以标准器分类，并用出土标准器的地名命名的方法来划分铜鼓的类型，共分为 8 种类型，即万家坝型、石寨山型、冷水冲型、遵义型、麻江型、北流型、灵山型、西盟型。中国的铜鼓学界一直沿用到今天。课题组前不久发表了一篇文章，对铜鼓分类提出了新的看法，认为：20 世纪 80 年代初期，中国刚刚对外开放，铜鼓研究视野基本局限于国内，加上中国和越南当时有着政治上的冲突，两国学者都在一定程度上受到当时政治氛围的影响，不能客观、全面、科学地对待铜鼓研究。中国铜鼓学界当时的分类未能将东山铜鼓列入其中，应予以修正。课题组建议将铜鼓分为四期 10 型。[①]

一、滥觞期：万家坝型铜鼓

万家坝型铜鼓是最原始型铜鼓（见图 2-3），以云南省楚雄县万家坝春秋战国时期墓葬出土的一批铜鼓为代表。出土的铜鼓中多面有火熏痕迹，残留烟炱。其特点是：鼓面特别小，鼓胸明显外凸，鼓腰极度收束，鼓足很矮，但足径特大，胸腰之际的四只扁耳小；花纹简单、古朴，有一种稚拙味。如将鼓面朝下，即可当铜釜使用。鼓面的太阳纹有的仅有光体而无光芒，有的有光芒而芒数无定，太阳纹之外多为素面，没有晕圈。鼓胸和鼓足都素面无纹，腰部也只是由几条纵线划分成几个空格；鼓身的内壁，接近足沿处有简单的菱形格子纹、爬虫纹或云头纹。万家坝型铜鼓当属濮人铜鼓，濮人是云贵高原的土著民族。云南的元江古称濮水，濮人沿江居住，是一个很大的族群，属西南夷的靡莫之属。《史记 · 西南夷列傳》记载："西南夷君长以什数，夜郎最大；其西靡莫之属以什数，滇最大；自滇以北君长以什数，邛都最大；此皆魋结，耕田，有邑聚。"从考古资料来看，制造万家坝型铜鼓的濮人已住干栏式房屋，有青铜农具，梳椎结发式，与《史记》相合。有的学者把所有万家坝型铜鼓又按成熟程度分为 4 式，这里就不细说了。[②]

图 2-3　滥觞期的铜鼓（万辅彬　提供）

① 万辅彬，房明惠，韦冬萍. 越南东山铜鼓再认识和铜鼓分类新说［J］. 广西民族学院学报，（哲学社会科学版）2003（6）：81 ~ 82.

② 李昆声，黄德荣. 试论万家坝型铜鼓［J］. 考古，1990（5）：459 ~ 466.

二、成熟期：石寨山型和东山早期型铜鼓

石寨山型铜鼓是走向成熟的早期铜鼓（见图 2-4），以云南晋宁石寨山汉代滇王墓葬出土的一批作为乐器乃至重器铜鼓为代表。这类铜鼓面部宽大，胸部突出，足部纹饰丰富华丽，布局对称。鼓面中心是太阳纹，光体与光芒浑然一体，三角光芒之间填以斜线，太阳纹之外是一道道宽窄不等的晕圈，窄晕中饰锯齿纹、圆圈纹、点纹等构成的花纹带。宽晕是主晕，饰以极有特征的旋转飞翔的鹭鸟。胸部也饰与鼓面相同的几何纹带，其主晕则是人物划船的写实图像，腰部除晕圈组成的纹带外，还有由竖直纹带分隔成的方格，方格中饰以牛或砍牛仪式及用羽毛装饰的人跳舞的图像。此类铜鼓造型优美，纹饰刻画细腻。精巧、玲珑是石寨山型铜鼓的显著特点，鼓壁薄而均匀，纹饰简练而做工精细，动物纹饰生动，写实感浓烈等，特别是牛图案，慓悍、强壮、凶猛。这些个性特征和滇人的活动形象地反映在这一时期的铜鼓与其他青铜器物上。黑格尔将此类铜鼓列为第Ⅰ类型中年代较早的那部分，并命名为东山铜鼓。此类铜鼓在中国云南、广西发现很多，在越南也有不少发现。我们认为这类铜鼓可分为石寨山型铜鼓和越南东山早期型铜鼓。二者虽然极为相似，但也有明显区别。石寨山型铜鼓具有喇叭形的截头圆锥腰，早期东山型鼓则是圆筒形腰；在铜鼓写实性题材的纹饰分布上，东山铜鼓鼓面内侧拥有乐舞纹，外侧拥有翔鹭纹的较多，石寨山型铜鼓外侧虽也有翔鹭纹，但内侧有鸟类之外的动物纹却很一般；石寨山型几何纹饰种类较少，东山铜鼓几何纹饰种类较多。

图 2-4　成熟期的铜鼓（蒋廷瑜　提供）

三、发展期：北流型、灵山型、冷水冲型和东山晚期型的铜鼓

发展期的铜鼓（图 2-5）有北流型、灵山型、冷水冲型和东山晚期型。

图 2-5 发展期的铜鼓（万辅彬 提供）

北流型铜鼓以广西北流市出土的铜鼓为代表。这类铜鼓，与灵山型铜鼓一样形体硕大厚重，一看便显出权力的威严。均为乌浒人所铸。乌浒人之习惯以《太平御览》四夷部辑录最详：《后汉书》曰：交趾西有噉人国……今乌浒人是也。《南州异物志》曰：交广之界民曰乌浒，东界在广州之南，交州之北。恒出道间，伺候二州行旅，有单迥辈者，辄出击之，利得人食之，不贪其财货也。……出得人，归家，合聚邻里，悬死人中堂，四面向坐，击铜鼓，歌舞饮酒，稍就割食之。春月方田，尤好出索人。贪得之，以祭田神也。看来，铜鼓与猎狩有关。鼓面宽大，边缘伸出鼓颈之外，有的边缘下折成“垂檐”；胸壁斜直外凸，最大径偏下，腰呈反弧形收束；胸腰间斜度平缓，只有一道凹槽分界，腰足间以一道凸棱分界；鼓足外侈，与面径大小相当；鼓耳结实，多为圆茎环耳；鼓面青蛙塑像小而朴实，太阳纹圆突如饼，以八芒居多。装饰纹样多为云雷纹。原存广西北流市六靖乡水埇庵的大铜鼓面径165 厘米，残重 299 千克，是迄今所知的最大的一面古代铜鼓，被誉为“铜

鼓之王”。

灵山型铜鼓以广西灵山县出土的铜鼓为代表。这类铜型形制接近北流型，黑格尔把它也归为Ⅱ型，中国一些学者把它与北流型鼓一起称为粤式鼓。外观上，灵山型铜鼓体型凝重，形象精美。鼓面平展，稍广于或等于鼓身，边缘伸出，但不下折，胸壁微突；胸以下逐渐收缩成腰；附于胸腰之际的鼓耳均为带状叶脉纹扁耳；鼓面所饰青蛙塑像都是后面二足并拢为一的“三足蛙”，蛙背上饰画线纹或圆涡纹，装饰华丽，有的青蛙上又有小青蛙，称“累蹲蛙”。

冷水冲型铜鼓是在石寨山型铜鼓基础上发展起来的，以广西藤县濛江镇横村冷水冲出土的铜鼓为代表。这类铜鼓体型高大轻薄，花纹繁缛，有展示财富的明显用意。鼓面宽大，但不出沿或稍稍出沿。鼓胸略大于面径或与面径相等，稍微膨胀，不凸出，鼓腰上部略直，最小径在中部，鼓足较高，与胸部高度略等，鼓耳宽扁，饰辫纹，有的在 4 耳之外，还有半圆径拱小耳一对。纹饰总的特点是瑰丽而繁褥，渐趋抽象。鼓面中心太阳纹基本固定为 12 芒，芒间夹实心双翎眼坠形纹。鼓面边沿普遍有立体蛙饰，反映当地民族对青蛙的特别情感，有的学者认为这是一种图腾崇拜。在青蛙之间有的再饰骑士、马、牛橇、水禽、龟等塑像，鼓面、鼓身遍饰各种图案花纹，主晕为高度图案化的变形羽人纹和变形翔鹭纹。鼓胸多有变形舞人图案和细方格纹，鼓足多有圆心垂叶纹。

东山晚期型铜鼓是承接东山早期型铜鼓的。面径多小于胸径，2 ~ 4 弦分晕，鼓面 4 只青蛙背部多有十字交叉纹样。

四、式微期：遵义型、麻江型和西盟型铜鼓

式微期的铜鼓（图 2-6）有遵义型、麻江型和西盟型。

遵义型铜鼓以贵州省遵义市南宋播州土司杨粲夫妇墓出土的铜鼓为代表。其特点是鼓面无蛙，但有蛙趾装饰，面沿略伸于鼓颈之外；面径、胸径、足径相差甚微；胸、腰、足各部的高度相当接近；胸腰间缓慢收缩，无明显分

图 2-6 式微期的铜鼓（万辅彬 提供）

界线，胸腰际有大跨度扁耳两对。纹饰简单，几何纹用同心圆纹、连续角形图案、羽状纹、雷纹构成，主纹则是一种由一个圆圈缀两条飘动的带子组成的游旗纹。

麻江型铜鼓以贵州省麻江县谷峒火车站一座墓出土的铜鼓为代表。唐宋时期，中国南方铜鼓逐渐从岭南地区东部淡出，往西南和西北转移，使用铜鼓的“蛮”人最多。这类铜鼓的特点是，体形小而扁矮；鼓面略小于鼓胸，面沿微出于颈外；鼓身胸、腰、足间的曲线柔和，无分界标志；腰中部起凸棱一道，将身分为上下两节；胸部有大跨度的扁耳两对。依纹饰的变化，可以分为 3 式。

Ⅰ式，鼓面一般都有两晕乳钉纹，太阳纹芒间填以翎眼纹，主晕施以宽大游旗纹或燕尾游旗纹，或施以复杂的符箓纹，或配以十二生肖纹；鼓身花纹一般分上中下 3 段。

Ⅱ式，太阳纹光芒粗短，芒间夹以简体翎眼纹或稍加变化了的坠形纹，主晕常用长条游旗纹、繁体人字足游旗纹和桃符纹；鼓身花纹有的也饰剪影式十二生肖纹或八卦纹，多分为上、中、下 3 段，有的只有上、下两段。

Ⅲ式，鼓面大都饰 3 层乳钉纹，并多使用人物纹、动物纹、植物纹；也有的鼓面太阳纹光芒细长，芒间饰复线翎眼纹，主晕除二短游游旗外，还有三游游旗纹，线游旗纹、变体游旗纹、棂花纹、双龙纹、寿字纹、线画十二生肖纹等；有的还有吉祥短语铭文；有的鼓背面还有动物纹、植物纹、压胜钱纹以及人物故事线描图画。几面有年款铭文的铜鼓可作为晚期麻江型铜鼓的断代标尺。麻江型铜鼓活跃的时代最长，早期当在北宋到明初，中期为明中叶到末叶，晚期为清道光前后。麻江型鼓上诸多铭纹和十二生肖、八卦图等都反映了中原文化的影响。黔南、桂西北壮族、布依族、瑶族、水族、苗族群众，至今遇节日喜庆或丧葬祭之时都要敲击这类铜鼓。

西盟型铜鼓以云南省西盟佤族地区仍在使用的铜鼓为代表。这类铜鼓主要作为乐器，器身轻薄，形体较瘦；鼓面宽于鼓身，边沿向外伸出；鼓身为上大下小的直筒形；胸、腰、足没有分界线；鼓面太阳纹一般为8芒或12芒，三弦分晕，晕圈多而密，纹饰多小鸟、鱼、圆形多瓣的团花，米粒纹。鼓面有立体青蛙，常见2蛙或3蛙甚至4蛙叠踞。有的鼓身纵列立体的象、螺蛳、玉树等塑像。黑格尔称之为Ⅲ型鼓。

综上所述，古代铜鼓类型繁多，形态各异，所反映的文化艺术丰富多彩，可以说是南方少数民族的一部百科全书。由于地域的不同、民族的不同、历史进程不同，铜鼓在传播与发展过程中，不断变化，可以说异彩纷呈，充分反映了文化的多样性。

第三节 铜鼓文化与罊文化

一、孕育铜鼓文化的罊文化

珠江是我国南方的大河，主要流经滇、黔、桂、粤等省（区），流域面积453690平方千米。珠江流域北靠五岭，南临南海，西部为云贵高原，中部丘陵、盆地相间，东南部为三角洲冲积平原，地势西北高，东南低。地处亚热带，北回归线横贯流域的中部，气候温和多雨，多年平均温度在14～22℃，多年平均降雨量1200～2200毫米，降雨量分布明显呈由东向西逐步减少，降雨年内分配不均，地区分布差异和年际变化大。

主流西江发源于云南省曲靖市境内的马雄山，由南盘江、红水河、黔江、浔江及西江等河段组成，主要支流有北盘江、柳江、郁江、桂江及贺江等，在广东省珠海市的磨刀门企人石入注南海，全长2214千米。珠江流域内民族众多，共有50多个民族，主要民族有汉、壮、苗、瑶、布依、毛南等。其中，汉族人口为最多，其次是壮族。

与珠江流域相邻的东南亚位于东经93°～141.5°，北纬24°～南纬10°，北与中国接壤，南与澳大利亚大陆隔海相望，东濒浩瀚的太平洋，西临印度洋，与南亚次大陆上的孟加拉、印度接壤。东南亚的陆地由中南半岛和马来群岛两部分组成，总面积约448万平方千米。东南亚地区是亚洲纬度最低的地区，绝大部分位于北回归线和南纬 10° 之间。属热带气候区。

东南亚共有 10 个国家。其中，越南、老挝、柬埔寨、泰国、缅甸 5 国位于中南半岛（又称中印半岛，或印度支那半岛），故称“半岛国家”；菲律宾、马来西亚、文莱、新加坡、印度尼西亚 5 国位于马来群岛，故称“海岛国家”。

经过长时间遗传学、民族学、考古学研究，研究人员现在可以确认，壮、侗语族先民是珠江流域稻作农业的创造者，他们在长期采集野生稻谷过程中，逐渐掌握了水稻的生长规律。

稻作农业，即把野生稻驯化为栽培稻的过程。成为稻作农业起源地需具有两个条件，一是有野生稻，二是有把野生稻驯化成为栽培稻的能力的古人类。珠江流域是稻作农业的起源地之一，地属亚热带，气候温热，雨量充沛，适合稻谷生长，是迄今发现的野生稻最为密集的地区。

在广西、广东等古越人居住的珠江流域的广大地区，至今仍保留着大量含“麓”、“罾”（为“那”的古壮字）的地名，是古越语对“水田”等的称呼。

20 世纪 50 年代以来，在邕江流域发现多处距今四千多年的颇具规模的大石铲遗址。石铲的一般形制为小柄双肩型和小柄短袖型。大者长 70 多厘米，重几十千克；小者仅长数厘米，重几百克。制作规整，双肩对称，两侧束腰呈弧形内收，至中部又作弧形外展，呈舌面弧刃。通体磨光，棱角分明，曲线柔和。石铲是从双肩石斧演变而来，是适应沼泽地带稻田耕作的重要工具，是新石器时代壮、侗语族先民地区耕作农业发展已经具有一定规模和水平的重要标志（大石铲被专业人士认为是权力的象征，属于重器）。

同样地，东南亚大多数国家也拥有较为悠久的稻作生产历史，至今仍是世界稻米生产的重要地区，同时也保留着大量的罾地名。

鉴于此，可以说，在珠江流域及东南亚地区，存在着一个特点鲜明的稻作文化（即罾文化）圈。而分布于这一地区的铜鼓文化，则形成了世界性的铜鼓文化圈。两个文化圈基本重叠，在一定意义上，我们可以认为，分布于这一地区的铜鼓文化圈与稻作文化圈（罾文化圈）有着密切的文化关联。也就是说，稻作文化是铜鼓文化产生的人文背景和物质生活基础。

二、铜鼓艺术与髫文化

铜鼓上有丰富的纹饰，其中鸟饰和蛙饰与髫文化关系密切；而铜鼓的音乐和使用等也都与髫文化有很密切的关系。

（一）鸟饰与髫文化

翔鹭纹是铜鼓装饰艺术中最主要的鸟纹饰（见图 2-7），普遍存在于石寨山型和越南东山型铜鼓上。在冷水冲型铜鼓上，鸟纹饰逐渐变形，最后转化为一种抽象的几何形图案。由于翔鹭纹的普遍存在和作为一些铜鼓的主体纹饰，有的学者把饰有翔鹭的铜鼓归为一类，称之为翔鹭纹铜鼓。

在石寨山型和越南东山型铜鼓鼓面上，几乎都有一道主晕装饰着一圈展翅飞翔的鹭鸟。这种鸟，完全是写实的。有长长的尖嘴，头上有着纤细的羽冠，羽冠下有圆圆的眼睛，翅膀不很宽，呈三角形，向身躯两边相对平展，尾羽也展成扇形。外部轮廓用硬直的阳线勾勒，羽毛用斜直的线条和方点表示，有的喙端下面还挂着一个食囊，特别突出细长的颈，尖细的喙角和飞翔中从尾翼拖出的长足，笔道简练，动态突出，形象逼真。每面铜鼓上所绘的数目不等，最常见的是 4 只，其次是 6 只，也有 8 只、10 只、14 只、16 只、18 只、20 只的，最多的是老挝的一面铜鼓，有翔鹭 40 只。几乎都是偶数，都向着逆时针的方向绕着太阳纹飞翔。云南江川李家山有一面铜鼓上是 7 只，越南的普龙铜鼓上是 19 只，是很少见的奇数。同一面铜鼓上的飞鸟，形态完全相同，当是用一个印模，重复捺印而成的。那些偶尔出

图 2-7　云南省博物馆藏丙 12 号鼓鼓面鸟纹饰（韦丹芳　摄）

现奇数的铜鼓，应是印模的计算错误，少印或多印一只的结果。越南富川铜鼓6只飞鸟有4只顺时针飞翔，也是少见的例外。这些顺时针的飞鸟大概是制模时印倒的缘故。飞鸟在鼓面的布局，数目越少，排列越稀疏，数目越多，排列越紧密。4只飞鸟的，中间露出很多空白地；而18只、20只和40只的，都是一只咬住一只，有的甚至后一只的头部搭到前一只的尾部，连络不断，构成一个锁链式的图案花环。形象优美，有一种飞腾之势，有着动态的美。

越南学者陶维英认为这种水鸟就是传说中的雒鸟，是一种候鸟，是古代骆越人的图腾鸟。多数学者认为这种飞鸟应该叫鹭，属鹤形目，它们分布在南方广大地区，成群生活于湖沼和稻田中。铜鼓上这样大量使用鹭鸟装饰，很可能同当时的图腾崇拜有关。关于这点，早在1918年，法国学者巴门特就已指出：

> “在（铜鼓）所有的装饰图案中，鸟都是占着一个突出的位置。因而把我们引向一种图腾性质的习俗，那将使许多疑难之处得以迎刃而解。”

在冷水冲型铜鼓的相应晕圈也有飞鸟图案，但这些飞鸟已向图案化装饰几何纹过渡，到冷水冲型晚期，已充分图案化而不为人所识了。

在冷水冲型铜鼓和灵山型铜鼓上，还有鸟的塑像。铜鼓上的鸟塑像所处的位置是比较一致的。冷水冲型铜鼓的鸟塑像都在鼓面上，与青蛙、牛橇、乘骑和巨龟的地位相当。灵山型铜鼓的鸟塑像都处在鼓的一侧的足边，所在的位置必定对着鼓耳，而且无论是一只小鸟还是一对小鸟，都处在左耳的下方。鸟的形象都是圆头、短颈、纺锤形身、长尾，身体显得圆胖。冷水冲型铜鼓上的鸟，羽毛没有表现，喙较宽扁，像是水鸭；灵山型铜鼓上的鸟，刻画出羽毛，尤其是翅膀和尾表现得更为细腻。喙较尖，形象似斑鸠。灵山型铜鼓如果平放，鸟头则朝下；如果将鼓耳系住横着悬挂时，鸟则平稳站立，鸟头向着后方。

在铜鼓文化圈相关民族的文化中，鸟又恰恰是一种与稻作生产有着密切联系的动物。

《吴越春秋》云：

禹崩之后，众瑞并去，天美禹德而劳其功，使百鸟还为民田，大小有差，进退有行，一盛一衰，往来有常。

《水经注》将“鸟田”之说讲得更具体：

禹东巡狩，崩于会稽，因而葬之，有鸟来，为之耘，春拔草根，秋啄其秽，是以县言禁民不得妄害此鸟，犯则刑无赦。

王充《论衡·偶会篇》云：

雁鹄集于会稽，去避碣石之寒，来遭民田之毕，蹈履民田，啄食草粮，粮尽食索，春雨适作，避热北去，复之碣石。

认为雒鸟的除草松土的作用为农耕提供了方便，这是较为牵强的。壮族学者蓝鸿恩先生认为：“这大约是首先发现鸟拉下没有消化的谷种落到地上，然后长出禾苗得到启发有关，此为百越人对鸟崇拜的原因之一。”他还说：“我不同意古人把对鸟田说成鸟帮耕田，春拔草根，秋啄其秽的说法。因为鸟本来是以稻谷为食物的。……我认为早在进入农耕社会时期，古越人就已对鸟有所崇拜，否则就不会有鸟图腾的崇拜。”

我们以为，不管以上的记载表明的是鸟帮助人耕田还是鸟是壮族人的图腾，其最根本的文化内核应该是在壮族传统文化中鸟与农耕即与丰饶祈求的文化关联。

在壮族古老的神话传说中，就有关于始祖布洛陀派出鸟等动物去为人类找谷种的内容。也就是说，是鸟类的努力才使得人类进入了农耕时代。

“约加西拉”是黎族古老神话中神鸟的名字。据说，在远古时候，黎族先祖有一位女儿，她的母亲在她出生后不久便去世了。后来，“约加西拉”用找来的谷米喂养她。遇到下雨刮风，“约加西拉”又用翅膀为她遮盖，就这样，把这个女婴抚养成人。

黎族后代为不忘“约加西拉”的养育之恩，妇女均把“约加西拉”鸟翅膀的羽纹作为图案纹脸。①

在黎族的这一神话传说中，鸟儿之所以能够把黎族的先祖抚养成人，也还是在于其具有寻找谷物的能力。

（二）蛙饰与雹文化

铜鼓上最大量的塑像是青蛙。除了早期的万家坝型铜鼓、石寨山型铜鼓和晚期的麻江型铜鼓没有青蛙塑像之外，其他各个类型的铜鼓都毫无例外地有青蛙塑像。

冷水冲型铜鼓的青蛙塑像制作得最精致，每面铜鼓固定为 4 只，形体硕大，空身扁腹，两眼圆突，四足挺立，身披辫形绶带，是最华贵、最美观的青蛙塑像。

北流型铜鼓的青蛙塑像有两种：一种是素面小蛙，一般每鼓是 4 只，少数鼓面是 6 只。这种青蛙的形象笨拙、呆板，表面无纹饰。另有一种“累蹲蛙”，即一只大青蛙背上驮一只小青蛙。灵山型铜鼓的青蛙塑像几乎都是 6 只，3 只单体蛙和 3 只累蹲蛙相间环列。这些蛙的后腿并拢成一，变成三足蛙，背部饰辫纹、同心圆纹、复线半圆纹，后腿臀部起密线螺旋纹。西盟型铜鼓有 4 只单蛙、4 组累蹲蛙，其蹲蛙有的累至三四只者，蛙体都较轻薄，显得扁瘦。

实际上，青蛙在铜鼓上出现，同样是由于青蛙与稻作文化有着密切的联系。广西壮族地区流传着这样的传说：

从前，左州地方有一个人叫汤地龙。妻子杨氏 45 岁才生得一子，取名汤世宝，娇生惯养，十分溺爱。世宝爱吃青蛙，一餐没有青蛙肉，便大哭大嚷。汤地龙只好叫雇工阿大每天夜里去捉青蛙。青蛙捉得多了，地龙夫妇也与儿子一起吃。没几年，那一带十二垌田的青蛙已捉光了十一垌。有一年，立春刚过，有一青蛙悲伤地对蛙王叫道：“大王啊！自从村里出了拿火把的人，我们大家很不得安

① 《中国各民族宗教与神话大词典》编审委员会. 中国各民族宗教与神话大词典［M］. 北京：学苑出版社，1990：379.

生，死的死，逃的逃，说不定大难又要降临了。”蛙王答道：“今晚你们只管取乐，要是拿火把的人来，我自有办法对付。”不久，阿大来捉青蛙，他只捉到一只。当杨氏想杀青蛙煮吃时，青蛙突然开口说道：“蝈蝈藏在土，明火来捉奴，捉奴入牢坐，小刀剖我肚，我肉炒未熟，你儿哭吃奴。”杨氏惊告地龙。地龙发怒说：“胡说，世上哪有蛙子能说话。”青蛙说道：“我吃虫，你吃谷，帮你收谷助富。你睡熟，我守屋，不念奴情自吃苦。”地龙不听，照样杀蛙，但总是煮不熟。世宝吃了，忽然“哇”的一声，他的腿不见了，腰杆不见了，头颈不见了，身躯化成一摊臭水，流满一地。当年，天降飞蝗，五谷失收。这是蛙神对遭劫的报复。[①]

应该说，这是一则具有多元文化意涵的壮族民间神话传说。从青蛙的诉说“我吃虫，你吃谷，帮你收谷助富”中，我们不难知道青蛙确实具有帮助人类实现丰饶祈求的作用。而且，在因蛙和人生命对立引起蛙和人生命的相互消失之后，出现的也还是“天降飞蝗，五谷失收”的局面。

我们知道，在传统的农业生产中，水是最为重要的因素之一。在古代社会中，农业生产所需要的水的多寡，基本上是受制于自然降雨。也就是说，每年雨水的多寡，直接影响到农作物的收成。因此，在壮族传统文化中，青蛙对于丰饶的影响也常常是通过其与雨水的关联来体现的。在壮族，至今仍在传唱的《蚂蜗歌》里就有这样的句子：

蚂蜗是天女，雷婆是她妈。她到人间来，要和雷通话，不叫天就旱，一叫雨就下。送她回天去，感动雷婆心，求雷婆下雨，保五谷丰收。

关于青蛙与雨水的关系，英国著名人类学家弗雷泽也曾予以了关注。他在《金枝》一书中指出：

① 广西大新县三套集成编委会. 大新县民间故事集（资料本）.

青蛙和蟾蜍跟水的密切联系使它们获得了雨水保管者的广泛声誉，并经常在要求上天下大雨的巫术中扮演部分角色。一些奥里诺科印第安人，把蟾蜍奉为水之神或水之主人，从而惧怕杀死这种生物。还曾听说当旱灾来临时他们就把一些青蛙放在一口锅下面，而且还要鞭打它们。据说，艾马拉印第安人常制作青蛙或其他水栖动物的小塑像，并将它们放在山顶上作为一种求雨的法术。加拿大不列颠哥伦比亚的汤普森印第安人和一些欧洲人则认为杀死一只青蛙可以导致下雨；为了求雨，印度中那一些地区卑贱种姓的人们将一只青蛙绑在一根棍子上并盖上“尼姆树”（The nim tree,Ayadirachta Indica）的绿色枝叶，然后带着它走家串户同时唱道：“啊，青蛙，快送来珍珠般的雨水，让田里的小麦和玉蜀黍成熟吧。”卡普人和雷迪人是马德拉斯的种植者和地主中的大姓，当缺雨时，这两个族姓的妇女们便捉来一只青蛙，将其活生生地绑在一个用竹子编的新簸箕上，撒上些树叶拿着它挨门挨户地去唱歌：“青蛙夫人要想洗澡。啊，雨神！哪怕给她一点点水也好！”在这些卡普妇女唱歌时，屋里的女人便把水洒在青蛙身上并给一些施舍，相信这样一来将很快带来倾盆大雨。①

很显然，铜鼓上青蛙塑像的出现，充分体现了铜鼓文化与畓文化的文化关联。

（三）铜鼓音乐与畓文化

无论是铜鼓的歌谣，还是铜鼓的打击，都与稻作文化关系密切。

1. 铜鼓歌谣与畓文化

明人汪广洋《岭南杂咏》云：

村团社日喜晴和，铜鼓齐敲唱海歌。都道一年生计足，五收蚕茧两收禾。

① 詹·乔·弗雷泽. 金枝（上册）[M]. 徐育新，汪培基，张泽石，译. 北京：中国民间文艺出版社，1987：110 ~ 111.

东兰县三石乡四合村一带的壮族，在除夕之夜要杀猪杀羊举行“招铜鼓魂”的活动。请麽公来吟唱歌谣，祭祀铜鼓，招回铜鼓魂以求来年风调雨顺：

呵——呀！话不讲不明，话不说不知。讲才明，说才知。在此地建寨，占此地立房。住过百代人，长住九百年。百代人安康，九百年兴旺。古时候人孝父母，家里挂着老铜鼓。有个人无知，用石头打鼓。铜鼓破裂成三块，铜鼓魂哭泣就逃离。逃下大河深潭，逃到地底层。随着天干旱，三年不下雨，四年烈日照。老公公在河边也死，老婆婆在家里也死。老公公在河里被渴死，老婆婆在家里被晒死。村人齐商议，去找铜鼓魂。挖下地层九百丈，请回铜鼓魂。杀猪来敬祭，认罪一回又一回。得回铜鼓魂。重新造铜鼓。前人造铜鼓，古人制铜鼓，造得铜鼓来保护，请得铜鼓护庄稼。别地无云雾，此地云雾降，别处不落雨，此地雨滂沱，滴雨大如鼓，阵雨铺天来，田不耙泥土也烂，不放肥料也丰收。三百二十种稻病不生，四百种虫害不来。玉米蔸大如桃树，禾苗秆如甘蔗粗。一包玉米两人抬，一包玉米三人扛。一蔸秧苗发百株，株株皆茁壮。一穗长谷百二粒，粒粒都饱满。米粮满山坡，大家不愁吃。养不育猪也生崽，养母猪就受孕。母猪一群群，公猪一大帮。小猪满猪圈，头头卖高价。千年无瘟疫，出卖得大钱。鸡鸭满庭院，牛羊满山坡。麽公讲好就好，大人说吉就吉。十句无一句假，百句无一句错。择得今日兴旺，择得今日吉利，择得今日良辰。天上阳光暖和，地上燕子造窝。大官今日起新房，王子今日娶媳妇。我们今日挂铜鼓，我们今日打铜鼓。明日入新岁，铜鼓响连连。喊雨就得雨，喊风就得风。天下老百姓，世代乐陶陶。大吉大利！

白裤瑶《铜鼓歌》也这样唱道：

我们相邀在一起，我们欢聚到一堂。大家辛劳了一载，大伙勤苦又一年。猪羊养满圈，米粮装满仓。今日我们共度欢乐的节日，今天我们同享幸福的时光。在这美好节日到来的时候，在这嘉庆时辰降临的时候，我们把你从祖仓里抬出来，小心翼翼悬挂在鼓架上；在你旁边摆上酒，在你旁边烧上香。对着你把话讲，对着你把歌唱。铜鼓呵，铜鼓，你是瑶家的古宝；铜鼓呵，铜鼓，你是瑶人的福音。你的响声，赶走瑶家的祸难；你的节奏，预告未来的吉祥；使我们不愁饭食，使我们不愁酒浆。你的声音轻快迷人，你的声音清脆锵锵。瑶山年年充满快乐，瑶人岁岁不断歌唱。①

在上面的两首铜鼓歌谣中，我们不难感受到铜鼓文化在壮瑶群众心目中与稻作农耕生产的密切联系。很显然，在这里，只有铜鼓文化，才有可能保障风调雨顺，保障农业生产的丰收。

2. 铜鼓打击乐与畬文化

在使用铜鼓的地区，人们通常把铜鼓悬挂于堂中，然后用鼓律击鼓三声，细听铜鼓音色和余音的长短。如果铜鼓声洪亮圆浑，余音长，则预示着来年世界太平、国泰民安、风调雨顺、五谷丰登，人们健康长寿。如果铜鼓声坚硬、余音短，则预示来年世界不太平。如果铜鼓沙哑，余音短，则预示来年则风不调雨不顺，会有疾病、地震、洪涝、干旱、虫灾之威胁，粮食颗粒无收。

天峨县都隆村宁氏家族铜鼓 12 生肖鼓点也充分说明了铜鼓音乐与稻作文化的联系——老人们根据铜鼓的特征，结合一年四季季节性变化，通过敲击鼓腰和鼓面，以节奏的快慢和声音强弱的变化，来体现一年四季季节变化及特征：春季——春光明媚，百鸟争鸣，鼓声阵阵，大闹春耕；夏季：风调雨顺，大地一片郁郁葱葱，人们忙于护理农作物；秋季：稻穗金黄，百果飘香，一派丰收的喜人景象；冬季：庆丰年，迎新岁，喜气洋洋，吉祥如意。

① 中国民间文学集成全国编辑委员会. 中国歌谣集成·广西卷［M］. 北京：中国社会科学出版社，1992：820.

三、铜鼓使用与腊文化

通过文献调查和实地调查得知，无论是买鼓、取鼓、藏鼓，还是在铜鼓的使用中，处处都有稻作文化的遗迹。

（一）买鼓、取鼓与藏鼓

在白裤瑶地区，新买回的铜鼓一定要通过一定的仪式来为其安名字。据老人说，铜鼓买回来后，要杀鸡、杀鸭请鬼师来祭，然后安名字。如蛮降屯有 5 面铜鼓，它们的名字分别叫米水、米漏、米土、米麦、米姐（音译）。

在很多村寨，需要使用铜鼓的时候，取出铜鼓叫"请铜鼓"。具体做法是：把两碗酒、半碗水放到铜鼓的鼓面上，同时还用一块竹片蘸上酒点洒于鼓面，然后交代铜鼓说，亲戚家有丧事，今天我要带你去那里，打雷下雨你不要怕，声音要洪亮……

融水一带的侗族，在每年春节之前都要敲铜鼓。农历十二月十五日，铜鼓的主人把铜鼓请到大厅里，用布把铜鼓身上的灰尘擦净，然后拿糯米酒、糯米饭、酸鱼摆在铜鼓旁，烧纸焚香，把少许米酒和糯饭撒在铜鼓后面，算是将铜鼓请出。

在许多村寨，用完铜鼓之后，也需要用一些肉和酒来举行封鼓仪式，告诉铜鼓已经回来了，要安心呆在家里。具体做法是：把两个半碗酒、一碗水放到铜鼓的鼓面上，同时还用一块竹片蘸上酒点洒于鼓面，然后交代铜鼓说，拿你去藏，雷响不要动，海浪滔滔你不要动，要安心在家里。

作为制造和使用铜鼓的主要民族之一，壮民族有关铜鼓的生产生活习俗也与其水稻的种植和使用发生一定的联系。如在广西东兰县壮族地区，每年秋收之后，壮家处处敲打铜鼓，欢庆五谷丰登，六畜兴旺。逢年过节，红水河两岸铜鼓声不息，欢歌声不止，人们把安乐归功于铜鼓，归功于铜鼓神。在当地，流传着铜鼓斗"图额"的传说：人们认为，铜鼓深夜"飞出"屋檐口，轰轰作响，下水与"图额"作斗，天亮前又飞回主家，一身泥水，鼓耳还带着水草。此外，还有传说认为有的铜鼓斗不过“图额”，被陷进河、潭石缝里，故当地有铜鼓河、铜鼓潭、铜鼓塘、铜鼓沟之名。为了让铜鼓“飞”出又安全回还，凡有铜鼓的村寨或人家，要设铜鼓神位，每月初一、十五进香烧纸，祈求铜鼓神保佑。有的村寨或人家，则以稻谷塞满鼓内，还以稻草扎绳栓鼓耳，绑在房里，不让铜鼓“飞”下河。铜鼓“治服”“图额”，大地才有稻子，故稻谷、稻草绳与铜鼓有难分难解之缘。也只有稻谷或稻草绳，铜鼓神才不舍离家。[①] 而在一些村寨，人们甚至用稻谷把铜鼓填满。

至此，我们可以知道，在铜鼓使用的关键环节：取鼓、藏鼓以及买回新鼓的时候，一般都要与稻作有关的物品发生联系。在这里，铜鼓文化与稻作文化确实存在着一定的联系。

（二）铜鼓文化与蚂蜗节

图 2-8　天峨壮族过蚂蜗节（万辅彬　提供）

我们来观察一下壮族地区传存至今的“蛙婆节”。

壮族把青蛙叫作“蚂蜗”。蚂蜗节就是通过祭祀青蛙，预测年景，祈求人畜兴旺、五谷丰登的节庆（见图 2-8）。20 世纪 50 年代初期以前，红水河沿岸，北起天峨县的百暮、云榜，南达大化县的板升，凡有铜鼓的壮族村寨，都流行这一习俗。他们传说，青蛙是雷公的使者，青蛙叫，雨水到。祭扫青蛙，可以得到风调雨顺。这一习俗 50 年代被禁止，60 年代中期以后，又开始在红水河两岸复苏。如今，在东兰

① 范宏贵．中国各民族原始宗教资料集成・壮族卷［M］．北京：中国社会科学出版社，1998：545.

县的长乐、兰阳、巴畴和天峨县的云榜等地，又不断听到闹青蛙的铜鼓声。

蚂蜗节是从正月初一开始的。年初一的一大早，寒风料峭，人们吃了汤圆或粽粑以后，便抬着铜鼓，结伴拥向村边的田垌，唱着山歌，在稻田的泥坯中翻找青蛙：

敲起铜鼓请蛙婆，喊得天开雨水落，天女新年进村寨，送来春暖吉祥歌。

当有人第一个找到青蛙的时候，就敲响铜鼓，燃放鞭炮，向大家报喜。然后，把青蛙放进事先用木或竹筒制作的青蛙棺材，再放进纸糊的花轿，由两个人抬着，送去蚂蜗亭停放。接着是“孝青蛙”。在整个正月里，每天用酒、肉、糯米糍粑供奉青蛙，并将铜鼓悬挂在蚂蜗亭，让人们在这里打鼓、唱歌，为青蛙守灵。在此期间，还需至少两次抬着青蛙棺，打着铜鼓，走村串寨游青蛙，挨家挨户唱蚂蜗歌，向村民祝福。被祝福的家庭拿出酒、肉、米、糯饭、粽粑和银钱作礼品回赠。

最隆重的是葬青蛙。葬青蛙那一天，早餐后，青年们抬着铜鼓到附近的山顶上敲打，用铜鼓声报告天庭，也向世人宣布，今天要葬青蛙了。附近村寨的人听到铜鼓声都会成群结队地赶来为青蛙送葬。在葬礼场上，搭着高台，竖着长长的纸幡，铜鼓横排在两侧，不停地演奏着，青年男女，载歌载舞，尽情欢乐。太阳落山之前，由长幡作先导，人们敲着铜鼓，簇拥着青蛙棺，送去青蛙墓地，由魔公献祭品，念祭词，做完繁杂的安葬仪式，才把青蛙安葬在固定的地方。有一首在蚂蜗节中经常要唱的《蚂蜗歌》是这样唱的：

大年初一敲铜鼓，请来蚂蜗同过年。请它坐上大花轿，全村男女庆新年。游村三十日，欢乐三十天。请得千人来送葬，请得万人来联欢。从此年年降喜雨，从此月月雨绵绵。人畜安宁五谷丰，欢乐歌舞落人间。

在蚂蜗节期间跳的舞蹈，主要由《皮鼓舞》《蚂蜗出世舞》《敬蚂蜗舞》《拜铜鼓舞》《征战舞》《耙田舞》《插秧舞》《薅秧舞》《打鱼捞虾舞》《纺纱织布舞》《谈情说爱》《庆丰舞》12 个小节目组成。

在上述舞蹈中，《皮鼓舞》《蚂蜗出世舞》《敬蚂蜗舞》《征战舞》主要表现的是人们对蚂蜗的崇拜；《拜铜鼓舞》则由两人各持棍和树枝，分别戴禹王和尧王面具，从皮鼓前上场，面向铜鼓做“撩腿点步”走“之”形路线至铜鼓前，再做“平马蹲跳”两次，然后双手捧棍及树枝向铜鼓俯身躬拜三次，表现出对铜鼓顶礼膜拜的虔诚心情。

而接下来的《耙田舞》《插秧舞》《薅秧舞》《打鱼捞虾舞》《纺纱织布舞》《谈情说爱》《庆丰舞》等，主要表现的则是壮民族的稻作生产与文化。

《耙田舞》由四人表演，两人扮牛，着耕牛道具服，另两人各戴水神、农神面具，水神肩扛耙子在前，农神于后，两人裤筒卷得一高一低的，做驯牛动作上场。表演中，牛故意做调皮动作不听主人指挥，驯牛者做出跌倒、被撞伤的样子，动作风趣，表演诙谐，引人发笑。由于驯牛者机智勇敢，最后犟牛也被驯服，便老老实实地做耙田的模拟动作。耙田时，小蚂蜗上场，从牛肚下穿来穿去，嬉戏逗乐。《插秧舞》由四人表演，均戴姑娘面具，身着女式斜襟上衣和长裙，头搭毛巾，站成一横排，面向铜鼓做模拟插秧的动作。《薅秧舞》则由四人表演，均戴后生哥面具，着农家便服，右手执拐棍，左手叉腰，站一横排做模拟薅秧的动作。《打鱼捞虾舞》由两人表演，一人戴打鱼郎面具，身着青色上衣和短裤，腰间系渔篓，手持渔网，做撒网打鱼动作绕场一周；另一人戴村妇面具，着村妇便服，跟在打渔郎后面，手持竹箕做捞虾动作。两人扮作一对夫妇，边劳作边逗趣，做许多令人发笑的滑稽动作，使舞场充满了欢乐的气氛。《纺纱织布舞》由两人分别戴歪嘴老人及村妇面具表演，老人捧纺纱车、村妇执线绞上场舞蹈，除做纺纱绞线模拟动作外，两人还做伸懒腰、互相捶背、嬉戏等表演，生活气息较浓。《谈情说爱》由四人表演，两人戴姑娘面具，着生活便服，攀肩搭腰，撑一把花伞走在前面；另两人戴后生哥面具，着生活便服，手牵手撑伞随后，缓步绕场对唱情歌，唱着唱着，场外的观众也情不自禁地脱口而唱，此时，演员和观众的情绪融为一体，场内场外的山歌声此起彼伏，场面非常热闹。《庆丰舞》是蚂蚜舞中的最后一个舞段，由两人戴后生哥面具表演，动作有“抬腿跳步”、“拍掌跳跃”等，舞步活跃，节奏明快，表现出喜庆丰收的欢乐情绪。

由于铜鼓与青蛙关系密切，人们也叫铜鼓为蛙鼓。在红水河流域一带壮族地区，蚂蚜节是最为隆重的民间节庆，体现出非常浓厚的稻作文化意蕴。值得注意的是，铜鼓在壮族蚂蚜节中是一件具有关键性作用的神器（见图2-9）：人们通过敲击铜鼓来与神灵沟通，因此，如果哪个村寨没有铜鼓，是不能举办蚂蚜节的。而整个蚂蚜节，可以说都是在铜鼓声中进行的。

由此，透过壮族最为隆重的蚂蚜节，我们同样不难感受到铜鼓与稻作文化的紧密关联。

图 2-9 壮族魔公在祭鼓（韦丹芳 摄）

（三）铜鼓、雷鼓与祈雨

早在南宋之时，方信孺在《南海百咏·序》中就已指出：“（铜鼓）周遭多铸虾蟆，两两相对，不知其何意。”后来，有不少学者从农耕文化的角度出发，认为铜鼓上青蛙雕像与祈雨有关。例如，1884年，德国学者A. B. 迈尔认为铜鼓饰蛙“意在唤雨”。[①] 1929年，

① ［德］迈尔（A. B. Meyer）. 东印度群岛之古代遗物［M］// 转引自：郑师许. 铜鼓考略. 上海：中华书局，1936：36.

马歇尔（H. I. Marshall）发表的《克伦铜鼓》认为："青蛙的出现是为人们相信铜鼓能给人以雨的这种信仰所导致的。因为有些原始人相信，不是雨把青蛙从隐藏的地方引出来，而是青蛙的呱呱声把雨引了出来。他们也可以想到鼓的沉重的声音正像一些巨大的牛蛙所发出的声响，它确能诱使雨神给他们干旱的土地送来使人清爽的倾盆大雨。"[①] 中国著名的民族学家罗香林说："至谓铜鼓制作，并与祈雨有关，则亦有客观依据。观鼓面常铸立体蛙蛤或蟾蜍，殆即因祈雨而作。"

在使用铜鼓的各民族中，也多有铜鼓可以求雨的民间传说。如四川凉山布托县彝族传说铜鼓是天上居住的神人铸造的，它们有公、母之分，有时天上下雨，公鼓应母鼓的呼唤，会飞向母鼓，互相匹配。又传说铜鼓是掌握风雨的，雨水多了，要杀白鸡祭鼓；如雨水不止，要杀白羊祭献，就能将雨止住；天旱不雨，杀牲祭祀后，用木棒打击，天就会下雨。

广西都安也有用铜鼓祈雨的仪式：在久旱不雨的时候，都安板岭一带的群众常将铜鼓和水牛集中到村外山头，聚众赛铜鼓求雨。如果求得了雨，即杀牛祭天。也有的是抬着铜鼓和狗游村求雨的。都安拉烈的壮族和瑶族则用铜鼓和猫求雨，在敲过一通铜鼓之后，将猫杀死，放在清水岩中，等待霖雨的到来。

对于稻作民族而言，雨水的多寡关系到一年稻作生产的丰歉。如果久旱不雨，则不但水稻无法播种插秧，也根本无法护理生长。因此，如果没有降雨，稻作民族将难以生存。于是，为了获得充足的雨水，它们不得不采用各种方式来祈求风调雨顺。而铜鼓，也是他们认为具有求雨功能的神器。由此，我们同样可以看出铜鼓文化与稻作文化的内在关联。

布标人还认为，玉米和稻谷的魂怕铜鼓声，因此敲打铜鼓都安排在秋收之后。敲打一昼夜，人们伴随着鼓点欢乐跳舞。

（四）铜鼓文化、土地崇拜与畲文化

在对铜鼓的使用中，还有一个值得注意的现象，就是人们经常有意识地把铜鼓埋入土中。如《桂海虞衡志》云："铜鼓，古蛮人所用，南边土中时有

① H. I. 马歇尔. 克伦铜鼓［Z］. 成恩元，译 // 中国铜鼓研究会，广西壮族区博物馆. 铜鼓资料选译（四）. 1980：1 ~ 10.

掘得者。”[①]《岭外代答》亦云：“广西土中铜鼓，耕者屡得之。”[②]

至于“铜鼓入土”的原因，主要有如下几种观点：

因战争而入土说。[③]

因氏族的酋位继承。[④]

因氏族头人为表示对官府的臣服。[④]

因官府的“铜禁”。[⑤]

为防“火患”。[⑥]

为防失窃。

因举行铜鼓卜的需要[⑦]（见图 2-10）。

图 2-10 天峨县蚂蜴节里的占卜（万辅彬 提供）

我们认为，壮族先民之所以要有意识地把铜鼓埋入土中，本质上仍似与铜鼓所具有的生殖力有关。

众所周知，铜鼓具有多种纹饰，但却以青蛙纹饰最有代表性。人们甚至因此把青蛙视为铜鼓的象征，有不少民族就直接称铜鼓为“蛙鼓”。如云南傣族称铜鼓为“虾蟆鼓”，佤族称其为“蛙鼓”，

① ［南宋］范成大. 桂海虞衡志校补［M］. 齐治平，校补. 南宁：广西民族出版社，1984：14.

② ［南宋］周去非. 岭外代答［M］. 屠友详，校注. 上海：远东出版社，1996：150.

③ 刘锡蕃. 岭表纪蛮［M］// 亚洲民族考古丛刊第 5 辑. 台北：南天书局，1987：171 ~ 172；周钟岳，赵式铭，方国瑜，等. 铜鼓考［M］// 龙云. 新纂云南通志（五卷）. 李春龙，等，点校. 昆明：云南人民出版社，2007：102.

④ 民国卅七年《宾阳县志・铜鼓考》等，转引自：廖明君. 壮族生殖崇拜文化［M］. 南宁：广西人民出版社，1994：175.

⑤ ［清］《铜鼓联吟集・吕序》，转引自：廖明君. 壮族生殖崇拜文化［M］. 南宁：广西人民出版社，1994：175.

⑥ 民国廿三年《岑溪县志》，转引自：廖明君. 壮族生殖崇拜文化［M］. 南宁：广西人民出版社，1994：175.

⑦ 潘世雄. 铜鼓入土原因论［J］. 广西民族研究，1985（2）：54 ~ 60.

缅甸人称其为“巴济”，即“蛙鼓”的意思，泰国人则称其为“金钱蛙锣”。①

从文献记载看，至迟在唐代，人们就已视青蛙为铜鼓的象征，称其为“铜鼓精”了：僖宗朝，郑细镇番禺日，有林蔼者，为高州太守。有乡野小儿，因牧牛，闻田中有蛤鸣；牧童遂捕之。蛤跃入一穴，遂掘之。穴深大，即蛮酋冢也。蛤乃无踪。穴中得一铜鼓，其色翠绿，土蚀数处损阙，其上隐起，多铸蛙黾之状，疑其鸣蛤，即鼓精也。②

既然视青蛙为“铜鼓精”，那么，铜鼓之所以要埋入土中，当与青蛙的习性有一定关系。

壮族先民在长期生活中，自然会观察到每当冬天来临时，青蛙就会躲进土中一动也不动地冬眠，而当春天来临时，却又苏醒过来，充满了活力，并开始繁衍后代。同时，在原始先民的思维中，土地不但具有神秘生殖能力，并且是生殖的本源。人们一向认为，“在多产和生殖中，并不是妇女为土地树立了榜样，而是土地为妇女树立了榜样。”③“并不是大地模仿母亲，而是母亲模仿大地，在古代，婚姻被看作像土地的耕耘同样的事情，整个母系制所通行的专门术语实际上是从农耕那里借来的。”④因此，在他们看来，青蛙每年一度的冬眠，是为了从土地吸取到生殖力。于是，为了使他们心目中的生殖圣器铜鼓——“蛙鼓”的生殖力永世不竭，他们便让铜鼓像青蛙一样实行冬眠，一一埋入土中，使它向生殖本源的土地回归，以便获得土地的生殖力。

关于这一点，英国学者 H. I. 马歇尔已有所注意。马歇尔指出：克伦人常常认为铜鼓具有神奇的魅力。在他们举行的奉献仪式中，铜鼓是崇拜对象。……人们认为，在群山中打击铜鼓，铜鼓发出的悠扬回声可以取悦于“土地神”，因而给人们带来幸福，特别是对铜鼓占有者的家庭。在宗教节日里，如贝族

① 李伟卿：试论铜鼓中的滇西“蛙鼓”[J]. 考古，1986（7）：647 ~ 655.

② [唐]刘恂. 岭表录异[M]. 商璧，潘博，校补. 南宁：广西民族出版社，1988：44.

③ 柏拉图语，转引自：朱狄. 原始文化研究——对审美发生问题的思考[M]. 北京：生活 · 读书 · 新知三联书店，1988：764.

④ 出自巴霍芬的《母权论》，转引自：朱狄. 原始文化研究——对审美发生问题的思考[M]. 北京：生活 · 读书 · 新知三联书店，1988：763.

乡间，人们聚会在一起向土地神献祭，这时敲击大鼓的回声经常响彻云霄。[①] 克伦人认为敲击铜鼓发出的甜美声音在山间产生回响是在取悦土地神，并会给予铜鼓拥有者的家人带来好运。在宗教节日里，人们聚集在一起，也要在铜鼓声的不断回响之中，把供品奉献给土地神（见图 2-11）。

图 2-11 壮族妇女在蚂𧊅节里打铜鼓
（万辅彬 提供）

倮倮认为世上所有的东西都是天父和地母生下来的，铜鼓和天地一样古老。直到现在，越南同文、苗袜的倮倮还用铜鼓祭祀天地、土神，祭典在每年阴历四月和六月举行。

法国学者 M.P. 塞斯蒂文也指出：“马·凯坦马真提到，铜鼓饰以蛙的图像，通常都与水，特别是与咆哮着的急流中的水神相联。当铜鼓被击打时，发出隆隆的雷声，激动人心。铜鼓也象征着主宰丰收的自然神，能保证农业丰收，居民繁衍。蛮人把铜鼓埋在土中，是希望天上的雷与地下的水接触，使水流得更快，土地得到灌溉。”[②]

尽管马歇尔说的是人们运用铜鼓的声音来取悦土地神，但却也透露出了铜鼓与土地的内在联系。如今，在广西东兰一带举行的“蚂𧊅节”里，也还存在着把铜鼓埋入土中，待来年开春时，掘土取看铜鼓的色泽，以确定这一年农作物的生产情况的习俗。这实际上仍是借铜鼓来吸取土地的生殖力，只不过这一生殖力的作用已转移到农作物的生长上去了。

综上所述，可知壮族先民确实是把他们长期积淀的生殖崇拜文化艺术化地移植到了铜鼓上，从而使铜鼓成为壮族生殖崇拜文化的艺术载体之一，成了进行生殖崇拜必不可少的圣器。天长日久，铜鼓的这种生殖作用不仅影响

① H. I. 马歇尔. 克伦铜鼓［Z］. 成恩元，译 // 中国铜鼓研究会，广西壮族区博物馆. 铜鼓资料选译（四）. 1980：1 ~ 10.

② M. P. 塞斯蒂文. 石寨山铜鼓在社会生活和宗教礼仪中的意义［J］. 蔡葵，译. 云南文物，1982（11）；转引自：蒋廷瑜. 铜鼓艺术研究［M］. 南宁：广西人民出版社，1988：85.

到部族人丁的兴衰，还扩展到农耕的丰收与六畜的兴旺。于是，自然地，铜鼓便与部族的生存发生了密切的联系，最后成为权力、富贵乃至民族命运的象征。

稻作农耕文化是中国南方和东南亚各民族主要的文化传统，而铜鼓艺术是源于稻作农耕的艺术。铜鼓上最普遍、最广泛的纹饰是青蛙的塑像，有青蛙塑像装饰的铜鼓，从中国的广东、广西到贵州、云南，以至于东南亚，覆盖了最主要的铜鼓分布区。青蛙是铜鼓的象征，不少民族把铜鼓直接叫蛙鼓。稻作农耕民族崇拜青蛙（见图 2–12），他们相信青蛙能与天神沟通，给他们带来雨水，因为往往是青蛙叫，雨就来到。因而铜鼓与中国南方和东南亚各民族的文化传统，特别是以嶓文化为代表的稻作文化有密切的渊源关系。同时，铜鼓的使用以及其相关的文化形态，都是植根于特定地理环境中的稻作农耕文化。

图 2–12　公园里的累蹲蛙塑像（左）和自然界中的交配蛙（右）（韦丹凤　提供）

总之，两千多年来，铜鼓文化以稻作文化为基础，以“共生共荣，和而不同”的方式成为中国南方和东南亚各民族文化互动的载体，满足了中国南方各族人民以及东南亚各民族的精神需要，已成为这些民族凝聚力和认同感的标志。

第四节

铜鼓比铜鼎有更丰富的社会文化功能

人类的文明史可以说是一部技术变革促进生产力，进而促进文化发展和社会进步的历史。旧石器时代，用火与打制石器技术的发明，使人类学会熟食和使用石制工具。后来，石制工具由打制发展到磨制，并且掌握了制陶技术、建筑房屋和饲养种植技术，使人类进入了新石器时代。再往后便是青铜器时代，铁器时代……技术不断更新，社会不断进步。在历史长河中，伴随着科学技术的传播与发展，展现了人类社会在不同时代、不同地域的文化多样性，璀璨夺目，丰富多彩。

本节所讨论的铜鼓与铜鼎，都是从新石器时代的炊具陶釜一步一步演化而成的青铜器。铜鼎是中原青铜时代最具代表性的礼器、重器。铜鼓则出现于春秋时期的中国南方，到了汉代广布于中国南方和东南亚地区，起初它作为乐器，尔后也成为象征权力的礼器、重器，宋代以后，又逐渐回到民间恢复它主要的功能——乐器，至今还活跃在中国南方少数民族和东南亚一些民族之中。由于铜鼎与铜鼓所处的时空不同，社会文化功能不同，各自发展的轨迹也不同，从而分别反映了中原地区和中国南方（及东南亚）的文化多样性与独特性。

一、铜鼎的社会文化功能

铜鼎的前身是新石器时代的陶鼎，陶鼎则是由陶釜发展而来的。新石器时代之后，社会进入了使用青铜兵器和工具的时代，史称青铜时代。中原地区的青铜时代便是夏、商、周三代，这时陶鼎逐渐发展成铜鼎。由于统治者的需要，在晚商和西周早期，铜鼎的铸造技术和设计艺术达到了高峰，种类繁多，大体可分为圆鼎、方鼎及异形鼎。鼎上饰有丰富夸张的动物纹样。铜鼎主要有以下社会功能。

1. 铜鼎是国家政权的象征

《汉书・郊祀志》记载：禹“收九牧之金，铸九鼎”。说的是大禹治水后，划天下为九州，命令九州的长官向中原进贡铜等金属，铸造九个大鼎。《墨子・耕耘篇》说，禹“使蜚廉采金于山川，而陶铸之于昆吾……鼎成，三足而方，祭于昆吾之虚。”虽然我们现在还拿不出翔实的考古资料证明大禹铸鼎，但夏代铸鼎的可能性是存在的，因为作为夏文化代表的二里头遗址发现了一批青铜器，其中有四件礼器爵是由至少四块范铸成的。掌握了块范铸造法，铸鼎也就不难了。正如张光直先生所说“九鼎不但是通天权力独占的象征，而且是制作通天工具原料独占的象征。九鼎传说始于夏代是很恰当的”[①]。

夏代的统治者为什么要铸鼎呢？《左传・宣公三年》载王孙满说：“昔夏之方有德也，远方图物，贡金九牧，铸鼎象物，百物而为之备，使民知神奸。故民入川泽山林，不逢不若，魑魅魍魉，莫能逢之，用能协于上下，以承天休。”又如《国语・楚语》云：

> 昭王问于观射父曰：《周书》所谓重黎实使天地不通者何也？若无然，民将能登天乎？……如是，则明神降之，在男曰觋，在女曰巫。……

① 张光直. 从商周青铜器谈文明与国家的起源［M］// 张光直. 中国青铜时代. 北京：生活・读书・新知三联书店，2013：495.

而敬恭明神者，以为之祝，使名姓之后，能知四时之生，牺牲之物，玉帛之类，采服之仪，彝器之量，次主之度，屏摄之位，坛场之所，上下之神，氏姓之出，而心率旧典者，为之宗。于是乎，有天地神民类物之官，是谓五官，各司其序，不相乱也。民是以能有忠信，神是以能有明德，民神异业，敬而不渎，故神降之嘉生，民以物享，祸灾不至，求用不匮。

张光直先生认为这段话集中在“民”、“神”之间的关系，民神之间的沟通要仰仗民里有异禀的巫觋，其中有高明者为祝为宗。巫在殷商王室中有重要地位，是智者、圣者，是有通天地本事的统治者的通称。在帮助他们通神的各种配备中，包括“牺牲之物”和“彝器之量”在内，商周的青铜礼器是为通民神，亦即通天地之用的，而使用它们的是巫觋。[①] 青铜彝器上的动物纹样正是有助于巫觋沟通天地所配备的一部分。由此，可以清楚地看出政治与宗教艺术是结合在一起的，作为通天的巫术法器的青铜器可以与战车和戈钺、刑法这种统治工具相比。因为政权的集中在中国历史上一向是与财富的集中紧密结合的，而财富集中又是文明产生的基础。中国古代青铜艺术的这种作用，在文明起源、国家起源、阶级社会起源这一类社会科学上的原则性、法则性的问题上，有世界性的普遍意义。[②]

自夏之后，鼎因在教化、沟通天人关系等方面所起的重大作用而为统治阶层所珍爱，进而演变成为庙堂的重器，累代传承，成为定国之宝。直至秦始皇，汉武帝都把它看得非同小可。

2. 铜鼎是“明尊卑，别上下”维护社会政治秩序的礼器

铜鼎在中原地区三代之时，是奴隶主贵族的专用品，一般平民不能拥有。所谓“礼不下庶人”，其中含义之一就是庶人无权用鼎：鼎是青铜礼器中的主要食器，在古代社会中，被当作“明尊卑，别上下”，即统治阶级等级制度和权力的

① 张光直：商周青铜器上的动物纹样［M］// 张光直. 中国青铜时代. 北京：生活 · 读书 · 新知三联书店，1990：445.

② 张光直：从商周青铜器谈文明与国家的起源［M］// 张光直. 中国青铜时代. 北京：生活 · 读书 · 新知三联书店，1990：494 ~ 497.

标志。商代早期至晚期，均有铜鼎出土，尤其是中晚商铜鼎数量之多，品种之繁，气势之大，制作之精，是其他器物无法比拟的。从出土情况看，商代用鼎制度可见一斑；中、小型墓陪葬的一般是一鼎或二鼎。无论是殷墟或殷墟以外地区大都如此。但是，王室的陵墓则悬殊甚大，1976 年发掘的商晚期殷墟妇好墓（殷墟5号墓，妇好是殷武丁的配偶），该墓面积为20余平方米，殉人16个，出土方鼎 2 具，扁足方鼎 2 具，大小不同的圆鼎 32 具，还有少数残破的碎片。随葬了如此多的鼎，可见中、小型墓和王室墓等级差别之大。[①] 表明等级森严的是西周的列鼎制度。宝鸡竹园沟西周早期 1 号墓已出现大小相次、3 具一组的列鼎，还有 2 具配合的鼎。关于礼器研究的文献，主要依据《周礼》和《仪礼》，还有《说文》和《玉篇》等书中的若干材料。虽然《周礼》和《仪礼》记载的多为东周时代的材料，而且是经过汉儒整理、删改编纂的，但还是可资参考。周礼规定，鼎簋相配，天子列九鼎八簋，以九鼎代表九州，以示驾驭、治理天下；诸侯七鼎六簋，卿、上大夫五鼎四簋；士三鼎二簋。鼎与簋数量的多少，代表统治集团内部等级的高低，每一件铜鼎与之相配的其他青铜器物都是象征每一等级贵族地位的徽章与道具。如不按这个规定列鼎，就被视为“僭越”，是大逆不道的。周礼中规定的鼎簋之制在西周时基本为臣僚、封君所接受。但到了东周时，普遍出现僭越现象。于是，孔子哀叹“礼崩乐坏”。

3. 铜鼎是财富多寡与分配制度的象征

诚如张光直先生所说：“中国青铜时代的青铜器物可以从好几个不同的角度去研究。它们可以也应该从它们固有的品质上当作技术和美术来看和加以欣赏。它们的特别用途可以在它们所参与的各种活动（如餐食、仪式和战斗）的背景上加以理解。青铜器也可以在它们所在的社会加以维持上面所扮演的角色上加以考察。从社会的意义上来理解中国青铜器的关键是三代的权力机构。青铜时代的中国文明要依靠当时物质财富的分配方式。而权力是用来保障财富之如此分配。”[②] 从商代甲骨文记载可知：持有铜鼎（象征政权）的商王不

① 马承源. 中国青铜器［M］. 上海：上海古籍出版社，2003：84.

② 张光直. 中国青铜时代［M］// 张光直. 中国青铜时代. 北京：生活 · 读书 · 新知三联书店，2013：13.

仅坐等各种贡品和礼物从他的侯伯源源不绝而来，还亲自到外地去掠取。至于商王赏赐给地方诸侯的礼物，常常导致礼品的纪念性的铸造。所以，在一本有四千多件有铭文的商周青铜器的图录里，有这种纪念商王赏赐的铭文的器物有50件之多。很显然，这种礼物只能代表国家财富在社会顶层的“再分配”。

青铜器（如鼎）另一个主要用途是作为祭器。下级向上级的进贡和上级向下级的赐赠，使青铜器获得了建立亲属关系上的贵族政治的祖先崇拜祭仪之间的联系。换句话说，铜鼎之类的青铜器只与贵族相联系，在祭仪中所使用的容器（包括鼎）的数目、种类是要依照这些人在贵族政治中的地位而有所分别的。据礼书的记载，西周时天子用九鼎，第一鼎是盛牛，称为太牢，以下为羊、豕、鱼、腊、肠胃、肤、鲜肉、鲜腊；诸侯一般用七鼎，也称大牢，减少鲜肉、鲜腊二味；卿大夫用五鼎，称少牢，鼎实是羊、豕、鱼、腊、肤；士用三鼎，鼎实是豕、鱼、腊，士也有用一鼎的。

Ursula Franklin 指出：“在中国，青铜生产的开始，表示具有能够获取与补充所需的强制劳动力的蓄库的组织和力量的社会秩序的存在。”① 因为青铜器的大规模制作需要复杂的技术、充足的矿料、丰富的人力，这些都需要在国家的组织与监督之下，青铜器（如鼎）便成为这种秩序的象征。

二、铜鼓的社会文化功能

当中原青铜文化已经研究得如火如荼的时候，铜鼓研究才刚刚开始。在中国，真正对铜鼓进行系统研究，却是20世纪80年代以后的事。

关于铜鼓的社会文化功能，在几次全国性铜鼓学术研讨会及四次国际会议上很多学者有了精彩的论述，蒋廷瑜先生在《古代铜鼓通论》中作了系统的概括。②

1. 铜鼓是作为乐器问世的

从历史演变的角度来看，铜鼓有它的产生、发展历程，其功能也由单一

① Ursula Franklin. *On Bronze and Other Metals in Early China* [M] // 转引自：张光直. 中国青铜时代. 北京：生活 · 读书 · 新知三联书店，2013：24.

② 蒋廷瑜. 古代铜鼓通论 [M]. 北京：紫禁城出版社，1999：226 ~ 229.

发展到多种。

一代又一代研究铜鼓的学者，对数以千计的铜鼓，反复分类排队，结合考古资料分析其发展线索，终于找到了铜鼓的祖型，结果发现铜鼓的祖型也是陶釜。

1948 年，法国学者莱维（P. Lèvy）[①] 正式提出铜鼓起源于炊具倒置的看法。20 世纪 50 ~ 70 年代，云南省博物馆发现了一件又一件形似铜鼓的釜和形似铜釜的鼓。冯汉骥先生在《云南晋宁出土铜鼓研究》一文中明确指出："从早期铜鼓的形制来看，它似乎是从一种实用器（铜釜）发展过来的。大概在云南地区的青铜器时代早期，曾使用过一种鼓腹深颈的铜釜，这种铜釜是炊具，又可将其翻转过来作为打击乐器……因为整个铜鼓是从铜釜发展而来，所以打击面只有一面而非两面。"[②] 1975 年，在云南楚雄万家坝的一群古墓中挖出了一批鼓面有烟炱、器身似釜的早期铜鼓，与此同时，有的铜釜又是利用铜鼓改制的。这些都足以证明万家坝出土的铜鼓不但是从铜釜发展而来，而且尚停留在乐器、炊具分工不十分严格的初期阶段，或者说铜鼓还没有完全从炊具分离出来。

图 2-13　瑶族铜鼓表演（韦丹芳　摄）

铜鼓作为乐器出现后，主要用途之一是用于演奏（见图 2-13）。古书是把铜鼓归在"蛮夷乐器"类，唐刘恂《岭表录异》就说"蛮夷之乐有铜鼓"，宋代的《太平御览》和《文献通考》两部类书，都把铜鼓收在乐

① ［法］莱维（Paul Lèvy）. Origine de la Forme des Tambours de Browze du Typel（第一式铜鼓起源）［J］. Dan Viè Nam, Hanoi, 1948（2）: 17 ~ 22.

② 冯汉骥. 云南晋宁出土铜鼓研究［J］. 文物，1974（1）: 58 ~ 59.

部。《新唐书·南蛮列传》记载：唐代东谢蛮宴聚时，“击铜鼓，吹大角，歌舞以为欢”。铜鼓用在欢乐的场面很早，大概自铜鼓诞生之日。在云南楚雄万家坝的古墓中，一面铜鼓和 6 个一组的铜编钟同埋在腰坑内，这意味着它们是同时演奏互相配合的一套乐器。在云南晋宁石寨山汉墓中，铜鼓与葫芦笙共出，也是这方面的例证。在石寨山出土的铜鼓形贮贝器上印铸的图案中，有两人抬着一面铜鼓，一人双手戴大圆环，手舞足蹈，另外两人则打鼓唱歌，这也是娱乐的场面。唐代著名诗人白居易的《骠国乐》还记载了，公元 801 年骠国（今缅甸）王雍羌派悉利城主舒难陀率一文化使团随同南诏使臣到长安献乐的情景。诗中写道：“玉螺一吹椎髻耸，铜鼓千击文身踊。”

2. 铜鼓用以赛神、祭祀（见图 2-14）

击铜鼓以伴歌舞，而舞乐又与祈年禳灾等宗教活动不可分。《宋史·蛮夷传》记云：在贵州的一些少数民族有了疾病不抓药，“但击铜鼓沙锣以祀神鬼”。

晋宁石寨山贮贝器（M12：26）盖上的杀人祭祀场面中有铜鼓和錞于并

图 2-14 舞台上表演的瑶族祭鼓（韦丹芳 摄）

悬于一架，同时敲击的情景。石寨上出土的3件铜房屋模型，是模拟供奉祖先的“神房”，其中可见铜鼓模型。

用铜鼓来赛神，到唐代已很普遍。温庭筠、许浑等人在诗中记载了江南楚地用铜鼓参加赛神的情景。如“铜鼓赛神来，满庭幡盖徘徊。水村江浦过风雷，楚山如画烟开”。“绿水暖春萍，湘潭万里春，瓦尊留海客，铜鼓赛江神”。“晚过石屏村……山明夜烧云。家家叩铜鼓，欲赛鲁将军”。

在岭南，赛神的事则更多，至今在广西左江两岸的崖壁上仍然可见古代留下的赭红色大型壁画，很可能就是古代击铜鼓赛江神活动的写实记录。

铜鼓声可与神沟通，当然也能与死去的先人沟通。因此，铜鼓也用来祭祀祖先。至今，贵州黔东南苗族仍然每隔13年举行一次大型祭祀祖先的活动，有铜鼓的宗族必敲铜鼓。

在泰国皇帝一世的王宫里有一面铜鼓，是皇帝及其亲属周末进香和献祭时用的。皇帝去世后，僧侣在每天早晚祈祷完后就敲打这面铜鼓。老挝王宫至今还置有多面铜鼓。

越南芒族人、克木人祭祖，也都使用铜鼓。

3. 传递信息，指挥军阵

铜鼓是低频响器，在空气中鼓声可传得很远。清人檀萃在《滇海虞衡志》中说：铜鼓“会集击之，声闻百里以传信”。据晋人裴渊《广州记》载：当时居住在岭南地区的俚僚在打仗时，“鸣此鼓集众，到者如云”。到隋代，情况还是如此。《隋书·地理志》说：俚人“欲相攻，则鸣此鼓，到者如云”。

铜鼓用来指挥军阵也是自古有之。《唐六典·武库令》说：“凡军鼓之制有三：一曰铜鼓，二曰战鼓，三曰铙鼓。”并注云：“铜鼓盖南中所置”，即指明是南方铜鼓。唐代诗人李贺的《黄家洞》诗作了形象地描述：“雀步蹙沙声促促，四尺角弓青石镞，黑幡三点铜鼓鸣，高作猿啼摇箭箙。”陆游《老学庵笔记》说，铜鼓“南蛮至今用于战阵、祭享”。历代中央王朝，在镇压西南少数民族时，多以缴获铜鼓为战利品。

4. 铜鼓作为权力象征的礼器

在滇池畔的晋宁石寨山遗址滇王墓葬中，出土了19面精美的铜鼓，另外还有 6 面铜鼓形贮贝器及各种铜鼓形状的装饰器。这些铜鼓铸造工艺精良、纹饰繁缛，足见当时铜鼓的社会功能已明显地发展为权力和财富的象征。

“国之大事，在祀与戎。”由于战争和祭祀都由统治阶级的首领主持，所以铜鼓成为首领沟通天神的礼器和指挥战阵的军鼓，进而铜鼓成了占有者身份和地位的标志。这很像中原地区的钟、鼎彝器。裴渊《广州记》称“有鼓者，极为豪强”;《隋书 · 地理志》说：“有鼓者，号为都老，群情推服。”甚至如《明史 · 刘显传》所说：“得鼓二三，便可僭号称王。”

铜鼓既成礼器，就不单是敲击和实用的东西了，而更多的是作为权力的象征。在晋宁石寨山铜器上，杀人祭祀铜柱的场面中，以“干栏”式楼房作为祭台，围绕着祭典的女巫，在祭台的左、右、后三方陈列了 16 面铜鼓。

因为铜鼓作为权力重器用于陈设，除了追求数量多以外，还追求体形大。到了汉代以后，北流型、灵山型等粤式铜鼓竞相比大，“鼓唯高大为贵”。最大的一面铜鼓（广西博物馆馆藏 101 号）面径达 165 厘米，堪称世界铜鼓之王。这样的庞然大物悬之于堂，可令人望而生畏。

5. 铜鼓是财富的象征

值得注意的是，在万家坝墓葬中出土的早期铜鼓，有四面作为垫棺之用。除了前面所述它正在由炊具转化为乐器之外，还正在转化为以别尊卑和夸示富有的祀器。

铜鼓曾作为珍贵物品被少数民族的首领赏赐给有功者。《唐书 · 南蛮传》说：东谢蛮“赏有功者以牛、马、铜鼓”。他们还把铜鼓作为珍贵的贡品进献给中央王朝。《宋史 · 蛮夷传》说：“乾德四年（966 年），南州进铜鼓内附，下溪州刺史田思迁亦以铜鼓、虎皮、麝脐来贡。”

可以说，铜鼓历来就是价格昂贵之物。《明史 · 刘显传》中还记载“鼓声宏者为上，可易千牛，次者七八百。得鼓二三，便可僭号称王”。这种价格高得惊人，也许是一种夸张。但无论如何，铜鼓只有富人才能买得起，而买铜鼓的动机只是为了提高社会地位，有了铜鼓，人们便刮目相看。《后汉书 · 马援传》中唐章怀太子注引晋裴渊《广州记》：“俚僚铸铜为鼓，鼓惟高大为贵，面阔丈余。初成，悬于庭，尅晨置酒，招致同类，来者盈门，豪富子女，以金银为大钗，执以叩鼓，叩竟，留遗主人也。”铜鼓不仅是权力的象征，也成为财富的象征。有的学者认为，铜鼓与“夸富宴”有密切关系。汪宁生在《铜鼓与夸富宴》一文中介绍了佤族中铜鼓主举行“砍牛尾巴”时的情景：众人齐集剽牛、大吃大喝，消耗大量财富。铜鼓响声既可宣告宴会开始，又可渲染热闹气氛。在佤族中，一面铜鼓要用三头牛或一个奴隶才能买到，只有“珠米（富人）”及新兴头人才能拥有。

在贵州三都水族、老挝拉棉人都有类似风俗，铜鼓既作为财富的象征，也就可以拿来作装载财宝的“聚宝盆”。云南石寨山出土的不少铜鼓满盛当时作为货币流通的海贝，滇人甚至仿造铜鼓之形制作专门装载货贝的铜贮贝器。越南古代也有类似现象。

铜鼓如此贵重，所以统治者死后把铜鼓带到阴间去。在云南晋宁、江川、楚雄，广西田东、贵港，贵州赫章、遵义等地的古墓中出土的铜鼓就是作为陪葬品埋入地下的。

上述铜鼓的社会文化功能，课题组成员蒋英做了较好的概括：

铜鼓颂

铜鼓锵锵，声震山岗，号召勇士，御敌卫疆，
披坚执锐，血战沙场，鼓声激励，凯旋回乡。
铜鼓咚咚，声震林中，春种秋收，五谷丰登，
载歌载舞，天赐无穷，祭祀大地，人神相通。
铜鼓铛铛，声震山庄，佳节婚嫁，亲朋满堂，
主宾同庆，喜庆吉祥，人寿年丰，家邦兴旺。
铜鼓扑扑，声震山谷，长者逝去，子孙哀哭，
诵经念咒，魂归天府，佑我后裔，既寿且福。
铜鼓田田，声震霄汉，神器宝物，永奉堂前，
敬爱有加，世代相传，民殷国强，兆民腾欢。

三、铜鼎与铜鼓社会文化功能比较

作为礼器和神器的铜鼎与铜鼓，两者的社会文化功能既有相似之处，又各有特点。

（一）相同之处

铜鼎与铜鼓都是由新石器时代炊具——陶釜演化而来，皆是人类的技术发展到可以进行青铜铸造、社会经济发展到可以大规模铸造青铜器的时候产生的，都使用了块范铸造工艺，无论是艺术设计还是铸造技术都达到了很高的水平。其社会文化功能，主要有以下共同特点：

第一，铜鼎与铜鼓都是礼器，都曾成为统治阶级权力的象征；

第二，铜鼎与铜鼓都用于祭祀，是沟通人神的神器；

第三，铜鼎与铜鼓又都是财富的象征。

（二）不同之处

由于铜鼎与铜鼓所处的时空不同，文化土壤不同，各自发展轨迹不同，社会文化功能也有很多不同之处，反映了中原地区和中国南方（及东南亚）文化的多样性。

第一，由于中原青铜文化发育得比较早，而且国家的产生也比较早，伴随着国家的形成，中原的青铜器成了国家政治权力的一部分。尤其是鼎成为国家政权的象征，出现了“立鼎”、“移鼎”、“问鼎”等与国家政权相关的词汇；而且铜鼎还成为“明尊卑，别上下”，即统治阶级等级制度和权力的标志。对不同等级的贵族列鼎多少有明确的规定，成了维持权力机构关系的角色。而中国南方青铜文化发育得比较晚，大约在春秋以后，而且以什数计的郡国始终没有发展成像中原地区形态成熟的国家。《史记·西南夷列传》有着较为明晰的记载：“西南夷君长以什数，夜郎最大；其西靡莫之属以什数，滇最大；自滇以北君长以什数，邛都最大；此皆椎结、耕田、有邑聚。其外，西自同师以东，北至楪榆，名为巂、昆明，皆编发，随畜迁徙，毋常处，毋君长，地方可数千里。”迄今，考古发掘得到比较多的资料的应是云南晋宁石寨山滇王墓和祥云大波那木椁铜棺墓。铜鼓虽是这些君长的权力象征，但还没有像铜鼎那样发展到国家象征的地步，各级首领占有铜鼓的数量也未见有什么明确的规定，也就是说，铜鼓还未成为明确的维持社会等级秩序的角色。

第二，由于铜鼓一开始就作为乐器出现的，所以衍生出广泛的社会文化功能，被用于歌舞、赛神、传递信息、指挥战阵，这些都是鼎不曾具有的。

正因为鼎的社会文化功能比较单调，所以魏晋之后，它不再作为权力的标志、国家的象征，渐渐从政治舞台上消失，成为一种历史遗物。而铜鼓因为具有乐器的功能，所以生命力很旺盛。

明清以降，由于封建王朝对西南民族地区的统治加强，特别是改土归流以后，一些民族首领独霸一方的地位被流官所取代，原来那种号令一切的权威已大大被削弱，乃至完全丧失。作为这种统治权威化的铜鼓就失去了原来那种炫目的灵光。铜鼓由统治者手中的权力重器又回到民间，恢复了乐器的本来面目。

第三，铜鼓文化分布范围扩大，类型增多。

铜鼓文化自云南发源以来，它的传播范围不断地扩大，发展到岭南、四川、贵州等地，进而逐渐发展到越南、老挝、缅甸、泰国、柬埔寨、印度尼西亚等东南亚各国。铜鼓的类型也不断地发展成熟。

第五节

铜鼓是中国南方和东南亚古代文化的共同载体

铜鼓不仅在中国南方的历史上具有重要的意义，还是重要的国际性文物。就目前所知，在东盟十国中，除了菲律宾、文莱还没发现铜鼓之外，其余八国都出土过铜鼓，说明这些地方曾经铸造或使用过铜鼓。有的国家和民族至今还在使用铜鼓。铜鼓是东盟和中国南方古代文化的共同载体，也是他们历史上共同联结的重要纽带。可以说，创造灿烂铜鼓文化的各民族是同一大文化圈的兄弟民族。这些民族在两千年的漫长岁月中，通过各种形式的交往以及迁徙、融合，形成了种种经济的、文化的关系。铜鼓已然成为一种国际性文物。

不仅如此，在中国南方和东南亚流行的铜鼓还与这一区域的“䂮”文化重合。东南亚地区的壮侗语族（国际上称侗台语族）都把水田称作“䂮”，形成了独具特色的“䂮”文化（即稻作文化）。铜鼓本身又是民族文化的载体，从铜鼓身上的图案、立体饰物和铜鼓的社会功能等都反映了当时铸造和使用铜鼓的稻作民族生产、生活、社会活动情形以及他们的精神追求和审美体现。

中国与东南亚国家是山水相连的近邻，历史上有悠久的友好交往。分布于中国南方的云南、贵州、广西、广东、海南、湖南、重庆、四川 8 个省、市、自治区的铜鼓，也分布于东南亚的越南、老挝、柬埔寨、缅甸、泰国、马来西亚、新加坡、印度尼西亚和东帝汶等国家。铜鼓覆盖着这么一大片彼此连接的土地，也承载着这片土地上各个民族的历史文化。

第六节 铜鼓文化是亟需保护的宝贵的非物质文化遗产

一、铜鼓文化是活态文化

铜鼓是我国南方和东南亚地区具有代表性的青铜艺术瑰宝，在漫长的历史演化过程中，形成了丰富多彩的铜鼓文化。在很多民间传统文化已失去生机的今天，铜鼓文化依然以“活态”的方式留存于我国西南民族地区及老挝、越南、柬埔寨等东南亚各国。

（一）各民族的活态铜鼓文化

在中国南方和东南亚壮侗语族的壮族、布依族、老农族、芒族、水族、侗族、傣族、泰族，苗瑶语族的苗族、瑶族，藏缅语族的彝族（越南倮倮），孟—高棉语族的佤族、克木人、克伦人还在使用铜鼓。[①] 现分述如下：

1. 壮族

现代壮族使用的铜鼓，除极个别的冷水冲型铜鼓外，几乎为青一色的麻江型铜鼓。据梁富林 1992 年对河池地区 9 个县市的调查，现存铜鼓 1417 面，其中确定为壮族使用的铜鼓 730 面，他们将铜鼓分为公母，一般都需配对使用。

---

① 蒋廷瑜. 古代铜鼓通论［M］. 北京：紫禁城出版社，1999：193.

迎亲喜庆、跳铜鼓舞、送葬、正月初二迎铜鼓进寨都打铜鼓。红水河流域的壮族使用铜鼓最频繁、最庄重的是青蛙节（俗称蚂蚜节、蛙婆节）。其突出的特点是活动的每个环节都离不开铜鼓（见图 2-15），无论是请蚂蚜、游蚂蚜、孝蚂蚜，还是葬蚂蚜，都以铜鼓为先导。此习俗起于何时，今已无可考。

图 2-15　壮族蚂蚜节上打铜鼓

2. 布依族

生活在南盘江北岸的布依族称铜鼓为“连”或“罾连”。传说铜鼓是布依族始祖布杰向天神讨来的。没有铜鼓之前，老人死后只能下到十二重地狱里去受熬煎。有了铜鼓之后，只要敲响铜鼓，天神就会将死去的老人灵魂接上十二重天。以前，布依族村寨都有铜鼓，现在有的村还有，也都是麻江型的，凡遇过年、隆重节庆，都会拿出来敲奏作乐（见图 2-16）。举行砍嘎（杀牛祭丧）为老人办丧事时，只有鬼师才能使用。

3. 水族

水族是个酷爱铜鼓的民族（见图 2-17）。贵州三都水族自治县民间还有铜鼓 314 面，其中 287 面是水族收藏使用。素有“敲鼓过端好赛马，敲鼓过卯

图 2-16　布依族卯节上打铜鼓（蒋英　提供）

图 2-17　水族铜鼓舞（蒋英　提供）

好唱歌”的说法。

端节是水族的年节，村村寨寨敲铜鼓，打皮鼓、登高、赛马。

阴历六月的卯节，除了上卯坡（传统歌场）纵情歌唱外，也常将铜鼓拿出来悬于厅堂，和亲戚邻里一起敲奏娱乐。

在其他的欢庆日子里，如迎亲、盖新房，总要把铜鼓悬挂起来，让八方来客敲奏作乐。老人过世时，将铜鼓当作更换寿衣的坐墩；祭祀时，不停地敲铜鼓驱逐邪恶，追悼亡灵。

水族蜡染，常模取铜鼓花纹。水族小孩戴的银铃帽，后面正中挂的 7 串响铃中有两个小铜鼓。

4. 侗族

居住在广西、贵州、湖南三省交界处的侗族，尊敬铜鼓、珍爱铜鼓，把铜鼓称为“孔明鼓”。有铜鼓的人家，视铜鼓为保护神。春节期间，侗族都要击铜鼓闹年迎春，而击鼓的绝大多数是穿上民族盛装的妇女，这是一道亮丽的风景线。

5. 苗族

居住在贵州清水江和都柳江流域雷山、丹寨、台江、黄平、凯里、施秉、镇远的苗族，使用铜鼓很普遍，广西融水、南丹的苗族还使用铜鼓（见图 2-18）。

雷山苗族的铜鼓主要用于过苗年、尝新、盖新房和“吃牯脏”。凯里里禾寨苗族的铜鼓用于芦笙节，南丹中堡苗族的铜鼓主要用于过春节和丧葬，贵定仰望苗寨的铜鼓只用于丧葬。

“吃牯脏”是苗族的重要宗教活动，称为“囊疆牛”，现在又称“鼓社节”。正规的吃牯脏每隔 13 年举行一次，以一个村寨为单位，邀请外寨参加，有一系列仪式和娱乐活动，主要内容是祭祀祖先和祈求丰收。届时要椎杀水牛数头。这时铜鼓齐鸣，为杀牛制造庄严热烈的气氛。

居住在贵州雷公山下的苗族，至今还保留着以十月为岁首的周代纪年法。每年阴历十月第一个兔日开始过苗年。苗年的第 6 天，即猴日的午后，保管铜鼓的寨老用香纸、鞭炮、米酒、鲤鱼等“醒鼓”，开始带领全村男女老少跳铜鼓舞。在莽筒、芦笙伴奏下，踏着铜鼓的节拍，围着铜鼓柱跳舞，称之为“踩铜鼓”。

图 2-18　苗族打铜鼓（蒋英　提供）

6. 瑶族

使用铜鼓的只是瑶族中的布努族系。相传铜鼓是创世女神密洛陀留给布努瑶的传家宝。布努族系的番瑶，过去每遇重大事件，都以击铜鼓为号，传递信息。每年种下庄稼后，都要击鼓跳舞，祈求丰收。旧历五月二十九日是番瑶的年节——祝著节。主持人在高山顶上敲铜鼓，各村寨的人闻声赶来，击鼓跳舞，热闹非凡。

南丹白裤瑶砍牛送葬打铜鼓的场面更为壮观，常常二三十面铜鼓同时演奏，每面铜鼓由一人敲打，另一人用木桶在铜鼓后面“接音”，调节共鸣（见图 2-19）。

7. 彝族

彝族是较早使用铜鼓的民族，据传，播勒土司的“九重宫室”中陈列了 9 面铜鼓。最典型的是云南文山壮族苗族自治州广南、富宁的彝族，一年一度的跳弓节要跳三天三夜的“铜鼓舞”。他们过节不祭神，只跳舞自娱，盖新房要跳舞，死了老人要跳舞，跳舞时都用铜鼓伴奏（见图 2-20）。铜鼓不用时，埋在土中，用时，把它挖出来。

图 2-19 白裤瑶打铜鼓（刘莉 摄）

图 2-20 彝族打铜鼓（蒋英 提供）

分布于越南河江省和高平省的倮倮族（LoLo）也还保存和使用铜鼓，河江省同文、苗袜、安明 3 县倮倮有 22 面铜鼓，高平省倮倮有 8 面铜鼓。倮倮认为铜鼓和天地一样古老，用来祀天地、祀社神、做丧礼。

8. 傣族

傣族使用的铜鼓多为西盟型鼓，俗称“蛤蟆鼓”，逢开门节、关门节敲击，逢泼水节等节日抬铜鼓出行。

9. 佤族

佤族称铜鼓为“格老”，佤族铜鼓多集中在西盟的大佤地区，使用铜鼓是佤族文化传统之一，主要用于死人、失火报警和举行宗教活动。西盟佤族铜鼓和缅甸、泰国流行的铜鼓同属一类，而缅甸克耶邦是这种铜鼓的铸造中心，威当城是铸造最盛的地方。阿佤山的铜鼓很可能是很早以前由克耶邦辗转传入的。

10. 克木人

克木人是中南半岛上一个人数不多，但分布较广的民族，居住在老挝、越南、泰国、缅甸的崇山峻岭之中。他们也使用西盟型铜鼓，在春耕仪式和丧葬仪式中敲打铜鼓（见图 2-21），他们相信只要敲击铜鼓，天神就会下凡来

图 2-21　老挝克木人打铜鼓（韦丹芳　摄）

帮助他们。

此外，中越交界的普剽人、缅甸掸邦的克伦族以及越南北方的芒族也都在使用铜鼓。

（二）广西的活态铜鼓文化

广西虽不是铜鼓的发源地，但却是现今保存铜鼓及铜鼓文化最为丰富的地区之一。至今，广西各地仍活跃着各类铜鼓文化活动，而铜鼓也被誉为南国奇葩。已有两千多年历史的铜鼓，虽不明确其传入广西的具体时间，但经过历史的沉淀，铜鼓如今逐渐发展为广西的文化符号，渗入到人们的生活。课题组在广西传世铜鼓较集中的河池地区进行了田野调查，在南宁、百色、玉林、柳州、北海等市区进行探访时，发现不管是乡村还是城市，都可以看见铜鼓的影子，它们的表现形式虽不尽相同，但都传达出人们对铜鼓的喜爱。

现在，广西使用铜鼓的地区主要集中于红水河流域，其中河池地区是发现铜鼓数量和保存使用铜鼓习俗最多的地区之一。它们集中分布于河池的天峨县、南丹县、东兰县、巴马瑶族自治县、大化瑶族自治县、都安瑶族自治县、罗城、宜州、金城江等地。而河池的东兰县更有“铜鼓之乡”的美誉。除了河池地区外，广西的百色、田林、西林、那坡等地也还有人使用铜鼓。随着铜鼓文化影响的扩大，不仅使传统的铜鼓文化得以保存和发展，而且使铜鼓文化的影响已经扩大到了广西的各大城市，成为广西的一张文化名片。

更值得关注的是，当今广西壮族自治区官方、民间以及学者、文化人都把铜鼓作为壮族文化的一个重要象征，在现代化建设中不忘弘扬民族传统文化。例如，在北京中华世纪坛，56 个民族都有自己的标志物，壮族的标志物就是铜鼓；广西文化艺术最高奖命名为铜鼓奖；南宁最大的公园（青秀山公园）建有铜鼓歌台，歌台内赫然耸立一组巨大的铜鼓与铜鼓文化石雕；南宁国际民歌节也以铜鼓作为舞台背景；广西博物馆不仅有铜鼓展览，在民族文物苑还建有巨大的仿真铜鼓楼，新建的广西民族博物馆就是一座巨大的铜鼓；河池市建有铜鼓广场，耸立一个大铜鼓；河池已举办了 11 届铜鼓山歌艺术节、还组建了铜鼓艺术团；在南丹县城、东兰县城都有铜鼓塑像标志；百色市在城东的山上建了一个规模宏大的铜鼓广场、广场上耸立着一座宏伟的铜鼓楼、楼内悬挂了新铸的一面面径超过 2 米的大铜鼓，后来在百色火车站进站大道广场耸立了个直径 13.6 米的句町铜鼓雕塑；“铜鼓之王”的故乡北流市和浦北县城都有以铜鼓组成的雕塑作为城标；进京汇演获奖的舞蹈名为《鼓魂》；铜鼓纹饰图案在壮锦、服饰、建筑装潢中则到处可见。可以说铜鼓文化对广西的影响无处无时不在，传统的铜鼓文化正激励着广西各族人民在新的征程中奋进。

随着现代化进程的加快，广西活态铜鼓文化受到大量的外来文化的影响，使传统的铜鼓文化遭到巨大的冲击。虽然广西许多地方仍保存着使用铜鼓的传统，但铜鼓文化却在不同程度上发生了嬗变。多年来，学术界对广西的铜鼓及铜鼓文化进行了诸多的调查研究，政府部门也投入大量的人力物力，积极地宣传和保护广西的铜鼓及铜鼓文化，但铜鼓文化的保护、传承等问题仍然任重而道远。

二、铜鼓文化是重要的非物质文化遗产

随着现代化进程的加速，使用铜鼓的地区正在逐渐缩小，原先使用铜鼓的大部分地区已相继退出历史舞台，只留下某些遗迹和历史的回忆。现在，仅有中国南方及东南亚部分地区，仍然保存着使用铜鼓的古老习俗，成为绵延千古的“活化石”。就目前所知，保留铜鼓文化活化石的地区有两大块：一块是中国南方贵州黔南和广西桂西北接壤地区，这个地区往南到云南的文山、红河地区，并伸入到越南西北部地区；另一块是中南半岛北部，以缅甸东部掸邦高原与老挝、泰国交界的山区为中心，往北伸入中国云南南部边境。这两大块地区互相靠近，断续衔接。铜鼓文化如何继续保存是值得人们关注和研究的问题。

流传两千多年的铜鼓文化历史悠久，内涵丰富。但在其发展的历史进程中，由于始终处于底层文化和边缘文化的地位，具有较多的草根性，长期以来，主流社会对于铜鼓文化，要么将其与主流文化相附会，要么干脆视之为

落后、愚昧的代表。特别是20世纪50年代至中国文化大革命期间，极“左”思潮泛滥，铜鼓文化更是成为了封建迷信的象征，在“大跃进”、大炼钢铁和“文化大革命”中遭到了空前未有的劫难，受到严重的破坏。一方面，作为铜鼓文化物质载体铜鼓，被当作“四旧”物品而被收集集中作为废旧物品销毁，使数以千计的铜鼓被砸毁熔化；另一方面，使用、传承铜鼓文化的民间艺人也成为各地的教育、批斗的对象，铜鼓文化也遭到了摧残。当“文化大革命”过去之后，铜鼓文化的传承出现了前所未有的危机，无论是铜鼓本身的数量还是铜鼓文化的规模，都已经极度萎缩。

在贸易全球化、经济一体化的今天，民族民间传统文化正面临着现代文化特别是西方文化的冲击，为了保持文化的多样性，需要有一个良好的文化生态，保护、继承和发展包括铜鼓文化在内的民族民间传统文化十分重要。2003年10月下旬，在贵阳召开的中国民族民间文化保护工程试点工作会议确定的第一批10个试点名单中，就包括广西壮族自治区红水河流域铜鼓艺术；2006年国务院发文[①]又将“壮族铜鼓习俗”列入第一批国家级非物质文化遗产名录。

① 见：国务院关于公布第一批国家级非物质文化遗产名录的通知［EB/OL］.［2006-06-07］. http://news.xinhuanet.com/newscenter/2006-06/07/content_4660170.htm.

Chapter 3 The Culture Status of Bronze Drum

第三章

铜鼓文化现状

铜鼓文化走过两千多年的历史长河，在现代化的进程中，呈现出喜忧参半的状况：喜的是民间铜鼓文化开始复苏，并在都市中成为重要的文化象征；忧的是大量的铜鼓破坏严重，铜鼓文化正遭受着严重摧残。

第一节 铜鼓文化曾经遇到的摧残

任何事物都有发生、发展和衰亡的过程。铜鼓也有其萌芽、发展、鼎盛时期，但也不可避免地随着社会的发展，走向式微。两千多年来，作为娱乐用具，铜鼓已满足了祖祖辈辈的精神需要。每当节日庆典，人们都不约而同地沉浸在它的铿锵声中，如痴如狂，冲刷心灵的痛苦与烦恼，借以与“神灵”沟通，获得吉祥和慰藉。铜鼓声也曾激励他们不断与敌人抗争，战胜人为的和自然的艰难困苦，朝着希望奋进。铜鼓已成为一些民族凝聚力和认同感的标志：远在异国他乡，只要看到铜鼓图像，听到铜鼓声音，就像又回到了那片红土地，有无限的亲切感。但是，历史的浪涛也在不断地冲刷着铜鼓文化的载体。20 世纪以来，30 年代的风俗改良，50 年代的破除迷信，60 年代的“文化大革命”，一次又一次给铜鼓文化以毁灭性的打击，当 80 年代重新估价这一历史文化时，群众手中幸存的铜鼓已经为数甚微了。就广西而言，铜鼓使用地区已从桂北、桂中、桂南退缩到桂西、桂西北的狭小范围，一大片使用区的铜鼓已荡然无存，只在年长者的头脑中留下一些依稀的记忆。

1961 ~ 1962 年，广西天峨县文教局曾在该县组织过一次民间铜鼓调查，了解到当时全县有铜鼓将近 500 面。经过“文化大革命”以后，至 1995 年再去调查，全县所存铜鼓就只有 42 面了。此中铜鼓绝大部分损失于“文化大革命”期间。

广西东兰县物资局于“文化大革命”期间，曾将从农村收来的铜鼓打烂，装满了两卡车运往外地，以每面铜鼓重 20 千克计，每车载重 4 吨，这两卡车将有铜鼓 400 面左右。1972 年，东兰县氮肥厂初建时，急需大量铜材，该厂出动两辆解放牌汽车到该县安娄供销社，将屯集在那里的铜鼓拉回氮肥厂熔化，据说熔化了的铜鼓将近 200 面。

在“文化大革命”期间，广西都安瑶族自治县的七百弄（现属大化瑶族自治县）一个乡就有 70 多面铜鼓被收作废铜。

经此浩劫，壮族地区不少村寨的铜鼓被一扫而光。以河池市为例，据保守点的估计，现存的铜鼓都不如“文化大革命”前的 1/2。这些幸存的铜鼓，都是民众当年冒着风险秘密收藏下来的。改革开放以后，随着我国社会主义市场经济的日益发展与繁荣，中华民族传统文化也正在复兴，近 30 年来，壮族、布依族、水族、侗族、苗族、瑶族、彝族、傣族、佤族等，又恢复了使用铜鼓的传统习俗。在闹年迎春、节日庆典、婚丧礼仪、祭祀聚众等重要场合敲打铜鼓。但是，铜鼓的歌谣、铜鼓的舞蹈、铜鼓的曲谱（鼓点）没有得到全面系统的整理，会演奏铜鼓的人日益减少，更为严重的是，铜鼓的铸造技术已经失传。

改革开放给民族地区带来了经济的发展及文化的进步，同时也使人们的传统观念发生了变化。这样一来，一些原先依赖传统观念而生存的传统文化就受到影响，铜鼓文化即首当其冲。我们在调查中得知，民族地区有如此众多的铜鼓保存至今，与使用铜鼓的老百姓视铜鼓为“神器”的观念有关。他们认为铜鼓是一种神物，可以酬神驱鬼，祛灾纳福，因而将它们视为镇寨之重器，传家之至宝，悉心呵护，代代珍藏。他们认为，祖传铜鼓不能丢失，不能变卖。丢失铜鼓就像丢了魂，意味着精神支柱的丧失。出卖铜鼓就像出卖祖宗牌位，意味着对祖宗的背叛。铜鼓的损失是一个家庭、家族乃至整个村寨的衰败和不幸。正因为如此，他们拼死拼活也要保护住铜鼓；再苦再累，倾家荡产，也不能出卖铜鼓，而要使其代代相传。为了保护铜鼓，甚至不惜牺牲个人性命。但现在不同了，由于科学文化知识的提高，他们已不再迷信铜鼓，不再相信铜鼓的神奇功能，不再敬畏它和崇拜它，只把它作为一种工具。而现在，除了蚂蜗节唱山歌、跳铜鼓舞以外，还有电影、电视等丰富多彩的文化生活，使人们对铜鼓的依赖也已逐渐淡漠。这种传统观念的逐步改变，给铜鼓文化的传承带来了空前的危机。以至于20世纪80年代以来，为了现实的物质生活，有的人变卖祖传的铜鼓；有的人甚至铤而走险，偷窃铜鼓，倒卖铜鼓，再次造成铜鼓的人为流失。为了保护这一传统文化遗产，各级文物部门做了大量工作，东兰县人民政府和河池地区行署曾为此专门发布了保护铜鼓的通告，但铜鼓外流之风仍然屡禁不止。

铜鼓面临的另一个问题是自然损坏。现在使用的铜鼓都是100多年甚至数百年前留下来的，由于一代代人的不断敲打，不少铜鼓已经破裂沙哑，有的已经破碎，不能再敲打了。但又因铸造工艺失传，没有新的铜鼓补充，损坏一面少一面，长此以往，若干年后，将再也没有可供敲击的铜鼓了。

以广西河池市为例。该市民间传世铜鼓1400多面，但由于一代代人的不断使用，很多已严重破损。据河池地区文物站2000年5月，组织人力对东兰、大化部分壮族、布努瑶族铜鼓的抽样调查，所调查的6个乡镇35个自然村的87面铜鼓中，完好无损的只有22面，占调查总数的25.29%；不同程度破损的有65面，占总数的74.71%，其中严重破损、完全不能使用的有9面，占总数的10.34%。2000年10月，在宜州市举办河池地区第二届铜鼓山歌艺术节时，东兰县带去150面铜鼓，当场逐一查看，其中不同程度破损的有66面，占其参加艺术节铜鼓总数的44%。如东兰县金谷乡板路村板六屯现存4面铜鼓，其中2面足部都破去一大块；东兰县巴畴乡安桃村坡纯屯5面铜鼓，其中4面有不同程度的破损，只有1面完好；东兰县东兰镇那亨村六劳、那化二屯原各有一组（4面）铜鼓，约10年前，各有2面破裂不能使用，遂将各自的2面好铜鼓合并为一组使用，现在这4面铜鼓又有3面破损，完好的只有1面了。

使用铜鼓已有两千多年历史，无论从使用铜鼓年代之长久，还是从现今铜鼓藏量之巨大和使用人数之众多来看，都是内涵丰富的“社会活化石”。这些传世铜鼓又是壮族优秀传统文化的重要载体，如果这些民间铜鼓损坏消亡，那将是民族文化遗产的重大损失。因此，亟待采取保护措施，以挽救民间传世铜鼓，挽救民间传统文化。

值得庆幸的是，随着 21 世纪的到来以及现代化进程的加快，人们一方面在思考现代化本身对于人类社会所具有的负面影响，同时也开始反思传统文化对于人类生存与可持续发展所具有的内在意义。从历史演变的角度来看，铜鼓有它的发生、发展历程，它的用途也由单一用途发展到多种用途。铜鼓最初是从铜釜演化而来的，原本是生活的实用器皿，因为人们发现，敲奏它可以发出铿锵动人的乐声，兼具有乐器功能。这个时期是鼓与釜并用的过渡期。然后，铜鼓从炊具分化出来，成为独立的乐器，才具有打击乐器的功能。因为响度大，传声远，可以向远方发出讯号，具有传讯功能，也适用于战阵鼓舞士气的作用，用作战鼓。于是，使用的民族赋予铜鼓很多神奇功能，从而使之成为神器，祭天祀地、祈雨避邪、超度亡魂、供奉先灵、婚嫁建房和节日庆典都离不开铜鼓，因而铜鼓兼具数种社会文化功能。铜鼓还是一种综合性的艺术品，集雕塑、绘画、装饰、音乐、舞蹈于一身，成为一个统一的整体。它既有精美的圆雕、浮雕的艺术形象，以及由各种流畅的线条所构成的独具特色的装饰艺术，可以作为静态的艺术来欣赏。它造型厚实、庄重、耐看，引人品味，使人着迷。它又能演奏出雄浑铿锵的音调，配以舞蹈，造成极为壮观的场面，激起人们炽热的感情。这是动的艺术产生的审美效果。正是因为铜鼓拥有如此丰富的内容，近年来，铜鼓及铜鼓文化得到了不同程度的复兴。

第二节 从广西活态铜鼓文化看铜鼓文化现状

铜鼓是中国南方青铜文化的重要组成部分。中国南方青铜文化的发展产生过不少优美的器物，但都已消失在浩瀚的历史长河中，只能在博物馆中见到。唯有铜鼓至今仍“活”在这一区域少数民族的生活中，广西的壮族、瑶族、彝族，云南的壮族、苗族、瑶族、佤族，贵州的布依族、苗族、水族等在当今现实生活中仍然使用铜鼓。为更好地展示铜鼓活态文化的现状，课题组对广西活态铜鼓文化进行了全面考察。

一、文献资料中的广西铜鼓

课题组对广西各县志的资料梳理发现：有 38[①] 个县的县志中有关于铜鼓的记载。课题组对广西部分县志中对铜鼓的记载（表 3-1）进行的梳理如下。

① 根据广西地情网中县志数据库搜索到的记录进行的统计，http：//www. gxdqw. com/#.

表 3-1 广西部分县志中对铜鼓的记载[①]

县志名	记载内容
贵港市志（县级）	1976 年 6 月出土的西汉初期的“贵县罗泊湾一号墓”文物中，有大批青铜制品作随葬品，其中有一铜鼓，鼓腰有羽人舞蹈纹八组，舞姿与师公舞大同小异，足见贵县师公舞受中原文化的影响
东兰县志	铜鼓是东兰县壮族、瑶族珍贵乐器。壮族铜鼓舞流行于大同、四合两乡，多为过年、婚日进行。它起源于劳动、祭祀、娱乐或礼仪，说法不一，从舞蹈表演形式看，则与娱乐较密切，流传至新中国成立初期的铜鼓舞多是 7 人表演，其中 4 人打 4 面铜鼓，1 人敲打牛皮鼓伴奏，1 人舞雨帽或簸箕，1 人敲打竹筒，铜鼓声息，舞蹈不止，极尽喜悦，铜鼓手和跳舞者累了就换人，往往延续一两个小时
北流县志	光绪十八年（1892 年），于罗卜区安边乡（今石窝乡平田村），出土了一面面径 165 厘米、高 70 厘米、重 300 千克的大铜鼓，被誉为“铜鼓王”
融安县志	1985 年，经国家商标局核准，已注册商标的有：“铜鼓牌”药品等 7 个商标
博白县志	（明 · 曾才鲁所作诗歌）博阳八景：嵯峨宴石古山名，远接云飞列画屏。岩隐石钟千嶂寂，水浮铜鼓一潭清。蟠龙雨过春田绿，将室烟开晓洞晴。更喜岚横双角秀，九歧叠翠愈分明
河池市志（县级）	1. 达努节为布努瑶传统节日。 农历五月二十九，带上糍粑、彩蛋、肉菜到村郊平地或山口聚餐，并举行打铜鼓、唱山歌活动 2. 瑶族当老人临终之际，家人将其扶起，望能“端坐”地见列祖列宗……停柩期间，乡邻亲友前来打铜鼓、跳铜鼓舞，以示哀悼
南丹县志	1. 中堡苗族乡苗族同胞十分喜爱古乐铜鼓，每逢红白喜事及传统节日，身着盛装，男女老少云集，开展击鼓活动，热闹非常。 2. 1990 年 7 月 1 日集邮协会成立时，县邮电局首次发行 1 枚特制纪念封，1 枚纪念戳。纪念封图案设计正面右下部为白裤瑶族姑娘和一面铜鼓

① 根据广西地情网中县志数据库搜索到的记录进行的统计，http：//www. gxdqw. com/#.

（续表）

县志名	记载内容
田林县志	1. 1982 年，平山公社获自治区少数民族体育传统运动会一等奖。获奖项目是“打铜鼓” 2. ……老人说，如果哪年农历 12 月 29 日晚上 8 点钟左右，石蒙山传来铜鼓声的话，就会乱世。1964 年的这一晚，凡屯的黄飞（时年 38 岁，当过小学教师和村党支书）听见了石蒙山的铜鼓声
武鸣县志	民国十六年韦鸿恩（1882 ~ 1959 年），办起了学校，又亲自为学校写了校歌。开学后又自费购置图书 200 ~ 300 本和铜鼓、喇叭，丰富了学童的文化学习和娱乐活动
都安县志	瑶族铜鼓舞在新中国成立前叫“吃牛铜鼓舞”。系民族风俗舞蹈，流于七百弄、板升、雅龙、大兴、隆福、六也、江南等乡布努瑶聚居的深山老弄。新中国成立后，牛作为主要生产工具受到保护，杀牛伴舞自行取消，只击铜鼓和配舞祭祀，改称“铜鼓舞”
融水县志	1.“同”字歌（土拐歌） 同年和我同台吃，共同肚饱共同饥； 桐子榨得桐油出，铜锁来寻铜锁匙。 同个日头同个天，日里同行夜同眠； 同年穿件铜纽衫，同心约妹做同年。 衣衫同来摒有（注）同，世间人同命不同； 和妹同心又同肚，手敲铜鼓伴铜钟。 （注：“有”即没有或不的意思） 2. 融水苗族和其他兄弟民族一样，有各种各样的禁忌。从二月社开始到六月六新禾节，不得吹芦笙，不到大的年节不得敲铜鼓
岑溪市志	万历九年（1581 年）又在北科峒设置北科镇，由 1 名坐镇官带领官兵 600 名，分头哨、二哨、三哨、罗应、孔村、黄沙、孔亮、逍遥、铜鼓、中坡、白竹、平田、榕村、双园、南蛇、双柱、大坡、里汉、鱼汕等 19 营镇守

在各地的县志记载中，地名中含有铜鼓两个字的记录共有 14 条，有的直接取名为铜鼓，有的则叫铜鼓岭、铜鼓冲、铜鼓村、铜鼓滩、铜鼓角等。以下为课题组统计的广西各县志中关于铜鼓地名的记载（表 3-2）。

表 3-2　广西各地县志中关于铜鼓地名的记载[①]

县志名	记载内容
贵港市志（县级）	铜鼓岭，位于贵港市桥圩镇震华村东 2.5 千米处
柳州市柳北区志	铜鼓岭原在今三中路上，呈圆形，方圆 70 米，海拔 104.8 米，黄土质，因形似古代铜鼓，故名
北流县志	……是年秋，浔江铜鼓滩之下，衔波啮浪，有隐隐欲跃者，渔人纠众力举之，铿然又一铜鼓也
融安县志	9 月 20 日，八团农民抗暴队伍与国民党军队在铜鼓桥至淑母度口一带激战数小时
钟山县志	地名：铜鼓冲
柳州市郊区志	咸丰十年（1860 年）五月，大成军陈戊养率部扎营于今郊区的雀儿山，沿回龙岭（鹧鸪江附近）至铜鼓岭一线进击清军
柳江县志	铜鼓岭，又名童姑岭，因岭形如铜鼓，故名。位于拉堡镇北部约 1 千米处，东西走向，面积约 0.3 平方千米，主峰海拔 140.7 米，黄沙土质，该岭曾出土过石器（双肩石斧）
平南县志	地名：铜鼓岭
钦州市志	地名：铜鼓窝、铜鼓岭、铜鼓
昭平县志	地名：1957 ~ 1962 年，县内开始筑周家、下洞、黄沙冲、铅山、铜鼓等 24 个水库
扶绥县志	铜鼓山位于县城南 56 千米，在山圩南 13.5 千米
宜州市志	古桥名：铜鼓桥；古地名：十二铜鼓

出现最多的是以铜鼓为题材所创制的各种文艺作品，一共有 34 条，包括铜鼓舞、铜鼓的敲击鼓点、铜鼓民谣、铜鼓诗歌、铜鼓壮剧等内容。以下为课题组整理的广西各地县志中关于铜鼓文艺作品中铜鼓的记载（表 3-3）。

① 根据广西地情网中县志数据库搜索到的记录进行的统计，http：//www.gxdqw.com/#.

表 3-3　广西各地县志中关于铜鼓文艺作品中铜鼓的记载①

县志名称	铜鼓文艺作品 / 铜鼓奖
东兰县志	文艺节目：《铜鼓舞》《铜鼓开山》
北流县志	文艺节目：《铜鼓舞》《铜鼓记》
融安县志	《洁白的山茶花》获广西“铜鼓奖”
博白县志	诗歌中出现铜鼓记载：（诗歌）博阳八景明·［曾才鲁］：嵯峨宴石古山名，远接云飞列画屏。岩隐石钟千嶂寂，水浮铜鼓一潭清……
河池市志	文艺节目：《丰收铜鼓》
那坡县志	1. 文艺节目：《铜鼓舞》；2. 文艺节目：《铜鼓歌》；3. 民歌中对铜鼓的描述
南丹县志	1. 苗族、水族、白裤瑶族都有铜鼓舞；2. 获铜鼓奖的文艺节目
永福县志	文艺节目：《铜鼓老爹》
田林县志	1. 打铜鼓，跳铜鼓舞；2.《铜鼓舞》
德保县志	文艺节目：《红铜鼓》
武鸣县志	散文《卜万斤》获全国第二届少数民族文学优秀作品奖、广西“铜鼓”奖
灵川县志	《中国摄影》《人民画报》获广西首届“铜鼓奖”
都安县志	1. 布努瑶打铜鼓比赛；2. 铜鼓舞；3. 民族歌谣中的铜鼓记载；4. 铜鼓舞鼓点
临桂县志	摄影作品《壮乡秋色》载入《中国新文艺大系·摄影集》，并获首届振兴广西文艺创作铜鼓奖
平南县志	组织铜鼓队
靖西县志	壮剧《红铜鼓》
融水县志	1.《铜鼓舞》（铜版画）；2.《铜鼓在歌唱》；3. 土拐歌中唱铜鼓；4. 诗歌中的铜鼓

① 根据广西地情网中县志数据库搜索到的记录进行的统计，http：//www.gxdqw.com/#.

（续表）

县志名称	铜鼓文艺作品 / 铜鼓奖
金秀县志	1. 乐器铜鼓；2.《瑶族文学史》1988 年获广西首届文艺铜鼓奖
乐业县志	文艺节目：《打铜鼓》
容县志	《铜鼓舞》（铜版画）、《铜鼓在歌唱》（黄朝瑞曲，胡年旗词）1986 年参加自治区首届三月三歌节演出，获三等奖
全州县志	劳动歌中唱铜鼓
扶绥县志	[唐] 李贺的黄家洞中提到铜鼓
百色市志	中篇小说《槟榔盒》获 1988 年全国首届少数民族创作优秀奖和广西首届铜鼓荣誉奖

各地县志中也有对铜鼓的出土状况以及铜鼓的馆藏情况的记载。铜鼓在民俗活动中的使用，各地县志中也能找到相应的描述，包括铜鼓在葬礼、祭祀、春节、上元灯节、苗年等场合的使用情况。此外，还有关于铜鼓其他方面的大量记载，例如因铜鼓引起的纠纷、民族体育中铜鼓的使用、作为生活用具的铜鼓、铜鼓传说、铜鼓纪念邮票等内容。总之，在广西各地的县志中有关铜鼓的记载内容丰富，课题组进行了初步的统计（见图 3-1①）。在广西

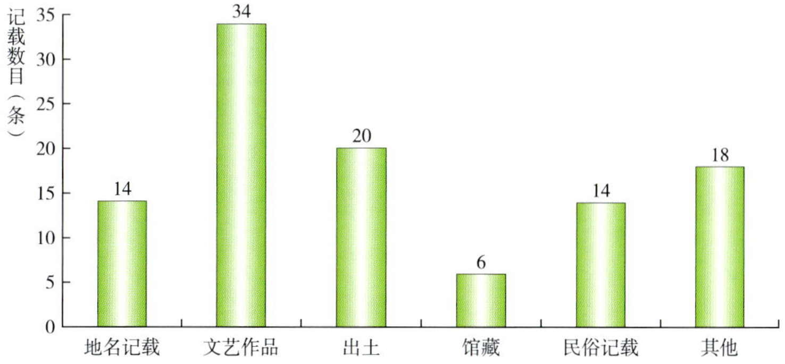

图 3-1　广西各地县志有关铜鼓记载的统计表

① 根据广西地情网中县志数据库搜索到的记录进行的统计，http：//www.gxdqw.com/#.

各县志中关于铜鼓的文艺作品的记载内容最多，其次是有关出土铜鼓的记载，排在第三位的是铜鼓在各地的民俗活动的使用记载。

虽然各地县志有关于铜鼓的记载，但是由于历史及其他原因，在广西的很多地方，已经找不到铜鼓的实物或者使用铜鼓的迹象。据县志中有关铜鼓记载的统计数据显示，桂西县志中的记载占总数的 18.42%，桂南占 38%，桂北占 39.47%，桂东占 15.79%。这些数字显示，历史上广西的大部分地区都流传有铜鼓或者受铜鼓文化的影响。但现如今依然保存铜鼓和铜鼓文化的地方集中在广西的北部和西部，而广西的南部和东部地区已经很难找到铜鼓及传统的铜鼓文化痕迹。图 3-2 为课题组依据蒋廷瑜、廖明君著的《铜鼓文化》中提到的广西铜鼓分布及梁富林《河池铜鼓》中对铜鼓分布方面的内容，结合其他的资料进行的综合总结。近年来，随着非物质文化遗产保护步伐的推进，广西最具代表性的铜鼓及铜鼓文化在各方的推动下得以逐步地复兴。

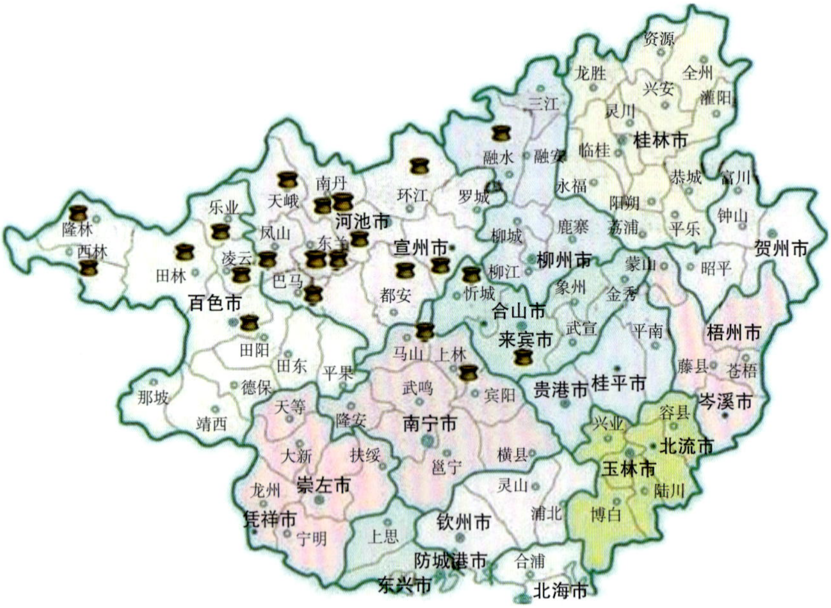

图 3-2　现今广西境内铜鼓文化较活跃地区分布图（韦丹凤　提供）

二、村寨复兴的铜鼓文化

（一）村寨铜鼓文化生态特征

铜鼓得以在广西民间复兴，是自然环境、历史背景和经济发展综合作用的结果。

1. 自然地域性

活跃于广西各地的传统铜鼓文化有着共同的环境特点：交通闭塞、经济发展相对滞后。如作为拥有 538 面传世铜鼓[①]的广西河池东兰县，地处桂西北云贵高原南麓，被群山包围。在东兰县的村寨流传着这样的民谣“山高石头多，出门就爬坡”。这是多年前东兰路况的真实写照，正是由于这样的天然屏障，使得东兰县的铜鼓和铜鼓文化得以保存。虽然近年来东兰县的交通状况有了很大的改善，但铜鼓仍然为当地人所热爱。

广西河池地区除了东兰县外，其他县市也还保存着传世铜鼓，其中南丹 380 面，大化 274 面，巴马 141 面，天峨 41 面，凤山 16 面，都安 16 面，罗城 2 面，宜州 2 面，金城江 1 面[①]，这些地区的铜鼓及铜鼓文化至今仍在传承。从地理位置上看，南丹地处云贵高原向桂西北丘陵过渡的斜坡地带，众山多在海拔 600 ~ 900 米[②]。大化、巴马、天峨、凤山、都安、罗城、宜州、金城江这些地区也都处于云贵高原东南麓余脉，属云贵高原边缘向桂南、桂中丘陵平原、低山盆地逐渐过渡的地带。全境地形地貌基本上由四大山脉（东北部的九万大山，西北部的凤凰山、东凤岭，西南部的都阳山）、三大断裂（南丹至河池断裂、都安至马山断裂、四堡断裂）和两大水系（红水河系、龙江河系）组成。这些天然的自然屏障，构成了这一区域的地貌特征——石山延绵不断。

---

① 吴伟峰、梁富林，等. 河池铜鼓［M］. 南宁：广西民族出版社，2009：24.

② 秦其明. 中国新编地方志总目提要（1）［M］. 北京：方志出版社，2006：938.

百色、田林、隆林、那坡、北流、容县、桂平等地均零星散布着传世铜鼓。百色地属云贵高原东南缘，东南和东部与田阳县毗邻，西南与靖西、德保县交界，西和云南省接壤，西北和北部靠田林、凌云县，东北与巴马县相连。全境为山地丘陵、山岭连绵、1000 米以上高山有 179 座[①]。田林、隆林、那坡与百色市毗邻，他们的地理环境与其类似，都是山地丘陵地貌。北流、容县、桂平位于广西东南部，与广东省毗邻，这里的地势较为平坦，交通较为便利。

2. 文化环境性

广西是多民族聚居区，这里的自然生态引人入胜，古老的人文历史，同样令人惊叹。据考古资料证实，在旧石器时代早期，广西就已经有人类居住。公元 214 年，秦始皇平定岭南，在岭南地区设置桂林、南海、象郡，今河池的中部、东部地区属当时的桂林郡地，而西部、北部为古夜郎国领地[②]。此时，广西的东部地区则主要是西瓯人居住，（清）俞蛟的《梦厂杂著》中有“亦见《淮南子·人间训》。西瓯，古族名，古越人的一支。秦汉是主要分布于岭南的主要地区，与今壮族有密切的渊源关系”[③]。

随后，历朝历代的统治者均在广西设郡立官，促进广西经济文化的发展。为了进一步巩固对边疆地区的统治，达到以夷治夷的目的，唐朝统治阶级开始对广西实施羁縻制度。到了元代，羁縻制度进一步发展变成了土司制度。土官统治的地方，在广西僮族（壮族的旧称）地区先后有 3 长官司、5 路、84 州、20 县、1 都、39 峒、4 蛮夷、1 团，绝大多数在桂西一带[④]。至今，广西还有部分地区保存有土司制度的遗址，如位于来宾忻城县城关镇西宁街翠屏山北麓，保存着一座规模宏大的莫氏土司衙署。广西桂西部的土司制度对铜鼓文化的传承起着重要的作用，土官视铜鼓为宝物，常把它进贡给朝廷。《宋史·蛮夷一》中有“南州进铜鼓内附，下溪州刺史田思迁亦以铜鼓、虎

① 百色市志编纂委员会．百色市志［M］．南宁：广西人民出版社，1993：1.

② 吴伟峰、梁富林，等．河池铜鼓［M］．南宁：广西民族出版社，2009：2.

③ ［清］俞蛟．梦厂杂著［M］．方南生，等．校注．北京：文化艺术出版社，1988.

④ 范宏桂、顾有识，等．壮族历史与文化［M］．南宁：广西民族出版社，1997：95.

皮、麝脐来贡"[①]的记载。在《宋史·蛮夷二》中也提到"淳化元年，洪晳卒，其弟洪皓袭称刺史，遣其子淮通来贡银碗二十，铜鼓三面，铜印一钮，旗一帖，绣真珠红罗襦一"。可见，铜鼓在土官看来是极其尊贵的神器。铜鼓同样也是战争中掠夺的主要物资，《陈书》载道："(蘭)钦南征夷獠，擒陈文彻，所获不可胜计，献大铜鼓，累代所无，(欧阳)頠预其功"[②]。铜鼓亦是土官贵族们赏赐功臣、娱乐助兴、事俗礼仪中不可缺少的对象。《旧唐书》中有这样一段描述："东谢蛮，其地在黔州之西数百里，南接守宫獠，西连夷子，北至白蛮。土宜五谷，不以牛耕，但为畬田，每岁易。俗无文字，刻木为契。散在山洞间，依树为层巢而居，汲流以饮。皆自营生业，无赋税之事。谒见贵人，皆执鞭而拜；有功劳者，以牛马铜鼓赏之。有犯罪者，小事杖罚之，大事杀之，盗物倍还其赃。婚姻之礼，以牛酒为聘。女归夫家，皆母自送之。女夫惭，逃避经旬乃出。宴聚则击铜鼓，吹大角，歌舞以为乐。"[③]可见，铜鼓在土官贵族的心目中极其重要，正是他们对铜鼓的崇拜和尊重，使铜鼓在漫长的历史变迁中得以保存和流传。

在办学方面，桂东部由于地理条件较西部要好，经济发展状况相对较好，因此很多学校都设立在这一区域，中原文化在此得以传播。在桂西山区的州县，学校很少，甚至没有[④]。到了明朝，统治阶级开始在桂西部陆续办学，但还是极少数有钱人能够进入学堂学习，因此桂西部受中原文化的影响并不大。桂西又与贵州、云南接壤，各少数民族在此繁衍生息，百越文化、苗瑶文化、西南夷文明在此交汇融合，独特的地理环境和特殊的政治体制，犹如一道屏障，保护着这一区域的民风民俗，使得铜鼓文化得以保存。

3. 经济性

日本学者名和太郎的《经济与文化》一书中对经济与文化的关系进行了这样的描述：经济与文化，本来不具有一方优于另一方的性质，同时也不存

① [元]脱脱，等. 宋史 第 39 ~ 40 册[M]. 北京：中华书局，1977：14173.

② [唐]姚思廉. 陈书[M]. 陈苏镇，等，标注. 长春：吉林人民出版社，1995：88.

③ [后晋]刘昫，等. 旧唐书[M]. 北京：中华书局，1975：5274.

④ 范宏桂、顾有识，等. 壮族历史与文化[M]. 南宁：广西民族出版社 1997：120.

在为了追求一方就必须牺牲另一方的关系。高速增长既是经济成功，同时也是文化巨大发展的基础。今后，经济上成熟的时代也孕育着一种可能性——成为高水平的文化时代。将来，经济的文化产业化必将进一步发展，而以经济为媒介的文化方面的发展也必将进一步出现高潮。①

铜鼓文化与经济的发展同样存在这样的关系。据学者研究证实，铜鼓出现的上限可以追溯到春秋早期，在《广西田东发现战国墓葬》出土文物清单中列有铜鼓一件② 的记录。可见，在战国时，广西很可能已经掌握了铜鼓的铸造工艺。而在经济发展水平方面，广西春秋战国墓葬出土的工具、农具同中原地区使用的一样，从生产工具看，当时广西的生产水平与中原地区趋同。③ 广西矿产资源丰富，铜矿也不少，这是铸造铜鼓的先决条件，再加上生产力水平的提高，使该地区具备了一定的经济实力，这样，铜鼓的铸造也就应运而生了。

随后的两千多年里，铜鼓的造型、使用功能、铸造工艺等各方面都在不断地发展变化，直至清朝。《明会要·乐上》就有“弘治七年六月，命人访造铜鼓者。工部言：‘铜鼓制，出自西南夷，非朝廷所宜用。方今各处灾伤，正宜彻乐减膳，岂宜复造制外之器，以骇人心、累圣德？’命已之”④ 的记载。可见，在明朝时铜鼓仍在铸造，但之后就很难找到铸造铜鼓的记载了。

铜鼓的功能很多，其中一项和经济贸易的实现有密切的关系。《明史》提到：其深山中有村名乌笼里惮，其人尽生尾，见人辄掩面走避。然地饶沙金，商人持货往市者，击小铜鼓为号，置货地上，即引退丈许。其人乃前视，当意者，置金于旁。主者遥语欲售，则持货去，否则怀金以归，不交言也。⑤ 可见，在商贸交易中，铜鼓起着媒介的作用。商人在文化交流中有着重要的意义。古往今来，不管是外来文化还是中国文化传到海外的，都和商人有着密切的关系，在来来回回的往复中不仅带来了经济的利益，同样也传达了文

① [日] 名和太郎. 经济与文化 [M]. 高增杰，郝玉珍，译. 北京：中国经济出版社，1987：99.

② 广西壮族自治区文物工作队. 广西田东发现战国墓葬 [J]. 考古，1979 (6).

③ 缪坤和. 经济史论丛 (1) [M]. 北京：中国经济出版社，2005：118.

④ 龙文彬. 明会要·乐上 [M]. 北京：中华书局，1956：348.

⑤ [清] 张廷玉. 明史 [M]. 北京：中华书局，1974：8380 ~ 8381.

化的信息，促进了文化的繁荣。

文化的繁荣需要文化的载体支撑。铜鼓作为铜鼓文化传承的载体，它的铸造无疑是需要一定的经济基础的支持才能实现，铜矿的勘探、采挖、冶炼，到最后铸造铜鼓这一系列步骤都需要投入大量的金钱。铜鼓出现的两千多年中，我国的经济发展状况在不断地向前推进。虽然其间遭遇朝代的更迭、战乱的破坏，但是总体而言，和平是主流旋律，因此铜鼓文化才能不间断地发展传承到今天。但清朝末期以后，国家内忧外患不断，长期处于战争和死亡威胁，社会动荡不安，经济发展受到严重的限制。这在某种程度上阻碍了铜鼓铸造业的发展，导致了传统铜鼓铸造工艺走到了失传的境地。

中华人民共和国成立以后，国家政局稳定，经济也在稳步发展。有了经济基础的支持，人们又开始探索铜鼓铸造工艺，试图去恢复失传的工艺。许多的研究机构、村寨个人都在进行着积极的尝试，并取得了初步的成功。人们通过各种手段，让外人了解铜鼓，了解铜鼓文化（见图 3-3）。可见，铜鼓的铸造工艺和铜鼓文化的传承与经济的发展有着密切的关系，没有经济基础的支持，这些都很难实现。

图 3-3　正在举行铜鼓旅游节的东兰县某村（韦丹芳　摄）

（二）村寨铜鼓文化复兴的表现形式

近年来，村寨铜鼓文化呈现出蓬勃生机，其复兴形式包括自发式和政府组织式两种。

1. 自发式复兴

铜鼓在我国灿如星辰的青铜文化历史中占据着十分重要的地位。但不管其历程如何辉煌，都已被无情的岁月沉淀为历史的尘埃。在众多类型的铜鼓中，今天仍流传使用的仅剩晚期的麻江型和西盟型铜鼓。其中又以红水河流域的壮族人民广泛使用的麻江型铜鼓最为典型。麻江型铜鼓是中国各类铜鼓中数量最多、分布范围最广、年代最晚的一类。此型铜鼓历经了宋、元、明、清各朝，直至近现代仍广泛流传使用并受到重视。

广西的许多地方，当地村民利用自己的方式延续着古老的铜鼓文化。如广西天峨县都隆村宁氏家族的老人们为了把古老的铜鼓文化传承下去，积极奔走，把原来“破四旧”时期消失的蚂蜗节活动重新恢复了起来。

蚂蜗节是红水河一带壮族村寨古老而独特的传统节日，都隆村是蚂蜗节最为流行的地区之一。这种质态古朴、文化内涵丰富的祭蚂蜗活动，是壮族及其先民进入稻作农业社会以后，为祈求风调雨顺、人丁繁衍、粮食丰收而生发的对青蛙崇拜的一种仪式。自从“破四旧”后，村子里就基本停止了蚂蜗节的活动，人们把全部的精力投入到生产和各种大大小小的批判会中；改革开放后，人们的兴趣又转移到发家致富上。这使传统的蚂蜗节停滞了很长一段时间。直到 20 世纪 90 年代末，都隆村才在村中几位老人的倡议下恢复了蚂蜗节。

在蚂蜗节上，他们将一只蚂蜗装进一个被称作蚂蜗棺材的大竹筒里，由青年人抬着走村串寨，挨家挨户去唱蚂蜗歌。晚上将青蛙悬于村边凉亭的梁下，男女青年去为青蛙守灵，通宵达旦唱山歌。3 次游村之后，择吉日，举行葬蛙仪式。届时，在蚂蜗墓旁敲铜鼓，跳铜鼓舞，唱蚂蜗歌，兴尽方散。蚂蜗节从初一找蚂蜗（见图 3-4）开始到十五埋蚂蜗结束，整整持续半个月，整个祭祀活动过程如下：找蚂蜗、立竿悬幡、制作蚂蜗轿、敬蚂蜗、“麽公”占卜、

图 3–4　蚂蜗节上的活动（左图：找蚂蜗；右图：游蚂蜗）（万辅彬　提供）

唱蚂蜗歌、埋蚂蜗、摆酒设宴和晚上的夜牛舞等过程。

蚂蜗节里，铜鼓是不可或缺的器物，它贯穿着整个节日的始末。在蚂蜗的祭奠仪式里，附近村屯的村民也纷纷前来观看，当地村民告诉我们，附近的村庄以前都有过蚂蜗节的传统，但由于没有铜鼓，再加上其他的原因，蚂蜗节也就办不下去了。都隆村把蚂蜗节恢复了，这不仅让他们重温往日的节日气氛，勾起了许多美好的记忆，同时也给后辈留下宝贵的财富。

2. 政府组织式复兴

多年来，学术界对铜鼓及铜鼓文化做了广泛的研究，使铜鼓和铜鼓文化的影响不断地扩大，越来越受到人们的关注。作为铜鼓和铜鼓文化保存最好的河池地区，当地政府顺应民意，出台相关政策，积极推广和保护这一传统瑰宝。1999 年 7 月 6 日，中共河池地委办公室、河池地区行署办公室发出《关于举办河池地区首届铜鼓山歌艺术节的通知》，正式决定举办河池铜鼓山歌艺术节："河池地区铜鼓山歌艺术节由地委、行署举办，从 1999 年开始，每年举办一次，由各县委、县政府及市委、市政府轮流承办。"[①] 至今，河池铜鼓山歌艺术节分别于金城江区、宜州市、大化瑶族自治县、南丹县、天峨县、罗城仫佬族自治县、都安瑶族自治县、巴马瑶族自治县、环江毛南族自治县、凤山县、

① 吴伟峰，梁富林，等. 河池铜鼓［M］. 南宁：广西民族出版社 2009：262.

东兰县成功举办了 11 届。它的成功运作，使河池铜鼓文化得到了弘扬，为人们了解铜鼓和铜鼓文化提供了新的平台。

作为保存传世铜鼓最多的县，东兰近年来也在极力打造铜鼓文化品牌，并获得了较大的成绩。以东兰为主要传承地的壮族铜鼓习俗于 2006 年被列入首批国家级非物质文化遗产名录。2008 年东兰获得“中国村寨文化遗产旅游示范区”称号。2009 年东兰县被文化部命名为“中国村寨（铜鼓）文化艺术之乡”。在 2011 年 3 月 30 ~ 31 日举办的“首届东兰国际铜鼓文化旅游节”上，该县就推出了“八个一工程”，即一个国际铜鼓博览园，一场国际铜鼓文化论坛，一个国际铜鼓节，一出铜鼓大戏，一个村寨铜鼓收藏馆，一个壮族铜鼓文化民俗村（见图 3-5），一个铜鼓制造厂，一道铜鼓巨雕景观。这些成绩的取得都离不开政府的主导。

政府部门的积极筹划，推动了村寨铜鼓文化复兴的脚步。壮族的蚂蜗节、布努瑶的祝著节、铜鼓舞、铜鼓音乐等各种铜鼓文化的表现形式被挖掘出来，通过舞台的展示，被广大群众认识和了解。铜鼓山歌艺术节外请其他地区的

图 3-5　东兰县原生态铜鼓民俗村（韦丹芳　摄）

铜鼓表演队参加，促进了其他地区铜鼓文化的传播。如在百色市，人们受到铜鼓文化的影响，原来很难见到的铜鼓表演，如今，在城区的广场上，人们周末闲暇时，会有铜鼓爱好者架起铜鼓阵敲打铜鼓。广西南丹的里湖乡是白裤瑶聚集区。它是一个由原始社会生活形态直接跨入现代社会生活形态的民族，至今仍遗留着从母系社会向父系社会过渡阶段的社会文化信息，各类文化资源丰富。而铜鼓和铜鼓文化是白裤瑶文化的重要组成部分，他们在葬礼和春节中都会使用到铜鼓。随着当地旅游业的发展，铜鼓也被用于迎接宾客、表演娱乐中。在政府部门的推动下，2004 年里湖乡建立了“中国广西南丹里湖白裤瑶生态博物馆”。生态博物馆是白裤瑶生活的一个缩影，其中铜鼓表演是博物馆里的一项重要内容，为铜鼓文化的传播提供了一个窗口。

3. 村寨铜鼓文化发展载体

村寨铜鼓文化的复兴与发展还需要有一定的载体。在广西，壮、瑶、苗、彝等民族的岁时节令和人生礼仪成为了村寨铜鼓文化发展的载体（见图 3-6）。

图 3-6　“南丹铜鼓艺术生态保护村”村碑（韦丹凤　摄）

（1）岁时节令

节日是一个民族集中展示自身文化的平台。在广西，几乎每个拥有铜鼓的民族都在各种节日活动中使用铜鼓，彰显出本民族独特的文化特色。

壮族的蚂蜗节

蚂蜗节是壮族的传统岁时节日。蚂蜗，壮语，指的是青蛙。蚂蜗节在红水河流域一带的壮族地区很流行，广西的天峨、南丹、东兰、巴马、凤山等地的壮族都有过蚂蜗节的习俗。

蚂蜗节一般农历正月举办，各地过蚂蜗节持续的时间不同。天峨的蚂蜗节要整整持续一个月才结束，而在凤山则只进行三五天的庆祝祭拜活动。蚂蜗节主要分为几个阶段：找蚂蜗—祭蚂蜗—游村祝福—葬蚂蜗。在这一系列的程序中，铜鼓是不可或缺的工具。人们伴着铜鼓乐纷纷奔向田间地头，寻找蚂蜗，然后把从田里抓到的蚂蜗放进特制的蚂蜗棺，再把其悬挂于村寨中的公共活动场地。这时人们还要击打铜鼓，放鞭炮，围着蚂蜗棺唱“蚂蜗歌”。随后的游村祝福主要是抬着蚂蜗棺，伴着铜鼓的音乐，把村中的每条路都走上一遍。最后是葬蚂蜗，葬蚂蜗的仪式同样需要敲打铜鼓，抬着祭品，放着鞭炮把蚂蜗棺放到固定的埋葬地点，主祭人把蚂蜗棺放入“墓穴”中，覆土，这样蚂蜗节就圆满结束了。

布努瑶的祝著节

布努瑶是瑶族的一支，祝著节是他们敬奉祖娘娘密洛陀的传统节日，祝著节又称达努节，每年的农历五月二十九日进行祭拜活动。由于瑶族居住地的不同风俗和农时的差别，有的地方每年都过祝著节，有的则两三年一次或三五年一次不等。广西的巴马、都安、大化瑶族同胞过祝著节最为隆重，马山、平果、隆安等地的瑶族也有过祝著节的习俗。

祝著节上，男女老少都穿上盛装到预订地点聚餐，并进行跳铜鼓舞、打陀螺、放冲天炮、对歌等活动。但节日里主题活动是“打铜鼓”。节前的数天甚至是半个月，有铜鼓的人家便择吉日举办“开鼓仪式”。之后，男女青年便可以成群结队，走村串寨去敲打铜鼓，至农历二十九日前后形成高潮。节后数天，再择吉日进行“封鼓仪式”。“封鼓”之后，将铜鼓置于楼上，或埋于地下，或藏于岩洞，到翌年开鼓之前，禁止打鼓[①]。

彝族的跳弓节

跳弓节是彝族一年中最隆重的节日。广西那坡彝族民众就有过跳弓节的习俗。每年的四月各寨选择不同的日子过节。届时，男女老少穿上节日盛装，欢聚于村寨中央的广场中，宰鸭杀猪，举行祭祀活动。并跳《五笙舞》《铜鼓舞》《铜仙舞》等传统舞蹈来叙述古代先民作战归来的情景，并表达祈求风调雨顺，五谷丰登的意愿。

跳弓节上跳铜鼓舞是其主要的活动之一，人们随着铜鼓的鼓声载歌载舞，彝族称跳铜鼓舞为跳“妻丽”[②]，跳舞时一人击鼓，众人围着铜鼓，随着鼓点节奏起舞。舞步像攀爬山路，每迈一步，双膝随之频频颤动。在活动中，男女老少都可参加到跳舞的行列中，人数不限。现在，铜鼓舞已经成为那坡彝族同胞必不可少的娱乐活动。

其他节日里敲铜鼓

在广西众多的少数民族传统节日里，铜鼓的身影也频频出现。例如，广西那坡县彝族过补年节和祈雨节时有敲打铜鼓的习俗。广西百色田林木柄瑶祭社神活动、融水苗族自治县苗族同胞过苗年、乐业县在上元灯节、都安瑶族自治县瑶族的达努节中都有敲打铜鼓的传统习俗。在这些节日上，铜鼓是不可或缺的器物，有的是伴着铜鼓音乐跳舞，有的则是敲打铜鼓以告慰神明，祈求风调雨顺，家庭安康。

（2）人生礼仪

在广西使用铜鼓的地方，人们在经历各种人生礼仪时，铜鼓始终贯穿于此。

白裤瑶葬礼上使用铜鼓

广西南丹白裤瑶家的人去世后，先把死者埋在家里生活起居的地方，直到半年后挖出棺木，举行葬礼。葬礼上用铜鼓是必不可少的。举行葬礼的时

① 岭南文化百科全书编纂委员会. 岭南文化百科全书［M］. 北京：中国大百科全书出版社 2006：627.

② 王光荣. 圣竹·神鼓·虎龙山·招魂礼——广西那坡彝族非物质文化载体之探究［J］. 广西师范学院学报（哲学社会科学版），2006（2）：11 ~ 16.

候，亲朋闻讯后会自带糯米饭、自家酿制的米酒、几把稻谷，有铜鼓的就带上铜鼓赶来吊唁。铜鼓在葬礼上的意义非凡，一方面是用来超度死者，另一方面也体现出主家在村中的声誉。在当地人看来，葬礼上敲响的铜鼓越多越吉利，主家也越有面子。

出殡前要举行砍牛仪式。首先，从主人家的屋子里走出两个人，每人肩上扛着一个绑有一把绿色稻草的棍子，边走边放声大哭，一直走到村口的空地上。村口空地的两边有两头公牛被拴于此（有的是一头或是几头牛，这主要是由主家的经济实力决定。经济实力强，砍的牛的数量就多），两把稻草是给两头公牛准备的食物。其间，有一组人每人拄着一根竹竿，边走边埋头为牛痛哭，一直来到村口的空地上，把竹竿插在牛栓的附近，或是抛向公牛，大部分人处理好竹竿后就离开了，留下几个帮忙砍牛。其中，有一个人拿着砍刀，打开雨伞用于遮挡，一方面表示死者的灵魂要进入阴暗的世界，另一方面是怕上天看见他们杀牛用来遮挡的。杀牛前，道师要对牛进行一番仪式，拿着米撒向牛，嘴里还要念着“天上没有不落的星，地上没有不死的人。××× 老人的祖先呀，请你们接他上天庭，××× 老人呀，你的子孙生活虽然还很苦，但他们很孝敬您。今天砍 × 头牛给您，请您拿到阴间去耕田种地吧……”道师撒完米后即由孝子牵牛鼻绳以木桩为中心，顺时针绕三圈，另外一人持竹鞭帮赶牛，意思是给死去的亲人送牛上天堂。接着，由母舅或者母舅家里的人用长刀砍牛（事后母舅得一只前腿，母舅的族人每户得一条连肉带皮的肋骨），砍牛前先在刀上喷一口酒。牛血用桶盆盛着，再用接血的水瓢装酒给大家轮着喝，边剥皮边砍肉边把内脏抬去煮，煮熟后开始打铜鼓。铜鼓少则几个，多则几十个，听一个皮鼓的指挥统一行动。

第二天一大早出殡，出殡前要用牛肉、糯米饭、酒、衣服等进行祭祀。祭祀要伴着铜鼓声进行，一直到出殡时，鼓声才停歇。众人把棺木抬出屋外，组成一个浩荡的送葬队伍，人数不等，少则一百来人，多则上千人，他们边哭边把棺木抬到墓地。棺木入土后，在墓前竖起天柱。竖天柱的意思是给牛升入阴间的阶梯。天柱是在一根木头上把之前杀的牛的牛角绑在柱上，并把柱子的上半部涂上白石灰水。在柱子上挂上死者生前用过的东西，然后用祭品拜祭过后就可以回去了。

安葬完后，就开始吃长席宴。长席宴是在空地上摆上几条长木板，铺上芭蕉叶，主家把人们带过来的糯米饭、酒水摆上，再把连夜煮好的牛肉放上，妇女先上桌，把分配好的食物带走，带铜鼓来的人家会多分得两条生牛肉，用于祭拜铜鼓。妇女离席后，主人家接着重新摆放食物，男的上桌喝酒聊天，一直到深夜。

壮族葬礼上使用铜鼓

广西南丹县六寨、芒场两乡镇的壮族同胞在举办葬礼时也有使用铜鼓的习俗，且铜鼓在葬礼上的功能十分特殊。

家里有人过世后，即刻将半块“银元”用一根丝线绑好，放入死者舌根下，线的两端露出死者的两边嘴角，接着给死者剃头（女性梳头不剃发）、洗身、更衣、着鞋，停放在床上。到了入棺时，将死者从床上抬到堂房中，由两位长辈老人扶死者坐到铜鼓上，随后由死者的亲人轮流向死者敬酒。敬酒者跪在死者面前，一长者代为斟上小半杯酒，象征性地举杯敬过死者之后倒进“寿瓶”里（入土时装进棺材）。并交代死者说：“×× 老人呀，这杯酒是 ×× 敬你的，你保佑他万事顺通、家业兴旺、子孙发达、身体健康，你要记住呀！”每个敬酒者都要送 1 ~ 2 角钱给死者，并说：“这是 ×× 送的钱，给你去阴曹地府的路上买一碗茶解渴，好解除你的疲劳。”并将纸币装进挂在死者胸前的钱袋里。敬完酒马上装棺，用白布垫盖，一长者用斧头将棺盖敲紧后大声“喊阳魂”，由长子的名字喊起，一直喊完所有晚辈亲人的名字。“喊阳魂”一结束，妇女们便放声哭灵，历数死者的恩德，同时表白自己对死者未尽孝义的难过心情。晚上由孝子们轮流守灵，并不断焚香化纸于面盆之中。之后，主人家便派人拿着报丧的物品去各亲朋家中报丧，通知亲友具体下葬的时间。随后的安葬过程中，铜鼓便不再出现在葬礼的其他环节中。

苗族葬礼上使用铜鼓[①]

广西南丹中堡苗寨的葬礼上有使用铜鼓的习俗。丧葬打铜鼓称为“哀

① 姚岚．中堡苗族葬俗考察［J］．广西大学学报（哲学社会科学版），1992（4）：102 ~ 107.

鼓”[①]。当地人把铜鼓视为神明，认为在葬礼上打铜鼓可以讨得吉利，也可以为死者超度灵魂并为死者升天开路。同时，铜鼓声浑厚有力，也显示出子孙对逝者的无限哀思和敬重，他们认为凡是给先人送葬都应该打铜鼓。

人死之后，第一件事是四处派人向主要亲戚报丧，接着才用白酒象征性地给死者梳头洗脸，然后是反穿寿衣（即把前面换穿到背面，如果死者是女性，要反活人日常习惯方向盘发髻，只有鞋子可以顺穿，但在下葬时要开棺脱掉，砍断扔在坟边）。停尸在床上，待道公来到时才装进棺材。盖棺时将一只小狗在棺材头上撞死（意思是给死者带路去阴间），挂在木鼓上，之后就开始打铜鼓（包括打木鼓），等待亲朋好友来吊唁。主人家要为到来的亲友准备饭菜。安葬的前一夜，主要活动是打铜鼓、吹唢呐、放鞭炮以及亲人向死者哭别。所有的鼓声、唢呐声、哭声、鞭炮声交集在一起，形成了独特的“哀乐”。这一夜，鼓手和唢呐手爱闹多久就闹多久，尽意而散。安葬死者这一天，死者的岁数越大，到场的人就越多。除了亲戚朋友外，远近未婚的少男少女，也都盛装前来观看，借此机会物色佳偶。

三、城市活态的铜鼓文化

如果活态的铜鼓文化仅仅留存于乡村田野之中，那么随着现代化的发展，铜鼓文化很有可能日渐式微——我们很难想象在现代化的城市中，还有人会敲着铜鼓为老人送葬、为新春祈福。幸运的是，由于铜鼓在广西各民族历史文化发展历程中“一枝独秀”、影响深远，当城市化进程逼近广西后，铜鼓也以各种形式走进城市，呈现出活态铜鼓文化新的、多元化的一面。

（一）城市铜鼓文化生态

1955 年，美国学者 J. H. 斯图尔德最早提出了文化生态学的概念，指出它主要是“从人类生存的整个自然环境和社会环境中的各种因素交互作用研

① 蒋廷瑜. 古代铜鼓通论［M］. 北京：紫禁城出版社 1999：20.

究文化产生、发展、变异规律的一种学说”[①]，它从人、自然、社会等各种变量来探讨文化的发展。虽然广西城市中的铜鼓文化是由村寨的铜鼓文化衍生而来，但是也同样具有相似的特点。

1. 自然地域性

城市的最终形成是一个长期的历史过程。不管最初是出于何种原因而建立城市聚落，他们都不约而同地遵循某种共同的选址策略——靠近河流。广西几个较大的城市都与河流密切相关。如广西的南宁市被邕江穿城而过，桂林市则以美丽的漓江为依托，柳州市被柳江环绕着，玉林市则在南流江的边上。这些河流一直都滋养着城市，给城市带来交通的便利，促进各地经济的往来。

但在铜鼓文化的发展方面，城市铜鼓文化与村寨铜鼓文化（见图 3-7）的发展在自然地域方面存在着明显的差异。由于城市并不是铜鼓文化的发源地，

图 3-7 舞台上表演的瑶族叼鼓（韦丹芳 摄）

① 王康. 社会学词典［M］. 济南：山东人民出版社 1988：86.

因此自然地域环境对其发展并无影响，真正影响城市铜鼓文化的是“人”的作用。而地域的特点及城市景观只是对铜鼓文化发展的一个铺垫。

2. 文化环境性

城市的开端方式不同，其具有的功能特性也不相同，它的职能和角色也大不一样。但从地理空间上看，城市聚落有一个明显的边界，从文化空间上说，它又具有开放性的特点。城市中高度密集的人口聚集和高流动性的人口流向，以及来自不同地区或部落语言的群体集合，给城市带来了复杂的文化元素。在相互碰撞和融合中促发了城市文化的生长特性。正如德国的斐迪南·滕尼斯提到的“在城市的生活中，对传统事物的依恋松弛了，对创造的乐趣占了优势”[①]。因此，村寨的传统文化流入城市后也被重新“创造”，展现出自己的特点。

另外，任何的城市都具备某种功能，广西的城市同样如此。功能特性的不同也使得各城市发展的方向和经济发展策略不同。如广西的南宁市是广西的文化政治中心，它的发展注重把广西特有的文化信息通过南宁展示出来。广西的桂林市山水秀丽、文化底蕴丰厚，它更注重把桂林的优点展示给世人知晓，旅游业成为其发展的重点。广西柳州市则把工业发展作为其主要的发展方向。广西玉林市则利用其毗邻广东省的地理优势以发展小型的加工业为主。总之，城市发展的基点不一样，它所展现的城市文化也不同。就广西最具代表的铜鼓文化而言，它在广西的政治文化中心南宁市十分活跃，而在桂林、柳州、玉林等较大的城市中出现的频率不高，只是偶尔在城市景观中看到铜鼓的造型。而在村寨铜鼓文化保存较好的河池和百色地区的中心城市河池市与百色市铜鼓景观较多，铜鼓文化也是当地政府积极去保护和推广的主要文化元素。

（二）城市铜鼓文化传播载体

从制度上来说，现代化城市与传统乡土社会最大的不同在于强有力的政

① ［德］斐迪南·滕尼斯. 共同体与社会——纯粹社会学的基本概念［M］. 林荣远，译. 北京：商务印书馆，1999：92.

府行为。在农村，一个松散的、仅靠口头协议建立的组织有可能长久地存在且发挥不小的作用。但在城市，尤其是当代中国的城市中，法律体系和政府政策成为一切行动的底线，政府行为在很大程度上决定了社会各方面的发展方向。因此，融入城市生活的铜鼓绝大多数背后都有政府的身影。

1. 以组织制度为载体的行为文化

“参观者在走入展厅内部时，应留意脚下。当你俯视地面时，会看到脚下是一块巨大的壮族铜鼓鼓面纹饰。徜徉其上，参观者可以一边欣赏铜鼓的特殊纹理，一边观看南珠、奇石等实物展出。沿着鼓面圆周游览，还可以点击多个青蛙造型的触摸屏，浏览广西各地美景。”

这是 2010 年上海世博会广西馆的参观提示文字。当参观者走进广西馆时，会发现整个场地就是一个巨大的镂空铜鼓，自己已经置身于这个铜鼓造型之中。作为广西民族、地域文化的象征之一，几乎每逢大型节庆活动，铜鼓都是不可或缺的文化符号。1999 年，首届南宁国际民歌艺术节在广西首府南宁隆重举行，其开幕式通过卫星电视向全国乃至世界转播。不少细心的观众注意到，在开幕式的背景中有一个巨大的铜鼓造型。在此后每年举行的民歌艺术节晚会上，铜鼓造型都以不同的艺术形式被展现出来；2009 年，国庆 60 周年大阅兵活动中，代表广西的花车上也载着一个非常显眼的铜鼓；在 2010 年中越青年大联欢晚会上，演员站立的舞台就是一个个清晰的铜鼓鼓面。

作为文化符号的铜鼓还被用于一些艺术行为的冠名。如广西文艺创作的最高奖为“铜鼓奖”；2010 年中国—东盟艺术教育成果展演被冠名为“红铜鼓”。

除了各种绚丽夺目的艺术造型和不时出现的艺术冠名外，铜鼓（包括铜鼓造型的工艺品）本身也被各级行政机构作为礼物赠送。在 2006 年“广西文化舟”活动闭幕式上，自治区政府将一面直径 110 厘米、高 60 厘米、重量约 120 千克的礼品大铜鼓赠送给北京市政府；2007 年 7 月，第十一届中国科技史国际学术研讨会在广西民族大学召开，与会学者都收到举办方赠送的一面工艺品铜鼓。

当然，我们也偶尔能在现代城市中看到与乡村截然不同的铜鼓音乐、舞蹈表演。除了河池铜鼓山歌艺术节这样的集中性演出外，无论是南宁国际民歌艺术节的大舞台，还是广西区博物馆、广西民族博物馆的小型文艺展演，铜鼓或与铜鼓相关的表演都是不可或缺的。

2. 以城市建筑为载体的人文景观文化

政府行为展现铜鼓文化的另一个重要方式就是以铜鼓造型为蓝本构建各种人文景观。在繁华街道的周边，在高楼大厦的门口，乃至一些桥梁、路牌甚至是在地下排水井的井盖上，铜鼓的各种艺术造型几乎无处不在，并逐步向全广西蔓延。除了历史上铜鼓文化就占有重要地位的河池、百色等地外，当代广西的中心城市南宁、桂林、柳州等的街头也不时出现铜鼓造型，其中尤以南宁为多（见图3-8）；一些铜鼓文化底蕴并不深厚的城市如北海、防城港等地也偶有铜鼓造型出现。

图3-8　南宁市内铜鼓造型（韦丹凤　摄）
（左上：人民公园；右上：文物苑；左下：青秀山公园；右下：南湖公园）

以首府南宁为例，铜鼓艺术造型主要出现在以下地点：

市内各大公园，如南湖公园内分布了不少铜鼓造型的雕塑；青秀山公园以铜鼓花纹（羽人、龙舟等）为背景的铜鼓广场；广西民族文物苑内以铜鼓为造型的铜鼓茶楼和鼓面“累蹲蛙”造型的雕塑等；不少公园的大门及园内的石凳也是仿铜鼓造型的。

人流量较大的街道（特别是各个路口）。如埌东汽车站前的民族大道上有一面金色的铜鼓（见图 3-9）；壮锦大道上也有若干铜鼓造型；每逢重大节庆活动（如自治区区庆、中国—东盟博览会等）期间，相关机构还会在部分路段设置一些包含铜鼓造型的饰品。

图 3-9　广西南宁埌东汽车站前的铜鼓造型（韦丹凤　摄）

一些具有代表性的建筑。自治区人民会堂和南宁市人民会堂均有铜鼓花纹浮雕；中国人民银行广西区分行、广西展览馆、广西质量技术监督管理局、广西第八人民医院等门前有铜鼓鼓面雕塑；广西民族博物馆主体建筑造型就是一面巨大的铜鼓（见图 3-10）。

另外，横跨南湖的南湖大桥栏杆均饰有铜鼓；星湖路、七星路等部分路段

图 3-10　以铜鼓为造型的广西民族博物馆（韦丹凤　摄）

的下水道井盖及排灌井井盖是铜鼓鼓面造型；南宁火车站站前广场地面上饰有铜鼓太阳纹；广西三月花大酒店大堂顶部饰有铜鼓花纹图案；广西民族大学的校园雕塑包含铜鼓造型；新印刷的广西区商业发票上也有铜鼓鼓面图案，等等。

较之铜鼓艺术造型、表演，景观化的铜鼓具有不可替代的优势：首先是长效性。文艺演出持续时间不长，而人文景观却可以持续数年甚至数十年；其次是操作较为简单，无需经过大规模的政府行为即可实现；第三是形式多样，不仅可以展示整个铜鼓，还可以突出展示铜鼓的某些细节（如花纹、青蛙雕塑等）。

3. 以产业和产品为载体的商业文化

在百度中搜索“铜鼓”，所获结果的很大部分并非铜鼓研究成果，也不是铜鼓演出的各种新闻，而是生产和销售铜鼓及铜鼓工艺品的各种企业。其中又以生产和销售工艺品的企业为多。

以搜索到的广西某礼品有限公司为例，这家公司只生产铜鼓工艺品，铜鼓工艺品大小从 8 厘米到 30 厘米不等。以铜鼓为造型的铜鼓笔筒、茶叶罐、铜鼓壶、功道杯等产品令人目不暇接，甚至还有将铜鼓和坭兴陶相结合的所谓“铜鼓茶海”，真可谓琳琅满目。

在南宁市的街头，也能见到销售铜鼓及铜鼓工艺品的门面店（见图3-11）；在广西博物馆传统工艺展示馆中亦有铜鼓和铜鼓工艺品出售，但由于造价较高，看的人要比买的人多很多。很显然，如果仅靠单个顾客零星购买，这些

图 3-11　商店中出售的铜鼓工艺品（韦丹凤　摄）

商店将很难维持；只有某个机构或单位大规模地订购才能使商家有利可图。广西博物馆传统工艺展示馆的一位工作人员说：

> 坦白说，这些铜鼓（大多是铜鼓工艺品）也有一些天生的缺点，看的人比买的人多一点都不稀奇：其一，懂铜鼓的人不是很多，好多人都是看个新鲜，就算你买了送给人家，人家也未必了解这是什么东西，摆在家里没什么意思；其二，铜制品很重，携带起来很不方便，尤其是较大的铜鼓，非得开车来运不可。用其他材料来做顾客又说“是假的”；其三，其实我也觉得这些东西卖得不便宜。你看，这么小的一面铜鼓（直径 10 厘米）就要好几百块，既不能吃也不能喝，买回家里老婆不骂才怪。不过，话又说回来，虽然铜鼓工艺品的缺陷不少，但是，我发现，还是有不少外地人购买小铜鼓回

去当纪念品，有很多外地人还是喜欢带这些有地域特色的东西，我们广西本地人买的就不多了。

（三）城市铜鼓文化生态特征

综上所述，政府行为在城市活态铜鼓文化中起到了不可替代的作用，即使是看似自发的商业行为也大多是在政府行为的带动之下产生的。由政府主导的铜鼓文化具有以下特征：

1. 分散性

乡村活动中以铜鼓为主角的行为，即使是以铜鼓命名的河池铜鼓山歌艺术节，作为现代化城市的领导者，政府一般只能将铜鼓置于形式各异的形态中，而很难出现类似为数众多的其他艺术形式在舞台上展示，更不要说艺术水准要求更高的南宁国际民歌艺术节了。同样，各种铜鼓造型的人文景观也不大可能集中性地展现在一起，更多的是零散地分布在各条街道、各种建筑物上。这种分散性一方面避免了受众的审美疲劳，有助于各种艺术形式的推广；另一方面也不可避免地冲淡铜鼓文化集中展示的效果，以致难以在受众心中留下长久的印象。

2. 符号化

在各种政府行为中，铜鼓更多是作为一种民族和地域文化的符号而不是一种乐器来展示。无论是舞台上的表演还是街头的雕塑，受众感受到的更多为铜鼓的外在形象而不是其具体功用，至于铜鼓的文化内涵则难以体现。

必须承认，铜鼓的符号化与铜鼓自身的局限性是分不开的：虽然敲击铜鼓也能发出美妙的乐音，但却难以实现绝大多数乐谱所必需的音调，长时间听下去未免会审美疲劳。与架子鼓、电子琴、电吉他等现代化音乐组合相比，甚至与笛子、二胡等音调丰富的传统乐器相比，铜鼓的音乐无疑要逊色不少。就像我们不能因为指南针是我国古代的四大发明之一就弃用 GPRS 定位系统一样，从某种意义上说，城市铜鼓文化的符号化是不可避免的。

符号化也导致城市铜鼓文化呈现表面化的倾向。除了各种博物馆和研究机构外，受众很难从各种符号化的表演中深层次理解铜鼓文化深厚的民族历史底蕴，更无法将之与民族情感相结合而产生共鸣。

但是，符号化本身又具有代表性、可展性及间接性的特点，使符号化的铜鼓文化得以迅速地扩展开来，这对铜鼓文化的发展来说又有着非凡的意义。首先，符号不是事物本身，而是事物反映在事物可展现形式领域中的代表。就符号化的铜鼓文化而言，其符号化倾向的出现和发展正印证了铜鼓文化蓬勃发展的趋势，也体现了铜鼓文化强大的生命力及影响力。其次，符号的物质外壳与其意义密不可分，铜鼓的符号化使人们在了解铜鼓时，不必纯粹依靠其物质外壳，可以利用符号以较快捷、最便利的方式展现一种文化。这样，铜鼓文化的受众面也就越来越大。第三，符号反映的不是事物本身，而是对第一信号（铜鼓实体）的加工，以第二信号（符号化的铜鼓，如铜鼓奖、铜鼓邮票等）的方式进入人们的视野。这种间接性的特点对于铜鼓文化的发展来说，也是有诸多益处的。比如，在铜鼓文化传播的过程中，一个不了解铜鼓的人，通过符号化的铜鼓展现方式看到的铜鼓和一个内行人看到的铜鼓会有极大的区别，在对铜鼓的解读方面也不尽相同，也就是说，一百个人会有一百种解读。这样，铜鼓的神秘性就充分地体现出来，也激起人们去探索铜鼓的兴趣，这对促进铜鼓文化的发展也是有利的。

3. 外向性

政府行为的铜鼓文化还带有很明显的外向性，即诸多的行为都是以对外展示广西民族、地域文化为首要目的。无论是上海世博会的广西馆还是国庆花车，铜鼓形象都是对外展示传统的广西；各种铜鼓礼品则几乎鲜有例外地赠给外地友人；演出中的铜鼓同样是对外展示传统文化；街头的城雕之类看起来是面对普通市民，但其设置的地点将其对外展示的倾向暴露无遗：这些铜鼓城雕大多设置在繁华街道或高层、代表性建筑的显眼处，一般街道及居民小区比较少见。“让外地人看到铜鼓”无疑是政府行为的一个重要动机。这种外向性的展示也不可避免地带有一些功利性，不过，这既宣扬了民族文化，又提高了该文化的“知名度”，对铜鼓文化的传播是有积极意义的。

总的说来，随着时代的变迁，村寨的铜鼓及铜鼓文化的传承正受到极大的冲击，原本县志中记载的铜鼓文化现象，有的已经消失无踪，有的也正面临着消逝的危险。依然保存铜鼓及铜鼓文化的地区，有自己的文化生态特点以及交通的不便，文化发展的滞后，经济的欠发达等各种因素。这在某种程度上使铜鼓文化得以保存。已消失的铜鼓文化活动有的被当地民众自发地恢复过来，有的是政府部门积极地投入力量，推动村寨铜鼓文化的复兴。

与传统村寨铜鼓文化不同，城市中的铜鼓文化不受自然地域因素的影响，其呈现出很强的外向性，并带有不同程度的功利性。大多数时候，城市中的铜鼓不再是村寨崇拜的圣物，也不是敲打助兴的乐器，而是多元化城市生活中一种点缀，可多可少，对多数人来说甚至是可有可无。但也正是城市中被塑造出来的符号化的铜鼓使传统的铜鼓文化走得更远。

四、广西活态铜鼓文化的困境

现代化的生产及生活方式与传统的社会心理变化给传统文化的承袭及传统价值观带来了巨大的冲击。旧有的传统文化被普遍否定或遭到严重的破坏，其生存环境逐渐受到挤压。广西活态铜鼓文化同样遭遇这样的困境。

（一）村寨活态铜鼓文化困境

广西的村寨中至今仍保存着活态的铜鼓文化，但随着经济建设的推进，原来的文化生态发生了改变。交通环境的改善带来了更多外来的文化，教育事业的普及也使新一代的青年接触到更多的科学文化知识，渴望改善经济条件的人们纷纷走出大山进入城市寻找生机。虽然老一辈人仍然坚守着传统文化带来福音的信念，但依然架不住岁月的侵蚀，如此这般，活态的铜鼓文化生存空间大大缩减。

以广西都安瑶族使用铜鼓为例：

广西都安瑶族自治县是有名的石山区，那里的土地贫瘠，很多地方只能在山上的石缝中刨开一捧土，种上玉米，整个山头种上玉米也不及平地的两分地。在这样的境况下，那里的瑶族同胞寄情于铜鼓，期望在铜鼓的庇佑下能风调雨顺。但近年来，很多青壮年都外出打工，他们过春节才回到家乡。而瑶族的传统节日——达努节，却是在五月举办，这是瑶族同胞传递铜鼓文化的一个重要途径。但五月时只有少部分务工人员选择回家庆祝，这样一来铜鼓文化在青壮年中的传承受到了一定的影响。一个瑶民回忆道："我出去打工有六七年的时间了，过达努节一次都没有回来过。我在深圳那边打工，人家都是春节才放假，要想五月回家那就得辞工，而且春节又要回来，那样负担太大了，我们打工的赚点钱不容易，所以一般也就到了春节才回家。要说打铜鼓，很久没有真正看到了，小时候就经常看大人打，那时候觉得会打铜鼓是一件很威风的事情，过节请人来打，都要好酒好菜地招待人家，打完了还要给人家一些酒、鸡之类的东西。那时候穷，有这些东西就可以吃一顿好的了，当时特别羡慕那些人。现在，很多人外出打工去了，会打的人越来越少，再说在外面见的世面多了，谁还学这个，即使是学会了又能怎么样，这东西又不好带，又不能常常练。以前我也跟老一辈学过一点，现在全忘了，要是叫我去打的话也就是能响，响也是噪音。现在年轻人喜欢学吉他，我儿子就在玩这个，去哪都背着走，时代不一样了。"

可见，随着时代的变迁，村寨铜鼓文化受到巨大的冲击。广西其他保留传统铜鼓文化的地方，也同样遇到类似的难题，如天峨县、南丹县、东兰县、百色等地，铜鼓文化在传承的过程中或多或少都受到这类问题的困扰，铜鼓文化传承的生态文化环境遭到现代文化的侵袭。主要表现在以下几个方面：

首先，铜鼓文化传承艺人难寻，成为传统铜鼓文化传承的困境之一。传统的村寨铜鼓文化大都与当地的民俗息息相关。随着时代的变迁，很多少数民族习俗、传统的民族节日日渐淡化，铜鼓文化逐渐失去了其生存的文化土壤。少数掌握铜鼓敲打技艺的老辈传人敲击铜鼓的机会也逐渐减少，很难从中获得经济利益，导致了传人难觅的困境。再加上很多年轻人走出大山，学习新的生存技能，很少人愿意留下来学习敲打铜鼓的技艺。这样，随着岁月的流逝会敲打铜鼓的人将越来越少。课题组在广西天峨县都隆村调查时就听宁氏家族谈论这样的问题：

在我们都隆村，现在只剩下一面铜鼓可以敲了，村上会敲“十二鼓点”铜鼓的人除了我就没有人了。现在，村子上的人生活也比以前好了，我们就考虑再买一两面铜鼓回来放在村公所里，让想学的人去那里敲。可惜，目前这还只是个想法。我们村开会时我也提出来过，但是现在村里的事都是年轻人做主，我是提出了这个想法，但是年轻人不怎么赞同。一方面是铜鼓挺贵的，我们村户数少，要集资的话各家出的钱也不少；另一方面在村上也就我们这几个老头对敲铜鼓感兴趣，现在的年轻人，也不喜欢这个，天天都在家放流行音乐，真正想学敲铜鼓的人太少了。再加上我们村外出打工的年轻人多，真正在村子里长期生活的年轻人不多。所以，这个想法还是在讨论中，看看过年各家都回来了，再组织大家开会，听听意见。

其次，铜鼓原生态的生存环境发生了改变，铜鼓文化的内涵逐渐弱化，而现代娱乐方式的渗透也冲击着铜鼓文化的传承。2009 年，课题组和来自广东中山市的游客们一起在南丹白裤瑶生态博物馆（见图 3-12）观看当地的打铜鼓表演，游客们兴致盎然，纷纷拿出 DV、手机进行拍照、录像。就在围观的人群中，一位年纪较大的白裤瑶村民似乎若有所思。他说：

以前，你们要来我们这看敲铜鼓是很难看到的。有人去世了或是一些特定的节日里，我们才敲铜鼓。那时候敲铜鼓时全村人都出来看，有的人还特意从邻村跑过来看，特别热闹。我们这里还有一种说法，就是人过世的时候，来的人越多，主人家就越有面子，所以铜鼓敲响时大家都出来。现在不一样了，我们建了这个生态博物馆，只要有领导、有游客来就有人表演，三天两头地敲铜鼓。刚开始几回大家都来围观，后来越来越没啥兴趣，只有我们几个老头来了。（问：为什么没兴趣？）年轻人可以看电视啊，看电影啊，或者去唱歌啊，反正都比这打铜鼓有意思。

图 3-12 藏于深山中的南丹里湖白裤瑶生态博物馆展室（刘莉 摄）

可见，敲打铜鼓曾经是村寨中各种民俗活动不可或缺的重要内容，也是村民们主要的娱乐活动之一，但随着电视、电脑、KTV 等各种现代媒体的流行，麻将、扑克等各类娱乐休闲活动的介入，使农村的娱乐选择增多，更多的年轻人倾向于这些现代的娱乐方式，从而导致喜爱铜鼓的人越来越少。

最后，铜鼓铸造工艺的不完备，也使铜鼓文化的传播载体满足不了村寨铜鼓文化传承和发展的需求。个人和科研机构对铜鼓铸造工艺的探索无疑是有益的，但目前还没有完全攻克铜鼓铸造的难题。这一难题对铜鼓文化的长远发展来说，是一个巨大的考验。在村寨传统的铜鼓文化中，铜鼓的启用有严格的习俗来约束，只有在特定的日子里才会拿出来敲打，在某种程度上说，这种约定俗成的惯例对铜鼓起到了一定的保护作用。毕竟这种铜鼓的敲击频率不是很多，自然磨损也就相对较小。但是，近年来，政府部门的推动、学术科研的关注、旅游业的发展推动了铜鼓文化的传播，这样一来铜鼓使用的传统习俗被打破，许多带有商业性质的演出增多，加大了铜鼓的负荷，也加速了铜鼓的磨损，使其使用寿命缩短。如南丹里湖白裤瑶生态博物馆的一项重要活动内容就是铜鼓表演，有铜鼓之乡美誉的东兰县在有外宾来访时也喜欢敲击铜鼓以示欢迎，许多的文艺表演中也常常使用铜鼓。铜鼓的使用如此频繁，如果没有及时地攻克铜鼓的铸造难题，长此以往，铜鼓的存世数量将越来越少。

（二）城市活态铜鼓文化困境

多年来，广西的铜鼓文化逐渐由乡村走进了城市，虽然让更多的人知道了铜鼓是民族传统文化的一个代表性器物，知道它的纹饰精美，是一种民族乐器，但是民间传统的铜鼓文化的内涵在城市铜鼓文化里却不能很好地体现，人们只知其然却不知其所以然。课题组在南宁的街头随便和路人聊起了铜鼓：

问：我是外地过来读书的，听说南宁有铜鼓，你知道在哪可以看到吗？

答：铜鼓啊？很多地方都有，青秀山公园里面有一个铜鼓舞台，南湖公园里也有几个铜鼓立在那里。要是你们想看真的铜鼓就到博物馆去，那里有很多。

问：我听人说铜鼓很神的，可以保佑平安什么的，和庙里的观音差不多，有这回事吗？

答：这我就不知道了。我看过铜鼓，只是觉得它还蛮漂亮的。要是你想去祈福还是到庙里去吧。青秀山庙里的香火很旺，很多人过年都去那求头香，很灵的。

……

可见，在城市中，人们更关注的是铜鼓的外在表现，而不是其内涵。城市里杂居着各种各样的人，他们的文化背景、地域来源、生活习惯都不尽相同，这也造就了复杂的城市文化，传统的铜鼓文化进入到城市中也必然呈现出不同的特点。虽然城市中的铜鼓文化与民间的铜鼓文化生存土壤不同，但是它在发展的过程中同样存在着许多的困境。

首先，城市活态的铜鼓文化无法溯源，造成了城市铜鼓文化的“先天不足”。文化是历史和时间积淀下来的，而广西的城市活态铜鼓文化却是从广西村寨中衍生而来的。由于地域及民族的不同，各地民间的铜鼓文化呈现出自己的特点，汇集到城市中，杂合了各方面的文化信息之后，城市里的铜鼓文化变得很难去考究，也无法去判断它出自哪里，蕴含着什么文化内涵。

其次，城市活态的铜鼓文化发展的“先天不足”，影响了它的后天发展。在城市活态的铜鼓文化中，铜鼓文化的内涵得不到明确的阐述，造成了受众的困扰。城市注重铜鼓文化的外向性发展，强调对外宣传的作用，而忽视了对铜鼓文化内涵信息的传递。表演型的铜鼓文化展现方式也很可能对铜鼓文化的传承起到反作用。而铜鼓文化符号化的发展倾向，在某种程度上也是对铜鼓文化内涵的弱化。这也给铜鼓文化在城市的发展带来不利的影响。

最后，城市活态铜鼓文化的影响群体不足。普通大众对铜鼓文化的了解都是通过政府的宣传和推广获得，但是大多数人认为那是可有可无的。除了科研机构的研究人员较为重视铜鼓及其蕴含的铜鼓文化进行研究外，普通老百姓只是把铜鼓当成城市景观来欣赏。如果公园中立着的不是铜鼓，而是其他的装饰物件，他们同样可以接受，对他们来说铜鼓仅仅是城市景观的点缀。例如，课题组在河池市看到几个市民坐在铜鼓石凳上休息，于是便和他们攀谈起来：

问：这个石凳挺好看的，上面是什么花纹？

答：是铜鼓啊，你是外地来的吧？我们河池有很多铜鼓，东兰那特别多。这个石凳就是按照铜鼓上的花纹做的。我们现在休息的这个广场就叫铜鼓广场，你看广场的地面也是一个铜鼓图案，你再往前走一点，那还有一个竖起得很高的铜鼓。这金城江很多地方都可以看到铜鼓的，我们的路牌用的就是铜鼓图案（见图3-13），是挺好看的，上面还有很多花纹。

图3-13　河池金城江市道路标牌（韦丹凤　摄）

问：旁边这一圈看起来像是鸟吧！

答：看起来像是，我不知道具体是什么，反正啊好看就行。不过呢，我觉得政府设计得不好。虽然铜鼓的图案放在这是漂亮了，可是做成和铜鼓一样的形状，还拿来当凳子使，这就不科学了。你看没有靠背，我就是想来广场上坐坐，在树下乘凉，没有靠背坐起来真觉得不安全，要是一打盹就摔到地上了。

……

问：我听说，铜鼓很神圣的。在乡下，女人连摸铜鼓的资格都没有，他们对铜鼓也是很宝贝的，不能随便拿出来敲，也不能随便坐在上面，这样铜鼓就不保佑他们了。我们现在坐的虽不是真正的铜鼓，但坐在上面是不是有什么不敬之类的。

答：哪有什么不敬，要是不敬，政府花那么多钱做这个石凳干吗？

可见，对铜鼓的敬畏之意并没有随着铜鼓文化进入城市而渗透到城市生活中，这一点也反映出铜鼓文化的内涵在城市中得不到很好的体现。通过上面的例子，我们也可以看出对于城市居民来说，铜鼓是可有可无的。尽管河池是广西铜鼓文化主要的盛行区域，政府也同样重视对铜鼓文化的宣传和扶持，但是对于城市的居民来说，铜鼓并没有什么地位，他们甚至于对铜鼓造型的石凳也有诸多的看法。这也说明了人们对铜鼓是认识了，但也仅仅是表面认识而已。

总之，虽然广西活态的铜鼓文化在村寨仍在继续发展，并渗透到城市中，但是他们在发展的过程中仍然存在着种种困境。村寨传统铜鼓文化的生存生态文化受到挤压，铜鼓传人难以寻觅，铜鼓的铸造工艺跟不上需求，城市铜鼓文化难以溯源，其发展的先天不足给后天发展带来了种种困境，这在不同程度上影响了铜鼓文化的健康发展。

第三节 东南亚的铜鼓文化

铜鼓也是东南亚众多民族珍视的“重器”。为更清楚地展示东南亚铜鼓文化的现状，课题组用文献法对铜鼓在东南亚各国的分布情况进行了梳理，在此基础上，对老挝铜鼓文化进行了实地调查。

一、铜鼓在东南亚各国的分布

铜鼓是一种富有传奇色彩的民族历史文物，从公元前7世纪左右产生，一直流传到现在，上下贯穿2700多年，分布于中国南方的云南、贵州、广西、广东、海南、湖南、重庆、四川8个省（市、自治区）及东南亚的越南、老挝、柬埔寨、缅甸、泰国、马来西亚、新加坡、印度尼西亚等国家。中国南方和东南亚国家共同构筑了绚丽多彩的铜鼓文化。

就目前所知，在东盟10国中，除菲律宾还没有发现铜鼓，文莱的情况不太清楚外，其他8国在历史上都曾铸造或使用过铜鼓。可以说，铜鼓是东盟和中国南方古代文化的一种共同载体。

现以东盟各国铜鼓的分布情况，简单论述铜鼓文化的历史地位。

（一）越南

按铜鼓的蕴藏量来说，越南是仅次于中国的第二个铜鼓大国。越南北部与中国西南边疆山水相连，很早就有经济文化往来。在云南滇西地区发源的铜鼓文化，到公元前 5 世纪左右，顺红河东下，与越南红河流域的青铜文化融合，创造了著名的“东山铜鼓”。

东山铜鼓是以越南清化省东山一带出土的铜鼓命名的。国际学术界称为“黑格尔 I 型”铜鼓。一个世纪以前，奥地利学者黑格尔（F. Heger）在研究了 165 面铜鼓之后，将当时所知道的铜鼓划分为 4 个基本类型和 3 个过渡类型，以越南的沱江鼓和中国的开化鼓为代表列为 I 型。这类铜鼓都是大型铜鼓，鼓身自上而下分为三节，上为胸部，膨大突出；中为腰部，收缩成直筒形；下为足部，向下垂直或先收后张，形成一个向外扩展的截头圆锥体。胸腰间附两对并列的、饰编织花纹的扁耳。黑格尔当时描述了 35 面这类铜鼓，认为它们是铜鼓中的最早形式，其他类型铜鼓都是由这类铜鼓发展而来的[①]。在越南清化省东山文化遗址出土这类铜鼓之后，有人将这类铜鼓与东山文化联系起来，1968 ~ 1971 年，越南学者正式把它们命名为“东山铜鼓”。

越南的东山铜鼓主要分布于北部红河流域，以河内西南的河山平省最多，越南中部和南部也有发现（见图 3-14）。1975 年，越南学者统计的东山铜鼓有 52 面，1985 年增至 144 面。他们把东山铜鼓分为 A、B、C、D、E5 组 22 个式，其中 A、B 两组相当于中国的石寨山型；C 组和 E 组相当于中国的冷水冲型；D 组相当于中国的万家坝型。早期最著名的是 A 组玉缕鼓、黄下鼓和沱江鼓、庙门鼓、富川鼓、约丘鼓、广昌鼓，鼓体较大，装饰花纹丰富，鼓面、鼓胸、鼓腰的主体花纹都有人物、动物及其组合的写实画面，是最精美的铜鼓；次为 B 组的富维鼓、鼎乡鼓；晚期最著名的是 C 组的右钟鼓、农贡鼓、多笔鼓，鼓面边沿多素晕，有青蛙塑像 4 只，太阳纹芒间多以翎眼纹和折线纹相间排列，内侧第

① ［奥］弗朗茨·黑格尔（Franz Heger）. 东南亚古代金属鼓［M］.（莱比锡：W. 希尔曼出版社，1902）石钟健，黎广秀，杨才秀，译. 上海：上海古籍出版社，2004：11.

图 3-14 越南富寿省博物馆馆藏铜鼓（蒋廷瑜 摄）

一晕为对向三角形纹或 S 形曲折纹，主晕是变形羽人纹和变形翔鹭纹，并间隔定胜纹，鼓身一般无主晕。早期东山鼓主要集中在平原各省，分布形成两大区域：河西一带和清化一带；晚期东山鼓的分地点集中在更靠南一些的清化平原。①

比黑格尔 I 型铜鼓还要原始的铜鼓，在中国云南洱海——礼社江流域被大量发现后，学术界建立了一个新的类型，中国学者把它命名为“万家坝型”铜鼓。现在，国际上称之为“先黑格尔 I 型”铜鼓，意思是比黑格尔 I 型还要古老。这类铜鼓鼓面特别小，鼓胸特别外凸，鼓腰极度收束，鼓足很矮，足径很大，足沿内有一道折边，鼓耳狭小，纹饰特别简朴。越南也有这种原始铜鼓发现，1932 年在河东省章美县美良社淞林寺附近的田野里出土过一面，1973 年在该地又出土第二面；后来在永福省三清县陶舍社、上农社和老街省也有发现。这种原始铜鼓在越南主要分布在红河流域，尤其以接近中国云南的老街最集中。②

此外，越南也有类似黑格尔 II 型的铜鼓。这种铜鼓高大厚重，面广于胸，和黑格尔 II 型铜鼓有许多相似的地方。1918 年 H. 巴门特（H. Parmectier）发表《古代青铜鼓》一文，错误地把它们归到黑格尔 II 型铜鼓之内。但经细心观察，这些鼓胸部长而下削，鼓腰已消失，只留下一道很宽的突棱与鼓足相接，鼓面太阳纹中心隆起如球状，装饰花纹以菩提叶、荷花瓣、菊花茎及

① [越] 阮文煊，黄荣. 越南发现的东山铜鼓 [M]. 梁志明，译. 河内：历史博物馆出版社，1975. 广西壮族自治区博物馆. 铜鼓研究资料选译之二 [M]. [出版者不详]，1979：45 ~ 46.

② 李昆声，黄德荣. 再论万家坝型铜鼓 [J]. 考古学报，2007（2）：207 ~ 232.

各种柠檬花为主，与真正的Ⅱ型铜鼓有别。据阮成斋研究，越南发现这类鼓129面，以红河、马江中游地区最稠密，越是深入山区各省，密度越小，向南分布只到义静，个别的在义安发现，没有超出河静；北方沿海各省如太平、海防、广宁根本没有此类鼓。① 发现这类铜鼓的地区正是至今仍使用这类铜鼓的芒人居住的地区。而且这类铜鼓常出于16～18世纪芒族郎官宗族墓中，至今芒族人还在使用，年代比真正的Ⅱ型铜鼓晚得多，因此有的学者称它们为“类黑格尔Ⅱ型”鼓，或者直呼为“芒鼓”。

分布于越南河江省和高平省的倮倮族也还保存和使用着铜鼓。据越南学者罗天宝调查，河江省同文、苗袜、安明三县倮倮人有22面铜鼓。这些铜鼓都是黑格尔Ⅳ型铜鼓，即麻江型铜鼓。②

在靠近老挝的山区也有黑格尔Ⅲ型，即西盟型鼓。义静省的克模（岱哈）人使用黑格尔Ⅲ型鼓，那是他们从老挝琅勃拉邦达冒瑶人那里买来的。

越南馆藏的各型铜鼓也十分丰富。据广西区博物馆黄启善研究员2009年对越南馆藏的铜鼓统计，越南馆藏的铜鼓数量相当大（见表3-4和表3-5）。

表3-4　越南古代铜鼓的调查登记

藏地＼类型	黑格尔Ⅰ型	黑格尔Ⅱ型	黑格尔Ⅲ型	黑格尔Ⅳ型	异型铜鼓	合计
国家历史博物馆	45	30	4	5	2	86
富寿省博物馆	1					1
雄王博物馆		2				2
和平省博物馆		7				7
山萝省博物馆		5		1		6

① ［越］阮成斋．黑格尔第Ⅱ类型铜鼓探讨［J］．王金地，译．梁志明，校．越南历史博物馆科学通报，1985（3）；中国铜鼓研究会．中国古代铜鼓研究通讯．1992（8）：28～37.

② ［越］罗天宝．关于越南倮倮族铜鼓的问题［C］// 铜鼓和青铜文化再探索——中国南方及东南亚地区古代铜鼓和青铜文化第三次国际学术讨论会论文集［J］．民族艺术，1997（增刊）：123～132.

（续表）

藏地 \ 类型	黑格尔Ⅰ型	黑格尔Ⅱ型	黑格尔Ⅲ型	黑格尔Ⅳ型	异型铜鼓	合计
清化省博物馆	1	7			1	9
清化省玉乐县文化局		1				1
义安省博物馆	7					7
海阳省博物馆	1					1
兴安省博物馆	2					2
河内市博物馆	3					3
合　计	60	52	4	6	3	125

表 3–5　越南部分博物馆馆藏铜鼓情况

地点 \ 类型	黑格尔Ⅰ型	黑格尔Ⅱ型	黑格尔Ⅲ型	黑格尔Ⅳ型	合　计	备注
国家历史博物馆	7	69	2		78	
和平省博物馆	1	77			78	全省铜鼓数量不明估计还有30多面
山萝省博物馆	2	18		1	21	各县文化馆还有铜鼓，但数量不清
清化省博物馆	40	60			100	明器铜鼓未计
义安省博物馆	15	26			41	各县还有10多面铜鼓
海阳省博物馆	4				4	包括著名的右钟铜鼓
兴安省博物馆					12	未作分类
河内市博物馆					24	为作分类，私人藏约20多面
合　计	69	250	2	1	358	

（二）老挝

老挝古老的铜鼓主要出现于下寮，曾出土黑格尔Ⅰ型鼓3面。其中，两面是在沙湾拿吉以北40千米处的会华桑村附近的湄公河东岸崩塌时发现的；另一面是修巴色—乌汶公路时发现的。

在乌汶发现的铜鼓称乌汶鼓，具体发现地点是在当得的一块稻田里，故又称为当得鼓。此鼓最初为巴色的纳尔逊所有，又称纳尔逊鼓，即老挝1号鼓，后由驻扎官J. 博斯克送到河内，1924年收作法国远东学院藏品。戈鹭波认为这面铜鼓可与越南的玉缕鼓相提并论，把它的年代定在公元1世纪。[①] 乌汶鼓与广西西林鼓十分相似，鼓面都有带回旋的S形螺纹、锯齿纹。乌汶鼓有30只翔鹭，西林鼓有20只，是翔鹭数最多的铜鼓。鼓胸部船纹，乌汶鼓有6只船，每船上有9～11人；西林鼓也有6只船，每船也有9～11人。乌汶鼓船外每端有一条大鱼，西林鼓船外一端是大鱼，一端是站立的2只长喙鸟。乌汶鼓腰的上半部有鹿纹12组，每组有鹿2只，西林鼓腰的上半部也有鹿纹12组，其中9组2鹿，3组3鹿。乌汶鼓、西林鼓腰下半部皆饰羽人12组，每组皆2人。乌汶现在属泰国，可以说，这面铜鼓是泰国铜鼓。

会华桑1号鼓面径97厘米，通高65厘米，太阳纹12芒，主晕是一圈图案化的鹭纹，其他为几何纹晕；会华桑2号鼓面径78厘米，通高50厘米，有相似的切线同心圆圈纹的模糊图形。巴门特将它们定为黑格尔Ⅰ型。[②]

1974年8月，在沙湾拿吉省丰沙湾村湄公河岸挖出一面铜鼓，即丰沙湾鼓（见图3-15）。此鼓通高56厘米，胸径71厘米。鼓面小于鼓胸，鼓胸膨胀，鼓腰呈圆柱形，鼓足较高。鼓面太阳纹12芒，芒间套叠V形纹，还有几何纹晕圈和曲线纹晕圈；鼓胸有栉纹，中间有点切线圆圈纹；鼓腰由各并行直段、切线圆圈纹柱分成许多格，每格中有一只不明动物，可能是鸟。

① ［法］V. 戈鹭波（V. Coloubew）. 东京和安南北部青铜时代［J］.（法国）远东博古学院集刊，1929（29）：1～46；云南省博物馆，中国古代铜鼓研究会. 民族考古译集（第1辑）. 1985：261.

② ［法］H. 巴门特（H. Parmectier）. 一些新铜鼓［J］.（河内）远东博古学院集刊，1932（32）：173～175.

图 3-15　老挝万象博物馆馆藏出土铜鼓（韦丹芳　摄）

1975 年 4 月，在桑怒省芒万赛地区一个池塘里发现一面；1990 年，一位老人在位于老挝南部占巴塞省孔埠地区东桑村附近的河里发现一面。

居住在老挝东部山区的克木人和拉麻人至今还使用铜鼓。他们用的铜鼓都是黑格尔Ⅲ型鼓。生活在南塔省和丰沙里省的高人、生活在北丰沙里的富奈人使用的铜鼓是从泰国和缅甸购买的。克木人的铜鼓有的是用琅勃拉邦的铜源铸造的，形制与泰国、缅甸的略有不同。

（三）柬埔寨

柬埔寨，别称高棉。公元 1 世纪建国，2 世纪后，历经扶南、真腊、吴哥时期，经济、文化、宗教都很发达。16 世纪后改称柬埔寨。

柬埔寨在马德望近郊的特南蒙鲁寨和磅清扬的托斯塔等地都出土过古代铜鼓。

特南蒙鲁寨鼓又称马德望鼓，为黑格尔Ⅰ型，面径 64 厘米，中心太阳纹 12 芒，主晕有 4 只逆时针飞翔的鹭鸟，鸟长喙，平展双翅，三角形尾，已高度抽象化。

托斯塔鼓，于磅清扬省坦波乐的托斯塔村发现，也是黑格尔Ⅰ型，面径

65 厘米，通高 35 厘米，中心太阳纹 10 芒，芒间叠饰 V 形纹，还有字形纹、舞人和中间有点的圆圈纹。

A. B. 迈尔在与巴黎的通信中，得知旅行家安托诺（A. Antono）在柬埔寨一些寺庙、兵营和戏院里看到使用的铜鼓。安托诺说："铜鼓是山寨部落里的居民制造的，他们对其旋律曲调有天生的爱好。"这种铜鼓至今仍被柬埔寨东部的山民使用。

（四）缅甸

缅甸在历史上曾称为骠国。缅甸称铜鼓为"巴栖鼓"，其意是"蛙鼓"。制作铜鼓通常成双成对，一雄一雌，雄鼓鼓面有青蛙，雌鼓鼓面无青蛙。

缅甸使用铜鼓的历史很长久。从历史记载来看，至少在公元 8 世纪就已使用铜鼓。唐人刘恂《岭表录异》记载：唐贞元中"骠国进乐有玉螺铜鼓"。公元 802 年，骠国王派遣王子舒难陀和大臣那直元佐、摩诃思那率领骠国友好使团来中国访问，在长安献乐就用了铜鼓。著名诗人白居易为此还写一首《骠国乐》诗。11 世纪中叶，下缅甸有两件孟 / 巴利文关于直通穆库塔王的铭文提到他的臣民敲击一面大鼓向他示敬；蒲甘江喜王朝（1084 ~ 1111 年）送给印度菩提伽耶一个佛教圣地的物品中有鼓，而从江喜佗优明的壁画可以看到有 3 面铜鼓。

缅甸是黑格尔Ⅲ型鼓（即西盟型鼓）的大本营，不仅一些博物馆和私人手中有铜鼓，而且克伦族、佤族、掸族直到现在还在使用铜鼓。克耶邦的威当城（Nwedaung）即今乐可，曾是制作"蛙鼓"（巴栖鼓）最盛的地方。19 世纪末，西方旅行家就从缅甸红克伦族手中购买过铜鼓。有的材料说，克伦族到 1905 年仍能制作铜鼓，甚至到了 20 世纪 20 年代，最后一个西盟型鼓的制作者尚在人间。

（五）泰国

泰国，旧名暹罗，文献首次提到铜鼓的是公元 14 世纪拍昭立泰王所撰的《三界经》。到了曼谷王朝，铜鼓仍然作为宫廷某些仪式的乐器之一。据清人李调元《南越笔记》记载，明洪武四年（1371 年）暹罗国王参列昭牙遣使奈思俚侪刺识悉替来中国进贡，贡品中就有铜鼓一项。可见，泰国使用铜鼓的时间很长。据菩冲・占达维（Bhujjong Chandavij）报道：在泰国有 16 处遗址发现铜鼓，其中南部 10 面，东北部 7 面，北部 3 面，中部 4 面。① 20 世纪 90 年代，中国一些学者到泰国考察，对泰国的铜鼓也比较留意。据广西民族学院姚舜安、滕成达调查，春蓬府、洛坤府各 3 面，万伦府 5 面。② 广西民族学院范宏贵教授 2002 年初考察，在曼谷西面 100 多千米远的北碧府程木缪县沙抵朗乡斯错勒村的尼维他巴通中学，在 1999 年建校舍时推土机推出一面铜鼓；在坤敬市博物馆陈列着一面铜鼓；大皇宫一座宫殿门旁边陈列 2 面铜鼓；泰国国家博物馆陈列 4 面铜鼓。现在居住在泰缅边境的克伦人还在制造铜鼓。③

泰国也发现过原始形态铜鼓，据邱兹惠说有 3 面：一见于泰国南部，仅存鼓面；二见于曼谷，其中一件已下落不明，一件被日本出光美术馆购藏。④ 出光美术馆藏鼓与云南大海波鼓、越南上农鼓相似，鼓面小，中心太阳纹凸起，胸部隆大，足部极短，辫状形耳。比较特殊的是，这是一面用失蜡法铸造的铜鼓。

泰国最著名的铜鼓是翁巴洞铜鼓。据佩尔・索伦森《泰国翁巴洞穴及其出土的五面铜鼓》介绍，翁巴洞在泰国北碧府沙越县桂艾河与桂内河之间的群山中，1960 ~ 1962 年，泰国—丹麦史前联合考察队进行发掘，发现 4 面铜鼓碎片。此前，该洞还出土过 2 面完整的铜鼓，其中一面在运往曼谷途中丢失；另一面落到北碧府知府手中，后来施舍给了一座庙宇。这些铜鼓的形制和纹饰与中国石寨山型鼓和越南东山鼓相近，都属于黑格尔 I 型。⑤

---

① ［泰］菩冲・占达维（Bhujjong Chandavij），那他帕特拉・占达维（Nattapatra Chandavij）. 泰国史前金属时代的铜鼓和工具［C］// 铜鼓和青铜文化新探索——中国南方及东南亚地区古代铜鼓和青铜文化第二次国际学术讨论会论文集，南宁：广西民族出版社，1993：72 ~ 77.

② 姚舜安，滕成达. 泰国铜鼓概述［J］. 广西民族学院学报（哲学社会科学版），1997（3）：78 ~ 79.

③ 范宏贵 . 泰国铜鼓见闻［J］. 中国古代铜鼓研究通讯，2001（17）：26.

④ ［美］邱兹惠. 试论东南亚所见之万家坝式鼓 // 铜鼓和青铜文化的再探索［J］. 民族艺术，1997（增刊）：31.

⑤ ［丹］佩尔・索伦森. 泰国翁巴洞穴及其出土的第五面铜鼓［J］. 蔡葵，译. 东南亚史前社会晚期，（吉隆坡）1979；云南省博物馆，中国古代铜鼓研究会. 民族考古译文集（第 1 辑）. 1985：70 ~ 71.

素叻他尼省阁沙梅岛也出过一面铜鼓，这面鼓与翁巴 86 号鼓相似，但在鼓面的羽人晕中没有房屋纹。

19 世纪 80 年代起，一些西盟型铜鼓就从泰国流往西欧，奥地利王国驻曼谷的总领事就曾为奥地利自然历史博物馆征集过铜鼓。英国维多利亚女王也珍藏有来自暹罗的大铜鼓。1901 年，泰国还赠送过一面西盟型铜鼓给日本帝室博物馆（今东京国立博物馆）。

住在泰国北部山地的一些部落在 20 世纪初一直在使用铜鼓。按照古老习惯，在泰国首都，铜鼓是一种高贵尊严的乐器，通常在谒见场合，人们和着嘹亮的喇叭声，敲击铜鼓通告国王的到来。在盛大的国家仪典或在国王的前面也都要敲奏铜鼓，在神庙或寺院的各种重要的宗教仪式上也常常使用铜鼓。

我们在收集铜鼓的铸造工艺的材料时，发现泰国留存有传统的铜鼓铸造方法。图 3-16 为泰国铜鼓铸造的剖面。从图上我们可以看出，泰国铜鼓的铸

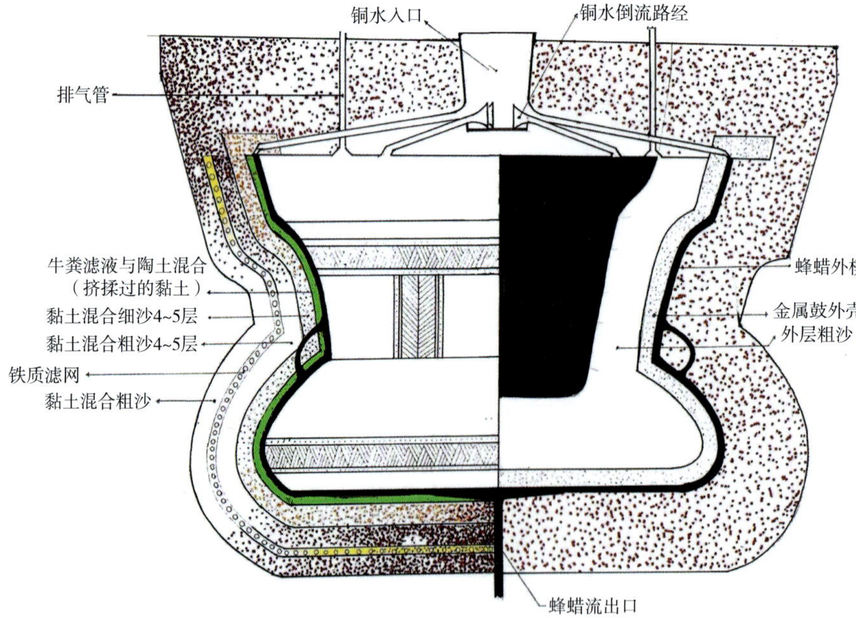

图 3-16　泰国铜鼓铸造的剖面（泰国马哈拉堪大学阿功·乌腊金达　提供　陈巧岚　翻译）

造工艺相当复杂，综合运用了多种铸造工艺。铸造铜鼓的材料有牛粪、陶土、黏土、细沙、粗沙、蜂蜡、铜水、铁质滤网、金属鼓外壳等。从图上可以看出，铜鼓鼓型的外围分别由数层不同材质的原料包裹着，它们分别是外层粗沙、金属鼓外壳蜂蜡外模、牛粪滤液与陶土混合物、黏土混合细沙 4 ～ 5 层、黏土混合粗沙 4 ～ 5 层、铁质滤网、黏土混合粗沙，铜鼓的底部开一个较大的铜水倒入口，内部还挖了四条铜水倒流路径通往铜鼓鼓身，同时开了两条排气管道。在铜鼓的鼓面开通了一条蜂蜡流出口。

（六）马来西亚

马来西亚有多少铜鼓，现在得不到确切的统计。据特威迪（M. W. F. Tweedie）所著《史前马来亚》一书所载有黑格尔 I 型鼓 4 面：1926 年在彭亨地区的滕贝林河畔的沓都巴色加南发现过铜鼓，仅存鼓面的一部分，后藏于莱佛士博物馆；1944 年日本占领马来亚[①] 期间，在雪兰峨州的克朗也发现过铜鼓，只有鼓身一小片和不到一半的鼓面。这 2 面铜鼓都与越南东山遗址出土的相似。另据皮柯克（B. A. V. Peacock）报道，1964 年在马来亚西海岸甘榜双溪朗发现 2 面铜鼓，纹饰羽人已图案化，翔鹭间有定胜纹，并有青蛙塑像，年代已比较晚。1967 年，在马来亚东海岸的瓜拉丁加奴市南面的巴生古墓里也发现 2 面铜鼓。

（七）新加坡

新加坡，梵语意为“狮子城”，别称星洲、星岛。地处马来半岛南端。北隔柔佛海峡与马来西亚为邻，有长堤通马来西亚的新山。南端隔新加坡海峡与印度尼西亚相望。古称单马锡，8 世纪建国，属印尼宝利佛逝王朝，18 ～ 19 世纪是马来西亚柔佛王国的一部分。1824 年沦为英国殖民地，1942 年被日军占领。1945 年英国恢复殖民统治，1959 年成为自治邦，1963 年并入马来西亚，1965 年脱离马来西亚，10 月加入英联邦。

① 马来亚，又称为西马来西亚，马来半岛、马来西亚半岛，是马来西亚联邦西部土地，即位于马来半岛的领土部分。

新加坡未见铜鼓出土记录，但民间收藏有铜鼓。饶宗颐说，林徐典博士家藏2鼓，陈之初香雪斋藏3鼓。林氏藏鼓，其有青蛙塑像者是其先人购自沙捞越；另一鼓则是林姓从官者从中国广西带到海南文昌，后经其尊人携往新加坡，实是中国之“出口鼓”。[①] 陈之初3鼓都是黑格尔Ⅲ型，应从缅甸或泰国传入。[②]

（八）印度尼西亚

“千岛之国”印度尼西亚也是铜鼓的分布区。铜鼓出土地点主要集中在苏门答腊、爪哇和甘尼安、松巴哇、萨拉亚尔，东边的罗地、塞卢、莱狄、塞拉卢诸岛也有铜鼓发现，甚至在卡伊群岛的土瓦岛上也出土过2面。

印度尼西亚有东山铜鼓26面：苏门答腊4面、爪哇9面、甘尼安6面、土瓦2面，罗梯、塞卢、莱梯、塞拉亚各1面。

最古老的是北加浪岸鼓，发现于爪哇的北加浪岸，高48.2厘米，面径63.9厘米，鼓面中央太阳纹18芒，有一晕羽人纹和马鞍形屋顶的干栏图饰。干栏前面为4人敲击4面鼓的棚架图形，屋顶上有两只栖鸟。鼓胸有船纹。几何形纹除了同心圆纹、圆点圆形纹外，还有栉纹。这些都与越南沱江鼓相似。

次者为展玉鼓，又名巴巴甘鼓，1904年在爪哇岛展玉地区西北甘蓬巴巴甘发现，1905年被送到巴达维亚博物馆。此鼓比较低矮、胸部鼓胀、腰部宽大、足部较高。面径66厘米，足径75厘米，通高47.5厘米。鼓面中心太阳纹16芒，各晕圈模糊不清，看得出的有：Z字形纹、锯齿纹、有点同心圆圈纹，第8晕是长喙、展翅飞翔的鹭鸟；鼓胸饰锯齿纹，中间有点同心圆、凸圆点花纹，胸上部有1条立鸟纹带。鼓腰有锯齿纹，有点同心圆、鱼刺纹，构成10格，除2格位于合范交接线上外，其余8格还有立鸟图案，每格2只，皆向右，鸟喙大而长、足短、眼凸。鼓足无纹饰。此鼓与越南的约丘鼓、鼎乡鼓、富川鼓相近，但花纹已经衰退，鼓胸没有船纹，但有站着的鸟纹。腰上没有人纹和牛纹而只有像鼓胸那样的鸟纹，应该晚于越南富川鼓。

三宝垄有3面鼓。1883年发现于爪哇岛三宝垄，后藏于巴达维亚博物馆。

---

① 饶宗颐 . 说镎于与铜鼓［J］. 东吴大学中国艺术史集刊，1973，1（3）：39 ~ 50.

② 饶宗颐. 铜鼓续考［J］. 东吴大学中国艺术史集刊，1974，3（8）：20 ~ 38.

属越南B组鼓，鼓面上鸟纹和越南河内鼓很相似。越南B组鼓没有青蛙塑像，但三宝垄鼓出现了青蛙塑像。

甘尼安鼓，与越南同孝鼓相似。但腰部的执剑披甲人像、骑马人像很特殊。

卢昂鼓，早在1715年以前就在卢昂岛上存在。后来，在这个岛的伊鲁马拉小山上也发现一面这样的鼓，这面鼓高51厘米，面径91厘米，鼓身残缺不全，形状和纹饰和塞拉亚鼓一致。

塞拉亚鼓，1861年在苏拉威西南端的塞拉亚岛波托班公村的小山丘发掘出土。随后，被安置在该村酋长住所前的一栋小房子里，鼓耳用绳索穿着，悬挂在屋的横梁上，以便在节庆日子、发生火灾或战争危难之时用来召集部众。这面鼓作为一种虔敬的神器，为酋长治下臣民所共有。鼓重约100千克，高92厘米，面径126厘米，底径138厘米，太阳纹有24芒，沿鼓面边缘有4只大青蛙塑像。该鼓被敲击时发出洪亮悦耳的声音。纹饰出现当地最有代表性的动物：象和孔雀。

罗梯鼓，在帝汶岛西南的罗梯小岛上发现，后存巴达维亚博物馆，高62厘米，面径73厘米，太阳纹12芒，纹饰与塞拉亚相似，面缘有4只青蛙塑像。

莱梯鼓，在帝汶岛东北端的莱梯小岛上发现，与卢昂鼓相像，但比卢昂鼓大。面径100厘米，通高75厘米，鼓面有青蛙塑像，太阳纹12芒。传说这面鼓是来自上天的神物，可能原属邻近岛上的摩亚土著，村里专门为它建了一间小屋，对它极为敬重。

土瓦鼓是帝汶岛东北的卡伊列岛中的土瓦岛发现的。面有4只青蛙塑像，太阳纹12芒，有动物和人物形象的纹饰，土人对其特别崇拜。

（九）东南亚铜鼓的发展历程

铜鼓在东南亚分布这样广泛，一是与居民迁徙有关，很可能有些古代越人带着铜鼓从中国南部和越南北部往南迁徙到东南亚其他地区。二是铜鼓代表着合法权威，有些铜鼓代表着中国南方或越南北部较强盛的国家统治权力的影响，颁赐给东南亚一些部落酋长，使其统治权力更加合法化。三是有的铜鼓纯粹是作为商品交换到东南亚广大地区的。

铜鼓从亚洲大陆经泰国和马来半岛滨海地区到达印度尼西亚。马来西亚瓜拉丁加奴和泰国翁巴都是这条运输线上的传送点。

从铜鼓的发展历程来看，大致可分为四个时期：即滥觞期、成熟期、发展期和式微期。

滥觞期：大约公元前 7 ~ 5 世纪，是先黑格尔Ⅰ型，即万家坝型阶段，处于从铜釜演化而成原始形态铜鼓，主要集中分布于中国云南中部偏西地区，洱海—礼社江流域，旁及云南东南部的文山地区，向东到达广西右江中游的田东一带；顺元江—红河东下达于越南老街等北部地区；在泰国也有零星发现。

成熟期：形成黑格尔Ⅰ型早期类型，分别在中国云南滇池附近形成石寨山铜鼓，在越南红河流域形成东山铜鼓。此后开始向东南亚各国传播。早期东山铜鼓与石寨山铜鼓并行发展，但东山铜鼓不像石寨山铜鼓那样于公元前后消失，而是继续发展，并回过头来影响中国境内的铜鼓，形成后世繁盛的冷水冲型铜鼓。晚期东山铜鼓向东南亚扩散，老挝、柬埔寨、马来西亚和印度尼西亚铜鼓都不同程度地受到越南东山铜鼓的影响，使铜鼓文化深入到东南亚一大片古老民族地区，成为一种特有的文化现象。

发展期：由黑格尔Ⅰ型早期类型铜鼓，即石寨山铜鼓和东山铜鼓分别发展成为鼓面有青蛙塑像的冷水冲型鼓和东山晚期鼓。与此同时，在中国广西和广东交界的云开大山区产生黑格尔Ⅱ型铜鼓，即北流型、灵山型铜鼓。黑格尔Ⅱ型铜鼓至唐代中期向海南岛和中越边境地区转移。在中国云南东南部和越南北部可以见到零星的黑格尔Ⅱ型中的灵山型铜鼓，后来退入越南西部山区，与黑格尔Ⅲ型铜鼓结合，发展成为“类黑格尔Ⅱ型”铜鼓。类黑格尔Ⅱ型铜鼓只见于越南西部，没有再往其他国家传播。

式微期：大约 8 世纪，冷水冲型铜鼓发展成遵义型铜鼓，11 世纪发展成麻江型铜鼓，即黑格尔Ⅳ型铜鼓。中国黔、桂、滇边区是黑格尔Ⅳ型铜鼓的大本营。随着苗、瑶、彝族向印度支那半岛迁移，到 15 世纪后扩散到中越、中缅边境山区。近现代，也有华侨将铜鼓带往新加坡和印度尼西亚。几乎与此同时，黑格尔Ⅱ型铜鼓衍变为Ⅲ型铜鼓，即西盟型铜鼓。Ⅲ型铜鼓最早出现于中越边境，如广西龙州响水的派浪鼓和靖西湖润的庭毫山鼓。大约 8 世纪进入缅甸。中国铜鼓进入缅甸可能有两条路线。一条是生活在广西的俚人从龙州、靖西一带，沿中越、中缅边境向缅甸山区迁徙，将铜鼓带入缅甸；一条是借云南南诏政权和傣族、骠族的政治联系，使铜鼓越过中缅边境到达缅甸。这两支铜鼓在缅甸与泰国交界的山区汇合，形成一种新型铜鼓，即西盟型铜鼓，也就是黑格尔Ⅲ型铜鼓。

越南东山铜鼓早期阶段，大量集中在红河地区，还没有影响到东南亚。老挝出现乌汶鼓与广西的西林鼓和云南的广南鼓接近，与越南东山铜鼓有所区别，可能是直接从广西或云南传过去的。泰国翁巴铜鼓既有石寨山铜鼓的特点，也有东山铜鼓的特点，交叉受到这两种铜鼓的影响。

自此以后，由于地缘关系，东南亚各国的铜鼓就主要受东山文化的影响了。东山铜鼓扩展到东南亚海岛地区，如爪哇岛的北加浪岸鼓，与越南的沱江鼓相近。爪哇展玉鼓代表东山铜鼓所影响到东南亚海岛比较晚的阶段。展玉鼓和越南鼎乡鼓、富川鼓很相近，花纹已经衰退，鼓面没有鸟纹，鼓胸没有船纹。

东山铜鼓对东南亚影响最为广泛的阶段是到了广昌鼓、右钟鼓为代表的时期。广昌鼓类型的影响在马来西亚半岛东岸可以清楚看到，但在印度尼西亚也有发现。右钟鼓类型对印度尼西亚的影响就比较大。右钟鼓上的羽人纹样在越南山罗省扶安县出土的一件铜奁上有。这种铜奁是汉文化容器，右钟鼓上的纹样是东山文化和汉文化相接触的时候出现的。也就是说，右钟类型鼓是在汉朝统治时期的东山铜鼓发展阶段，其年代当在公元 1 ～ 2 世纪。这就意味着，在汉朝统治时期，东山文化吸收了汉文化，但东山铜鼓继续向东南亚扩大影响。

和右钟鼓一起，在越南有代表性的铜鼓是农贡鼓、富方鼓、裴村鼓等，花纹趋于更简化。这类铜鼓在东南亚地区也更普遍。

铜鼓传入印度尼西亚群岛时，苏门答腊流行巨石文化，已处于铁器时代早期。铜鼓最初可能从中印半岛南端直接传入。后来，这种铸造方法被巨石文化的主人所吸收，自己铸造富有土著文化色彩的铜鼓。嗣后，铜鼓传入爪哇地区，由爪哇沿海古代文化中心的三宝垄广泛地传播到其他海岛。爪哇没有发现铜、锡产地，是否有矿砂或青铜锭进口，自己铸造青铜器？尚无确证。但从考古发现来看，印度尼西亚有部分铜鼓是当地自己铸造的，如塞拉亚鼓，有与越南右钟鼓相似的划船羽人纹图像，但鼓身上的孔雀、象、椰子树纹饰又是右钟铜鼓所没有的，是本地特色。由此慢慢形成本地铜鼓传统。至于修长的莫科鼓（moko）则完全是另一传统的独特产品。

在印度尼西亚群岛，黑格尔Ⅰ型铜鼓之后，没有其他类型铜鼓发现。唯一例外是属于黑格尔Ⅳ型的文登鼓。明末张燮《东西洋考》一书记载爪哇下港物产条说道："铜鼓即今华人所有者，诸国以爪哇为最。"在文郎马神条又说："入山深处有村，名乌笼里弹，……夷人携货往市之，击小铜鼓为号。"说明晚期铜鼓是从中国大陆带去的，只有从中国大陆去的人使用。

近现代也有铜鼓在东南亚流动。如前面说到的新加坡林徐典家藏 2 面铜鼓，一面购自沙捞越；一面从中国广西带到海南文昌，再从海南带到新加坡。

创造灿烂铜鼓文化的各民族是同一大文化圈的兄弟民族，这些民族在两千年的漫长岁月中，通过各种形式的交往以及迁徙、融合，形成种种经济、文化关系。铜鼓文化是这些民族最具代表性的共同财富。

二、老挝铜鼓调查

2007 年 1 月 16 日 ~ 2 月 1 日，在老挝国家文化研究院的邀请下，课题组对老挝馆藏铜鼓和克木族铜鼓文化进行了为期两周的考察。调查发现，老挝馆藏铜鼓共 80 面。传世铜鼓具体数据不详。据陪同调查的琅南塔省文化厅厅长估计，整个老挝传世铜鼓至少有 600 面，主要分布在克木人聚居的琅南塔省、乌都姆塞省和琅勃拉邦。

（一）老挝克木族概况

老挝又叫寮国。地处北回归线以南亚洲大陆和南洋群岛之间的陆桥位置，位于北纬 13° 54′ ~ 22° 05′ 和东经 100° 05′ ~ 107° 38′ 之间，是中南半岛地区唯一的内陆国。东邻越南，南接柬埔寨，西邻泰国，西北角与缅甸以湄公河为界，北面与我国云南省接壤。

克木族是老挝使用铜鼓的主要民族，一些学者将克木族定义为"使用铜鼓的克木族”。[①] 在老挝克木人的传说中铜鼓也有着重要的意义。

以前，克木人从葫芦里钻出来后就遍及琅勃拉邦了。后来，另外一些民族也到琅勃拉邦那里，逐渐把克木人的地方都占完了，克木人最后只有现属于琅勃拉邦省香银县芒努乡的富洪一地了。天神看到这种情况后，非常可怜克木人，便发给他们一把铁斧和一把铁刀。斧子和刀砍起石头就像砍香蕉那样容易。天神还告诉他们，如遇灾难，可以敲打铜鼓，届时天神将会下凡相助。克木人用斧子和刀移山填河，修建城郭。他们还打算挖一条河，将湄公河的水引到富洪，不让水流到琅勃拉邦。听到这一消息后，那些占领琅勃拉邦的人很害怕。于是，他们的头人便想到一条与克木人结亲的计策，派自己的儿子娶了克木族头人的女儿。成为姻亲并取得岳父、岳母的信任后，这个女婿便让克木人在石头上磨斧子和刀，以使其失灵，不能再砍石头。每当有猴子和老鹰来抓鸡时，女婿便唆使大家击鼓追赶。天神听到鼓声便下凡相助，却发现什么事也没有。这样重复多次后，天神大怒，以后任凭克木人敲打铜鼓也不再下凡相助。这个女婿做完这两件事后就逃回了琅勃拉邦。岳母疼爱女婿，便跑到琅勃拉邦想要把女婿找回来。克木人十分恨他们的头人，他们认为是因为头人将女儿嫁给外人致使天物失灵。于是，他们将头人杀死，夺了他的权。头人的妻子从琅勃拉邦回到离富洪很近的华芒，听到她丈夫被杀的凶耗后就在当地死去。克木人从那时起便失去了头人，因此也失败了。[②]

克木族是老挝土地上最早的居民之一，他们到达老挝地域的时间大约是公元 1 世纪早期。在 1995 年的老挝人口普查中，克木族有 8 个支系：乌（Ou）、克

① 黄兴球. 老挝族群论［M］. 北京：民族出版社，2006：101 ~ 103.

② ［越］叶廷华，等. 老听人与铜鼓［M］// 老挝历史文化探讨. 河内：越南社会科学出版社，1978；中国古代铜鼓研究会，广西壮族自治区博物馆，云南省博物馆. 铜鼓研究资料选译（第 5 辑）. 赵建国，译. 1983：40 ~ 41.

萨克（Ksak）、罗克（Rok）、元（Nguan）、篾（Me）、帖那（Thene）、括宛（Kouene）、克容（Krong）。[①] 每个支系的语言有所差别，但互相之间可以交流。[②]

老挝的克木族以种植稻谷、玉米、木薯为主。生产工具主要是从现在老挝的主体民族老族那里买来的刀和斧。播种时，在坡地附近随手砍来的大约 2 米长，甚至有 3 米长的点播棍，用完后又随手扔掉。有一些克木人定耕定居后，开始学会种水田和梯田。由于河溪畔已无多少可耕种的田地了，他们以畲地和刀耕火种为主。老挝的克木族尚处于半种植半采集状态，种植的粮食无法满足生活，需要通过采摘可食的野生植物，捕食青蛙、虫、虫卵和猎获野兽来补充食物的短缺。

克木人居住的是上人下畜的茅草屋（富人的干栏房屋用铁皮盖顶），一般只能住 5 ~ 7 年，以前一生中要搬迁 10 ~ 15 次，现在一部分克木人实现了定居生活（见图 3-17）。克木人有句俗话："3 天搬家,3 月迁村。" 由于经常搬迁，家产很简单，一般只有斧、锅、衣服、被子、家禽、宗教信仰用器。没有笨重的东西。富人则会有铜锣、白银、一两头水牛。同一祖先的克木人后代居住

图 3-17　热带雨林中的克木村寨（韦丹芳　摄）

① 申旭. 老挝史［M］. 昆明：云南大学出版社，1990：29 ~ 30.

② 范宏贵. 敲铜鼓祭祖的克木人［N］. 中国民族报，2004-06-11（4）.

在一起，他们有自己单独的礼仪和习俗，经常往来，互相帮助。头人是由有威信的和小康之家的家长充当，但不是族长。年龄最长的人才能担任族长。

克木人认为，铜鼓是祖先魂灵的象征。除节日祭祀祖先外，如有病痛、灾难等不顺心的事，也要祭祀祖先。在整个祭祀过程中要敲打铜鼓，用意是敲醒祖先的魂，促进民族或家族、家庭的兴旺发达、幸福美好。仪式结束后，主人把铜鼓深埋在山林里，严格保密，不让他人知道。万一埋铜鼓的主人突然去世，没有留下后话，就等于丢了一面铜鼓。所以，人们有时会在荒野里偶然发现铜鼓。

（二）老挝克木族的传世铜鼓

对于克木族人来说，铜鼓是珍贵而神圣的，铜鼓在他们的历史和现实生活中均起着重要的作用。但老挝克木人中究竟有多少传世铜鼓，此前从未有准确统计数字。仅琅南塔省，以前就曾有 600 面铜鼓，但据 2002 年统计，铜鼓数量减少到 200 面。[①] 琅南塔省文化厅厅长通台先生估计，整个老挝目前传世铜鼓至少有 600 面，主要分布在克木人聚居的琅南塔省、乌都姆塞省和琅勃拉邦。

在对老挝琅南塔省普哈县的初步考察中发现，整个普哈县共有 11 个村子拥有铜鼓，共 51 面，分别是尼农瓦村 1 面，尼村 6 面，桑农村 11 面，俄农村 8 面，杜村 1 面，尼罗村 5 面，且蛙村 8 面，尼松村 2 面，卡蛙村 3 面，尼蛙村 1 面，依村 5 面。我们还重点对对桑农村和尼村进行了调查。

桑农村位于普哈县西南部约 5 千米处，村子有 80 多户，居民都是克木族人。桑农村给我们的感觉是和县城不相上下，都是一样的茅草房，一样的泥路，对于初次到老挝的我们来说，无法区分哪是县城哪是村庄。据普哈县文化局长介绍，桑农村的规模和其他克木族村庄的规模相当。尽管桑农村正好位于正在修建的昆曼国际大通道边上，但我们依然可以看到村庄位于茂密森林的山地上，村子附近尽管有水源充足的自然条件发展水稻种植，但村里人还是习惯于在旱地上种植旱稻和其他旱地作物，如玉米、红薯等（见图3-18）。从村子的布局来看，克木人居住在村子的中央位置，村子的外围是各户的谷

① [老挝] 宋·帕塞亚蒙坤. 老挝南塔省的克木族人与铜鼓（节选）[J]. 韦经桃，译. // 中国古代铜鼓研究通讯，2003 ~ 2004（19）：30.

图 3-18　老挝克木人晒在地上的木薯（韦丹芳　摄）

仓，鸡、鸭等家禽则被圈养于住屋旁边。克木人没有专门的菜地，住屋附近用四根木柱撑起一块约 1.5 米高、1 平方米大小的地方就是他们的菜地，上面种着十来株葱和一棵辣椒（见图 3-19）。据村长介绍，他们平常的饮食多以糯米饭蘸葱、盐、辣椒吃，也会从森林里采集花、果、竹笋和树叶以及打猎来补充。因此，森林对于克木族人来说具有重要的意义。

克木族人将铜鼓视为财富和吉祥的象征。克木村庄的头领被称为“耐板”，大村的头领被称“大热昆公”，许多村合并起来成为一个相当于乡的组织，其首领被称为“大伞”，即乡长。铜鼓常常只在当过“大伞”的人那儿或者他们家里才有。① 在他们看来，哪一家收藏有铜鼓，这家的生活必定是富足的，不管是种地、打猎还是打鱼都会获得丰收。不管碰到什么事，必定会

① ［越］叶廷华，等. 老听人与铜鼓［M］赵建国，摘译. // 老挝历史文化探讨. 河内：越南社会科学出版社，1978；中国古代铜鼓研究会，广西壮族自治区博物馆，云南省博物馆. 铜鼓研究资料选译（第 5 辑），1980：40.

图 3-19 老挝克木人的菜地（韦丹芳 摄）

有邻人相助。家族也是人丁兴旺，家庭成员也会无病无灾，健康长寿。

桑农村共有铜鼓 11 面，但在该村我们并没有接触到铜鼓。一个原因是村里大多数男人都外出打柴或种地了，停留在村里的多数是妇女和小孩，个别的男人虽然没有外出干活，但由于他们不是家庭的主人，所以是不能动铜鼓的。另外一家的主人虽然在家，但他的父亲刚过世不到 3 个月，在这个阶段里，包括他在内的所有人都是不能看更不能触摸铜鼓的，否则他们认为会给铜鼓的拥有者带来不幸。对于克木人来说，每年在种谷子、收谷子前和新年才可以打铜鼓，其他时候则需要做仪式后才可以打铜鼓和摸铜鼓。在桑农村，铜鼓被保存在村子里远离住所的储藏谷子的房子里，铜鼓在使用前必须由村子的头人举行隆重的仪式，否则任何人均不能接触铜鼓。尽管有省文化厅厅长和县文化局局长的陪同，他们还是经过村中多位老人的讨论，才决定让我们看收藏于谷房中的铜鼓。铜鼓对于克木人来说是最为宝贵的财富，因此，铜鼓的收藏地点都十分隐秘。一般都不会选择收藏于家中，而是藏于山洞、

图 3-20　收藏在谷仓中的克木鼓（韦丹芳　摄）

丛林、谷仓等被当地人认为是安全且隐秘，且不易被盗或被抢的地方。该地的铜鼓大多是收藏于谷仓中（见图 3-20）。但由于此时并不是使用铜鼓的季节（秋收节或其他仪式），也没有举行使用铜鼓的仪式（据介绍，醒鼓时要杀牛祭鼓，届时全村人都要出动），所以我们只能钻到低矮的谷房中将绑在一起的两个铜鼓拍摄下来。由此可见，铜鼓在克木人心目中的重要地位。

尼村是另一个克木族村庄，离桑农村约 5 里路远。这个村子与桑农村不一样的是它坐落在一个小谷地中，房子比桑农村密集。在这个村子里，我们有幸见到并敲打了铜鼓。在我们到达班纳村的前 10 天，村子里的一个老妇人生了重病，在床上躺了 3 年，眼看快不行了，她的儿子同柏（Tong Bai）为了让她好起来，便杀牛祭铜鼓，让铜鼓保佑她的妈妈，经过祭祀的铜鼓可以留在祭鼓者家中一个月，这一个月里任何人都可以敲打铜鼓。在我们去到班纳村时，正好在可以敲打铜鼓的时间段。当村里人得知我们想看铜鼓时，很热情地将我们带到同柏家。后来得知，村里人认为此时让外人来敲打铜鼓，可以更好地把附在同柏妈妈身上的鬼怪赶跑。在同柏家，我们看到了原本在床上躺了 3 年的老妇人，尽管依然虚弱，但村里人却告诉我们“现在她可以和我们一起烤火，还可以抽烟了”。在村里人看来，老妇人的病之所以有所好转，全是铜鼓的作用（见图 3-21）。像这样的事情在克木人中时有发生，他们敬铜鼓如神灵。

仪式的过程如下：主人家将准备好的牛皮和刀放在一个木头上，并用刀将牛皮砍断。然后将煮好的糯米饭装在竹筒里，并将其放到村中的公房里备用。同时，将一头水牛绑在公房下备用。做仪式的家庭的其中一个亲戚从

图 3-21 大病初愈的老妇人（韦丹芳 摄）

自家拿来一只鸡，由做仪式的人把鸡杀死，然后再叫村里的长者来为老妇人拴线。拴线仪式是老挝民族（老龙族）特有的一种礼仪风俗。老挝语叫“巴席”戴“巴席苏宽”，是一种祝福仪式，常在逢年过节、迎宾送客、结婚贺喜时举行。仪式上先摆好“福席”，席上有银制托盘（也可用他物代替），装饰着五颜六色的鲜花，在鲜花上挂着一束束雪白洁净的棉线。席上还摆有蜜酒佳肴，用精致的妇女披肩覆盖其上，显得五彩缤纷，鲜艳夺目，喜气洋溢。仪式开始时，宾主分别席地围坐在“福席”周围，一般由年高望重的人念祝福词（有时请和尚来念），一边念，一边按年龄或职位高低依次往客人手腕上拴线。被拴者一手举在腮边，一手伸出。拴者从“福席”上取下一根棉线，口中念着美好的祝词，用棉线先在被拴者伸出的手背上往外刮几下，然后在手心上往里刮几下，表示“祛祸来福”，接着把棉线拴结在被拴者的手腕上。被拴者把一只手举到眉梢答礼。拴线后，被拴者要双手合十道谢，说声“萨图”（意思是“但愿如此”）。主人拴线后客人也可给主人拴线致谢。拴在手上的线，至少要戴 3 天，表示礼貌。[①]

拴线仪式完成后便开始杀牛，杀牛需要村里的中年人帮忙，然后煮饭给做仪式的人吃。接着，用水来擦铜鼓，擦拭过后再将家中的两只鸡杀死，并用鸡毛和鸡血擦拭铜鼓，并用棉线拴在鼓耳和鼓面的青蛙上。这样的铜鼓就可以敲打了。由做仪式的家庭的主人先敲打一个小时左右，直到把村里的所

① 雨佳. 老挝的拴线仪式［J］. 东南亚南亚信息，1997（16）：15.

有人都召集到为止。仪式过后的一个月内，铜鼓都可以随意敲打。在这一个月内，如果有外村人或其他外人来看或敲铜鼓则被认为是好事，可以将做仪式的人的灾难带走。当然，在带走灾难的同时，外地人还要留下一些东西，一般都是一些食物或钱。我们到达该村时是做完仪式后的第 10 天，因此，主人还乐意于我们给铜鼓拍照及敲打。

克木族人认为，铜鼓一经买卖，就会失去它的神性，所以在市场上很少见到买卖的现象。尽管如此，由于铜鼓所具有的文化价值，贩卖铜鼓在老挝一直很猖獗，很多铜鼓通过非法的买卖流落到欧、美和日本等国家与地区。老挝文物部门已经开始意识到文物保护的重要性，把铜鼓的买卖严格地限定在老挝境内。

（三）老挝馆藏的铜鼓

老挝铜鼓除部分收藏在博物馆外，民间尚有大量的传世铜鼓。按黑格尔的分类法，这些铜鼓多属于黑格尔 III 型鼓。此类铜鼓，汪宁生称其为 F 鼓[①]、佤族铜鼓[②]和滇西蛙鼓[③]，李伟卿称其为 IIIa 式鼓[④]，张世铨称其为克伦式[⑤]，中国古代铜鼓研究会称其为西盟型[⑥]，马歇尔称其为克伦铜鼓（Karen Bronze drum）[⑦]，库勒（R.M.Cooler）则称其为克伦型（Karen Type）[⑧]。由于此类铜鼓在老挝主要是克木族人使用，为方便起见，统一称之为克木族铜鼓。

老挝馆藏铜鼓共计 80 面，其中 65 面为克木族铜鼓（即黑格尔 III 式鼓），

---

① 汪宁生. 试论中国古代铜鼓［J］. 考古学报，1978（2）：159 ~ 192.

② 汪宁生. 佤族铜鼓［C］// 中国古代铜鼓研究会. 古代铜鼓研究会论文集. 1982：210 ~ 211.

③ 李伟卿. 论铜鼓中的滇西“蛙鼓”［J］. 考古，1986（7）：653.

④ 李伟卿. 中国南方铜鼓的分类与断代［J］. 考古，1979（1）：66 ~ 78.

⑤ 张世铨. 论古代铜鼓的分式［C］// 中国古代铜鼓研究会. 古代铜鼓研究会论文集. 1982：210 ~ 211.

⑥ 中国古代铜鼓研究会. 中国古代铜鼓［M］. 北京：文物出版社，1988：3 ~ 54.

⑦ H.I.Marshall.The Karen People of Burma：A Study in Anthropology and Ethnology（reprinted in 1980）［M］. New York：AMS Press，1922：3 ~ 4.

⑧ Richard M.Cooler. The Karen Bronze Drums of Burma［M］. New York：E.J.Brill，1995：2 ~ 7.

另外 15 面为黑格尔 I、黑格尔 II、类黑格尔 II 式鼓①。这些铜鼓的来源究竟是考古出土还是传世品，尚需进一步研究。目前，这些铜鼓分别保存在南部沙湾拿吉省（10 面），占巴塞省（6 面）、华潘省（1 面），丰沙里省（1 面），琅南塔省（6 面），波里坎塞（1 面），琅勃拉邦（55 面）。

老挝馆藏铜鼓主要为克木族铜鼓。为进一步了解克木族铜鼓情况，我们对琅南塔省博物馆和琅勃拉邦王宫博物馆馆藏克木族铜鼓（见图 3-22）进行了初步统计研究（见表 3-6 与表 3-7）。

表 3-6　琅勃拉邦王宫克木族铜鼓尺寸及相关资料统计

编号	器高 (cm)	鼓面径 (cm)	鼓足径 (cm)	重 (kg)	鼓面蛙数	太阳芒	鼓面弦数	合范线	鼓体象数	鼓体螺蛳	鼓体树数	馆藏号
1	24.8	34.5	28.9	4.5	1	8	1 ~ 2	2	0	0	0	6
2	29.1	39.8	31.9	4.9	1	8	1 ~ 2	2	0	0	0	7
3	30.0	40.9	32.1	6.0	1	8	1 ~ 2	2	0	2	0	8
4	34.8	45.8	36.2	7.8	1	8	1 ~ 2 ~ 3	2	0	0	0	11
5	34.2	45.1	35.1	8.0	2	12	2 ~ 3	2	0	0	0	27
6	31.6	43.1	34.9	7.2	1	8	1 ~ 2	2	0	0	0	10
7	34.9	49.7	39.2	10.0	1	8	1 ~ 2	2	0	0	0	13
8	36.6	47.3	38.2	8.5	1	8	1 ~ 2	2	0	0	0	12
9	45.8	72.2	57.8	19.8	3	12	2 ~ 3	2	3	3	0	58
10	29.6	39.9	31.9	6.7	1	8	1 ~ 2	2	0	0	0	9
11	49.1	61.6	51.4	17.5	2	12	2 ~ 3	2	1+ 破损 1	2	0	38
12	50.3	64.9	50.8	21.5	2	12	2 ~ 3	2	0	0	0	43
13	47.4	63.5	51.0	17.1	3	12	2 ~ 3	1	3	3	1	46

① ［日］川島秀義. テォヌにおける銅鼓の分佈とその關係［R］// 東南アヅ考古學會研究報告第 4 號. 2006：73 ~ 79.

（续表）

编号	器高 (cm)	鼓面径 (cm)	鼓足径 (cm)	重 (kg)	鼓面蛙数	太阳芒	鼓面弦数	合范线	鼓体象数	鼓体螺蛳	鼓体树数	馆藏号
14	45.6	62.1	50.9	16.0	2	12	2 ~ 3	2	2	0	0	30
15	46.4	70.4	54.9	18.5	3	12	2 ~ 3	2	3	3	1	51
16	47.6	63.5	51.3	16.8	1	12	2 ~ 3	2	2	2	1	20
17	49.7	61.7	50.9	16.6	2	12	3 ~ 4	2	0	9	0	32
18	48.3	65.7	55.1	19.2	3	12	3	2	3	3	0	57
19	50.1	64.1	51.1	20.7	2	12	2 ~ 3	2	0	0	0	35
20	48.2	62.0	52.8	16.5	2	12	2 ~ 3	2	2	破损 2	0	31
21	51.3	65.8	51.5	18.0	1	8	1 ~ 2 ~ 3	2	0	0	0	22
22	48.4	66.4	51.4	18.7	3	12	2 ~ 3	4	3	3	1	53
23	45.6	62.7	50.9	15.1	2	12	3	2	2	2	1	28
24	49.1	67.4	52.8	19.3	2 ~ 3	12	2 ~ 3	2	3	3	1	23
25	50.8	69.4	54.2	19.4	3	12	3	2	1+ 破损 2	3	0	41
26	47.9	62.6	51.6	20.5	1	12	2 ~ 3	2	0	0	0	24
27	46.8	64.1	50.3	18.9	3	12	3	4	3	3	0	56
28	44.2	63.3	47.6	17.1	3	12	3	2	3	3	0	61
29	45.6	65.9	52.8	17.1	2	12	2 ~ 3	2	0	2	1	36
30	47.8	66.1	51.6	20.6	2	12	2 ~ 3	2	0	0	0	42
31	43.4	58.0	44.1	17.7	2	12	2 ~ 3	2	2	1+1	2	39
32	43.7	60.0	49.1	17.8	1	12	1 ~ 2 ~ 3	2	0	0	0	21
33	50.4	62.5	53.5	18.4	3	12	3	2	2+ 破损 1	3	1	49
34	46.9	61.5	50.1	16.4	1	8	2 ~ 3	4	1	1+1	0	19
35	45.8	62.7	52.8	17.8	2	12	2 ~ 3	2	2	2	1	40
36	43.2	60.5	49.2	16.1	1	8	1 ~ 2 ~ 3	2	0	0	0	18

（续表）

编号	器高(cm)	鼓面径(cm)	鼓足径(cm)	重(kg)	鼓面蛙数	太阳芒	鼓面弦数	合范线	鼓体象数	鼓体螺蛳	鼓体树数	馆藏号
37	48.4	67.0	50.3	18.3	3	12	2 ~ 3	4	3	2+1	1	47
38	46.1	59.9	51.4	15.3	1	12	2 ~ 3	2	0	0	0	17
39	46.8	65.3	52.2	18.4	3	12	2 ~ 3	2	3	3	1	50
40	51.0	66.0	55.8	18.8	3	12	2 ~ 3	4	3	3	1	54
41	52.0	67.2	58.9	22.0	3	12	3	2	3	3+3+1	2	62
42	46.8	62.0	49.6	16.7	2	12	2 ~ 3	2	2	2	1	33
43	41.4	54.0	44.5	11.6	1	8	2	2	0	0	0	14
44	42.5	57.5	45.1	14.6	1	8	1 ~ 2	2	0	0	0	16
45	50.5	64.5	51.9	18.9	3	12	2 ~ 3	4	3	3	0	55
46	49.3	66.2	51.2	18.7	3	12	3	4	1+2	3	1	52
47	49.1	69.3	56.6	19.9	3	12	3	2	3	3	1	59
48	43.1	54.5	44.1	12.4	3	12	3	2	1+ 破损 2	3	0	44
49	46.5	59.5	48.4	15.2	2	12	2 ~ 3 ~ 4	2	0	6+2+2	0	29
50	42.7	59.1	46.9	14.9	3	12	2 ~ 3	2	3	0	0	45
51	48.7	69.8	52.8	20.6	3	16	2 ~ 3	4	3	3	1	60
52	39.4	55.5	45.1	13.3	1	8	1 ~ 2	2	0	0	0	15
53	46.2	61.9	51.6	16.9	2	12	2 ~ 3 ~ 4	2	1+ 破损 1	2	0	34
54	46.2	61.9	51.1	17.2	2	12	3	2	2	3	1	37
55	45.6	69.6	53.3	18.3	3	12	2 ~ 3	2	3	3	0	48

注：此表部分资料由课题组测量，部分资料参考川岛秀义的工作[①]。

① ［日］川島秀義．ヘーガー III 式銅鼓の分類と編年［R］// 東南アジア考古学 26 號．2006：83 ~ 97.

图 3-22　老挝琅勃拉邦王宫博物馆中陈列的铜鼓（韦丹芳　摄）

表 3-7　琅南塔省克木族类铜鼓统计表

编号	器高（cm）	鼓面径（cm）	鼓足径（cm）	重（kg）	鼓面蛙数	太阳芒	鼓面弦数	合范线	鼓体象数	鼓体螺蛳	鼓体树数
1	43.4	57.5	–	–	1	8	1 ~ 2 ~ 3	2	0	0	1
2	46.4	63.5	–	–	2	12	2 ~ 3	2	0	0	0
3	46.1	63.5	–	–	3	12	3	2	1+ 破损 2	3	–
4	41.9	56.8	–	–	1	8	1 ~ 2	2	0	0	0
5	–	55.2	–	–	2	12	2 ~ 3	2	–	–	–
6	–	63.5	–	–	3	12	2 ~ 3	2	–	–	–

（四）老挝克木族铜鼓的特征和纹饰

老挝克木族铜鼓主要包括鼓面、鼓胴、鼓腰、鼓足四部分。其中，鼓面包括鼓面中心的太阳芒、晕圈、晕圈内的各类纹饰、分隔弦、立体蛙饰等（见图 3-23）。

图 3-23 克木族铜鼓鼓面特征（韦丹芳 摄）

有关铜鼓鼓面蛙饰，泰国学者文穗·西沙瓦在《泰国的山民》中记载：

关于腊佤人的祖先，有这样一个古老的传说：在卡城北面有一座高 2100 米的大山，山上植物繁茂，有一个长 800 米、宽 1800 米的大湖，湖深水凉，呈青色，人们称之为“青湖”。湖中居住着一对魔蛙，雄的叫亚堂，雌的叫亚太。它们捕兽为食，无子女，后来移到湖西的山洞居住。一天，亚堂抓到一个人，同亚太吃了这个人，把头骨挂起玩赏。亚太怀孕，生了九男九女，于是亚堂、亚太崇拜这人头骨，把它放在篮子里挂在场中的木柱上。虽然亚堂、亚太有了人类的子女，仍然要抓人来吃，因为魔蛙觉得人肉比动物肉好吃。这九对子女结了婚并生子女，迁移到九个山谷里居住。亚堂、亚太老了，一天又捕捉人来吃，这人恰巧是其后代。九个独生子聚集商议，说："我们的父母已经衰老，耳目不灵，可怕的是他们喜欢吃人肉，就连我们的子孙也不放过，将来恐怕我们也会被抓去吃掉。"于是，九个儿子一起动手，捕杀了亚堂、亚太，并吃其肉。为了纪念始祖青蛙，腊佤人铸造了鼓面有青蛙图形的圆形铜鼓。缅甸的克伦族和老挝的克木族也使用这种铜鼓。缅甸称这种铜鼓为拔欺鼓（意思是青蛙鼓），泰人则称其为铜鼓。腊佤人在祭台上也刻有青蛙图像，到了新年，他们成群结队地到河沟溪边，把制作的青蛙放到水里。[①]

铜鼓鼓体主要包括鼓胴、鼓腰、鼓足三部分。馆藏的克木族铜鼓鼓体上均有鼓耳及模拟的合范线，另有部分鼓体有卷贝、象、树、蜥蜴及金龟子等浮雕。详见图 3-24。

图 3-24　克木族铜鼓各部位名称（韦丹芳　摄）

① 东方既晓. 克木古国之谜（上部）[J]. 版纳，2006（3）：43 ~ 44.

我们对老挝馆藏克木族铜鼓进行了初步观测，概括如下：

（1）体积

据 65 件标本的实测数据统计，器高最低为 24.8 厘米、最高为 52.0 厘米；鼓面径最小为 34.5 厘米、最大的是 72.2 厘米；鼓足径最小为 28.9 厘米、最大的是 58.9 厘米；重量最小值为 4.5 千克、最大值为 22.0 千克。如以鼓身高度为 1，求其与面径的比例关系，则最低的是 1 ∶ 1.58 ，最高的是 1 ∶ 1.18 。

（2）造型

鼓面宽于鼓身其他部分，有突出于鼓身之外的“唇边”。胴部略宽于足，腰部最细，鼓足与鼓腰无明显分界。胴部平直，至腰处略内缩，足微外扩。有 34 面鼓的鼓身有浮雕像，36 面鼓的鼓身有浮雕螺蛳，21 面鼓的鼓身有浮雕树，另有少数鼓的鼓身和鼓足有蜥蜴、金龟子等小浮雕（见图 3-25）。

图 3-25　克木族部分铜鼓鼓体纹饰（韦丹芳　摄）

（3）鼓面太阳芒（见图 3–26）

太阳芒小而芒针细，芒间饰以不同的纹饰。太阳芒的数目均为偶数，多为 8 或 12 芒，仅有 1 面为 16 芒，另有一面鼓无法辨认芒数。其中，8 芒 16 面，12 芒 47 面。

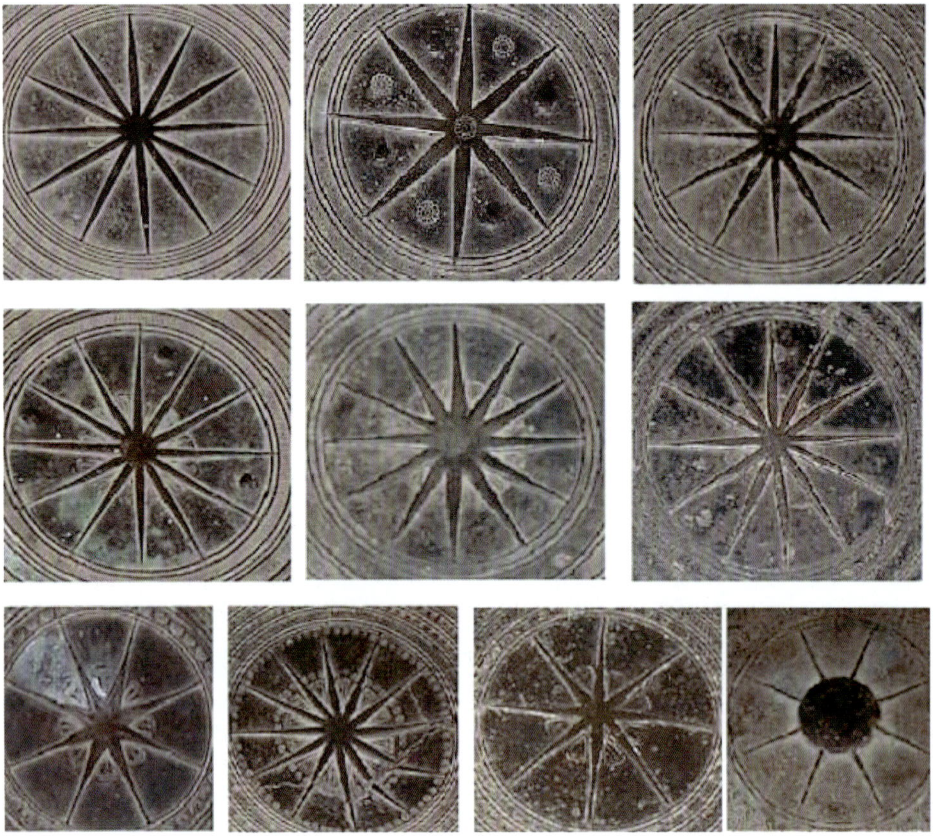

图 3–26　克木族部分铜鼓鼓面太阳芒（韦丹芳　摄）

（4）耳饰（见图 3–27）

两侧各有扁平鼓耳一对，曲度略近三角形。耳的中部稍窄，两端较宽并开三角形小口，使耳根呈现出分岔状。一般饰以直线纹，或加点纹等，亦有纹饰较为复杂者。

（5）铸造

工艺精细，初步判断此类型鼓是用失蜡法铸成。但鼓身仍保持有两条或

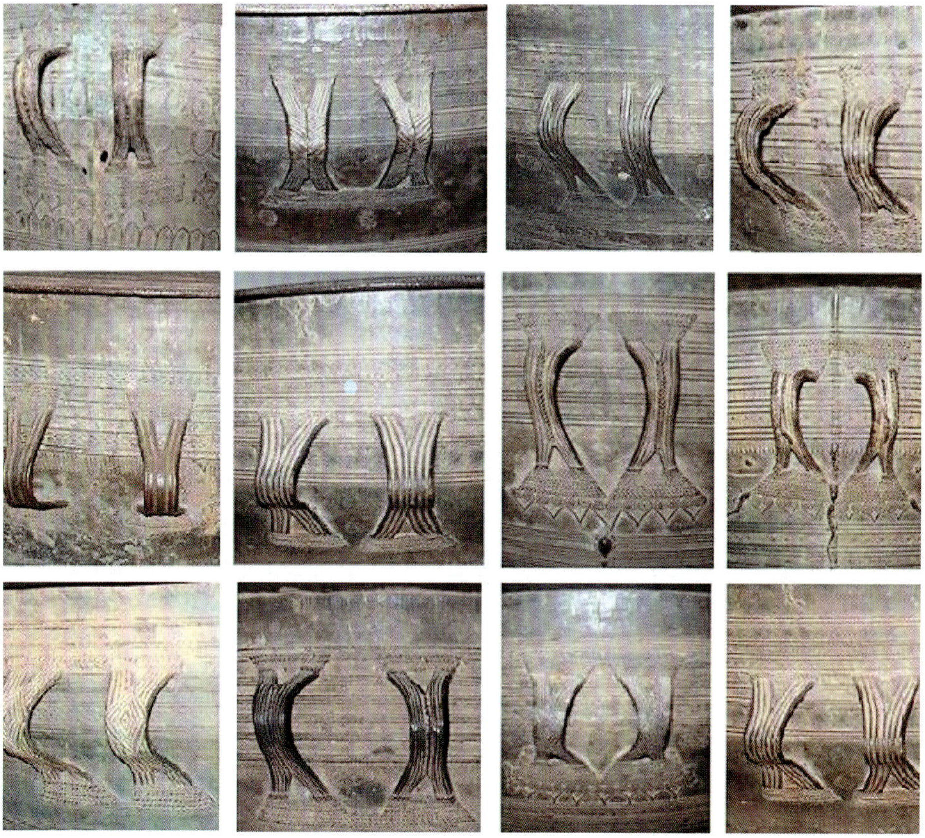

图 3-27　克木族部分铜鼓鼓耳（韦丹芳　摄）

四条粗线，略存“合范线”的遗意，有的上面还有饰以浮雕纹饰。2 条“合范线”的有 54 面，4 条的有 9 面鼓，另有一面鼓只有一条“合范线”（见图 3-28）。目前，尚没有关于老挝铜鼓的合金成分的资料。据缅甸克伦鼓的资料，是铜 81.6%，铅 13.4%，锡 5%；国内西盟型鼓抽样化验的结果，铜 70.12%，铅 23.36%，锡 2.22%。从现有的数据来看虽有差别，但铅所占的比例都较大。

（6）立体蛙

此类鼓鼓面均有立体蛙饰（见图 3-29），1 ~ 3 只累蹲不等，均 4 组，逆时针方向排列，环于鼓面外围。馆藏的 65 面铜鼓中，除有 2 面蛙被锯掉部分

图 3-28　克木族部分铜鼓鼓体模拟“合范线”（韦丹芳　摄）

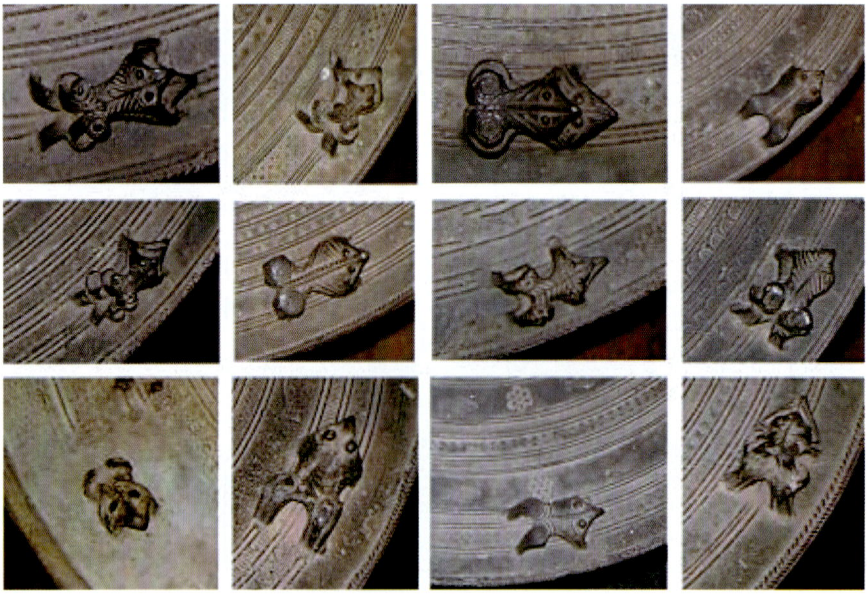

图 3-29　克木族部分铜鼓鼓面立体蛙饰（韦丹芳　摄）

不能准确判断外，余下的63面鼓中22面鼓为单蛙，双蛙17面，三蛙23面。“双蛙即所谓‘背负其子’者，三蛙是累蹲而三”。蛙背的纹饰尚需进一步研究。

（7）晕圈

晕圈的数量不定，但17、18及19晕较为多见。据统计，4晕、5晕、7晕、9晕、11晕各1面，6晕3面，15晕4面，16晕4面，17晕11面，18晕16面，19晕11面，20晕5面，21晕5面，22晕2面。主晕稍宽，2至3道。晕圈的组合形式多有变化，是否具有规律性尚需进一步研究。

（8）弦纹

用来分晕的弦纹共有7种。计：单双弦纹并用10面；双弦纹1面；一二三弦纹并用5面；二三弦纹32面；三弦纹13面；三四弦纹1面；二三四弦纹2面，另有一面不详。

（9）纹样

除光休外，有鹭纹、鱼纹、团花纹、小禽纹、栉纹、同心圆纹、菱格纹、变形连线纹、简化的羽冠变鸟纹以及菱形，等等（见图3-30）。

图3-30 克木族部分铜鼓鼓面纹饰（韦丹芳 摄）

（五）老挝克木鼓的纹饰内涵与稻作文化

铜鼓是中国南方和东南亚具有代表性的历史文物，铜鼓上的纹饰多姿多彩，尤其是晚期铜鼓，纹饰非常精美。学术界对铜鼓纹饰的解释颇多，特别是对早期铜鼓（如万家坝型、石寨山型等）纹饰的研究，已取得重要成果。但对晚期铜鼓，如西盟型铜鼓纹饰内涵的专题研究则较为少见。在已有的研究中，有学者注意到铜鼓与稻作生产的联系。如杨甫旺讨论了彝族铜鼓礼俗与稻作文化的关系①，廖明君也讨论了铜鼓文化与稻作文化的关系②，覃乃昌的《“那”文化圈论》则进一步将其理论化，认为在华南及东南亚地区存在一个“那”（壮语：水田）文化圈。其主要文化特征是：语言同源，以稻作为主，使用双肩石器，制造和使用铜鼓③。老挝克木人聚区在老挝北部山区，至今仍保存着使用铜鼓的习俗。老挝克木人使用的铜鼓均为较晚期的铜鼓，属于西盟型。我们根据老挝琅南塔省克木寨的田野调查资料和民族志资料，对老挝克木鼓的纹饰内涵进行探讨。

1. 老挝克木鼓鼓面的纹饰内涵与稻作文化

老挝克木鼓纹饰精美，鼓面主要纹饰包括光体、翔鸟纹、团花纹、立鸭纹、鱼纹、雷纹、波浪纹和立体蛙饰。这些纹饰在使用此型铜鼓的民族中有各种解释，但却与稻作生产有着密切的联系。我们通过文献研究和实地调查，发现使用者对铜鼓鼓面纹饰和鼓体纹饰的解释均与水（旱）稻的种植有关，特别是缅甸克伦人和老挝克木人，他们将鼓面和鼓体纹饰构建成一个生动的祈雨空间，这个空间与稻作生产紧密相连。

（1）光体

光体是铜鼓纹饰的核心，是鼓面的“中心”。在对光体的解释上，老挝

---

① 杨甫旺. 彝族铜鼓礼俗与稻作文化［J］. 楚雄师范学院学报，2001（4）：45 ~ 48.

② 廖明君. 铜鼓文化与稻作文化［C］// 陶立璠. 亚细亚民俗研究（第六辑）——国际亚细亚民俗学会学术会议论文集. 北京：学苑出版社，2006：178 ~ 203.

③ 覃乃昌. “那”文化圈论［J］. 广西民族研究，1999（4）：40 ~ 47.

克木人与缅甸克伦人的解释较为相似。我们在琅南塔省调查时，几位克木族老人都认为鼓面中心的光体是下大雨时溅起的水花。

> 我们一直都用铜鼓，铜鼓很重要，鼓上的花纹都和我们的生活相关。中心这个图（光体）是个很大的水滴，水对我们克木人来说很重要。很久以前，地上的人类受天上神仙的管辖，人类无论做什么都要先请示天神。后来，由于人类满足于自给自足的生活，忘记向天神汇报请示，于是天神盛怒之下便施法术连下了3年3个月又3天的大雨，人类全部被淹死了。只有我们克木人祖先（两兄妹）得知大地将被洪水淹没，只有藏在鼓里才能活命。所以，他们连夜赶制了一个大鼓，在洪水来时躲在里面。水太大了，一直冲击着鼓面，他们等了很长时间，直到没有动静后才从鼓里爬出来。出来一看，所有东西都被可怕的洪水冲没了，原来的人也没有了，只有兄妹俩和这面鼓。他们发现鼓面中心地方留有被大水冲过留下的图，就是现在鼓面中央的这个图（光体）。

克木人认为铜鼓鼓面中心的光体是雨滴，这不仅被保留在他们的传说中，还被刻画在石碑上。克木人喜欢用石碑来做村寨与村寨之间田地的分界碑。在这些石碑上大多都有铜鼓的形象，一些石碑上则展示光体与雨滴关系的图案。我们在琅南塔省博物馆就看到一块这样的石碑：石碑的上部有椭圆形纹饰，椭圆内有密集的小点，代表的是天上的云和雨；石碑中部则刻有一把耕种用的农具，农具下部是铜鼓鼓面中心的图案（光体），代表的是雨水落地时溅起的水花；石碑左边还有一列代表田地的椭圆形图案。这种石碑多在老挝北部克木人聚居区发现，一些克木寨祭祀谷魂的仪式常在这样的界碑前举行。

克木人对鼓面中心光体的这种解释来源于他们的创世神话。而这种与洪水、大鼓有关的创世神话不仅在老挝克木人中流传，在与老挝相邻的中国南方和东南亚众多民族中也有类似的神话。

开天辟地的时候，天上出了7个太阳，大地燃烧，万物尽毁，接着又是洪水泛滥，大地一片汪洋。洪水中漂来一个大鼓，有兄妹二人（有说姐弟）蜷伏鼓中。他们以敲鼓有无声响来探测鼓是否搁浅，敲了7天7夜，鼓都不响，到了第8天一敲即响，知道鼓已漂到露出水面的陆地上，他俩才爬出来。另一种说法是兄妹二人用一颗细针戳破鼓皮刺探外面洪水情况，戳一次两次时，发现外面仍然有水，不敢出来，戳第3次时，看不见水了，他们才从鼓里爬出来。兄妹二人先是共同采集野果充饥，然后早出晚归，各奔东西，寻找异性婚配。找了9天，一无所获，二人又碰头了，正在焦急万分之际，忽然听到一只名叫“德哥”（一种类似白头翁的鸟）在树上叫道：“德哥哥，帕勒玛什勒哥。”意思是大地已无其他男女，兄妹婚配，合情合理。他俩听从神鸟的安排，兄妹结为夫妻。女的怀孕7年（有的说9年），生下一个葫芦。他们将葫芦放在家里，仍照常上山打猎、采集寻食。回来时，刚到屋边就听到屋里人声嘈杂，进屋又不见人，只有那个葫芦，后来躲在屋外偷听，确信吵闹声是从葫芦中传出来的。为了解开这个谜，夫妻俩用尖木棍在葫芦上钻洞，从洞里出来的是汉族，所以汉族聪明，会制造旋转的机器；他们又将木棍头磨成斧口形去葫芦上凿孔，出来了傣族，所以傣族犁头像凿子，会使牛犁田种水稻；木棍使秃了，放到火上去烧，使之坚硬后再去戳葫芦，从里面出来的是克木、布朗、佤、拉祜、哈尼等山地民族，所以皮肤被染黑了，并善于刀耕火种。①

在这些神话中，他们都把大鼓救人与洪水联系起来，认为在人类经历洪水的灭顶之灾时，正是大鼓帮助人类躲过了灾难，使人类保存了人种并得以繁衍至今。由此可见，鼓在这些民族的观念上、心理上都有着非

① 高立士．克木人的社会历史初探［J］．云南社会科学，1996（5）：64～65.

常重要的地位。也正因为这样，他们才认为鼓面中心的光体并非太阳，而是当年那场大洪水冲刷鼓面留下的印痕，鼓也因此成为他们重要而神圣的器物。

由此可见，鼓面中心的光体表示雨滴，这可能与他们生活的地域环境及他们以水（旱）稻为主的种植方式有关。对于生活在热带雨林，并以稻作为主要生产方式的使用此型铜鼓的山地民族来说，雨量的多少和分布，是每年能否获得丰收的决定性因素。老挝克木人生活的地域每年分为明显的旱季和雨季，旱季天干无雨，影响农耕；雨季却频繁降雨，经常发生洪涝灾害。长期以来，雨水并不尽如人意地适时适量而降，而是时多时少，多则成涝，少则成旱，而无论旱涝都会对传统农业的收成构成严重的威胁。他们对降雨的知识也知之甚少，认为在冥冥之中有一种神秘的力量在操纵雨水。他们相信万物都有灵，因此把与他们生活有密切关系的水或雨水加以人格化成为水神或雨神。他们相信，要想风调雨顺、农业丰收，就必须与水神或雨神沟通，要取悦它们。而最好的沟通和取悦方法就是敲响鼓面中心饰以的大雨滴，鼓面和鼓体遍布各种与雨神有关的纹饰的铜鼓，从而实现风调雨顺。正是基于对雨水的这种认识，老挝克木人才将铜鼓鼓面中心的光体解释为雨滴，并希望借助这种解释来祈求充沛适量的雨水，以使农作物取得丰收。

（2）立体蛙饰

鼓面蛙饰是此型铜鼓的重要特征。关于为何要在鼓面上铸造立体蛙饰，我们也搜集到一些与此相关的故事。

泰国腊佤人传说青蛙是他们的祖先，为了纪念始祖，所以才铸鼓面有立体蛙饰的铜鼓。

与泰国这则传说相似的是广西靖西县流传的《青蛙姑娘》的故事，只是在靖西县的这则故事中表明的是壮族观念中人与青蛙的关系，及青蛙与雨水的关系。

有农民母子二人，家贫，相依为命，一日在地上种玉米，解救了一只青蛙，并把青蛙带回家放在水缸里喂养。后来，青蛙变成一个美丽的姑娘，每天为农民母子挑水做饭。因为大家相处久了，有了感情，青蛙姑娘便与农民儿子亚魁结婚。一年天大旱，河水断流，草木枯死，颗粒无收，乡亲们四处逃荒。亚魁十分难过，请求青蛙姑娘为乡亲们排难解忧。她只好跳到半空中呼风唤雨，一刹那，乌云密布，雷鸣电闪，大雨哗哗地下，湿透田地，灌满河沟塘坝。青蛙姑娘救了乡亲，却触怒了玉皇大帝，老龙王和巨灵神便来捉青蛙姑娘。青蛙姑娘躲进古龙山石洞中，古龙山被巨灵神的双锤砸平成一片石板。青蛙姑娘躲在大石板下就是不出来。从此，古龙山下乱石丛中，出现了许多眼泉水。众人称它“青蛙泉一百二十洞”。人们永远怀念着、称颂着青蛙姑娘。①

滇西佤族人则传说青蛙是“精”，是青蛙拯救了他们的先祖。

在佤族居住的北部大山丛中的绿水湖底下，藏有“精”。有一次，该地特大洪水暴发时，“精”从湖底跃出水面，领着一位貌美的姑娘躲进了林中山洞；其后，此姑娘与一头黄牛结了婚，生下了一男一女，这一男一女便是佤人的祖先。②

从中国的文献记载看，在唐朝刘恂《岭表录异》的记载中，人们就已视青蛙为铜鼓的象征，称其为“铜鼓精”了：

僖宗朝，郑絪镇番禺日，有林蔼者，为高州太守。有乡野小儿，因牧牛，闻田中有蛤鸣；牧童遂捕之。蛤跃入一穴，遂掘之。深大，即蛮酋冢也。蛤乃无踪。穴中得一铜鼓，其色翠绿，土蚀数处损阙，

① 农冠品，过伟．壮族民间故事选［M］．桂林：广西民族出版社，1992：175 ~ 180.

② 阚勇．沧源佤族铜鼓考察纪略［C］// 中国古代铜鼓研究会．第二次古代铜鼓学术讨论会资料集．1984：103 ~ 109.

其上隐起，多铸蛙黾之状，疑其鸣蛤，即鼓精也①。

蛙为鼓“精”，与上述泰国腊佤人关于铜鼓“精”的传说一致，也与佤族蛙“精”传说一样，成了人类的始祖，成了天地的主宰。老挝克木人中也有类似的传说。他们也相信铜鼓上的青蛙是“精”，具有神性，它能够代替克木人上天入地，能够向上天求雨。

我们在琅南塔省调查时，晚上住宿的小旅舍外蛙声不断，于是便问旅馆主人为何有那么多青蛙。主人说：

青蛙在我们老挝很多。听说你们中国有些人吃青蛙，我们这里不能这样，青蛙是“精”，谁都不敢去动它，要不然会生病的。青蛙能够告诉我们什么时候雨季来，什么时候可以种谷子。如果谁伤了青蛙，不但他会生病，而且会使种下的谷子没有水，无法生长。

不仅如此，对于生活在热带雨林里的克木人来说，夏天蚊蝇众多，青蛙以之为生，正好可以减少蚊蝇叮咬，也就减少患病的概率，这也使得克木人对青蛙极为崇拜。由此可见，在铜鼓鼓面铸以立体蛙饰，既是图腾崇拜的结果，也有祈求风调雨顺、五谷丰登之意。

（3）立鸭纹和翔鸟纹

对于缅甸克伦人来说，蛙叫意味着下雨；若鸭嘴向着天空，也预示着要下雨。对于老挝克木人来说，野鸭可以沟通人神。但在克木人村庄，可以看到很多用树枝或竹子圈起一块地方（一般都在房子旁边或是在住屋下面），里面用来养鸡，这些鸡多被用于各种仪式中。在我们走过的几个克木人村子，包括西双版纳的克木寨，都没有看到鸭子。琅南塔省文化局通台先生也表示，从没见过克木人养鸭子。但当我们要克木族老人辨识鼓面纹饰时，尽管鼓上的立鸭纹并不明显，但老人们都异口同声表示那是野鸭。克木人同柏

① ［唐］刘恂．岭表录异校补［M］．商壁，潘博，校补．南宁：广西民族出版社，1983：44.

（Tong Bai）说：

> 这个图案是野鸭，它很厉害，它能和“鬼”交流，要是能把鸭血涂在铜鼓上，求雨就更灵了。我们现在都养鸡，做仪式时就用鸡了。鸡不用到森林里找，有鸡给鬼，鬼也高兴，也能保佑我们。前些天我妈妈病了，在床上躺了3年，到最后连糯米饭都吃不下去了，所以我杀了一只鸡，把鸡血和鸡毛涂在铜鼓上，还杀了一头牛，敲响铜鼓，把全村人都叫到我的家，让铜鼓保佑妈妈病快些好。你们现在看她，又能抽烟和吃糯米饭了。

在中国西南的很多少数民族中也有鸭子能沟通人神的说法。文山壮族苗族自治州博物馆展出的铜鼓相片中，就有文山壮族用鸭子祭鼓，把鸭毛和鸭血涂在鼓面上的相片。博物馆负责人也介绍说当地壮族确是以鸭子祭鼓。在广西壮族地区，每年农历七月十四的鬼节，田东、田阳、德保、靖西、大新一带壮族在鬼节前后一周内，每天都要杀鸭祭鬼，以保平安。

至于翔鸟纹，老挝克木人认为这种纹饰是张开翅膀的大鸟，这种鸟可以将雨季赶走。克木人生活的地方属热带雨林区，每年只有旱季和雨季之分，雨季从5月开始直到10月，旱季则从11月到次年4月。由于雨季持续时间长，雨量大，因此，克木人每年只能种植一季粮食。若当年10月过后还有雨，克木人就会敲打铜鼓，祈求雨神停止下雨，以达到驱散雨水的目的。克木人认为鼓面上张开的鸟纹就有驱散雨水的作用。

（4）鱼纹和雷纹

鱼纹也与雨水有关系，克木人认为如果很多鱼都从水中跃起，那就表示要下雨。鱼也是克木人重要的食物，陪同我们前往克木寨调查的通台先生就在集市上购买了两条较大的熏鱼，并告诉我们鱼是非常好的食物，但很难买到，只有贵客来访，才会用鱼招待。因此，当鱼从水中跃起时，对于克木人来说，这既意味着将要下雨，也意味着又可以得到招待贵客的食物。

雷纹是指几层菱形相套叠的回形图案，它与雷神有关。宋人周去非在

《岭外代答》就有敬事雷神的记载：

> 广右（今广西及广东西部地区）敬事雷神，谓之“天神”，其祭曰“祭天”。盖雷洲有雷庙，威灵甚盛，一路之民敬畏之，钦人尤畏，圃中一木枯死，野外片地，草木萎死，悉曰：“天神降也”……其祭之也，六畜必具，多至百牲，祭必三年，初年薄祭，中年稍丰，末年盛祭。每祭，则养牲三年而后克盛祭。其祭也极谨，虽同里巷，亦有惧心，一或不祭，而家中偶有疾病官事，则邻里亲戚众忧之，以为天神实为之灾[①]。

老挝克木人生活在热带雨林中，每年五月多雷雨，雷雨交加的雨林容易树倒屋毁，还经常击伤人畜。克木人相信那是雷鬼作怪，只有祭祀雷鬼，才能避免被伤。在广西壮族地区，人们也认为雷公控制着雨水，民间常说“天上雷公大，地上舅公大”。雷公既是旱涝灾害的主宰者，也是风调雨顺的赐予者。只有敬畏崇奉之，才能风调雨顺，否则，非旱即涝，甚至招致祸灾。正是由于中国南方和东南亚地区多雷雨，降雨时往往伴随着轰隆隆的雷声出现，所以，生活在这一区域的众多民族都将雷视为司雨之神。人们为了求雨保生存，不得不对雷神顶礼膜拜。可见，雷纹亦与雨水相关，此型鼓上的雷纹可能是为祭祀雷鬼，才将此纹饰作为主晕中的重要纹饰的。

除了上述主要纹饰外，一些老挝克木鼓上还饰有波浪纹，如老挝馆藏 48 号鼓上就有 2 晕波浪纹，我们认为这亦与雨水崇拜有关。而在此型铜鼓鼓面和鼓足边沿的一圈或多圈稻谷纹，则与他们祈求丰收有关。对于使用此型铜鼓的老挝克木人、缅甸克伦人及云南佤族等众多民族来说，铜鼓是重要的祈雨器具，而祈雨的目的就是要五谷丰登。因此，鼓面边沿饱满的稻穗纹正是他们祈雨的最终目的。

---

① ［宋］周去非．岭外代答校注［M］．杨武泉，校注．北京：中华书局，1999：433.

2. 老挝克木鼓鼓体立体浮雕的纹饰内涵

鼓体浮雕主要包括象、螺蛳和树。在老挝克木人及相邻地区仍使用铜鼓的众多民族中，象和螺蛳都具有重要意义，可以沟通人神。树则是人神交往的天梯，象和螺蛳正是借助树从地面爬入天庭。

树为天梯，中国古文献中早有记载。如《山海经・海内经》载有：

> 有木，青树紫茎，玄华黄实，名曰建木，百仞无枝，上有九欘，下有九枸，其实如麻，其叶如芒。

《淮南子・坠形训》也载有：

> 建木在都广，众帝所自上下，日中无景，呼而无响，盖天地之中也。

众帝即众神，众神是通过建木而往来于天上人间的。由此可见，在古人的观念中，通天的建木并不是一棵单纯的神树，而是一座神奇的天梯。一些学者认为，三星堆出土的商周青铜神树就是蜀人祭祀时引导祖先或神灵降临的“天梯”[①]。

中国西南地区和东南亚也流传着树为天梯的传说。在印度的神话中，也有神树通天之说。《谕珈师伦记》婆罗门教与佛教都有关于阎浮树的传说。印度古代的宇宙学说以“须弥山”为中心，此山之上有倒长的“宇宙树”，同太阳关系密切，因为太阳的神马就在此树下歇足。阎浮树的根深入须弥山下阿修罗的住地，树冠则高高顶到天神的居处，其所生果实，可满足一切愿望[②]。

在哈尼族神话传说中也表达了同样的观念。如《砍木树》中检收拄就用

① 陈淳，殷敏．三星堆青铜树象征性研究［J］．四川文物，2005（6）：38 ~ 44.

② 张月芬，孙林．中国建木神话体系及其渊源考——兼论与印度神话的关系［J］．西藏民族学院学报（社会科学版），1998（2/3）：91.

万年青树枝做的拐杖，在她被人欺骗后，便把拄棍插入地里，念完咒语后，拄棍就变成了一棵遮住太阳、月亮和星星的遮天大树，而她自己则爬上大树回到天上去了。在《遮天大树王》中，哈尼头人杰罗也拥有一个能靠它直达天庭，沟通神人的神杖，这“是头人有权有势的拐杖，是天神送给波颇的拐杖，拄着这根拐杖，有理可以到天神家里去讲”。而当他妹妹杰妮把拐杖插在水边，三天后就长成了遮天大树①。在云南彝族中，马桑树也被看作是“人与神的桥梁”，在宗教仪式上有特殊喻义。

象是东南亚重要的运输工具，被人们奉为神，特别是白象。在远古时期，东南亚人认为白象代表雨神，是生命和丰收的象征。印度教产生以后，白象信仰和印度教融合。在印度教的神话中，长着四个象牙的白象艾拉瓦特搅动天空之中的牛奶之海，飞溅的泡沫产生了人间第一头大象。白象后来成了印度教的主神、雷神和战神的座骑。以象为神灵，崇拜象的文化遍布中国南方、缅甸、泰国、老挝、柬埔寨、越南、马来西亚、新加坡、印度、斯里兰卡和印度尼西亚等十多个国家。

我们在云南西双版纳调查时，勐腊县勐满傣族人也说：

> 白象是最值得崇拜的，因为白象是风调雨顺、五谷丰登、和平安宁的象征。白神象和谷魂住在一起，有密切的姻缘关系，所以白象出现在哪里，哪里就消灾除难、风调雨顺、谷物丰收。白象的威力无比，是我们傣族的守护神。

傣族人崇拜象，特别是白象。在西双版纳傣族村寨、寺庙、水井旁经常能看到白象的塑像，佛寺中的壁画和集市上售卖的手工艺品中也有白象。在节日中，也能在欢乐的人群中看到白象舞。白象舞的白象是用竹子编扎裱糊做成一空心的白象，象头和象鼻可以活动。表演时，由两人钻入象体内，穿

① 云南省民间文学集成办公室，王正芳. 哈尼族神话传说集成［M］. 北京：中国民间文艺出版社，1990：121 ~ 131.

着形似象腿的裤，做出大象的各种舞蹈动作。白象舞一般在重大喜庆节日表演，几乎每个寨子都有很多男青年会跳。

在缅甸，白象更是受到人们的普遍崇拜。白象代表着吉祥与幸福，因此选定它为国兽。佛经故事中说，佛祖释迦牟尼的母亲摩耶夫人 40 岁时，在一个万籁俱寂的夜晚，梦见有一位长得仪表堂堂的人乘坐一头白色大象从虚空中慢慢走来，进入她的腹中。夫人从此怀孕，生下了佛祖。缅甸人据此认为白象是佛祖的化身，王权的象征。因此，上至国王，下至百姓，人人崇拜白象。在古缅甸，曾有 4 位国王自称为白象王。现代缅甸人仍然十分崇拜白象，全国很多地方都有白象的塑像。

对于生活在雨林中的克木人来说，象既是雨神的使者，也是吉祥幸福的象征。

鼓体上的螺在缅甸的克伦人看来，也是“精”，它亦与雨水有关。克伦人还认为象和螺一同爬向天界，是为了顺利地通过路途中的复杂地界。在宽阔的地段，螺可坐在象背上（一些铜鼓鼓体立体浮雕即为象背负着螺蛳）；而在狭窄的地段，则由螺蛳在前开路（一些铜鼓鼓体浮雕为螺蛳在前，象在后）①，这与一些黑格尔 III 型铜鼓鼓体上的立体浮雕形象吻合。至于为何象和螺蛳会倒着向下爬行，克伦人里流传着这样的传说：

> 很久以前，天黑以后亮光少。有一天，大象和螺蛳又上天，它们走了很久，累了，于是坐下来休息。等它们醒来后正好是天黑的时候，由于亮光太少，它们分不清哪头是天，哪头是地。它们顺着原路走，以为那是上天的路，可没想到那是入地的路。②

老挝克木人对为何鼓体上的象和螺向下爬行的解释则与缅甸克伦人不

① Cooler R M. *The karen bronze drums of Burma* [M]. New York: E J Brill, 1995.

② Mason, Francis. *The Karen Apostle or Memoir of Ko Thamh-byu, the first Karen Convert, with Notices Concerning His Nation* [M]. Boston: Gould, Kendall and Lincoln, 1843.

同，他们认为雨神住在天上，各种能使人生病的“鬼”则生活在地下，将象和螺制成向下爬行状，正是借助它们与生活在地下的“鬼”沟通。在他们看来，人之所以生病，是因为得罪了某种生活在地下的“鬼”。所以，当克木人患重病久治不愈时，就只能敲打铜鼓祭祀鬼神方可将鬼赶走。我们在老挝琅南塔省调查时，就遇到了克木妇人因久病不愈，而用铜鼓赶“鬼”的事。

3. 老挝克木鼓纹饰内涵的解读

学界对铜鼓纹饰的文化内涵有过诸多争论，如对鼓面光体的意义，多数学者认为是对太阳的崇拜[①~③]。也有学者根据“铜鼓是由炊具发展而来，作为炊具，鼓面朝下，鼓面中心正是火灼的地方”，而认为“光体的原始意义并不在于表现太阳，而是一团火或火燃起的光焰”[④]。库勒则通过对缅甸克伦鼓的调查，认为鼓面中心的光体是下大雨时激起的水花[⑤]。而对于鼓面的立体蛙饰，亦有多种诠释，其中影响最大的是图腾说，即认为鼓面饰蛙是图腾崇拜的遗风[⑥⑦]，也有学者认为是交配蛙[⑧]，一些学者则认为与雨水有关[⑨]。

之所以会出现如此丰富的解释，我们认为与铜鼓分布范围之广和流传时间之久有关。铜鼓纹饰是先民创造的符号，在神圣的祭祀空间里，曾产生过强大的威慑力。如晋宁石寨山贮贝器（M12：26）盖上的杀人祭祀场面，就有铜鼓悬挂敲击的场景。同时出土的3件铜房屋模型，是模拟当

---

① 龙村倪．铜鼓鼓面中心太阳纹的演变——兼谈越南东山铜鼓［C］// 台北故宫博物院．中国艺术文物讨论会论文集．1992：343 ~ 368.

② 柏天明．浅谈铜鼓太阳纹饰的源流［J］．文山州高等师范专科学校学报，2003（4）：255 ~ 256.

③ 何明．云南铜鼓图饰的文化内涵与审美意义［J］．民族艺术研究，1992（4）：70 ~ 74.

④ 蒋廷瑜．古代铜鼓通论［M］．北京：紫禁城出版社，1999：146.

⑤⑨ Cooler R M. *The karen bronze drums of Burma*［M］． New York： E J Brill，1995.

⑥ 何明．云南铜鼓图饰的文化内涵与审美意义［J］．民族艺术研究，1992（4）：70 ~ 74.

⑦ 陈文．中国南方古代铜鼓立体塑像研究［J］．学术论坛，1996（2）：91 ~ 94.

⑧ 蒋廷瑜．铜鼓艺术研究［M］．南宁：广西人民出版社，1988：87.

时供奉祖先的"神房"，其中可见铜鼓或供于放置人头的小龛之下，或有人敲击。在这样的场景中，铜鼓无疑具有极大的威慑力。而脱离特定环境的铜鼓纹饰，作为一种审美艺术品时，威慑力就不存在了，象征意义也发生变异或丢失。我们现在看到的铜鼓，大多是收藏于博物馆，已脱离其使用环境的铜鼓；另外一些铜鼓虽为传世铜鼓，如广西和贵州、云南交界处仍在使用的麻江型铜鼓，但使用这些铜鼓的民族经过多次社会变革，传统的铜鼓文化已受到极大破坏。正因为使用铜鼓的特定环境已消失或受到破坏，使得研究者只能根据史料和现存的习俗对铜鼓纹饰进行解释。而铜鼓的分布范围极广，涉及10余个国家和地区，流传的时间也长达2600多年，在如此宽的地域和如此长的时间段内对铜鼓纹饰进行解读，有诸多的争论也就极为正常了。

对铜鼓纹饰的解读，我们认为只有将其放入使用它的民族中去考察，才能更好地展现这些纹饰被赋予的象征意义。使用此型铜鼓的民族大多生活在中南半岛的山区，经济发展缓慢，对自然界的依赖较大，仍保存着原始的万物有灵信仰。从调查和搜集到的文献资料来看，尽管使用此型铜鼓的民族对铜鼓纹饰的解释可能不尽相同，但却都与稻作生产有关。这些被他们认为非常神圣的纹饰符号，都被用来营造一种求雨所需要的氛围，他们以鼓面光体为中心，构建了一个由纹饰组成的神圣的求雨空间。鼓面光体在他们看来并非太阳，而是由洪水撞击形成的印痕，是为了纪念那场灾难性的大洪水而制作的，后来则演变成为雨季里大雨溅到地面上形成的水花。鼓面的立鸭纹被老挝人视为野鸭，它是一种"精"，能够用来祈雨。翔鸟纹则具有驱散乌云、赶跑大雨的功能，把翔鸟纹制在鼓面上，当雨水太多时，只要敲响铜鼓，告诉雨神不需要雨了，雨神才会停止下雨；而如果鼓面没有翔鸟纹，雨会一直下不停。鱼纹和雷纹也是与雨相关。之所以会形成这样的信仰，与克木人及周邻民族在农耕生产中对大自然特别是雨水的依赖分不开。生活在热带雨林中的这些民族生产能力低下，无论是旱稻还是其他农作物的种植，都是依靠天然雨水浇灌的，雨水的多少直接影响作物的收成。因此，他们相信天上有一个雨神在掌管着雨水，只有通过敲打铜鼓才能让雨神降雨或者停止下雨。为了实现这个愿望，他们用大量的神话传说和传统文化来解释铜鼓上的这些纹饰符号，又在求雨仪式中将这些纹饰符号还原为一个个神话故事。这是原始思维的重要特点。在使用此型铜鼓的众多民族看来，铜鼓上的各种精美的纹饰，如光体、立体蛙饰、翔鸟纹、鱼纹及各种浮雕动植物，并不仅仅是为了审美，更重要的是，它们都是仪式中的重要组成部分，是仪式赖以进行的手段。虽然铸鼓师会将其做得极其美观，但在核心意义和作用上仍服务于仪式。

总之，我们认为，老挝克木鼓上的精美纹饰被使用它的民族构建成一个神圣的祭祀空间；正是透过这个空间，他们完成了农耕生产中与神灵的沟通；这充分体现了铜鼓与稻作文化的紧密联系。

Chapter 4 The Protection Research of Bronze Drum Culture

20世纪后期以来，由于经济全球化和社会生活现代化大潮的强烈冲击，人类各民族在历史长河中所创造的丰富多样的非物质文化遗产正遭遇着日益严重的危机，保护和抢救这些遗产已成为当今世界各国政府和人民必须面对的一项重大课题。为此，联合国教科文组织于1997年第29次全体大会上通过了决议，创立“人类口

第四章
铜鼓文化的保护研究

头和非物质遗产代表作公告”的国际性荣誉，又于2001年5月18日宣布世界首批19个“人类口头和非物质遗产代表作”的名单。至今，“遗产运动”已成为人类历史上重大的国际性社会现象之一，更是全球化背景下各国参与文化、政治与经济角逐的重要领域。

在此种背景下，铜鼓文化的保护、继承与发展问题也倍受关注。本课题从2003年获得立项后，我们便着手对铜鼓文化的保护问题进行研究。几年来，课题组成员分别对南丹里湖白裤瑶铜鼓文化、贵州布依族铜鼓文化和壮族铜鼓文化保护情况进行了调研。

第一节 南丹里湖白裤瑶铜鼓文化的传承与保护

白裤瑶是我国南方具有悠久历史的瑶族支系之一，总人口约 3 万，自称“瑙格劳”，语言属汉藏语系苗族语族苗语支。主要聚居在中国广西西北地区的南丹县里湖、八圩瑶族乡，余下的分散在车河、小场乡以及河池市拔贡乡、贵州省荔波县朝阳区瑶乡一带。以男人穿白色紧膝五指裤，包白头巾，裹里白外黑绑带而得名。[①] 最早在《隋书 · 地理志》中有记载“其男子着白裤衫，无中裤，女子青布衫，斑布裙，皆无鞋履”。在社会组织方面，白裤瑶一直都存在着一种“破卜”组织，汉译为“油锅”。它是由血缘近亲（同姓）的家庭组成，意为同锅吃饭，凡瑶寨居民都隶属之。“油锅”头人是组织内部事务的政治领袖，一般由老年人担任。“油锅”成员相互享有一定的权利义务，并有公共财产，如“油锅”田、铜鼓等。“油锅”组织虽由家族组成，但附属于村寨之下，又有仪式可容纳外人进入，与地缘组织的特点相似。铜鼓则是“油锅”组织向外购买的公共财产。平常，每个“油锅”都有一个铜鼓，也有几个较小的“油锅”共有一个铜鼓。白裤瑶将铜鼓视为神，每面铜鼓都有各自的名字，在铜鼓的使用前后都要进行祭鼓仪式，以猪肉、牛肉及红糯米饭

① 朱荣，毛殊凡，周可达，等. 中国白裤瑶［M］. 南宁：广西民族出版社，1992：9.

为佳，忌用羊肉、马肉及鸭子[①]。白裤瑶的铜鼓均属于麻江型，分阴阳[②]两种，一般只在春节和葬礼上使用。喜事多打双鼓，阴阳共鸣；丧事则打单鼓，死者是男子的打阳鼓，是女子的则打阴鼓。平时大都把铜鼓埋在地下，也有放于崖洞或家里的，由“油锅”头人保管。

一、化里村白裤瑶铜鼓的田野考察

2004 年 12 月 ~ 2005 年 1 月，课题组对南丹县里湖乡化里村白裤瑶铜鼓文化进行了为期一个月的调查。

（一）化里村概况

南丹县位于广西壮族自治区西北部，云贵高原东南边缘，是中低山向广西丘陵过渡地带。地理位置在东经 107° 1′ ~ 107° 55′，北纬 24° 42′ ~ 25° 37′，地处北回归线以北，黔桂铁路和西南公路干线并行纵贯县境，扼黔桂交通之要冲。[③] 南丹县境内整个地形狭长，东西最大横距 72 千米，南北最大纵距 106 千米，全县总面积为 3916.62 平方千米。县境东面沿打狗河心为界与环江毛南族自治县相望，正南和东南面与河池市金城江区接壤，西南从当农坡南面坡脚起至位于平六西面的红水河中心止与东兰县连接，正西靠天峨，西北、北、东北部与贵州省的平塘、独山、荔波 3 县交界。县政府所在地城关镇，距河池市 83 千米，距首府南宁市 330 千米。

里湖乡地处云贵高原东南缘的尾端，位于广西南丹县东北部，东与贵州省荔波县交界，西与本县小场乡接壤，南与八圩瑶族乡毗邻，北与本县芒场乡相连，乡政府驻地距县城 26 千米，总面积 383.75 平方千米，辖 12 个村民

① 因为马喜欢用蹄子踢物、而羊喜欢用角来抵物，恐怕日后铜鼓易遭破坏；而鸭子声音沙哑，恐日后鼓声沙哑。

② 白裤瑶铜鼓有公、母鼓之分，公鼓器壁较厚，鼓颈略长，鼓面十二角光芒较平滑，声音较清脆高昂；母鼓器壁较薄，鼓颈略短，鼓面十二角光芒略突起，声音较低沉浑厚。

③ 南丹县地方志编纂委员会．南丹县志［M］．南宁：广西人民出版社，1994：25.

委员会和一个社区居民委员会，总人口约 2 万人，其中白裤瑶人口占 67%，有着“中国白裤瑶之乡”的美称。境属岩溶峰丛地貌，四周低中间高，平均海拔 800 ~ 1000 米，冬无严寒、夏无酷暑，年平均气温 16.9℃，气候宜人。①

化里村是里湖乡的一个村民委员会，位于乡政所在地的东部，距乡政府所在地 4 千米，东与董甲村交界，南与瑶里村相邻，西与里湖接壤，北与纪兰村相邻。化里村处在白裤瑶分布范围的腹地，可方便地到达瑶里、仁广、纪兰、化果、董甲等白裤瑶主要村寨。全村有 11 个自然屯，19 个村民小组，共 442 户 2166 人，除有汉、壮族各一户以外，其余全是白裤瑶。

由于化里村较大，而且分布较广，要做一个全面的调查，课题组的时间和精力都无法胜任，因而在调查时，选择了距离“南丹县里湖白裤瑶生态博物馆”最近的画图屯作为重点研究区域。画图屯共有 29 户 132 人，村民都姓黎。寨子距村部怀里仅隔一个山坳，距里湖乡约 1000 米，有乡村公路可以直接到达，村寨有一条小道与公路相连，公路的对面就是生态博物馆，相距不足百米。村寨略呈东西走向，南北两侧为石山坡地，从外面看，村寨丛林密布，被许多古树古藤、竹林包围，村寨的民居与周围自然生态环境非常和谐。

（二）化里村铜鼓的现状

白裤瑶社会经济发展相对缓慢，一直没有专门从事商业和手工业的人，更没有人会冶炼铸造工艺。化里村村民现在使用的铜鼓大多是祖辈传下来的，也有后来新买来的。据不完全统计，整个化里村有铜鼓 40② 多面，有 3/4 是祖先留下来的传世铜鼓，有 1/4 是村民 2003 年从里湖乡文化站购买到的新鼓。其中，画图屯有 6 面（老鼓有 4 面，新鼓 2 面），分别归属于本屯黎姓的广要及黎进财③ 两个“油锅”组织所有。这 6 面铜鼓均属于麻江型，不仅形制、

---

① 南丹县地方志编纂委员会. 南丹县志［M］. 南宁：广西人民出版社，1994：25.

② 数据由广西民族博物馆提供。

③ 根据学术惯例，文中所有出现的人名均为化名。

花纹基本相同，就连大小也差不多，按白裤瑶民间分法，均为母鼓。其中有一面叫“米水”（意为丰衣足食）的铜鼓尤为精致，其形态特征为：鼓重15.5千克，面径47.7厘米，身高27厘米。胸部有扁耳两对，中心太阳纹12芒，芒间饰简体翎眼纹。自中心向外共11晕，第一晕是酉字纹，第二晕无纹饰，第三晕是雷纹，第四晕是乳钉纹，第五晕是游旗纹，第六晕无纹饰，第七晕是雷纹，第八晕是栉纹，第九晕是乳钉纹，第十晕是云纹，第十一晕无纹饰。鼓胸饰乳钉纹，腰饰回形纹、菱形纹、云纹，足饰三角纹。

化里村现在使用的铜鼓，大都是一百多年甚至是数百年前白裤瑶祖先们传下来的。作为娱乐用具，铜鼓大大满足了白裤瑶祖祖辈辈的精神需求，每当春节及葬礼时刻，人们就会不约而同地敲打起铜鼓，沉浸在它的铿锵声中；作为神器，铜鼓则实现了人与神灵的沟通，给人们带来吉祥和慰藉。因而铜鼓已经成为白裤瑶民族凝聚力和认同感的标志，人们将它视为镇寨之重器，传家之至宝，对铜鼓悉心呵护，代代珍藏。但是，改革开放给白裤瑶地区带来经济发展和文化进步的同时，也使人们的传统观念发生了改变。在化里，铜鼓已经逐渐失去了往日的神奇功能，随着现代文化生活的丰富多彩，人们对铜鼓的依赖也已逐渐淡漠。

铜鼓面临的另一个问题是自然损坏。由于一代代人的不断敲打，不少铜鼓已经被损坏，有的沙哑，有的破碎而不能再敲打。在画图屯，黎广要“油锅”组织收藏的3面铜鼓由于常年敲击，鼓面的太阳纹及鼓身都有不同程度的破损。加上受传统观念影响，村民们将他们世代相传的铜鼓视为神物，不愿轻易示人，宁愿让其破损，也不愿意拿出来交换新鼓。而且村民们对铜鼓声音要求很高，新铸铜鼓要完全满足当地对声音的需求还是比较困难的。与此同时，铜鼓价值的珍贵也加速了铜鼓的流失，为了现实的物质生活，有的人甚至偷窃、倒卖铜鼓，造成了铜鼓的人为流失。长此以往，数十年之后，化里村将再也没有可供敲击的铜鼓了，铜鼓文化将会随着铜鼓的消失而名存实亡。因此，白裤瑶铜鼓及其文化的传承与保护迫在眉睫。

（三）化里村铜鼓的使用

在化里村，铜鼓是“油锅”组织或个人的宝贵财产，所有“油锅”成员都把铜鼓视为神灵或传家宝，所以它的启用和收藏都显得十分神秘，每次铜鼓的使用前后都必须举行祭祀仪式。铜鼓除了在春节和葬礼上使用外，其他时候一律不能轻易动用。铜鼓必须在农历九月之后才能使用，过了正月十五就要把铜鼓收藏起来，从正月十五到九月这段时间里，无论发生何种大事[①]，都不能打铜鼓。

1. 节庆中铜鼓的使用情况

图 4-1　魔公在祭鼓（刘莉　摄）

在化里村，村民们一般选在农历腊月二十七八或大年三十开鼓。这天，村子里保管铜鼓的人就会把铜鼓取出来，在铜鼓上摆好酒、肉和饭等祭祀品，并请魔公来进行祭拜（见图 4-1）。祭拜开始时，魔公会念出祭祀语：

住在阴间的铜鼓神，×××，×××（历代祖先名字），今天我们用酒来敬，今天我们用肉来请，请铜鼓神来，请祖先神来。有凳子给你们坐，有桌子给你们摆。请你们先别喝酒，请你们先别吃肉。先烧香给你们

① 如果是遇到有人去世，死者的尸体由家人先暂时埋在家中或屋檐下，等到秋收以后，再重新挖起来，配以打铜鼓、砍牛祭丧，然后重新下葬。

闻，先念经给你们听。告诉你们铜鼓神，告诉你们祖先神。已到新年，已到佳节，有酒有肉来供奉。铜鼓打给铜鼓神，铜鼓打给祖先神。让神送给我们米粮，让神送给我们钱财。[①]

祭祀语完毕，魔公还得进行丢卦仪式，直到将手中的卦丢得一正一反，即得到了吉祥好卦，整个祭祀活动仪式才宣告结束。按照当地人的说法，若卦相未出现一正一反，铜鼓就不能使用，否则会遭到祖先的惩罚，轻者会肚子痛，重者会导致家庭遭难。黎广要讲述，丢卦的时候是一正一反，就代表显卦[②]。如果一次不显卦，那代表祭祀语念得不够好，晚辈不够吉祥。这时，魔公将被处罚性地喝掉一碗酒，并将祭祀语从头念一遍，继续丢卦，直到显卦为止。按当地风俗，如果魔公功力不够，或者如果念错铜鼓的名字那就肯定不会显卦。这样，他就要多喝几碗酒，多丢几次卦了，通常情况丢三四次就会显卦了。在丢卦仪式结束后，“油锅”头人将铜鼓悬挂在屋内敲奏，一人手持鼓槌[③]敲打鼓面，一人拿木桶[④]在后面合音，一边呼唤着历代亡故男祖先的名字，“迎接”祖先回家过年。

到了正月十五元宵节这一天，村民们将用敲响的鼓声欢送春节时候回家过年的祖先“升天”，鼓声通宵达旦。类似这样的祭祀活动，参加的村民都是由各自家族、“油锅”组织自发组织的。到了最近几年，由政府组织的各种“铜鼓比赛”也在日益增多。其中一年一度的“里湖乡铜鼓比赛”声势浩大，乡里各个村寨组队来参加比赛（见图 4-2）。届时，人山人海，鼓声震天，场面极其热闹壮观。

元宵节一结束，铜鼓将按惯例被收藏起来，直到第二年春节或秋收过后

① 本祭词由我们录音，请黎正军翻译。

② 好卦、吉祥卦的意思。

③ 鼓槌是用一根小木条插入长 12 厘米、横截面直径 6 厘米的鸡血藤做成的。鼓槌使用前须用水浸泡，使之柔软，既可以避免敲坏鼓面，又能使铜鼓发出柔和动听的声音。

④ 又名助音桶，身高 70 厘米、桶口直径 40 厘米，桶底直径 30 厘米。每面铜鼓配备专门的一个木桶。当铜鼓敲响后，一人用木桶在铜鼓底部来回进出，把声波冲回铜鼓，在木桶和铜鼓之间形成一个共鸣箱，让声音产生共鸣，使铜鼓的音色深沉浑厚，更加优美动听。

图 4–2　里湖乡即将参加铜鼓比赛的选手和裁判（刘莉　摄）

有老人过世时才取出来。与开鼓仪式一样，收鼓仪式同样先把酒、水、肉，摆在铜鼓上，然后魔公才开始念：

> 古老朝代，头大脸宽耳大的师傅造你来，铸造你的人是世代皇帝，给你造，背你过九寨汉族，八寨壮族；背你过九条黄江，八条青河。主家花了千万两黄金购买你来，你是家宝。“x x”（鼓名），旧岁过去，新春已到，今天不是随便要你来敲打，今天是新年迎春要你放声歌唱，要你扬声到九霄云外，要你扬声到四方亲客，让人们知道你的声音就是唤醒了春天的来到，今天“x x x”（收鼓人名）准备拿你去收藏。风大你不要怕，雷鸣你不要惊，你要保好全家新年平安，一切发福发贵。保家庭人口和睦，保子孙平安，保六畜旺盛，当主人家没事不要你出来的时候，希望你能像九宫宝石稳坐于地，当主人需要用你的时候，你别责怪主人，待明年吉春再见吧。①

① 本祭词由我们录音，请黎正军翻译。

接着也是进行丢卦仪式，直到卦相显示吉祥后仪式才宣告结束（见图4-3）。当天晚上，主家隐秘地将鼓收藏起来。在藏鼓之前，人们都会把鼓擦洗干净，一般不用水洗，更不能用酒和煤油。因为用酒跟煤油来洗铜鼓，很容易被酒精和煤油腐蚀，从而影响或破坏铜鼓的声音。所以，铜鼓一般都用米来“洗”，即把鼓放在米堆里，用米来回摩擦鼓面，这样经米“洗”过后，鼓面干净、鲜亮。也有将鼓拿到河边用河沙来擦的，但这样做，铜鼓鼓面的花纹很容易被磨损，因此“洗鼓”基本上还是以米为主。

白裤瑶收藏铜鼓的方法有许多种，有放在岩洞里的，有埋在地下的，还有放在自家阁楼上的。人们大多会选在半夜两三点，夜深人静的时候藏鼓，一般将鼓固定地埋在一个地方，在埋藏处放竹子、绳子或其他东西做记号。埋鼓者会定期进行跟踪保护，一旦发现这些标记被人为地挪动，鼓主就会改换另一个地点收藏。藏在岩洞里的方法，大都是选择一个只能容一个人爬进去的小洞，一般不会另外挖洞。把鼓放进去后，用石块等装饰洞口，以修饰得尽量让人看不出的迹象为好。但对于有经验的盗鼓者来说，会很容易得知

图 4-3　白裤瑶魔公在做收鼓仪式（刘莉　摄）

岩洞里面是否藏有铜鼓。因为当他挖到藏有铜鼓的山洞时，由于共振，就能听到山洞里有铜鼓发出“嗡嗡”声。因此，这种藏鼓方法风险性相对较大。据我们了解，目前很多人会选择把铜鼓埋在地下或者放在自家的阁楼上，每天有专人看管。但无论选择哪种收藏方式，其目的都是保护铜鼓不被他人盗取，以确保铜鼓能够继续传承。

关于把铜鼓埋在地下的方法，里湖乡文化站的黎政君向我详细介绍了他们“油锅”组织传习的一种方法。现记录如下：

> 在他老家的一间房间里（一般选择主人的卧室）先挖一个一人高的坑，然后就像挖地道那样从坑底向四面八方不同的方向平行地面打五六个隧道。这种隧道一般只有容一个人爬进去的高度。然后，在从这五六个隧道中选取一个作为藏鼓的真正隧道（其他的几个隧道主要用来起迷惑作用），并顺着这条隧道继续往里挖，直到感觉足够深后，再挖个洞穴把铜鼓藏在里面。为了保险起见，在这个藏有铜鼓的洞穴旁边还要再挖四五个类似的洞穴（称之为假洞），以防万一。需要注意的是，这些隧道在地下并不是直来直往的，有的时候还会在准备到尽头的时候出其不意地拐个弯改道岔出去。这是为了防止有人真地找到确切藏铜鼓的隧道后，会顺着隧道往里挖，但他万万没有想到的是，隧道不是直的而又拐了一个弯走了另一条路。这样盗鼓者只会一直往前挖，最后只会碰到墙壁挖不到铜鼓。而有些铜鼓的埋藏地又不只局限在房屋的面积之内，还可以把隧道挖超出房屋范围之外。总之，隧道的线路不会一成不变，就仿佛迷宫一般曲折迂回，让进入隧道的盗鼓者摸不清方向，最终只能空手而归。

选好埋藏的洞穴后，先要在洞里撒一些米，过 7 天后来看，如果发现米发霉了，那么说明地下水分比较大，较潮湿，这就要在地上铺上一层火灰之类的东西防潮；如果发现米非常干燥，就说明洞里水分少，较干燥，这样就要在洞里铺上松叶等东西保持些水分，或在鼓面上放一碗水。之后就可以把鼓面朝上地放在洞里了，洞里的高度与鼓面要保持有指尖到手肘的高度，并在洞穴顶端支一根木头，以防止泥土坍塌。这种选择将铜鼓埋在自家屋下的方法，相对比较保险，因为除非是自己家的人一般很难进入别人家里盗鼓。故，黎正军"油锅"一直沿用这一方法藏鼓。把铜鼓埋藏在地下，除了防盗外还有一个原因就是俗话说的"扯地气"。按当地说法，当人们把铜鼓从地下拿出来的时候，铜鼓底面会积有水珠，这样敲出来的声音要比收藏在地面上的声音要好听。

2. 葬礼中铜鼓的使用情况

除了春节和元宵节外，葬礼是白裤瑶铜鼓使用的另一重要场合。白裤瑶的丧葬，经历了两个阶段的历史演变，先是岩洞葬，然后到土葬。到了清代末期，岩洞葬多已为土葬所替代而沿袭至今。白裤瑶社会的葬礼是一项重要而且规模盛大的人生礼仪，同时又是一项跨村际性的综合性社团活动，其热闹程度是其他的社会活动无法比拟的。

白裤瑶社会里凡是有人去世（3 ~ 100 岁[①]）都可以举行葬礼。族人认为这是一种光荣的表征，除非是凶死[②]。届时，都会为死者砍牛[③]送葬、打铜鼓、跳白裤瑶的铜鼓舞"勤泽格辣"[④]。砍牛的头数依个人经济情况而定，一般 1 头；也有 2 ~ 3 头的；家庭富裕有砍 7 ~ 8 头的；当年没有能力砍牛的家庭以后有能力了一定要追补。关于砍牛祭丧的由来，民间有 3 种说法：一种是作为死者的替身，代替过去吃死人肉的习俗；另一种是供死者在阴间使用；第三种是安抚死者，以免死后"作怪"骚扰活人。砍牛与打铜鼓在白裤瑶的葬礼上是同时进行的。而有关打铜鼓的传说各地不一，有的说是

---

① 一般 3 ~ 10 岁的小孩很少砍牛，除富裕的家庭和十分宠爱的孩子方可。

② 即除了生老病之外的为凶死，凶死者的仪式另有禁忌，没有砍牛也没有打铜鼓，更不能列入公共的坟场。

③ 白裤瑶砍牛祭葬，有严格的礼仪，时间一般在吉日的下午龙、鸡、猴时进行。砍的都是水牛，只有在没有水牛的情况下才会用黄牛来代替。按照当地人的说法，水牛的角又大又长像龙角。所以在买牛的时候，如果水牛角又大又长就算身上没什么肉，上千元的价钱他们都会买。

④ 译为"打老猴舞"的意思，只有在办丧事的时候才跳。在葬礼上，打木鼓的人会一边模仿猴子的动作，一边敲打木鼓。

表示对死者的哀悼，沟通神灵使死者安然进入阴间；有的却认为打铜鼓表示死者生前富贵，让死者在阴间仍享富贵。所以，在化里村，即使是家境困难的人，也会千方百计借钱来砍牛，用来超度死者。而那些生活一贫如洗，一时没有能力为死者砍牛的人，过后一旦稍有能力，一定会买牛给死者补砍，重新祭祀亡人。

“开路”

村子里如果有人过世，一断气立即先由其家人烧水为其洗澡，分前后各抹3下，接着给他穿上一件生前最好的衣服，再用一张绣有5或7个瑶王印章的布把尸体裹住，在地上铺一堆稻草，上面放床席子，在席子上再铺上一层白布，死者的尸体就放在白布上，停放在大厅的正中。然后，由丧家请本“油锅”的兄弟一两人，带上砍牛刀、雨伞各一把，谷穗3根，到死者舅爷家报丧。舅爷得到噩耗后，立即邀上本“油锅”兄弟数十人，带上砍牛刀、铜鼓，与报丧者一起到丧家奔丧。作为迎接礼，丧家孝子与“油锅”兄弟抬酒在门外恭候，舅爷到的时候，孝子们一起跪在地上，用新砍来的竹筒盛酒敬给舅爷及其同来的“油锅”兄弟。待舅爷喝完酒后，双手扶起孝子，一齐走进丧家。当舅爷进门时，丧家的人须全部跪在屋内放声大哭。舅爷把他们一一扶起后，就走到死者身边哭泣吊唁，哭毕，用手拨开死者头上的白布验尸，之后，丧家才能殓尸装棺。

死者入棺前，要请魔公给死者“开路”，即为死者指引通往与祖先团聚的去路。魔公到来后，先用一根竹竿在朝西的屋角捅开3块瓦片，或用手从茅屋的西角扯下3根茅草，大叫“唔！唔！唔！”3声，然后就怀抱一只公鸡到香炉前三鞠躬，再绕灵柩3圈，一边喃念历代祖先的姓名，叫他们来接死者的阴魂上天去，与祖先团聚。之后，魔公用嘴咬断鸡颈，把鸡丢出门外。这时，死者的亲属才开始大声哭丧，因为从这个时候开始，死者才正式作为死人离开人间。在死者入棺的当天晚上，丧家请魔公用唱的形式把死者一生的主要经历述说出来，用以缅怀死者，启迪和鼓励死者的子孙后代。魔公在锣鼓声的伴奏下，口中呼唤着丧家祖先的名字，把死者的灵魂送到阴间与祖先团聚。在此期间，亲友们都围在灵柩旁，表示亲友们的灵魂一起护送死者到祖先居住的地方。魔公则历数死者途经的地名，待死者的灵魂到达目的地后，锣鼓手便敲回魂鼓，催促送葬者的灵魂回到人间。最后，魔公大声念道："亲戚，朋友，宾客通通一起回来啊！"送魂仪式就此结束。

砍牛

白裤瑶下葬必须选择吉日，一般以龙、马、猪、鸡[①]等日为吉利，在出殡前先要给死者砍牛、打铜鼓。下葬的日期选定后，丧家就开始发丧，当亲属、朋友们接到丧告后，在砍牛的当天，大都以"油锅"为单位挑着酒及糯米穗，背着铜鼓纷纷赶来，成群结队络绎不绝。届时，丧家必须派人到村口去迎接前来奔丧的亲友。亲友们[②]进村后，先要到丧家灵堂吊唁死者，然后出门接受丧家敬酒，随后把铜鼓拿到铜鼓场上去挂在铜鼓架上，由魔公念过后方可敲打。如果是丧家的舅爷及其"油锅"兄弟来奔丧的话，待他们吊唁完毕，丧家还要招待他们吃饭。饭后，舅家还要挨家挨户地到住在本村的死者的直系亲属家慰问，由死者亲属向舅家敬酒，并再请他们吃饭[③]。等舅爷及其"油锅"兄弟走访完所有住在本村的死者亲属家后，也会像其他来奔丧的亲友一样，把铜鼓挂在铜鼓架上，由魔公念过祀语后，才可以敲打。

砍牛场一般设在离寨子不远的草坪上。砍牛的当天早晨，魔公会一早来到丧家喃念驱赶邪恶的咒语，祈求祖先保佑砍牛大事的顺利进行。到了下午三四时砍牛正式开始，先是由丧家兄弟撑着黑伞陪同舅爷走进砍牛场，站在离拴牛桩对面 5 米远的地方。接着，一个披麻戴孝手持竹鞭的人牵着牛来到砍牛场，把牛套在拴牛桩上后，就返回丧家灵堂，向众人报告砍牛场上的工作准备已经就绪。这时，参加送葬的人闻讯后，全场呜咽着绕灵棺走一圈，然后鸣地炮[④] 3 声。放完炮，披麻戴孝的人们一个个肩背竹篾帽，手持夹有

---

① 意思是龙有水，利于耕作，马跑得快，猪和鸡生仔多。

② 来奔丧的亲属如果年龄大过死者的，不能进入灵堂，否则会减寿。

③ 即使已酒足饭饱，仍要象征性地吃一些，方能出门。

④ 地炮用铁铸成，形若"王"字，中间一竖是空心的，作填放火药用，"王"字底一横，有个洞眼，与中间一竖相通，作引火孔。点炮时，过去用根 1 米余长的金竹竿，尾部系上一截可燃物点火，点燃火药即发出"轰"的爆炸声；现在直接拿一根香火点炮。若死者是男人，再加 5 响猎枪。

一根糯米穗的细竹枝，男在前女在后，排着长队依次走进砍牛场。大家边走边哭，轮流给即将被砍的牛跪拜3下后拿糯米穗喂牛，然后丢下竹枝沿来时的路依依难舍地离去。这时，留下其中一位孝子牵着牛绕木桩往返各3圈后，用装着酒的竹筒给牛敬酒，然后走出砍牛场回家。

哭牛完毕，肩挂白布的魔公出场，呼喊着历代过世祖先的姓名，一边从竹篮里掏出米一把一把地撒向牛背，每头牛祈拜3次，一边喃念：

> 安葬在ｘｘ（地点名称）地方的ｘｘ（祖先名字）祖宗，今天，儿孙ｘｘ（孝子名字）给你送牛来了，这是他们辛勤创造的财富，请你带去归祖归宗，接收ｘｘ（死者名字）与你们一起劳作、生活。

等念完，魔公又会拿鞭子分别在牛的身上各打3下，众人再鸣炮3响。接着，由7位穿裙子的姑娘绕场一圈，手提装有包谷粒的布袋，边走边掏包谷粒撒向围观砍牛的群众，表示给他们添福添寿。最后，轮到站在伞下的舅爷出场，先是给每头牛敬两口酒，撒3把米，再跪拜3下，嘴里说道：

> 让我以舅爷的名义，砍你们来祭祖宗，接待亲朋好友。这不是乱砍乱杀，而是依据盘古开天地的传统礼仪进行的，要你们到阴间去与ｘｘ（死者名字）一道耕作……

念完，舅爷家的两名砍牛手从舅爷手中接过明晃晃的砍牛刀，轮番向牛头砍去。如果一刀砍下去牛头差不多断下来（还连着一点筋）就算他有本事了，会得到人们的称赞。如果牛躲闪而砍空或砍在牛角及其他部位上就引起观看的人们哄堂大笑，笑声中包含着鼓励他继续砍下去。每头牛只砍3刀。之后，大家就会用麻绳捆住牛脚把牛拉倒（见图4-4），把牛按倒在地上用杀牛刀捅死，接着把牛血倒进酒桶，用瓢舀起来分给参加砍牛的帮手们轮流喝。在旁边观看的外来亲朋也可以喝。如果你一饮而尽，白裤瑶同胞会认为你看得起他们而感到高兴。

图 4-4　白裤瑶砍牛仪式（刘莉　摄）

牛被砍死后，牛头当即被割下，丧家随即把牛角钉在刻有象征阶梯的杉木桩上，当地人称之为“追垒”①。“追垒”是祖坟的一种记号，木桩上所削的每个坎都意味着让牛走进阴间用的阶梯，到第二天下葬时再把它移到死者的坟前。一般，砍多少头牛，就埋多少根“追垒”，钉多少对牛角。从“追垒”的多少，人们往往可以判断死者的贫富程度。人们在处理牛肉时，如果是请舅爷来砍的，要给舅爷留一腿牛肉（从前夹九条骨头算起），约一头牛的1/4，另外还要给一些刀口颈肉。如果是请丧家“油锅”兄弟来砍的话，就只用给砍牛的及其他来帮忙杀牛的本“油锅”兄弟每人一斤六两牛肉。来参加葬礼凡是送有 5 ~ 10 斤酒的亲戚、朋友，丧家都要给每人回礼 4 两牛肉。而剩下的其他人，只在出殡当天招待他们吃一餐牛肉即可。

打鼓

砍牛这天，每个“油锅”都会背一面铜鼓到丧家，没有铜鼓的“油锅”，可以向别的有铜鼓的“油锅”借。扛来的每面铜鼓的鼓耳上都系着两三把糯

① “追垒”上的坎阶数，按死者的年龄而定，17 ~ 30 岁的削 5 ~ 7 坎，40 ~ 60 岁的削 7 ~ 9 坎，80 ~ 100 岁的削 11 坎，男的削单数坎，女的削双数坎。

米穗，铜鼓进村后，先扛到丧家在灵柩前“报到”，然后再背入铜鼓场，由本“油锅”成员挂到铜鼓架上，等魔公念过祀语后才能敲打。丧事用的铜鼓多少不等，少则七八个，多达二三十个。一般说来，来奔丧的人越多，所带来的铜鼓也就越多。对每一面来奔丧的铜鼓，都要先给魔公念过祀语。届时，魔公手拿糯米穗蘸米酒从左到右依次祭铜鼓，将糯米穗在鼓边、鼓面由外到里、再从里到外抖洒一遍，这才算作好了敲打的准备。黎广要告诉我们祭鼓的原因有 3 种讲法：第一，只祭有裂缝的铜鼓，为的是不让它影响其他好鼓的声音；第二，祭鼓的时候，亲戚朋友会告诉魔公这面铜鼓是哪个亲戚背来的，丧家就可以知道哪家背铜鼓来了，对鼓主表示感谢；第三，用酒洒在鼓面，敲打的时候会更好听，鼓的声音会更洪亮。

敲铜鼓，有严格的程序。先是由丧家“油锅”头人指定打木鼓的师傅试鼓，然后公布死者享年多少岁，说明今天是专为他敲鼓送进阴间的。铜鼓的排列也有固定的顺序，挂在开头和最后的铜鼓，一定是由丧家请来的，挂在第二个的铜鼓是舅爷家的，接着再按亲朋好友到场的先后顺序排列。挂铜鼓用的木架按到场铜鼓的多少逐渐增加，先一字排开，随铜鼓的增多又弯成一个“7”字，如果再有增加就继续排下去，一直排到构成一个完整的“口”字形。待铜鼓阵列排好后，由锅头点燃一炷香，双手捧在心窝处，一边慢慢走，一边口中念念有词，走到事先摆好的祭桌前，把香插入一碗米中，低头绕桌一圈，就退出场。随后，丧家摆出肉、糯米饭团、酒等物进行祭鼓——用一张枫树叶蘸酒，在每个铜鼓的“猫爪花”① 上擦 3 遍，再把一扎 5 千克重的糯米穗倒挂在吊铜鼓的横木上，表示给参加葬礼的鼓神酒足饭饱。这样就可以哀歌了。在举行砍牛前，亲朋好友们会尽情地敲打着铜鼓（见图 4-5 和图 4-6），因为，在他们的观念中，人的灵魂是不灭的，人死之后，死者的灵魂必须到祖先那里去与他们团聚。所以，他们要不停地敲击铜鼓，让如诉如泣的鼓声惊动冥冥中的神灵，通知他们准备接纳死者的灵魂。直到砍牛前几分钟人们才停止敲鼓，所有的鼓手一起到砍牛场观看砍牛。

---

① 即铜鼓中心太阳纹，类似猫爪一样突起的纹饰。

图 4-5　白裤瑶葬礼上打铜鼓的场景（一）（刘莉　摄）

图 4-6　白裤瑶葬礼上打铜鼓的场景（二）（刘莉　摄）

待砍牛完毕，鼓手们又都回到铜鼓场，先是在舅爷的主持下打 3 轮鼓，之后才打“勤泽格辣”。舅爷先是撑着黑布伞背着长刀，抬酒来给鼓手们喝[①]。待鼓手们喝完后一齐发出 3 声“唔！唔！唔！”，就开始打第一轮鼓。第一轮的意思是告诉死者，舅爷砍完牛了。鼓手们敲完第一轮后，又停下来喝酒，仍发出“唔！唔！唔！”3 声。接着打第二轮，这轮表示丧家告诉死者说舅爷已经到铜鼓场上来过了。第三轮的酒可以喝丧家的酒，喝完后大伙仍发出“唔！唔！唔！”3 声。这轮鼓的意思是说丧家感谢各位亲戚朋友来帮忙和背铜鼓来热闹。

待 3 轮鼓打完后，舅爷便回丧家去了。这时，原先在旁边观看的群众就可以轮换着打木鼓[②]和铜鼓，跳“勤泽格辣”舞取乐。鼓声通宵达旦，一批鼓手打累了，另一批又来接替，一直打到出殡之日，将灵柩抬出村寨为止。在跳“勤泽格辣”的时候，铜鼓必须听从木鼓的指挥。木鼓的打法，按死者的归属地和亲戚的来路有瑶里、岜地、怀里、纪后 4 种不同打法。木鼓手双手持木槌，双脚齐跳，一边击鼓，一边模仿猴子在地上爬行或在林中攀缘采摘，动作有直立、半蹲、屈膝、躬身单腿、双腿跳、屈膝转身拱背跳等，姿势动作滑稽灵活、古朴大方。铜鼓手则眼睛盯着木鼓手的舞蹈动作，耳朵倾听着木鼓声调的变化，使铜鼓的演奏与之配合默契、和谐一致。每敲完一个大节，人们便停下来连喊 3 声“唔！唔！ 唔！”，然后喝完一轮酒后又继续敲打。

黄昏以后，木鼓旁边有数人端着簸箕随着鼓点节奏起舞。鼓手有多少个，簸箕里面就装上多少团糯米饭，每团糯米饭上插有三块牛肝，糯米饭跟牛肝要到凌晨 5 点以后，鼓手们才能享受。凌晨 5 点左右是送葬出殡前奏。这时的木鼓一定要由魔公亲自敲打，70 ~ 100 岁的老人打 11 回，40 ~ 60 岁的打 7 ~ 9 回；死者是男的打单数，女的则打双数，即男的打 7、9、11，女的打 6、8、10，打完后就不再打铜鼓了。鼓主们会给每面铜鼓挂上红布条，等下葬后再把铜鼓扛回家收藏。

---

① 第一轮及第二轮的酒，要喝舅爷家拿来的，第三轮的酒可以喝丧家的。

② 木鼓一般用一节长约 1 米，直径约 60 厘米的桑圆木挖空，再蒙以牛皮制成。

下葬

砍牛的第二天是下葬的日子。白裤瑶至今仍保留有公共墓地，凡属于同一“油锅”的成员，死后都要安葬在本“油锅”的公共墓地里。到出殡之日，先由丧家的“油锅”兄弟去挖墓穴，在鸣枪放炮告示天神、祖宗后，人们就动身抬灵柩上山。届时，魔公会在抬灵柩经过的路口放上一个鸡蛋，让送葬的人群踩烂，认为这样可以为丧家驱除邪气。当棺材抬到墓地后，先由魔公用一只公鸡来滚坑，魔公念道：

此鸡不是非凡鸡，它是王母娘娘送来的，别人拿去无用处，×××（死者名字）用来滚坑的……

念完后，魔公用嘴咬断鸡颈，丢入坑内。如果鸡死后头朝东方则表示吉利。随后，魔公在挖好的坑里点燃香纸，意思为暖坑，然后将棺材放下，待舅爷和家里的亲人从棺材上面跨过以后，帮忙的人才可以垒土，再把前一天做好的“追垒”立在墓前。待坟墓垒好，最后将死者生前喜爱之物如：网袋、鸟笼、猎枪、牛角、烟袋、竹饭盒等都系在一根木桩或竹子上，埋在坟墓的尾端。

下葬结束后，亲朋好友都回到丧家准备吃“长席宴”（见图 4-7）。“长席宴”不能摆桌子板凳，也不能用碗筷。丧家将门板一块接一块地铺在地上，众人就蹲在木板旁边，用芭芒秆或蕨菜的秆子折断代替筷子，

图 4-7 葬礼上的长席宴（刘莉 摄）

用芭蕉或洋芋叶当碗把煮好的牛肉和饭团包着吃。酒罐就摆在板子中央，各人根据所需随意用竹筒装来喝。

“送水”

下葬后的第三天，死者的家属和亲戚会用竹筒或者坛罐装水和酒放到死者坟墓后面，叫“送水”。据当地人介绍，白裤瑶给死去的人“送水”，实际上是一种精神寄托，表一份孝心，希望死者能重返人间与家人团聚。如死者是男的，就放三个竹筒的酒，两筒水；如是女的，就放两筒酒，三筒水。“送水”这一天，不杀什么牲口，也不打铜鼓，就是烧些纸钱后就可以回家。过了这一天，整个葬礼才算结束。

（四）白裤瑶铜鼓的传统仪式解读

铜鼓一开始是作为乐器出现的，随后用于歌舞、赛神、传递信息、指挥战阵等一系列其他社会文化活动。明清以后，由于封建王朝对西南民族地区的统治加强，特别是改土归流以后，一些民族首领独霸一方的地位被流官所取代，原先号令一切的权威早已被大大削弱，甚至完全丧失。作为这种统治权威化的铜鼓也就失去了原来那种炫目的灵光。铜鼓最终又由统治者手中的权力重器回到民间，恢复了乐器的本来面目，但依然带着重器、神器的功能。

1. 铜鼓：与祖先交流的媒介

在过去漫长的岁月里，生活在无文字时代的白裤瑶居民，常常有着当地的一套特殊的非语言的符号体系。例如，以约定俗成的方法使用一些文化器物，以借物寓意的方法表达抽象的思想观念，使当地传统的信仰、价值观以及社区规范能深深地印入人们的脑海中。因此，铜鼓就成为了人们与“神灵”进行沟通交流的工具，即在有关祭祀场合，人们必定会击响铜鼓，就认为“老天”已知道了下界的事情，或认为“神灵”已降临人间。所以，在白裤瑶的社会里，铜鼓不再仅仅是一种祭祀的礼器，转而变成了一位沟通人与天、神、祖宗的信使，人们认准了只有铜鼓才能将现实中的宗族和意念中的宗族永远联系在一起。白裤瑶家中一旦有人去世，人们必须立即敲响铜鼓告知天上的祖先，否则逝去的族人就不能与天上的祖先团聚。

“油锅”成员的死亡，无论对于“油锅”组织还是死者的家庭来说都是一种损失。亲人们会用号啕大哭和低沉浑厚的鼓声来表示对死者的吊唁，同时也用这种方式来进行报丧，以通知邻近的“油锅”成员以及祖先的灵魂。因为在白裤瑶族人的想象中，认为人死之后，灵魂是不灭的，仍要按照血缘关系继续生活在一起，所以同一“油锅”成员死后都要去跟祖先团聚。同时，他们还认为死者与活人之间仍然维持着原有的社会关系，因此死者的亲属要按照原有的风俗为死者尽义务，满足死者的各种要求。所以要将死者生前用过的生产工具以及生活用品作为随葬品挂于死者坟上，而且还进行砍牛祭丧，以便死者魂在另一个世界里能过得舒服安逸。这样，他们的灵魂才可以保佑活着的人。

葬礼仪式往往以宣告一个人新的开始来否定死亡，强调人的再生是透过仪式而非自然性，只有通过仪式，死者才能从腐朽的肉身跨向“永生”的境界。正如在二次葬中，人死后只有当骨与肉处理完毕，灵魂才能到达另一个世界成为祖先，然后获得再生。而牛正充当了白裤瑶葬礼仪式中的关键，人们在葬礼中通过砍牛向神灵奉献礼物（牛），以期待神灵的回报，使得人与人以及人与神共同分享牛，以享有共同的血，来维系彼此之间的亲属关系；白裤瑶将牛分食的过程，比喻为吃掉死去的人，事实上吃掉的是生者与死者之间的关系，透过仪式重新定义死者与生者的关系。但不能忽视的是，只有使铜鼓发声，葬礼仪式才能获得最终效果，鼓分阴阳，声联生死，既为祭生，也为奠死。如同澳洲土著对“聚灵架”的热情，虽说是由图腾图案所激发，但“聚灵架”所发出的“噪音”亦具有仪式的意义。后来，仪式中的乐器被当成是，“由打击和摇动产生的噪音被广泛地用于和另一个世界交往”，[①] 因此“这些制造噪音的器具与身份或状态的过渡是有意义的联系”。

白裤瑶葬礼是使用铜鼓最重要的生命礼仪，而为死者所敲响的铜鼓声则是仪式的重头戏。回顾人类学对宝物作为记忆机制的讨论：宝物以其永久存在的特性，讲述祖先的故事，是为社会再生产和人群凝聚。但铜鼓除了是永

---

① 涂尔干. 宗教生活的基本形式［M］. 芮传明，赵学元，译. 台北：桂冠图书公司，1992：127 ~ 133.

久传承的“油锅”宝物外，还要在仪式上发声才能发挥作用。瞬间又无形的声音是否也在仪式里传达到永生（声）？就声音而言，铜鼓的价值首先体现在声音，① 其重要性是在仪式里发声，取得仪式效果。虽然青铜取得不易，被认为是铜鼓成为宝物的重要因素，但万辅彬教授也暗示铜鼓持久的生命力与其发声的功能不可分。

2. 铜鼓：社会人际关系的纽带

有社会学家曾指出，在未分化（或分化程度不高）的社会里，常常需要依靠宗教权威来解释其习惯法规或民间规约。昔日生活在各自小天地的居民们，通过信奉其幻想中的神灵来保持认同感，成为巩固社区成员凝聚力的重要方法。本研究所讨论的白裤瑶铜鼓就具有这样的作用。白裤瑶的“油锅”组织，是当地瑶民在恶劣的自然环境和低下的生存技术条件下，以社会的力量求生存的一种传统方式。同一“油锅”的成员生聚一寨，死葬一处，彼此间结成了十分亲密的关系。对于他们朝夕与共、赖以生存的集体，人们在思想上必然需要有所反映、有所表达，形成相应的集体意识，这是社会生活的客观需求。然而，由于过去白裤瑶没有文字，不会使用“集体”这样的名词或类似的抽象符号来进行概括及表达，于是就使用一种具体器物来作为表达集体感情、维系群心的象征物，而铜鼓就成为这一文化器物。② 人们一看到它的特殊形制，听到它发出的乐声，就会联想到自己是这个集体的一员而产生归属感。

虽然在白裤瑶的社会中，“油锅”头人的管理及习惯法的约束使得白裤瑶社会得以正常地运转。但是“油锅”成员通常并不仅仅是迫于上述社会压力才同群体保持一致的。同宗同祖的意识及父系家族的血缘联系，才是“油锅”组织维持其凝聚力的主要手段。在昔日白裤瑶的传统观念中，个人的生命只是父系家族生命体总链条中的一个环节而已，个人的生命完全依靠这种群体生命而存在。为了巩固及增强这种群体观念（家族观念）的需要，就形成了

① 何洪. 铜鼓乐论［J］. 民族艺术，1994（4）：136 ~ 152.

② 于希谦. 中国南方鼓文化与地域社区生活［M］. 昆明：云南民族出版社，1995：214 ~ 216.

白裤瑶传统的砍牛祭丧、打铜鼓的习俗及仪式。当参加者置身于这一特定的气氛中，就会主动去体验和领悟其中所包含的道理，从而收到“行不言之教”的效果。这对于“油锅”成员之间情感交流，培育和巩固集体归属感，具有十分重要的作用，从而成为增强族群凝聚力必不可少的一种传统方式。

然而，所谓祖先灵魂毕竟是幻想的产物，不像真实存在的事物那样能够作用于人们的感官而引起感觉。于是，人们就借助铜鼓，通过敲击铜鼓产生的朦胧的、富于暗示性的音乐，使祖先“灵魂”在观念上裹上一层可感知的形式。铜鼓乐声在人们心目中产生的暗示及折射作用，会产生“祖先灵魂”的幻想并随即印入儿孙们的心目中。白裤瑶“油锅”组织的正常运转与铜鼓紧密相连，很大一部分原因就是铜鼓起到了增进白裤瑶内部联系、增强本支系的认同感及内聚力的作用。

3. 铜鼓：财富与权利的象征

铜鼓最初是作为完全实用器，即炊具兼敲击之乐器出现的。但随着铜鼓造型、纹饰的不断丰富、发展，铸造难度的逐渐加大，并人为地被赋予了许多神秘文化色彩，使得其功能由实用器变成重器、礼器。因此，人人都想拥有更多的铜鼓，即使死后也依然能够凭借铜鼓在阴间享受富裕的生活。这种追求铜鼓的欲望一直延续至今。

铜鼓象征财富，史料已多有记载。而现在看来，白裤瑶的铜鼓已经有些功利化了，村民们用金钱可以买到铜鼓，而买铜鼓的动机只是为了提高社会地位，从而形成了权利的转移。人们只要有钱，就可以买到铜鼓，因而也就拥有了支配一方的权利。若社会地位较高而经济上并不富裕的人买不起铜鼓，他们的社会地位也就会随之低落；相反，社会地位不高而经济上富有的人，即可因购买铜鼓而提高社会地位。当前，在白裤瑶社会中，铜鼓不仅是权力的象征，而且也成为财富的象征，或者说铜鼓本身就是一种财富。

二、白裤瑶铜鼓文化的传承与保护

铜鼓文化在现代化的冲击下，陷入了即将消亡的境地，传承与保护便成为铜鼓文化能够得以保存和发展的关键所在。对于白裤瑶铜鼓的保护与传承，当地群众、民间艺人及政府组织各有高招，在铜鼓文化保护的过程中发挥了各自的作用。这些保护在不同程度上也促进了铜鼓文化的传承与保护。

（一）“油锅”组织对铜鼓文化的传承与保护

自古以来，凡是白裤瑶居住的地方，每个村寨都有“油锅”组织，瑶语称为“破卜”。“油锅”是汉、壮民族的他称，是同一祖宗同锅、同桌吃饭的意思。也有人认为，“油锅”就是同一祖宗的后裔。在同一“油锅”里，凡有婚丧大事，大家都互相帮助。“‘油锅’基本上是由血缘亲属组成，它以同一姓氏的形式表现出来；每个‘油锅’都有一个称谓，有一定的地域范围；‘油锅’实行‘油锅’外婚，不能和汉、壮等其他民族通婚；‘油锅’成员有互相继承财产的权力，财产依然保留在‘油锅’内；‘油锅’成员若是无子，经‘油锅’同意可以接养继子；‘油锅’成员有互相帮助的义务；‘油锅’有公共墓地。”①

在白裤瑶中，真正维持基层社会运作的主导力量是社区中的长者。他们以民族在历史上形成的文化传统进行“教化”，即“长老统治”。而“油锅”组织的头人一般是由年长的、有威望的成员担任，其作用一方面是维护本“油锅”组织的正常秩序，另一方面是传承本民族的传统文化，利用传统文化的力量来维护发展。因此，“油锅”组织在其社会的权力结构中，理所当然地占有重要的位置。白裤瑶的这种传统社会组织权力结构形式与费孝通先生提出的“长老统治”在本质上是相同的。瑶族，尤其是白裤瑶的阶级分化并不是很严重，在历史上也没有在本地区建立过本民族的政权。中央王朝因为其地方偏僻、山高路远，鞭长莫及而采取了土司制度，用当地头人来间接统治。所以，时至今日，这种“教化权力”即“长老统治”在白裤瑶的传统社会里有着广阔的生存空间。

画图屯目前共有两个“油锅”组织，每个“油锅”都有其各自的名称，

---

① 玉时阶. 白裤瑶社会［M］. 南宁：广西师范大学出版社，1989：31 ~ 36.

都是以一个家族祖先的名字或其兄弟的名字来命名的。全屯 29 户 132 人都属于这两个“油锅”的成员。一个是黎广要的“白古”组织，共有 19 户；另一个叫“古那”的“油锅”组织，有 10 户，“油锅”头人是黎进财。两个“油锅”目前共有 6 面铜鼓，“油锅”成员在需要时可以向“油锅”借用。每次借出，须由锅头举行祭奠仪式方可取出铜鼓，待鼓用完后须交锅头收藏。如不按时还回，或擅自偷出去卖的，将会受到严厉的惩罚，轻则被赶出“油锅”，重则会被打死。新中国成立前，“白古”的一位成员把铜鼓藏起来，想要拿去卖，被其他人知道了，全“油锅”的人当晚便拿着火把来到他家，让他把铜鼓交出来，不然就要烧他家房子。最后，他只能老老实实地把铜鼓交出来，但还是被赶出了“油锅”组织。

铜鼓通常由“油锅”头收藏在家中楼上靠近火塘的屋角，并用铁链锁住。也有些“油锅”的铜鼓被存放在靠近村子的岩洞中。在白裤瑶社会里，保管铜鼓和拥有铜鼓的人被认为是“好命人”，到处受人尊敬，他们的社会地位也随之提高，在“油锅”内和村寨中说话算数，令人信服，有一定的政治影响力。总之，在白裤瑶社会里，由于锅头保管着铜鼓，因此，他们在“油锅”中说话办事是有足够的威信的。白裤瑶族人也正因为铜鼓，才使族群得以维系，“油锅”组织的生产生活也因此得以正常运转。

在画图屯，自从黎广要成为“白古”头人以来，几乎没行使过“油锅”头人历代传统的权利，他目前主要的任务就是保护好“油锅”的集体财产——铜鼓。从 20 世纪 70 年代到 80 年代初期，只有他一个人知道他们“油锅”的铜鼓藏在什么地方。平时，他把铜鼓收藏在家中，只有在本“油锅”里面有重大事情发生时，如葬礼和春节，才将其取出。在保管铜鼓的同时，他也在传承着本“油锅”的文化。作为一个“油锅”头人，特别是保管铜鼓的人，不仅要会敲铜鼓，还要熟悉铜鼓的来历及所有的故事传说。在平时，他还要物色自己的下一代传人，同时也要不断地把本民族的历史、历代祖宗的姓名、在仪式过程中的步骤、在仪式中遇到问题的解决办法等传给下一代。而“油锅”头人传统的政治、军事、司法等权利已经消失。据黎广要回忆，在他准备接替上一任“油锅”头人位置前，先要跟着前一任头人学习，处理的事情大多是分家、兄弟吵架、祭祖、葬礼等日常生活事情，主要是学习和记住祖宗的名字、仪式的程序和步骤、处理事情的方法等，其他大事情如征税、交租等重大活动“油锅”头人已经没有权利再去支配。

白裤瑶的铜鼓一般只在特定的时间才能拿出来敲打，所以只有春节才是最好的学习和练习机会。从年三十开鼓到正月十五收鼓，一年中也只有 15 天的时间练习，时间太短。所以，平时想学打鼓就只能打“竹地鼓”。这是用竹子做的一种简易乐器，只要有竹子，当地的人都会做。在它两边正反各两根共有四根弦，竹子上打有洞，在洞的上面放有连音片。打的时候，左手的竹条相当于配音片，打在竹鼓边上；右手拿“竹地鼓”，敲下去的时候用手指按住洞眼，抬起来时把手指打开，手指在竹筒上一开一合，一开一合，就能发出“翁凹、翁凹”的响声，相当于打铜鼓时木桶发出的声音，这样左右手交替地敲打，就可以发出铜鼓及木桶配音的声音。学会打“竹地鼓”以后，春节时就可以敲打真正的铜鼓了。在画图屯里，“油锅”里的每个成员，不论男女都会打铜鼓，特别是男子，如果不会打铜鼓会遭到别人的取笑。黎广要在南丹县高中读初一的二女儿，从 10 岁开始学鼓，一年后就学会了，现在已经打得一手好鼓。

白裤瑶经过若干代的迁徙后，传统的风俗习惯尽管还较好地保存着，但也在不断地吸收着外来文化，并不断地发展变化。从对怀里的调查来看，目前的“油锅”已不再是过去的社会组织，国家的行政权力已经替代了“油锅”的权力，剩下的只是维系血缘亲属关系的力量维持着白裤瑶社会最基础的单位。在白裤瑶的传统文化向现代化过渡的进程中，很多包括铜鼓在内的优秀民族文化也将被抛弃。

（二）民间艺人对铜鼓文化的传承与保护

民间艺人对铜鼓有着深厚的感情，他们往往爱鼓如命，不仅会打鼓，对如何传承与保护铜鼓文化也有很大贡献。

在化里只要一提到铜鼓，人们就会不约而同地说：“去问黎政君，他最懂了。”黎政君从小就热爱铜鼓，能打一手好鼓，1990 年从南丹师范学校毕业后便到南丹县里湖瑶族乡蛮告小学教学。工作后，他经常组织白裤瑶群众开展与铜鼓相关的业余文化活动，后被调到里湖乡文化站工作。他对白裤瑶的历史文化，特别是与铜鼓相关的音乐、舞蹈、仪式等都非常了解。用他自己的话来说，他这一生就是为铜鼓而活的。当我们离开调查点的时候，又听到他调到“南丹县里湖生态博物馆”工作的消息，他又开始了发扬铜鼓文化的新征程。

1965 年，黎政君出生在懂甲屯。正如化里村的许多家族一样，他的祖先是从车河侧岭迁来的，刚开始是迁到岜地坡角，到了第二代的时候分为 3 个支系，其中一支迁到岜地后又分为 3 支，一支到今怀甲村岜撒屯，一支在今瑶里村么务屯，另外一支是今八圩乡关西村懂甲屯，而他属于懂甲这一支系。直到 1984 年，他父亲才带着他们一家子迁到化里。他父亲曾任里湖乡人大常委专职主席，在当时比较有威信，很受地方群众的爱戴，被当地人称为“瑶王”。黎政君的父亲于 2001 年过世，他的葬礼据说是里湖乡有史以来最隆重的一次葬礼，仅买牛就花了两万多块钱。当时来参加葬礼的群众有 3 万多人，记者 100 多人。

黎政君从小就特别热爱铜鼓，他不仅能打一手好鼓，还翻阅了许多有关铜鼓方面的书籍。特别是对白裤瑶的铜鼓，无论是音乐、历史还是传说，他都能熟记于心。尽管白裤瑶男人大多都会打铜鼓，但鼓点较单一，要拿到舞台上表演，还必须要加入一些艺术方面的元素。因此，他在打铜鼓的每个场合都注意铜鼓的打法，并结合各寨子的打法进行创作，在传统基础上结合舞台艺术进行加工创新。凭着对铜鼓的这份热情，他成为当地人认可的铜鼓行家。当他还在中学当老师时，就开始组织各种铜鼓比赛。乡里无论有什么活动，也都由他负责组织铜鼓表演。在那些年，他时常是白天上课，晚上教群众打鼓，从 1993 年起他就开始陆续带队出去表演。现在，怀里的铜鼓队的打法都是由黎政君教的，因为都是一个“油锅”的人，所以教的时候大家都很配合，队伍组建得也很顺利。操练成后的第一炮，他就带队参加了“南丹民族民间文艺大奖赛”，并获二等奖，回来以后才受到政府部门的注意。1995 年 11 月在里湖乡小学希望工程剪彩上，他带队再次参加表演，广西电视台进行了实况转播。随后北京的一个节目制作人通过政府找到了他，并邀请他带队到北京参加“中华万宝路擂台赛”。他带队参赛获得了特色奖和优秀节目奖。除了教大人打鼓外，黎政君还在学校培训一批小学生打铜鼓。1993 年，他还曾经带着 20 多个白裤瑶小孩到“东方儿童”节目表演。他的儿子黎军红，今年才小学 3 年级，已经打得一手好鼓，在元宵节的比赛中也曾多次登台表演。

正是由于黎政君的突出表现，2001 年乡里决定将他调到里湖乡文化站工作。如果说之前他组织队伍表演是一种纯粹的个人爱好，那么到文化站以后，工作的需要及他本身的爱好，更使他如鱼得水，尽情地施展着自己的才华。每年的春节、元宵节，他都要在全乡范围内组织打铜鼓比赛。

铜鼓比赛的规则均由黎政君定。无论是从瑶里来的还是岜地来的参赛选手，铜鼓比赛都须先打自己村寨的鼓点，然后再打岜地、纪后等其他村寨的鼓点。岜地、怀里的节奏自然些，而纪后、瑶里的节奏密集比较紧张，所以不一定都打得很到位。这就要求木鼓在指挥的时候不能出现误差，特别是鼓点，所以每一个部位动作都要打得比较准确。铜鼓比赛有具体的评分规则，比赛的时候每位评委都会按照评分规则来打分。主要是听节奏，节奏打得好的多得分，节奏打得差要扣分；木鼓指挥时在转折点音变了也要扣分；打猴棍舞的既要完成“猴棍舞”，还要保证总体指挥任务不能乱，跳得灵活、豪迈、奔放的加分，而那些跳得很死板的要扣分，等等。除了这些以外，在服装上也有加减分。他每年就是想办法来召集这些人参加比赛，一年想一个办法，一年换一种新花样。因此，每年的比赛项目都不一样，有些年只单独比铜鼓，有些年铜鼓和鸟枪一起比，有些年铜鼓、鸟枪、牛角、拉力一起比，有些年又分开比，所以每年都有一个新的评分规则。自从黎政君到了文化站后，每一年的铜鼓比赛都搞得有声有色，到现在已经成了一个不成文的约定，每年春节到元宵节，不用通知，各个村寨的鼓手们就会自己穿戴整齐，背着铜鼓，早早来到乡政府等着参加比赛。

黎政君家现在有一面麻江型母鼓，是 2002 年他跟他大哥花了 18000 元从贵州榕江买来的。归他家三兄弟私有，不属于他所属的整个“油锅”组织。一个是因为这面鼓比较贵，“油锅”组织的其他成员没有钱合买；另外，他希望能给自己的后代留个好鼓。谈到这面鼓黎政君感慨万分：

我想要这种花纹图案的鼓有30年了。所以一看到它，花纹清晰，保存完好，形态大方，声音又好，我毫不犹豫就买下来了。虽然花了我18000元，但物有所值，现在人家开价24000元我都不卖。话又讲回来，老实讲，我非得有这样的一面鼓不可。因为作为一个文化工作者，以前喊人家拿鼓出来去表演、比赛，都叫不动，人家讲："那你拿好的，我也拿好的。"他们明知道那时我家没有好鼓，故意这么说。自从有了这面鼓以后，我讲话就算数多了。我讲我也拿我那面18000元的去，这样一来，请鼓王之类的好鼓就好请多了。

说到2002年到贵州买这面18000元的铜鼓，中间还有一段惊险的故事：当时，黎政君与他大哥本来打算买两面铜鼓，所以身上带了两万元钱。到了卖主家后，主人本来要卖的是另外两面铜鼓，而黎政君却一眼看中了这面18000元的鼓，看着卖家没有想卖的意思，他就先没出声，心里盘算着怎么把它弄到手。他先是指着一面好点的鼓说给7000元，卖主一听就说："7000元啊，我不卖哦，这面要15000元才得哦。"然后他就指着那面18000元的鼓问卖主："这面呢？"卖主根本没有想要卖这面鼓，也只当他开玩笑随口问的，所以也就随口喊了个自以为很高的价钱："哦，这面啊，没有18000元我都没卖的，哪个给18000元就拿去了。"这下，黎政君暗自窃喜，因为他身上带有两万块钱现金。但他还是不露声色半开玩笑地讲："真的哦，如果我给你现钱了，你没卖的话要给我38000元哦。"卖主被他这么一激，就回答说："真的啊，你拿18000元现钱来你就拿走。"黎政君一听他这么说马上把卖主拉到房间角落，从口袋里把18000元现金一张一张地数给他。据黎政君回忆，当时，那个卖主一手拿着钱，一手抓抓头，愣在原地半天都回不过神来，过了好久才冒出一句："这种啊，那我问问我大仔先。"黎政君生怕他反悔，就不依了："没是哦，讲好的哦，你现在拿到我的钱了，鼓就是我的咯。不然，你要赔我38000元哦。"不等卖主讲话，他跟他大哥扛起铜鼓就跑了。后来，他回忆说，如果当时再想一下，给他去问他大儿子的话，这面鼓肯定就买不回来了。因为后来听说这面铜鼓是那个寨子的"鼓王"，如果给他们寨子的人知道“鼓王”被卖了他们肯定不依。黎政君跟他大哥背着铜鼓一回到里湖，全乡的人都来看这面18000元的鼓，都说：“我要来看看，18000元的鼓到底有几好。”等大家都看过以后，个个都夸鼓好。按照当地人的说法，如果一个家有五六面铜鼓的话，无论做什么事都会比较顺利。而黎政君家的这面铜鼓抵得三四面新鼓（新鼓每面4000～5000元）的价钱，也就相当于他家里有了三四面铜鼓。他偷偷告诉我们说，自从他家买回这面铜鼓以后，做铜鼓生意的确赚了不少钱。

黎政君也是里湖铜鼓买卖的中间人。他之所以决定当这个中间人来卖铜鼓，一个是他认为自己作为一个文化工作者，有责任要把好铜鼓的这个关，不能给那些破的、裂的铜鼓拿到里湖来欺骗当地群众；还有一个原因是因为2003年之前里湖这里的铜鼓都是民间自由买卖，群众买到了许多烂鼓，直到他们吃了亏，才一个个来找他。令他印象最深的一次，有个老伯来到文化站，边哭边骂他：“你是文化站的，你怎么给那些人拿裂的鼓来骗我们呢，花了我4头耕牛啊。”所以，到了2004年，他最终把这个铜鼓买卖管起来，这对当地群众来讲应该说是个好事，他自己也很高兴。只要见到有人拿铜鼓到里湖来卖，他就会告诉卖铜鼓的人，让他们先把铜鼓拿到文化站敲给他听，如果是好鼓的他就让卖主在这里卖；如果他听出来是裂鼓、烂鼓的话，他就不给卖主在这里卖，让他们马上把铜鼓拉走。这样，那些卖铜鼓的人往往把坏的、烂的铜鼓都拉到其他乡去卖，所以其他乡的人都觉得奇怪，为什么里湖得的都是好鼓，而他们得的总是烂鼓、裂的鼓。里湖乡的群众就告诉他们，在里湖乡这里，有黎政君帮他们把关。然后一个传一个，大家都知道，要买铜鼓的话要到里湖乡文化站，那里的都是好鼓。好鼓才给在那里卖，不是好鼓的不给在那里卖。现在，白裤瑶群众只要买铜鼓都会跑到里湖文化站这里。最远有贵州的，荔波附近也有人来买。买铜鼓的都是白裤瑶，壮族人是不会来这里买的。这主要是与各民族对铜鼓花纹的偏爱有关。因为“东巴凤”[①]壮族地区的纹饰大多是十二生肖，有龙纹等装饰，而白裤瑶的铜鼓纹饰大都相对

① 东兰、巴马、凤山壮族地区。

简单，白裤瑶铜鼓最大的不同就是中心的太阳纹是突起的“猫爪纹”。

一般，农历八九月份以后，卖铜鼓的老板就会拿铜鼓到里湖乡，通常拿一两个，多的时候有五六个不等，一般都是自己包车过来。老鼓一般从贵州来，新鼓从环江那边来。黎政君充当中间人帮他们卖，先跟卖铜鼓的老板说好最低的价格，然后他在此基础上出售铜鼓，所得差额归他。交易一旦成功，他就会通知老板过来拿钱或者是等到下次老板再拿新鼓来时，一起结清。新鼓的价格由声音、质量和鼓的花纹来定，最便宜的 3000 元，最贵的也只要 6000 元。而老鼓价格则上万元。从声音、质量和纹饰来看，新鼓都远不如老鼓。如今，在白裤瑶社会里，人们为了面子购买铜鼓的越来越多了。在白裤瑶社会里，如果没有铜鼓，就会被别人看不起，说连鼓都买不起，肯定是没有钱。没有铜鼓的人，朋友之间相约去参加砍牛时，是要拿两三条鸡去跟有铜鼓的朋友借，请朋友帮撑脸面。即使朋友答应借鼓，在砍牛时背铜鼓去的是鼓主，敲的也是鼓主，借鼓的人是没有机会碰铜鼓的，人们害怕出了问题说不清楚。看着别人有铜鼓打自己却没有，而别人的鼓又不能随便碰，是很尴尬的。因此，没有铜鼓的人往往愿意花点钱买个便宜的鼓来打，尽管这种鼓不算好鼓，但至少可以敲打。铜鼓拿来以后都要先经过黎政君敲打鉴定，只有这样，买鼓的老百姓才会放心地买。在里湖乡已经形成了一个规矩，凡是经过黎政君鉴定的鼓，一旦卖出去后有什么问题他都会负责另换新的。2004 年，有 3 面坏的鼓，其中的 2 面鼓只用了两个月就破了，还有 1 面才买了几天，发现鼓边裂了一小块，打的时候也不受影响。最后，黎政君也全都给他们换了新的。

黎政君卖的新鼓 90% 以上都要调音，老鼓则很少调音。新鼓的声音不够响亮，传得也不够远，余音拉得也不长，如果不调音的话就不会有人来买。白裤瑶的铜鼓平时一般不乱敲，只有在老人过世以及春节时才敲。所以一旦有人去世，人们会在砍牛前先敲响铜鼓通知其他亲戚，最短的敲两三天，最长的敲两个星期，以亲戚住的远近而定，以便留出足够的时间来让亲戚们知道有人去世。人们一听到鼓声就会去打听是谁家敲铜鼓，这样丧家的亲朋好友就会不约而同地到死者家去奔丧。正因如此，白裤瑶非常重视鼓的声音，鼓的声音越好，价钱自然也就越高。黎政君对此打了个非常贴切的比喻：

就好比买手机一样，没有钱我就买部烂手机两三百块钱，你“喂、喂”，我也能“喂、喂”，但有钱的话就买那种一两千的。不用你讲，人家一看机子就知道你有没有钱。铜鼓声传得远，五亲六戚都听得到，说明它的作用大。作用越大，价钱就越高，好比移动和联通信号一样，你背起个联通到乡下没有信号，而我的是移动到乡下我可以“喂喂，有么事吗？”五亲六戚可以找到我，多几块钱，我认为值得。鼓如果声音没好，传得没远，五亲六戚听没到，用处就不大了，所以我们这边重视声音就是这个原因。我们逢年过节就拿鼓出来比比他们的音量。鼓的声音如果好，人家都懂得那面鼓的价钱最高。那面鼓的价钱越高，那铜鼓主人的面子就越大，五亲六戚就看得起他，称他为鼓霸王。

给铜鼓调音（图 4-8）是白裤瑶民间流传至今的习俗，主要方法就是把铜鼓鼓面磨薄。老一辈人用磨石来磨，如今，在当地已经没有人再用磨石来磨鼓面了，因为那太费时了，而用电轮来磨则方便多了。用电轮给铜鼓调音是个技术活，一个要看手上的技术，一个心理要平静，心情一旦稍微有点波动，手稍微一重就会把鼓面磨通。磨完之后的铜鼓声音都会比先前要高一些、响一些，颜色相比其他没磨过的地方会显得黄一些，凹槽里磨过的痕迹会比鼓底的痕迹更明显一些。

图 4-8　给铜鼓调音（刘莉　摄）

磨鼓时，一般是先从铜鼓鼓面内部开始打磨。磨的时候一定要掌握好力度，使鼓的厚度要均匀，由圆周外向圆心一点一点地打磨，边磨边敲打，听声音是否已经合适，如果已经合适就不再动了，假如一直磨到了圆心声音还不合适，就从铜鼓的鼓肚再开始磨。现在电轮的虽然比以前老一辈用磨石磨得要快，但也有不足之处。因为电轮温度很高，如果磨的时候电轮太热鼓面就会受热膨胀，鼓面就会凸起；当把电轮的温度降低后，鼓面又会缩回去。铜鼓经过这样的热胀冷缩，声音也会受到影响。

白裤瑶打铜鼓要配合助音桶（木桶，图 4-9），因此对助音桶的要求也很高。每面铜鼓都会配有专门的木桶，这样打出来的声音才好听。黎政君家的铜鼓自从买回来后，就一直在找合适的木桶，现每做一个桶要花 50 元，现在已经试了 7 个桶，总共花了 350 元都还没找到合适的。在这个事上，他认为钱是小事，关键是要能找到合适的桶。黎政君一直觉得这个铜鼓的声音还没能达到最好，因为高音还没能出得来，现在只能发出“咚嗡咚嗡”的声音，如果木桶合适，就可以发出“凹嗡凹嗡”的声音。整个里湖像黎政君这 18000 元的好鼓目前只有 8 面，如果他能找得到好桶来配的话，他的鼓就可以真正称得上“鼓王”了。所以，为了能让这面鼓发出高音，他将不惜一切代价找合适的助音桶。

图 4-9　正在给新买的铜鼓配木桶（刘莉　摄）

黎政君，作为一个民间的铜鼓艺人，出于对铜鼓的珍爱，他不仅对本民族的历史文化相当熟悉，而且还对铜鼓的历史文化、音乐、艺术及仪式等有所了解；同时他又是政府部门的工作人员，保护铜鼓是他的职责范围，他不仅熟悉铜鼓保护相关的法规、政策，而且还将铜鼓保护的意识传达给群众。正是由于他这样特殊的双重身份，才充当了民间与政府之间的桥梁角色，使政府与群众之间得以很好地沟通。

（三）政府对铜鼓文化的传承与保护

除了民间原有的传承与保护渠道外，在现代社会中，政府的力量更是至关重要，各级政府在铜鼓文化的传承与保护中发挥了积极的作用。近年来，政府组织在白裤瑶地区对铜鼓文化的传承与保护工作也取得了较大的成绩。

这主要体现在“广西红水河流域铜鼓艺术保护工程”的实施和“南丹县里湖白裤瑶生态博物馆”的落成。

1. 广西红水河流域铜鼓艺术保护工程

2003 年年初，为贯彻落实党的“十六大”报告中提出的“扶持对重要文化遗产和优秀民间艺术的保护工作”的精神，文化部启动了“中国民族民间文化保护工程”。2003 年年底，“广西红水河流域铜鼓艺术”项目被批准为“中国民族民间文化保护工程”首批 10 个试点项目之一。它是一项以铜鼓保护为基础，以铜鼓艺术的传承为核心，以铜鼓艺术使用的文化空间的保存为重点，在保护红水河流域与铜鼓文化紧密相关的民俗节庆的基础上，重点保护传承红水河流域各村寨中具有非物质文化遗产性质的铜鼓歌舞艺术的保护工程。

工程坚持“政府主导、社会参与、长远规划、分步实施”的准则；坚持“保护为主，抢救第一，合理利用，继承发展”的指导方针。它将正确处理好抢救、保护和利用的关系，使广西红水河流域铜鼓艺术能得到有效保护，还将初步建立起比较完备的红水河流域铜鼓艺术保护制度和保护体系，在全社会形成自觉保护铜鼓艺术的同时，实现广西红水河流域铜鼓艺术保护工作的科学化、规范化、网络化、法制化的既定目标。其目标实现主要分为三个阶段完成：第一阶段，成立领导小组和工作机构，制订具体方案，进行现状普查；第二阶段，完成普查工作，建立铜鼓艺术资料库，举办传承人才和管理人员培训班，命名铜鼓艺术家，设立传承站，申报联合国“人类口头与非物质文化遗产”；第三阶段，设立第二批保护传承站，命名第二批铜鼓艺术家，举办铜鼓艺术专业班，举办铜鼓文化研讨会，陆续出版铜鼓艺术读物。

“中国民族民间文化保护工程”是一项人力、财力投入浩大，涉及知识领域广泛，需要长期延续性的工作。“广西红水河流域铜鼓艺术保护工程”在近几年的时间里，对红水河流域的铜鼓进行了大范围的普查工作，基本弄清楚了民间铜鼓的使用情况，为进一步的研究和保护奠定了基础，但是要做好这样一个庞大的工程尚需要各方面的共同努力。在我们的调查中，发现地方政府、学者和当地群众对此工程有着不同的看法。首先，地方政府认为此项工作极难开展，因为，按原计划每调查一面铜鼓答应要给铜鼓主人 15 元的误工费，但由于资金的不到位，在实际操作中迟迟未能兑现，最终导致当地群众不再愿意把鼓拿出来，使调查工作进行得极其缓慢。其次，在刚开始的时候学者们对此工程也曾给予了极大的热忱，但由于在后来方案的实施中与政府部门之间缺少沟通与协作，使得他们觉得自己学者的身份越来越被忽视，也就不再投入太多的精力。最后，当地群众则觉得进行如此详细的普查工作是没有必要的，只是被动地接受政府的调查，而且大多数群众甚至对政府进行的这项工作持怀疑态度，认为政府进行普查其实是想把他们私有的铜鼓收归国家所有，因此在铜鼓的数目上也就出现了谎报、错报的现象。

我们认为在“广西红水河流域铜鼓艺术保护工程”中，必须明确专家、学者及政府组织在项目中各自应该承担的工作。

首先，专家、学者们不能游离于政府的主导之外，应该积极配合各政府部门把先进的学术思想和理念传达给群众。一旦先进的理念被群众接受，群众的民族文化保护意识一旦被唤醒，他们就会创造出许多符合切身实际的好办法来保护自己的文化。这样，就要求专家、学者一是要加强科学研究，做到能够有足够学术支撑；二是要做好记录，包括铜鼓传说、鼓点和舞蹈等各方面资料的搜集。一直以来，蒋廷瑜、玉时阶及梁富林等一批学者，都对白裤瑶地区现存的铜鼓作了专门的调查，编辑出版了一系列研究成果：玉时阶的《白裤瑶社会》（1989 年，广西师范大学出版社），朱荣、毛殊凡 、周可达等著《中国白裤瑶》（1992 年，广西民族出版社）以及谢明学主编的《中国白裤瑶风情录》（2001 年，陕西旅游出版社）等著作对白裤瑶葬礼中铜鼓的使用情况，做了详细的记录；蒋廷瑜在《古代铜鼓通论》一书中也记载了有关白裤瑶“猴棍舞”的打法；姚舜安的《瑶族铜鼓演奏探析》（1997 年）一文对白裤瑶铜鼓的鼓点进行探析；梁富林、蒋学鹏的《河池民间祭鼓习俗》，温远涛在《红水河流域少数民族铜鼓使用的人类学意义》均认为铜鼓在白裤瑶社会中充当了神器的功能。但学者们开展的这些工作还是很有限的，需要更为深入的调查研究。

其次，要确立政府组织的领导地位，使之能够有效地汇集各学科专家，协调各类机构，团结广泛的社会力量，并以各种形式进行铜鼓文化宣传教育，进行舆论引导。一方面，政府要通过命名“铜鼓艺术家”等荣誉方式以及采取经济上给予补贴等手段，来鼓励支持老一代铜鼓民间艺人将有关铜鼓文化的知识与技能传递给年轻人；另一方面，政府要让项目区里的年轻人认识到铜鼓文化的悠久历史和珍贵价值，使他们愿意向老一辈的铜鼓文化民间艺人学习，主动传承铜鼓文化。另外，还可以建立文化保护区，如广西目前正在进行的民族生态博物馆建设，保护与铜鼓文化相关的人文、生态环境。

2. 广西民族生态博物馆

“生态博物馆”是一个舶来词，最早于20世纪70年代诞生于法国。随着工业发展造成的环境恶化以及现代文明对特色文化（主要指少数民族文化）的冲击，人们的环境意识和生态意识逐渐觉醒。正是在这一背景下，生态博物馆应运而生。国际博物馆协会给生态博物馆下的定义是：“生态博物馆是一个文化机构，这个机构以一种永久的方式，在一块特定的土地上，伴随着人们的参与，保证研究、保护与陈列的功能，强调自然与文化遗产的整体，以展现其代表的某个区域及继承下来的生活方式。”目前，全世界的“生态博物馆”有300多座，主要分布于欧洲、北美洲及拉丁美洲。

20世纪初，中国引进西方博物馆文化，1905年建立了中国第一座博物馆。20世纪80年代，中国又从西方引进生态博物馆思想。1995年，在我国著名博物馆学家苏东海先生的大力倡导下，贵州省率先在国内组建了“贵州省生态博物馆项目实施小组”，并选择该省六枝特区梭戛乡为我国第一个生态博物馆的建设地点，建立了中国第一座生态博物馆“六枝梭戛乡生态博物馆”。之后，贵州省又用了6年的时间，先后建立起了包括布依族、侗族、汉族在内的4座生态博物馆，创造了我国的第一个生态博物馆群。

广西生态博物馆的建设，在继承贵州生态博物馆的科学研究水平基础上，努力把生态博物馆向专业化、博物馆化方向提升，创造了生态博物馆的广西模式（也称为中国生态博物馆的第二代模式）。与贵州生态博物馆相比，广西生态博物馆加强了科学研究和展示传播水平，将正在建设的广西民族博物馆与未来在全区陆续建设的民族生态博物馆结成“联合体”，共同承担起民族传统文化和其他文化遗产保护、研究、传承与展示任务。作为中国第二代生态博物馆，广西更加强化了自身文化的展示传播功能，把资料信息中心改称为展览中心，以强调其展示意义，旨在提高当地人对自己文化价值的科学认识，以促进情感上达到珍惜的程度，使他们的表演和展示不再只是为了出售，而是出于一种自豪感，让他们成为自己文化的真正主人，从而达到自觉传承的目的。

坐落在广西南丹县里湖瑶族乡的这座博物馆全称为“南丹县里湖白裤瑶生态博物馆”，是目前为止中国第一座白裤瑶生态博物馆，同时也是广西落成的第一座生态博物馆。该馆于 2003 年 12 月动工修建，由展示中心（即生态博物馆馆址）和中心周边的蛮降、化图、化桥 3 个自然村寨的原状保护两部分组成。该馆总投资 180 万元人民币，其中展示中心占地 0.33 公顷，总建筑面积 750 平方米。“南丹里湖白裤瑶生态博物馆”是一个由政府主导、社会广泛参与的大型文化保护工程，其核心理念在于文化的原生地保护文化，并且由文化的主人保护自己。旨在发现、保护民族民间艺人，培养文化传承人，唤起和帮助村民保护与保存传统文化的精华。在这里，生态博物馆的专家、学者们将组织培训寨子里的年轻人，让他们能够掌握信息记录仪器，带领他们开展铜鼓文化记忆工程，让他们采访村寨里的老人，用自己本民族的语言记录本民族有关铜鼓文化的口头历史和传说，录制铜鼓鼓点及舞蹈作为长期保存的音像资料。另外，还将组织村民们进行铜鼓表演，以此来吸引大批旅游者与来访者，激励当地人保护铜鼓文化的热情，增强他们在外来文化面前对自己文化的信心，从而把对铜鼓文化的保护提升到自觉的高度。可见，生态博物馆不仅可以扩展当地人对铜鼓文化含义的理解，而且还为政府提供了对白裤瑶铜鼓文化的传承和保护的有益尝试。

但是，实践又告诉我们：要建成一座合乎理想的生态博物馆很难，而巩固它比建立它更难。因为生态博物馆的理念产生在后工业社会之中，所以这种思想在怀里这样的白裤瑶村寨是不可能自发产生的，并且这一理念在实施的过程中还遇到过许多困难。我们在调查中发现，对于生态博物馆，在当地群众中持有两种不同的意见。

个案 1：

黎三弟，男，68 岁，化图屯村民。我很反对这个什么生态博物馆。我不管它是哪里建的，就算是干部来了我也会这么说。反正我是不给他们在这里搞什么博物馆的，不给他们拿我们的东西去乱给外面的人看，也不给他们在这里修路。他们的路一修进来，我们这里古老的东西就全给他们破坏完了，我们这里的后生崽也会给他们教坏完了。我们白裤瑶的东西都是老祖宗留下来的，特别是铜鼓。他们来调查我们的铜鼓，又说拿去展览，其实他们是想要我们的铜鼓。因为在我们这里几百年都没有人来的，根本就没有人会来看我们的东西。而且每次上面有什么领导来，他们就叫我们拿铜鼓出来表演。我们白裤瑶的铜鼓是不能随便拿出来打的，随便就拿出来的话，会对祖先不敬而且铜鼓也会坏的。他们根本就不是要保护铜鼓的，是在破坏我们的铜鼓。

在化图屯，有类似黎三弟这种想法的人还有很多。由于对生态博物馆这一理念的不理解，使他们在面对外来文化冲击的情况下，本能地做出了强烈抵制的反应。而另外一部分愿意接受生态博物馆的村民们，所表现出的仍是一种茫然，又或者说在被动地接受。

个案 2：

黎进宝，男，31 岁，化图屯村民。我以前从来没有听说过什么生态博物馆，也不知道是用来做什么的，听他们干部讲，这个博物馆主要是为了帮我们保存一些白裤瑶的东西好留给子孙后代用的。所以，我们也蛮感谢他们的，他们让我们做什么我们也很乐意。每次上面有领导来的时候，干部就会喊我们去表演一下我们白裤瑶的东西给他们看，有打铜鼓的、吹牛角的，还有吹木叶的。他们外面的人都很喜欢看我们的表演，我们也很高兴。他们也喊我去教打铜鼓，是我们白裤瑶的我才教的。因为一个是外面的人是学不会的，如果是白裤瑶的话就比较好教；还有就是我们这里跟壮族那边打的不一样的，打得比他们的好听，如果教他们壮族的人打，等他们学会了再回去教他们那里的人打，那我们的特色就没有了。但是，如果叫我卖铜鼓给他们博物馆的拿去展览的话，我是肯定不卖的。因为这个铜鼓啊只有我们白裤瑶才有，是我们家族的宝贝啊，跟其他壮族的不一样的（主要是纹饰以及声音方面的差别），如果不好好保存的话，以后我们的子孙想打铜鼓的话都没有得打了。其他的东西，像衣服啊、草鞋啊之类的，我就答应卖给他们拿去展览了，让外面来的人可以看我们白裤瑶的东西，懂得我们的民族。

从上面调查我们可以看到，生态博物馆之所以能够在白裤瑶村寨中产生，是政府保护文化多样性的需要和专家的思想热情的产物。建立它是政府和专家的行为，而巩固它只有文化主导权回归到村民手中，只有当村民从名义上的主人回归到事实上的主人时，生态博物馆的建设才能得以巩固。[①] 而这一过程是需要长期努力才能达到的，因为村民们对自己文化价值缺乏科学认识，他们保护自己文化的动力主要来自于利益的驱动以及对自己文化的天然感情。要想让村民们从文化代理达到文化自主，必须要经过利益驱动、情感驱动和知识驱动三个文化层面的逐渐提升。在怀里这样的白裤瑶村寨中，我们不仅要帮助当地人理解生态博物馆的概念，更需要帮助他们理解自己的文化。只有当地人能够科学地认识自己文化的价值，他们才会更加珍爱自己的文化，才能自觉地去保护他们的文化。

总之，非物质文化遗产内涵的丰富性，体现的民族性、独特性、多样性，决定了保护方式也应当是多样的。从对怀里村的调查来看，白裤瑶铜鼓的保护与传承目前有三种不同的形式。一种是来自民间的自发组织；一种是政府的主持操作；还有一种就是学者的调查研究。从实践的效果看，它们确实为铜鼓文化的保护和传承提供了不同的途径，但效果并不理想。要想铜鼓文化的保护与传承获得成效，我们认为必须鼓励当地村民积极参与到由政府、专家倡导的铜鼓文化保护与传承项目中来。因为只有使白裤瑶铜鼓文化根植于当地的生活环境之中，基于当地村民共同意愿下开展的保护与传承，铜鼓文化才能得以生机勃勃地发展与延续。

---

① 苏东海. 建立与巩固——中国生态博物馆发展的思考［J］. 中国博物馆，2005（3）：13.

第二节 贵州布依族铜鼓文化与“十二则”的传承

贵州迄今还在使用铜鼓的民族有布依族、苗族、侗族、水族和仡佬族等。其中，布依族是铜鼓文化保留较好的民族。布依族历史上称“仲家”，明清方志就曾有“仲家俗尚铜鼓……号为孔明所造”的记载。铜鼓是布依族古老的打击乐器，是珍贵的民族文化遗产。它常与唢呐、皮鼓、大镲或铙钹、锣、木棍混合敲击演奏，保存着古代乐器的演奏风格，具有布依族的民族特色。至今，铜鼓已成为布依族文化中不可或缺的一部分，几乎每个村寨都有一面到数面铜鼓。很多布依族村寨仍保留着节日、丧葬使用铜鼓的传统习俗。但在现代化浪潮的冲击下，布依族铜鼓文化也和其他传统文化一样，面临着诸多问题。如何保护与传承铜鼓文化成为政府、学界和布依族民众十分关注的事。

一、布依族铜鼓习俗

铜鼓是布依族的“神器”，具有无比神圣的崇高威望。使用、保管、传承铜鼓形成了一系列仪式性规矩，统称为铜鼓习俗。

（一）铜鼓使用中的习俗

布依族称铜鼓为“连”或“那连”。在20世纪50年代以前，每个布依族村寨都有铜鼓，而且常常是雌雄配对，多由祖先传下，属于村寨或家族共有。凡遇隆重节庆，都要敲击铜鼓助乐；而碰上丧葬、祭祀，则由鬼师敲奏铜鼓。

1. 铜鼓的祭祀

布依族人对铜鼓十分尊重，把它当作传家宝，敬若神灵，年年施祭，岁岁施拜。取用铜鼓切忌“取”、“拿”等俗语，一律用敬词“请”。

大盘江布依族除夕之夜在祭祀天地神灵、列祖列宗之前，先从铜鼓保存处将铜鼓“请”来，鼓足朝下，鼓面朝上，覆于中堂，用一瓶未开启过的头锅美酒清洗鼓面，点上红烛，祭以雄鸡刀头、粑粑豆腐、冥钱纸马，念《鼓经》通告神灵，祭祀完毕，祭铜鼓一桌不撤。吃过年饭后，在鼓旁升起大火，全家人守岁。等到雄鸡第一声报晓，寨老（过去寨中的世袭头领）祭寨神的 3 声冲天炮响了以后，各家才放鞭炮挂鼓。一个寨子有几个铜鼓或相邻的鼓声相闻的几个村寨，哪一个鼓先击、哪一个鼓后击，前后顺序绝对不能错乱。如北盘江岸上属于关岭县的小盘江和属于晴隆县的下规模，是隔江相望的两个布依古寨。直到如今必须小盘江的两个铜鼓先奏完一曲，下规模才能击鼓。①

我们曾在册亨县秧坝镇黄氏家族目睹了祭拜铜鼓的场景（见图 4-10）：大年三十的下午 5 点钟，按照祖先传承下来的“规矩”，先将铜鼓平放在专祭铜鼓的供桌上，“耳”的一方有一对野山羊角，视为“正面”。铜鼓面上放 3 张纸钱，鼓前摆上各种祭拜物品，有香烟、土罐酒、肉、粽粑、糍粑、糖果、水果和 3 支点燃的香。祭拜开始，主人面对铜鼓站立，嘴里念

图 4-10　布依族祭祀铜鼓（蒋英　提供）

① 吴卓峰. 大盘江布依族铜鼓及铜鼓曲的文化考察［J］. 贵州大学学报（艺术版），2005（1）：40 ~ 44.

念有词，这是主人与铜鼓的亲切“对话”。《春节铜鼓祭祀诗》[①] 两首：

> 请土地神，请老祖宗，我家姓黄，请带一对角的铜鼓，请两个母铜鼓，请到堂屋来坐，来吃饭，保佑全寨、田土、庄稼。请祖宗保佑牛马成群、鸡鸭满圈、钱财满柜；请祖宗保佑女孩心灵手巧、进城；请祖宗保佑儿子读大学、上北京。我说保什么，就按照这样去保。

> 这面鼓有两只角，好像是我们的父母；你从唐朝来，我们都尊重你；保佑黄家和周边寨子。你在这里住，旧岁月已经过去，新岁月已经到来……

主人的话语，叙述着铜鼓从古至今的历史，祈求它给家族及村寨带来福祉。祭拜完毕，主人向铜鼓三鞠躬，在供桌边点燃铜鼓上的3张纸钱，抬着铜鼓在纸钱上方绕三圈，才将铜鼓挂在堂屋或门前屋檐下演奏，直至正月十五才收藏起来。

六枝特区陇脚乡的陈氏家族，每当要启用铜鼓时，都要做一桌丰盛的饭菜和拿几坛自己酿制的刺梨酒祭拜铜鼓（见图4-11），家族中的男女老少都围绕着铜鼓观看，热闹非凡。祭拜过程中，陈氏家族的年长者也要面对铜鼓说几句祝词，内容大意如下：

图 4-11　陇脚布依族祭铜鼓（蒋英　提供）

① 祭祀诗朗诵：黄玉才；翻译：陆正利、黄权昌；采集记录：蒋英；采集时间：2004年1月24日。

三十夜来了，要挂铜鼓，供祭铜鼓。铜鼓保佑家族平平安安，铜鼓保佑村寨风调雨顺，五谷丰登。

有的布依族村寨，在大年三十晚，请铜鼓时要杀鸡祭鼓，并滴两滴鸡血在鼓腰上，贴上一根鸡毛。将铜鼓挂好后，先击鼓3槌。如果鼓面朝寨外，可能年内将会有人来借铜鼓；如果鼓面朝寨内，年内本寨就可能有事发生。这一习俗一直流传至今。

在归还铜鼓时也要祭鼓。2004年2月5日（农历正月十五）下午5点钟，我们在贵州省兴仁县屯脚镇亲历了一次归还铜鼓时隆重的祭鼓仪式。

孝家余成耀距离余成胜（保管铜鼓的主人）的家大约有1千米。先由布摩① 组织家族的老人共同协商接铜鼓大事，备好酒、红蜡烛、鞭炮、香、纸钱等祭祀物品，并立即派人前往通知孝家余成耀，大队人马在村口迎接并护送铜鼓进家。因这次丧事发生在正月（新年）期间，送回铜鼓时，带有一条红布（2米长1米宽）、一条白布（孝布）、一壶酒、一对大红烛、鞭炮、香、纸钱。堂屋中央神龛前摆放约1米见方的大桌子，桌上摆放排成两行的小碗11个，酒杯9个，筷子9双，碗和酒杯全部盛满米酒。在大桌右边有专祭铜鼓的一张小桌子，桌上端正地摆放着系一条红布的铜鼓，鼓面上摆放4个小碗，2个酒杯，点燃的香、烛围绕着，桌前燃烧纸钱。此时，孝家对铜鼓三叩首，保管铜鼓的主人面对铜鼓三鞠躬。之后，铜鼓就由保管人家将铜鼓收藏起来。

祭鼓仪式结束后，凡是在场的成年男性，每人一碗米酒，分别面对铜鼓一鞠躬，然后相互祝福、庆贺、碰碗（杯），示意着家族的铜鼓平安回到了“家”。

现今，在贵州省镇宁县扁担山一带的布依村寨，启用铜鼓时，也有较严格的用酒“祭鼓”的规矩。“请”出铜鼓前，由保管铜鼓的主人家，在堂屋的神龛前摆放三碗米酒祭拜，示意将要“动”用铜鼓。然后，从里屋取出铜鼓，悬挂于堂屋中央，在一张小板凳上摆放两碗米酒对着铜鼓正面祭拜，铜鼓周

① 布摩，也称摩师，是布依族民间从事占卜、驱邪，组织祭祀、禳灾等活动的人，是引领布依族的精神信仰和文化生活的人。

围站满了人，人们静静地观赏和默默地等待着什么。

当铜鼓发出声响时，村寨里凡是能听到铜鼓声的人们，无论男女老少都会不约而同地朝着发出鼓声的地方集聚。这样的情况似乎形成了一种不成规矩的“规矩”，表达了人们对铜鼓的敬意和崇拜。来者有60岁以上的老人，主人家给每位老人盛上一碗米酒，以示对老人们的尊重和表示铜鼓的权威性。

2. 铜鼓在节庆中的使用

节日使用铜鼓主要是在农历正月和七月间，但不管是在使用的时间，还是使用的方式上，各地都有自己严格的规定。

在六枝特区的布依寨，人们认为迎接铜鼓到家，子孙就会发达，把铜鼓看成了神物。尤其是没有子女的人家，特别想把铜鼓接进家门。每年的农历正月十五是交接保管铜鼓的传统日期。每年大年三十首先要把铜鼓作为神器供祭，然后请有威望的老人开鼓——击铜鼓三下，这之后铜鼓才能付诸使用。整个正月都是学习敲击铜鼓的时间。这一风俗流传至今。

另一些布依族村寨，击鼓的意思为：一是表现节日中欢快愉悦（见图4-12）或喜庆丰收的热烈气氛；二是祝福来年五谷丰登、六畜兴旺，保佑全寨平安；三是教习本寨及家族年轻人演奏铜鼓“十二则”，起到传承和了解本民族的优秀传统文化的作用。

春节期间使用铜鼓一般是从腊月三十挂到正月三十，过完“了年节”[①]、吃“油团粑”才将铜鼓收藏起来。在大盘江布依寨，演奏年鼓是一件十分严肃慎重的大事。铜鼓乐曲的12个主段分别代表一年中的12个月份，送段的多次反复预示一年的运势。正月间有3次重要的演奏，称为“年三鼓”。第一次在大年除夕之夜，第二次在正月十五，第三次在正月的最后一天。这3次演奏，全寨人都仔细聆听。如果哪一段的鼓点出现差错，就预示着哪个月份会出现阴错阳差，将会有天灾人祸。因此，不熟练不老到的鼓手是不准参加演奏“年三鼓”的。[②] 除

① 了年节：布依人将整个正月都视为春节。春节的最后一天，意味着大年了结，这一天被称为“了年”。

② 吴卓峰. 大盘江布依族铜鼓及铜鼓曲的文化考察［J］. 贵州大学学报（艺术版），2005（1）：40～44.

图 4-12 贵州兴仁铜鼓文化节（蒋英 提供）

每年岁首和超度亡灵外，大盘江布依人在其余时间一般不允许击鼓。

3. 铜鼓在丧葬中的使用

对于布依人来说，在隆重的“古谢王”（布依族丧礼）仪式中，若无铜鼓是不能举行的。“古谢”是布依语，直译为“做客”或“做鬼客”，是布依族特大的祭祀仪式，参加的亲友和前来参观者可达上千人，主人家都视作客人予以款待，故有“古谢”（做客）之名。

至于布依人为何要在丧葬中使用铜鼓，北盘江流域流传着这样的传说：

> 布依族的始祖“杰布”看到老人们死后都到十二层地狱去受苦受难，就向天神讨来一面铜鼓。从此，当 3 声铜鼓敲响后，天神就派仙人下凡，引度亡灵升入天堂，天上也因此有了自己宗族的祖先。①

① 吴晓秋，唐文元．盘江流域布依族丧葬中的铜鼓［J］．贵州文史丛刊，1998（2）：86 ~ 87.

布依族丧葬过程隆重而复杂，大致分为：报丧、停丧、入殓、择吉、祭奠、出殡、安葬、包坟立碑、脱孝等程序。仪式则分为：开路、颂（摩）经、立“升天幡”、孝奠、开堂、客悼、收堂、赶“鬼场”、倒天幡、出殡，等等。老人亡故，亲属即为死者沐浴，小殓，先讣告外家再讣告亲友，遗体停在神龛之前，等待“吉时”大殓。大殓时，把一点碎银放在死者口中。

在整个丧葬过程中，铜鼓是必不可少的，起着至关重要的作用。在贵州省贞丰县，铜鼓是由布摩严格按照仪式程序来击打。老人去世了，要敲打铜鼓演奏的12段乐曲，即铜鼓“十二则”（见图4-13）。敲打铜鼓节奏要缓慢，让鼓声更悠长，以表达丧家的悲痛之情，并借鼓声传递噩耗。当亲友前来吊唁时，为表达对死者的尊重和哀悼、对死者亲属的慰问，布摩会稍加快节奏，以表达悲喜交加的情绪。据一些布依老人说：过去，老人去世时，只要听到铜鼓声，老人就会醒过来；即使醒不过来，在九泉之下也会安心。所以，布依族人民就要击铜鼓。铜鼓在丧葬时还起着指挥作用，当敲响铜鼓第一声，连同唢呐声、舂碓声①、打擂声②和哀哭声齐声发出，气氛悲凉而哀婉。

图4-13　布依族老人演奏铜鼓“十二则”（蒋英　提供）

在贞丰县布依族的整个丧葬仪式中，需击铜鼓“十二则”4次：

第一次击鼓，由布摩做“道场”念摩经（俗称“打老摩”），有《苦难经》《报恩经》等，要念三天三夜，而且全用布依语。这是人死后

① “舂碓声”，农村用于把谷类等的皮捣掉的农具所发出的声响。

② “打擂声”，农村用于打磨谷类等使用的擂钵撞击所发出的声响。

亲人必须举行的仪式。仪式完毕后击铜鼓“十二则”。

第二次击鼓，是为亡灵举悼，要立一杆“升天幡”。幡杆用高大的连根斑竹，立于灵堂前方院中的地上。竹竿保留梢叶，直指云天。竿中段横斜挂上两根挑起数吊特大纸马的横担，纸马中间垂下白纸连成的“经条”，飘然委地；上面记录着死者的生辰、殁期、寿数、生平以及有关“超度升天”的经文。由布摩带领孝男孝女，或伏跪、或绕幡竿诵经、或依次敬香祭奠，等等。仪式完毕，击铜鼓“十二则”，节奏缓慢，鼓声低沉。

第三次击鼓，是出殡之前的一项重要仪式“赶鬼场”。布摩率众孝子到神树下绕场三周诵经，呜呼四散。灵堂中击铜鼓“十二则”，节奏由慢转快。

第四次击鼓，是“倒天幡”。必须由寨中长者在竿下仰天高喊一些关于生儿育女方面的经文，意为礼送亡者超升，而生者将继往开来，让儿孙繁衍下去。“倒天幡”是道场中最后一次击铜鼓“十二则”，鼓声昂扬，表达悲中有喜的感情。

在整个丧葬仪式中，4 次击鼓都从第一则至第十二则全部击完，铜鼓声时而悲哀肃穆，时而轻快明朗。

一些布依村寨，在丧葬仪式中敲击铜鼓“十二则”的程序稍不同。第一，在老人弥留之际，后人将老人扶到堂屋的靠椅上，将铜鼓放在地上，让老人的脚踏在铜鼓面上，点上香烛，布摩施法术，以送老人到天堂；第二，老人断气停放妥当，在铜鼓中装上五谷，作烧香点烛用；第三，遗体入棺后，由布摩将铜鼓吊在堂屋里或门前大树上，敲击铜鼓“十二则”。通过铜鼓声告诉亲友某家有丧事，随着“十二则”的鼓点变化，纪念亡灵，送亡灵顺利进入天堂。此时的击鼓是很有讲究的，一般击鼓从第一声响起，就要连续地打下去，若中途停顿，就意味着亡灵无法顺利升天。所以，一般在这样的场合，击打铜鼓的鼓点流畅、热烈、精彩。此时，大家还会看见用毛竹做的高龙幡杆不断抖动，说明灵魂正随铜鼓声顺着魂杆上天庭。

也有一些布依族村寨，在老人刚过世时是不能敲打铜鼓的，一定要待其入棺后才能启用铜鼓，并为铜鼓披“麻”戴“孝”。在启用铜鼓时，儿女们需围着铜鼓向铜鼓报告家里有老人过世，然后击鼓三槌，方能哀哭；在堂祭时，要打铜鼓来迎接各方来客，又击鼓三槌；在发丧时也要打铜鼓，表达对老人的思念之情。最后收铜鼓时，再击鼓三槌，以示送老人顺利进入天堂，保佑子孙繁荣、富贵，幸福平安。至于为何要"击鼓三槌"，民间认为，击鼓三槌就是"三槌通天"——通报天神、发出信号，表示要办丧事了。三槌的具体含义是：一槌"通天"；二槌"通地"；三槌"在人间"。

丧葬仪式中还有关于"十二重天"的说法。据《兴仁县志》记载：布依族铜鼓击之有调，一般按"十二重天"，每重 1 调，加上起鼓调和终鼓调，共 14 首。击铜鼓，节日（正月间）击之为乐，办丧事击之为悲。除节日和办丧事外，铜鼓不可击。收藏铜鼓者，一般设供位祭祀，视之为"神"。传说老人要通过十二关手续，过十二道关卡，才能平安进入天堂，而打铜鼓能通天，能顺通天路。"十二重天"就是上十二重天梯到达天堂。布摩做道场有十二道法则，与之配套的必须击铜鼓十二段，每一段内容有所不同。

布依人认为，在铜鼓声中，灵魂可以得到超度升天，脱离苦海。故布依族有"亡人升天在击鼓"的俗谚。

4. 铜鼓在巫术（驱邪）中的使用

在古代，黔南一带"蛮夷"，"疾病，击铜鼓、沙锣以祀鬼神"，"邛、雅之夷僚……俗信妖巫，击铜鼓以祈祷"。① 人们认为铜鼓是神物、精灵，具有驱魔镇鬼的神通。当人们有了灾难、疾病，向神灵祈祷求福、镇邪祛妖，都要敲铜鼓。屈大均还说："州人争讼不平及被诬欲昭白者击之，则祸有归；无事击之，则祸击者。"布依族人民现今仍保留有以铜鼓作祭器的现象。如在贵州省贞丰县一些布依族村寨，若有小孩在夜里惊哭，第二天小孩父母上街购买一些糖果、香纸、酒水等物品，来到珍藏铜鼓的寨老家里。寨老将铜鼓用黑布包好，"请出"铜鼓，放置在堂屋中央的神龛上，嘴里不时地念着"咒词"。于是，小孩父母将糖果、酒水，放在铜鼓周围，点上香烛、纸钱，跪拜在铜鼓面前，嘴里念着"祈祷"的词句。仪式完毕，由寨老把包着铜鼓的黑布打开，父母抱着小孩，叫小孩用手摸一下铜鼓，小孩夜里就再也不会惊哭了。

① 严洪昌，蒲亨强．中国鼓文化研究［M］．南宁：广西教育出版社，1997：304.

一些布依族地区有一传统风俗习惯——拜铜鼓为“干爹”（俗称“保爷”）。据了解：每年平均有七八家人带着小孩来拜铜鼓为“保爷”。有本地的也有外地的；不仅是布依族，而且还有汉族。祭拜的仪式为：父母带着小孩来到保管铜鼓的这一家，带上香蜡、纸烛，放鞭炮和送礼物。主人家将铜鼓“请”到“家神”前祭拜。然后，小孩面对铜鼓叩头三次，希望“保爷”（铜鼓）保佑他健康成长，岁岁平安。拜毕，保管铜鼓的主人家，要买一套新衣服和包一个“红包”送给小孩。小孩取名时要带一个“铜”字或“鼓”字，如：“铜心”、“鼓声”、“鼓铃”、“铜妹”、“铜音”、“铜钱”，等等。连续3年，小孩都要前来祭拜铜鼓。这一习俗从古时一直流传至今。

5. 铜鼓的保存

对于布依人而言，铜鼓是神物，有灵性，所以至今对保存和使用铜鼓仍有十分严格的规定。布依人认为铜鼓有眷恋天堂的秉性。如得罪了鼓神，或不慎让鼓面朝天，它就会腾空而起，飞上天庭或潜入深潭、海底。铜鼓也有雌雄之分，一旦飞去则雄鼓升天，雌鼓下水。因此，请用或收藏铜鼓都特别小心谨慎，绝勿使鼓面见天。历经露天野外，一定要用青布妥善包裹，并将鼓面朝下，装在箩筐里，才能抬出室外。存放收藏时，也一定要鼓面朝下，鼓内装上金银、五谷等财物，一则不让鼓面朝天，二则让铜鼓恋宝而不至于飞失。①

一些布依族村寨，每年三十夜会聚一堂，共商接送铜鼓大事。即将铜鼓从原保存的这一家转送到另一家。商定而且接受家同意后，将铜鼓在原保存的这家挂起来，酒肉奉祭，尽情击奏，全族欢快热闹十多天。到正月十五日夜，又用雄鸡、猪头、米酒等物来祭铜鼓，念祝词、咒语后，合族饮宴，才将铜鼓转送另一家。这一家又将铜鼓挂起来，击到正月末才收藏起来。

贵州省镇宁县扁担山一带的布依族村寨还流传这样的风俗。一年中，如有盖新房的、夫妻没有生小孩等情况，可以优先申请在家中保存铜鼓。盖新房的家里保存铜鼓，主要为祈求吉祥如意、岁岁平安；没有生小孩的家里保

① 吴卓峰. 大盘江布依族铜鼓及铜鼓曲的文化考察［J］. 贵州大学学报（艺术版），2005（1）：40 ~ 44.

存铜鼓，主要为祈求保佑他们早生小孩，保佑生一个“王相公”（男孩的意思），如果生的第一胎是女孩，则保佑再生一个男孩。有些家庭，男女方有一方生病不能生育，可继续申请将铜鼓保存在家里，如果铜鼓已存放两年，还是不能生育，也表示吉祥和自我安慰。

二、布依族铜鼓“十二则”鼓乐

布依族流传的铜鼓“十二则”，是由布依族先民祖祖辈辈秘传的产物，也是布依族独有的音乐文化遗产。布依族铜鼓“十二则”鼓乐，主要分布在贵州省境内的黔西南布依族苗族自治州、安顺市、六盘水市、黔南布依族苗族自治州和与贵州毗邻的四川省会东县、云南省罗平县一带。在布依族众多的民间艺术中，铜鼓“十二则”是布依族独有、以节奏见长、具有较完整的十二段鼓乐（见图 4-14），是布依族民间艺术中最具神秘性和传奇色彩的传统音乐文化之一，具有久远而厚重的文化底蕴。

（一）铜鼓“十二则”鼓乐流传的形式与内容

关于铜鼓“十二则”的来历，民间有这样的传说：

> 在战国时期，战鼓是打仗时指挥战斗的信号，但由于战鼓体大，携带不便，为了行军方便，逐步把鼓体改小。战争结束后，天下太平了，祖先们安居乐业。为纪念战鼓，就把战鼓改成了“铜鼓”。
>
> 为了让子孙后代纪念“铜鼓”，了解铜鼓的来历，祖先们就按一年 12 个月，分别创编了 12 段铜鼓口诀，供整个布依族在每年春节（正月初一至十五）进行娱乐使用。

布依族铜鼓“十二则”鼓乐的流传演变主要有两种形式。一是家族祖传。一般有较完整的铜鼓“十二则”鼓谱、鼓调和比较规范的演奏方法以及表达的内容。二是民间流传。过去一些村寨，几个大姓氏的家族共买一面铜鼓使用，各大家族的文化相互融合，天长日久，每个人敲击的“十二则”鼓乐相异，甚至在演奏过程中，各持己见、争论不休。另外，这些家族还广泛吸收外姓家族的“十二则”鼓乐，相互学习补充。于是，布依族铜鼓“十二则”逐渐在民间流传开来。

图 4–14 贵州师范大学音乐教师蒋英在展示铜鼓“十二则”乐谱（蒋英 提供）

布依族人民对铜鼓十分珍爱，把它视为传家宝和家族团结的象征。每年的大年三十晚上，家族中所有的男女老少都要聚集在保管铜鼓的这一家。酒菜准备好后，首先是祭拜铜鼓。老人要给后代讲解铜鼓的来历以及家族历史的发展，然后将铜鼓“挂上”，要演唱一首铜鼓民歌，以示尊重、纪念。随后，击鼓三槌，再开始敲击铜鼓“十二则”鼓乐。而在敲击“十二则”鼓乐每一则之间，也要演唱一首民歌（长短不一），表达一年 12 个月中，布依族人民娱乐、春耕、种植、施肥、栽秧、割草、放牛、丰收等内容的民歌。每一则之间演唱一首民歌的目的，一是击鼓者稍作休息；二是预示下一则节奏的快慢；三是说明下一则要表达的内容。到正月十五这一天，把铜鼓“放下”时，也要备好酒席，还要演唱一首铜鼓民歌，才将铜鼓收藏起来，以示新的一年已经到来，开始新的生产劳作。

（二）铜鼓“十二则”鼓乐的音乐结构与特点

布依族地区流传的铜鼓“十二则”鼓乐，在总体结构与基本节奏上大体是一致的。其突出的特点，一是各家族在传承过程中，所使用的汉字记谱字音差别较大。这是各家族击鼓习惯以及不同区域的布依土语语言的影响所致。二是各家族传承的鼓谱结构规模（长短）上有所区别。三是一些家族传承的“十二则”鼓乐，有“开场曲”或称为“起鼓调”，结尾还有“终鼓调”，所以民间也有称铜鼓“十四则”之说。

根据收集、整理的贵州省贞丰县、普定县两地布依族铜鼓“十二则”鼓谱，对其结构比较，发现具有以下一些特征。

第一，贞丰县龙场镇余氏家族铜鼓“十二则”鼓谱在整体上结构规模较短小，最短一则有 18 小节，最长一则有 38 小节，全曲共 347 小节。而普定县陇戛乡王氏家族铜鼓“十二则”鼓谱在整体结构规模上较长，除“开场”有 15 小节外，最短一则有 22 小节（含弱起小节），最长一则有 74 小节，全曲共 648 小节，结构上比贞丰县龙场镇余氏家族铜鼓“十二则”多出近 1 倍。

第二，贞丰县龙场余氏家族铜鼓“十二则”鼓点音符排列较稀疏、单一，节奏舒缓一些，有二分音符的延音、增时。普定县陇戛王氏家族铜鼓“十二则”鼓点音符排列较密集、丰富，节奏流畅急促。

第三，两地铜鼓“十二则”鼓谱纵向对比的共同点是：可以清晰地分辨出“十二则”鼓谱分为前段、中段和结尾三大部分。

前段：（每段前 5 小节，不含弱起小节）以 × ｜⊙ × ×× ｜⊙ × ×× ｜⊙ ×× ｜ ×× △｜⊙ × ｜⊙ 的节奏作为开始句，敲击鼓心的重槌基本落在强拍上，节奏及敲击部位分别较统一，乐句划分也较明确（贞丰铜鼓“十二则”前段在小节数上略有不同程度的增减）。普定铜鼓“十二则”结构上还有固定的“开场曲”（布依语称“先云”）。这种开场曲的出现，可能有鸣鼓开道、发出信息、吸引注意力的功效。

中段：两曲鼓点节奏与敲击部位变化较大，其中运用了休止、连音、十六分节奏、左右手同时击鼓等手法，结构上采取了减缩、扩充。其特点为：结构不规整，乐句长短相间，竹条演奏加花丰富，鼓点的节奏处于变化较大段落，应该是铜鼓“十二则”鼓点的“华彩段”。

结尾：（每段最后 9 小节）以⊙ × ｜⊙⊙ ×× ｜⊙⊙ ×× ｜⊙ × ｜⊙ × ⊙｜⊙ × ⊙｜ ×× ×× ｜⊙ × ⊙ × ｜⊙—‖的节奏作为结束句，强拍位置出现了八分音符连续敲击鼓心的重槌，增强了结束感。结尾句结构规整，节奏及敲击部位较统一，具有我国民族传统曲式中循环体种类的合尾式结构特征。这种结构特点是：由两个或两个以上段落组成的乐曲中，每段或绝大部分段落的结尾相同者称为合尾式，而各段的合尾部必须原样重复或变化重复。“布依族铜鼓的乐调鼓点，各地不尽一样，但大致分为十二段，每段前大部分各异，而结尾部分则段段一律。”[①] 这充分说明了布依族铜鼓“十二则”鼓乐的合尾式结构特征。

布依族铜鼓“十二则”鼓谱虽出自不同地区和不同的家族，鼓谱的结构长短也不尽一致，但仍然能看到它们的共同之处：从击鼓方法、使用场合、节奏型之间的内在联系及合尾式结构特征等看，使人感悟到铜鼓“十二则”鼓乐是布依人民源远流长的、最具代表性的民族传统音乐文化之一。

（三）铜鼓“十二则”鼓乐的运用场合

布依族村寨至今仍然保留了节日、丧礼使用铜鼓这一传统习俗。《贞丰县志》记载：“取用铜鼓时，要用一吊谷穗去‘请’，并用黑布包好不让其露面，传说以防途中蹚水过滩时，铜鼓会跃入水中与龙王打斗。”[②]

过去，布依族村寨的铜鼓是不能随意敲击的，必须在节庆或丧葬、祭祀时才能敲击，而且在击鼓时有较严格的规定和道场仪式及规范的铜鼓“十二则”鼓乐。而今天，随着农村经济的不断发展，农民生活逐渐富裕，农闲之余，有贵客来访或节庆日也可以敲击。这说明民俗也在与时俱进。布依族《祭祀经》还记载了亲友分别时也击铜鼓，“大家打铜鼓，在此送别你”。但是，使用铜鼓时，也要盛上两碗米酒，将铜鼓祭拜一番。

节日使用铜鼓主要在农历正月和七月间。将铜鼓悬挂堂屋中央或村寨的大树上，一般由寨老、族长或布摩击鼓为乐。布依族人民对铜鼓十分尊重，把它当作传家宝，敬若神灵，年年施祭，岁岁施拜。

一些布依族村寨，每年年三十夜汇聚一堂，将铜鼓挂起来敲打，直到正月末才收藏起来。击鼓之意为庆丰收、祝年节、思祖德、驱邪恶、畅心胸。

---

① 关岭布依族苗族自治县概况编写组. 关岭布依族苗族自治县概况［M］. 贵阳：贵州民族出版社，1985：24.

② 贞丰县史志征集编纂委员会. 贞丰县志［M］. 贵阳：贵州人民出版社，1994：196.

这与我国古代《吕氏春秋 · 古乐篇》记载："昔葛天氏之乐，三人操牛尾，投足以歌八阕——一曰载民；二曰玄鸟；三曰遂草木；四曰奋五谷；五曰敬天常；六曰达帝功；七曰依地德；八曰总禽兽之极。"① 有相似之处。

每年正月间和六月六，世居于贵州省安顺市开发区幺铺镇歪寨村的布依族村民，都跳自古以来传承着先辈流传的藤甲舞，而这种舞蹈与铜鼓有着密切的关系。

藤甲，布依语称之为"布掉高"，意为藤子衣服（图 4-15）。其材料是用歪寨村附近山上生长的一种青藤，一般有 10 ~ 20 米长。此藤绵扎、柔软、韧性强、不易折断，直径 4 ~ 5 毫米。通过砍藤、晒干、编织、生桐油浸泡等过程制作而成，关节处用麻丝或牛筋连接，便于打斗或舞蹈时活动自如。

歪寨村民在表演藤甲舞之前，先祭拜藤甲祖神，叙述有关藤甲的历史。跳藤甲舞时，人们身穿藤甲，手持盾、矛、弓箭、刀、枪等器械，用铜鼓和皮鼓伴奏，舞蹈共有十二路（段），一年中每月一段，采用铜鼓"十二则"鼓点伴奏，一般由 7 ~ 8 人跳，最多有 16 人，男女均可参与。现今，老人们只记得起第一段部分的鼓点，其余的铜鼓鼓点基本失传。藤甲舞的完整表演，一般要跳 8 天，从正月初六一直要跳到正月十四，之后就开始做农活了。

图 4-15　藤甲舞中使用的藤甲（蒋英　提供）

隆重的"古谢王"（布依族丧礼）

① 杨荫浏. 中国古代音乐史稿（上）[M]. 北京：人民音乐出版社，1981：5 ~ 6.

仪式，若无铜鼓是不能举行的。铜鼓“十二则”鼓乐在整个仪式中由布摩按照仪式程序击铜鼓。老人去世了，要击铜鼓“十二则”鼓乐，节奏缓慢，鼓声悠长，表达丧家的悲痛之情，并借鼓声传递噩耗。亲友前来吊唁，表达对死者的尊重和哀悼、对死者亲属的慰问，这时击铜鼓“十二则”鼓乐表达悲喜交加的情绪。

在整个丧礼仪式中，四次击鼓都从第一则至第十二则全部击完，铜鼓声时而悲哀肃穆，时而轻快明朗。民间有“击鼓三声，鸣惊九下，奏乐”的习俗。人们认为在铜鼓声中，灵魂可以得到超度升天，脱离苦海。

（四）铜鼓“十二则”鼓乐的演奏形式与方法

铜鼓的演奏在我国古书上有过一些零星的记载。翁元圻在《困学纪闻》中记录了云南一些少数民族对铜鼓的演奏法：“铜鼓一人击，一人以瓦器从后面收其音以纵送之。”① 屈大均说明铜鼓的演奏法：“其声镗镗，或以革掩底，或积水瓮中盖而击之，声闻十余里外。”②

布依族铜鼓演奏的方法在民间主要有以下几种。

1. 单鼓击鼓法

单鼓击鼓法即一人击打一面铜鼓。这是民间较普遍和常用的一种击鼓法，演奏技术水平较高，要求击鼓者心、口、手合一，动作协调连贯，节奏清晰流畅。

2. 双鼓击鼓法

双鼓击鼓法即一人击打皮鼓，另一人击打铜鼓。这也是民间较普遍和常用的一种击鼓法。该法的曲目相同，要求两人动作协调统一，配合默契。

3. 交叉击鼓法

民间称为“花样击鼓法”，即一人将一面大钹绑在左大腿上，右手持鼓槌击打铜鼓，左手持另一面大钹碰击（也可绑皮鼓）。演奏时，根据“十二则”鼓点，右手只击铜鼓鼓心和鼓边，不击鼓腰；大钹发出的碰击声起到一

① 蒋廷瑜. 古代铜鼓演奏法［J］. 民族文化，1982（1）：28.

② 屈大均. 广东新语（下）［M］. 北京：中华书局，1985：437.

种呼应和填充的作用。交叉击鼓法动作潇洒自如，鼓点清晰流畅，轻重缓急分明，声音明亮宏大。此击鼓法，有时还配以皮鼓、小镲、锣、唢呐等乐器共同演奏。其最独特之处是击鼓时，一般有几个人在一起，随着鼓点的变化而表演铜鼓舞。这在布依族铜鼓演奏中，也是极少见的一种击鼓而舞的表现形式。

4. 铜鼓合奏法

铜鼓合奏法即铜鼓与锣、镲、皮鼓等乐器配合。这种合奏形式在民间已逐渐消失。由于涉及人员较多，特别讲究人员的配合、击鼓时节奏的协调融合，现在，多数布依族村寨很难见到此类合奏形式。

5. 同时击鼓法

即一人同时击铜鼓和皮鼓。这在布依族铜鼓演奏发展历程中，是极少见的一种独特形式。贵州省惠水县芦山镇麦旁村新寨 91 岁的程永贵老人，是同时击鼓法的代表人物。据本寨一些老人讲，程永贵击鼓有章法，鼓点好听。这种击鼓方式，讲究演奏者与铜鼓、皮鼓的站位角度以及双手的配合，鼓点节奏相对简洁。

6. 手掌与脚掌击鼓法

用手掌与脚掌击鼓，可以说是一种奇特的击鼓形式，过去从未听说和见过。贵州省册亨县坡妹镇纳温寨韦氏家族就有此击鼓法。这种击鼓方式，演奏者多数只能击打出较为缓慢或单一的鼓点节奏，但现今一般很少采用。

7. 拳头击鼓法

拳头击鼓法即一人将 3 张纸钱紧握在右手或左手掌中，用第五掌骨及小指的第一、第二、第三指骨敲击鼓面。此击鼓方法主要用于丧礼仪式上。3 张纸钱的含义为：一是击鼓时避免手受伤害；二是示意给亡人送了钱；三是击鼓结束后，要把 3 张纸钱放进“牛嘴笼”里，意思是通报亡人要杀“牛”祭你了。除了摩公击鼓三槌外，凡是孝家（特指戴白头帕的人），不论男女老少都分别击鼓三槌。民间有“早三、晚四、黑十一”之说。其意是：早上击鼓三槌，并与鸣地炮三响配合，表示请亡人来吃饭；晚上击鼓四槌，告知亡人到晚上了；黑十一是配词（衬词），没有实际意义。拳头击鼓法在毕节地区的黔西、织金、大方等县较盛行。

8. 转动击鼓法

在击鼓即将结束之前，将铜鼓缓慢转动三圈，击鼓者跟随铜鼓转击。当第三圈击鼓完毕，演奏者将双手拿着的鼓槌往身后丢掉。贵州省兴仁县屯脚镇栋青树寨余氏家族有此击鼓法。这种击鼓方式，动作大方潇洒，因被击物旋转移动，鼓点较为单一，但有结束感。此击鼓法至今也基本不用。

不管是哪一种击鼓形式，击鼓前，先将铜鼓用绳索系其“耳”上，然后悬挂在大树上、堂屋中央或用 3 根木棍支撑而悬吊。一人右手持软槌，左手持竹条，侧站立或侧坐敲击其鼓心、鼓边和鼓腰。

有的布依族地区，使用的鼓槌与一般意义的鼓槌不同。一些是用稻草的草芯，捆成一把，用稻草尖扎成鼓槌；一些是用高粱秆捆成一把，扎成扫把头，等等。这非但没有影响敲击铜鼓的力度，还保护了铜鼓免遭损伤。

9. 鼓后接音

在贵州，一些少数民族铜鼓演奏中保留有一人击鼓以外，还有一人捧着“器物”在鼓后接音，以增强共鸣效果的演奏方法。

（1）木盆接音法

木盆接音法即一人击铜鼓，一人在鼓后用木盆来回抽动。木盆接音方式极为讲究。一是木盆的材料是用檀香木制成，直径约 20 厘米，深度约 15 厘米，体积较小。二是接音时的步伐不能乱。三是接音的往返次数、时间、速度掌握要与击鼓者的动作配合适度。四是木盆接音抽出的距离距铜鼓约 80 厘米。这与其他民族接音方法有所不同。贵州省册亨县秧坝镇平定寨黄氏家族老人讲：“这种击鼓方式，是祖辈传下来的，并不是向其他民族学来的。”经了解，附近的村寨也只有黄氏家族的黄玉才会使用木盆接音的技法。

（2）铜鼓“挖音”法

即用公鼓进入母鼓鼓腔内将音“挖”（释放之意）放出来。民间对“公母鼓”的认识，也有区分。体积小的被视为“公鼓”；体积大的被视为“母鼓”。据贵州省贞丰县龙场镇对门山村下寨的余雁伟和上寨的杨文碧两位老人介绍，铜鼓“挖音”法，是余氏和杨氏两个家族新创立的一种击鼓方式。过去，附近几个村寨只有余氏家族这一面铜鼓，几年前，杨氏家族搬迁至此村寨后，才将两面铜鼓组合而创立了这一新颖的、具有创新意识的“挖音”击鼓方法。“挖音”的技法表现为，操作凝重缓慢，音质厚重、圆润，节奏单一。据老人们讲，当地还有一种“瓦音”方法，击鼓时 4 个人用 4 个铜制的器物，同时在鼓后挖音，发出的声响带有“苦啊、苦啊或哭啊、哭啊”的共鸣声，好像是人在悲哀哭诉。这种击鼓挖音方法，至今再也没有人见过了。

三、布依族铜鼓的传承和保护

铜鼓“十二则”是用铜鼓演奏的十二种核心谱式，是布依族民间艺术中最具神秘性和传奇色彩的传统音乐文化之一，具有深远而厚重的底蕴。以口语方式秘传于布依族的铜鼓乐谱“十二则”，长期散落民间，濒临失传。近年来，在民间艺人、学者和政府的共同努力下，铜鼓“十二则”得到了保护与传承。

（一）铜鼓艺人的传承

布依族铜鼓“十二则”的传承，离不开历代民间铜鼓艺人——鼓师的贡献。正是凭借着对铜鼓和铜鼓音乐的热爱，鼓师们把铜鼓“十二则”的敲击方法、音乐内涵一代代传承下来。这些民间鼓师们，有的是“寨老”，有的是“布摩”，有的是“族长”。他们在村寨、家族中往往是具有权威性的人物，有着不可替代的地位和作用。

布依族铜鼓“十二则”的流传多数是家族祖传，只能在极少偏远村寨听到完整的铜鼓“十二则”。当地布依族老人说：“铜鼓‘十二则’的传承是沿用老祖先们的口传整理记录下来的，没有丝毫的变化，原汁原味。”一些布依族大姓氏家族中，铜鼓“十二则”是传内不传外。据贵州省贞丰县布依族老人余雁祥讲：铜鼓“十二则”，是家族中老一辈秘传下来的，学习演奏“十二则”时老人一边念“口诀”，一边教演奏，以“口传手授”的方式延续下来。

个案：吴氏家族铜鼓“十二则”的传承

吴仕友生于1964年，是贵州省盘县滑石乡哒哪村嘎木寨人。他是家族中的布摩之一，也是吴氏家族铜鼓及铜鼓“十二则”传人。他会打铜鼓、会跳铜鼓舞和主持丧葬祭祀仪式。家族中的铜鼓“十二则”鼓谱，据传是明代洪武年间流传下来的。其父以口传手授的方式，将铜鼓“十二则”击鼓方法和鼓谱传给了他。后因鼓谱被老鼠啃烂，余下的部分鼓谱也在几年前遗失了。如今，吴仕友只能演奏“十二则”中的1～4则，其他的均已失传。

这种“口传手授”的方式使各家族传承的铜鼓“十二则”不尽相同，记谱的方式也是千差万别，而且也很容易遗失。我们在贵州省贞丰县龙场镇调查时，就发现余氏家族祖传的铜鼓“十二则”鼓谱已遗失。余氏家族余雁祥老人只背诵了第一则鼓谱口诀：“少许常，常许少，少许常许少许常，赊赊少许常，少少许许常，少许少。”这一则“口诀”文字只表音，可能是指敲击不同部位的声音。承传人对铜鼓“十二则”的记忆逐渐模糊，演奏上也不尽完整，而且敲击时有随意性。这些都造成铜鼓“十二则”极易失传。

个案：余氏家族铜鼓“十二则”的传承

余雁祥是贵州省贞丰县龙场镇对门山村下寨人，他生于1927年2月19日，卒于1996年七月初九。他上过初中，是余氏家族的布摩之一，也是家族中铜鼓及铜鼓“十二则”传人，更是余氏家族唯一知道和演奏铜鼓“十二则”的鼓师。

余氏家族的铜鼓是一面灵山型铜鼓。这面鼓是贵州民间传世铜鼓中唯一的一面外来鼓，但家族的老人中都不知道此鼓的来历。在调查中，村中老人表示，在“大炼钢铁”和“文化大革命”期间，谁也不敢拿出来，直到20世纪80年代中期，才敢将这面铜鼓在公开场合露面，也正是这种小心，才使得这面铜鼓得以保存。

余氏家族铜鼓“十二则”的流传，据余学端老人介绍：“铜鼓‘十二则’只传到余雁祥，以后的家族成员都不知道了。”据家族谱系推算，最早传承铜鼓“十二则”的排列是：余友贵、余宣志、余九思、余九春、余廷珍、余光孺、余学德、余学端、余雁祥。现在，铜鼓由余学端保管并负责传承给余雁伟。如今，余氏家族中还有余雁伟、余雁平、余雁国、余雁伦和余雁奎等继续学习演奏铜鼓“十二则”。

在不同的地区的布依族中，各家族对铜鼓有不同的传承方式（图 4-16）。贵州省兴仁县屯脚镇的余氏家族选择学习击鼓人的标准是他要诚心诚意，要热爱祖辈传下来的家族文化；然后还要制一套新衣服送给布摩（师傅）作为拜师礼物。这样，布摩才能把击鼓的“秘诀”教给他。同一镇的王氏家族，传承铜鼓文化是基于家族中的几辈人均为布摩，传承的范围都是直系亲属。为使布摩这一职业化的文化从形式到内容不失传，王氏家族的布摩从祖辈一直传承至今，最大年龄 43 岁，最小年龄 12 岁。在安顺黄果树风景区石头寨，每年除夕夜，本寨热爱铜鼓的年轻人都会带一块血豆腐、一块刀头（肉块）和一壶米酒向“鼓师”学习铜鼓“十二则”。“鼓师”收下礼品后便开始教授，但到元宵节之后就不能再教了。这样的学艺传统一直到 20 世纪 80 年代还在继续。但到如今，虽然老人们依然都希望寨子里的年轻人能依传统来学习演奏铜鼓的技艺，但每年

图 4-16　布依铜鼓“十二则”传人（蒋英　提供）

这个愿望都无法实现。

贵州省普定县哪叭村的廖氏家族，在1993年因部分住户搬迁，家族专门召开会议，讨论了如何保存铜鼓的问题。会议讨论的结果是铜鼓由族长保管，若家族其他成员需借用，则由族长召开会议来讨论是否借出，若同意，则要签订合同书或写借条。一般借用的年限最长为5年。如今，家族中会击鼓的人平均年龄在60岁以上。但在春节期间，族里外出打工回来的年轻人中也不乏热爱击鼓的，这时，他们也会在老人的指点下学习击鼓。也有不是廖氏家族成员的年轻人在学习击鼓，他们与廖家是亲戚关系，主要有罗堂华、王忠华、伍大洋、廖俊虎等，平均年龄在40岁左右。在廖氏家族，甚至妇女也可以学习击鼓和演奏。正是这种开放的传承方式，使廖氏家族的击鼓队伍已颇具规模。

个案：廖氏家族铜鼓“十二则”的传承

廖正儒，生于1937年，曾任普定县哪叭村小学校长，是家族族长，也是廖氏家族铜鼓及铜鼓“十二则”传人（见图4-17）。廖氏家族在1993年因“梭筛”修建电站，部分房屋被水淹没，有近40户迁移至野鸭村、斗篷村一带居住。为了更好地保存家族传承的铜鼓，廖氏家族明确了廖正儒为正族长，廖正亮、廖正义为副族长，铜鼓由廖正儒保管。廖正儒特别喜爱铜鼓，保存有完整的廖氏家族传承下来的铜鼓“十二则”鼓谱、鼓调、击鼓方法、接送铜鼓仪式、保存铜鼓方式及租借铜鼓手续等一系列方法和程序。他注重

图4-17　布依族铜鼓“十二则”传人（蒋英　提供）

家族青年人学习演奏铜鼓的培养和教育。家族直系亲戚中有罗堂华、王忠华、伍大洋、廖俊虎等均继承了铜鼓的演奏，平均年龄在 40 岁左右。铜鼓的使用场合主要在正月间，从大年三十夜一直挂到十五，击鼓欢乐热闹十多天，才将铜鼓收藏起来。以示新的一年已经到来，开始新一年的生产劳作。现今，廖氏家族老一代有廖正国、廖正勇、廖正学等为铜鼓及铜鼓“十二则”传人。

在普定县斗篷村廖氏家族中，每年的大年三十晚，家族中所有的男女老少都要聚集在保管铜鼓的这一家，听家族老人讲解铜鼓的来历以及家族历史的发展，然后将铜鼓“挂上”，在演唱一首铜鼓民歌后，便击鼓三槌，再开始敲击铜鼓“十二则”。在这样的氛围中，铜鼓文化得到了传承。

总的来说，布依族民间铜鼓文化的传承，主要是以家族为主体的传承方式。这些文化是否能一代一代地传下去，取决于家族长辈对铜鼓文化的认识和对青年人的引导；另一方面，还需要当地政府加强对民族文化的重视和保护意识，以使这些优秀的民族传统文化不会流失和消亡。

（二）学者和政府的推动

学者对铜鼓“十二则”的保护和传承也起到了重要的作用。

虽然铜鼓“十二则”的历史我们已无从得知，但在没有外来关注时，它只能是深藏于深山中，只是一种在传统仪式中才会出现的鼓乐。而在现代化浪潮的冲击下，这种鼓乐随时可能失传。当学者对布依族铜鼓“十二则”展开调查时，无形中就使得当地人意识到铜鼓“十二则”的意义，也有助于他们提高对铜鼓及铜鼓文化的传承和保护意识。更为重要的是，因为很多家族的铜鼓“十二则”都是“传内不传外”、“传子不传女”，记谱的方式也是极为随意，从而使铜鼓“十二则”极易失传。本课题组成员蒋英（见图 4-18）早在 1988 年 7 月到贵州省贞丰县龙场镇余氏家族调查时，发现他们祖传下来的“十二则”也濒临失传，整个家族中的几位老人中只有余雁祥能完完整整地、非常流畅地演奏，并且他还有一套击鼓鼓调。遗憾的是，当余雁祥老人离开人世后，这一套珍贵的击鼓鼓调，家族中的后人也没有能把它继承下来。但庆幸的是，当时在余雁祥老人的帮助下，蒋英对铜鼓“十二则”进行了录音，并完整地记录了铜鼓“十二则”鼓谱，为余氏家族保存了一份珍贵的文化遗产。当我们对该地进行调查时，余氏家族的老人兴奋而感激地对我们说：“这就是我们余氏家族的铜鼓‘十二则’鼓点，感谢蒋老师多年来为我们家族所作出的努力，我们感谢他啊。”如今，铜鼓“十二则”谱式回到了余氏家族的手中，家族选择了继承人，决心把家族传承下来的铜鼓文化一代一代地延续下去。

图 4-18　蒋英在演奏铜鼓“十二则”（蒋英　提供）

通过多年对布依族村寨的田野调查，蒋英收集、整理了大量不同区域、不同家族的铜鼓“十二则”鼓谱和铜鼓民歌，并积累了丰富的文字谱例、鼓谱实物、图片、影像等珍贵资料。在分别整理出《贵州省贞丰县布依族铜鼓十二则鼓谱》和普定县布依族铜鼓“十二则”《补陇嘎分云》（陇嘎铜鼓鼓谱）的基础上，蒋英对布依族铜鼓“十二则”的鼓调、演奏方法、谱式、音乐表现、内容表达、结构等进行了认真研究，使濒临失传的布依族铜鼓“十二则”得以抢救。不久前，贵州省版权局已向蒋英颁发了上述作品的作品登记证。

为了扩大影响，蒋英还于 2004 年 8 月下旬与贵州电视台合作，对贵州省普定、贞丰、兴仁三县实地拍摄贵州布依族铜鼓音乐文化专题片，先后完成了《初探铜鼓十二则》《再探铜鼓十二则》《三探铜鼓十二则》3 集，片子的播放使很多人知道贵州布依族保留着古老的铜鼓音乐。

民族民间文化进课堂，一直是课题组成员蒋英长期坚持去做的一件事。他结合自己研究的心得和成果，将铜鼓音乐文化融入课堂教学之中。他运用现代教学手段，向学生介绍贵州各少数民族的铜鼓音乐文化知识，展示贵州丰厚的民族文化底蕴。

政府对铜鼓“十二则”的挖掘、整理和宣传也非常重视。贵州省水城县猴场乡打把寨杨氏家族祖传的铜鼓“十二则”鼓调[①]，就是经由特区政协二届三次会议（1986 年 3 月 17 日）决定对水城少数民族文化史料的收集、整理中而得到挖掘和整理的。这一工作体现在 1989 年 12 月编辑出版的《水城文史资料 · 少数民族专辑》中。其中收录了由王建湘、班国昭收集整理的水城县猴场乡打把寨杨氏家族祖传的铜鼓“十二则”鼓调。鼓调中部分记音字的读音与现在的读音不一样，如鼓调中的“宅”念 du；“交”念 yo；“者”念 ji。为了谐音，王建湘、班国昭将这 3 个字分别正音改为“独”、“哟”、“基”。正是这一工作，使打把寨杨氏家族的“十二则”鼓调得到了传承。2004 年，在由贵州省贞丰县政府组织的“六月六”布依族风情节中，首次推出龙场镇对门山村来表演失传多年的铜鼓“十二则”（图 4-19）。60 名男女老少围绕铜鼓，伴随有十二生肖面具的傩戏表演，踏着鼓点载歌载舞，展示了一年中 12 个月不同的农事活动，即娱乐、春耕、种植、施肥、栽秧、割草、放牛、丰收等内容，赢得了观众的阵阵掌声。龙场镇也因此被誉为“铜鼓之乡”。2005 年 9 月，在黔西南布依族苗族自治州文化局、贞丰县委、县政府和文化部门的高度重视下，贞丰县提出将“布依族铜鼓十二则”作为“国家级非物质文化遗产”保护项目进行了申报，得到了贵州省内专家的高度评价并获通过。

我们认为，贵州铜鼓“十二则”之所以能重新复兴，是铜鼓艺人、学者和政府三方力量共同努力的结果，而将民族艺术引入高校课堂，也应成为民

① 贵州省水城县政协文史委员会，水城县民族事务委员会. 水城文史资料 · 少数民族专辑［J］. 水城：［出版者不详］，1989（3/4）：290. 演奏者：白易文，杨明先；收集整理：王建湘，班国昭。

图 4-19　表演过后敲打铜鼓的布依族小孩（韦丹芳　摄）

族文化传承的一个重要方式。高校是培养高素质人才的基地和摇篮，在高校开展非物质文化遗产教育，培养更多民族文化的传播者，更好地为地方社会经济文化服务，这是高校肩负的历史重任和职责。以理论研究为依托，将非物质文化遗产教育引进高校，具有特殊的教育价值，也使民族文化的传承和发展具有更明显的战略意义。

第三节

壮族铜鼓文化的传承与保护

迄今已有 2700 多年历史的铜鼓，以广西数量最多，分布最广。其中，广西西北部及其红水河流域的壮族居住区又是保留铜鼓文化最丰富的地区，生活于此的人们在每年三月三和春节等节日庆祝活动中仍保留着使用铜鼓的传统。但近年来，壮族铜鼓文化的传承与保护也面临着诸多问题。

一、壮族的传世铜鼓

在广西，不少铜鼓今天仍然存留民间，为当地民族所使用。这就是我们常说的“传世铜鼓”。这类铜鼓，就目前的发现而言，以河池地区最多。河池市现存传世铜鼓 1400 余面，全市 11 个县市中，8 个县拥有铜鼓，使用的民族有壮、瑶、苗族等。走进“铜鼓之乡”，我们就会发现，在他们的生活中，铜鼓所扮演的绝非“一般的娱乐乐器”的角色，千百年来积淀于其中的铜鼓“神器”观念仍深深烙印在人们的思想意识之中。

（一）作为祭祀之物的铜鼓

在河池一带的少数民族中，关于铜鼓起源的传说，充满着神秘的色彩。在一些壮族地区，铜鼓被视为天上的神物，是一位叫作“天娘母”（天上最高女神）的女神送给人类，作为人间与天庭相联系的圣物。流传于东兰县长江乡一带的壮族祭鼓词在叙说铜鼓的来源时说：

> 古时天无云，天旱9个月。人在河里口渴死，人在家里死口干……天娘母动心，放下倾盆雨。雨滴大如鼓，雨滴大如筐。雨滴几个月，洪水遍天下。洪水淹大地，只剩祖义坡。布洛陀得知，上天报天娘。洪水淹人间，天娘泪水流。不是天娘错，天地相距远。天娘在天宫，本主持公道。铸个大铜鼓，造个好铜鼓。叮嘱布洛陀，送宝给人间。人间有灾祸，打鼓报天娘……

于是，人间就有了铜鼓。

有些地方传说是创世大神布洛陀创制铜鼓。东兰县大同乡一带流传着这样一首古老的壮族《铜鼓歌》：

> 布洛陀开造天地，造星星日月，造唱歌唱欢，造铜鼓唢呐……

布洛陀造的这面铜鼓是母鼓。母鼓与龙一道降服红水河里的水怪"图额"以后，布洛陀就让它长住人间。但它感到很孤单，经常在夜间到河边去哭，希望能与龙在一起，于是：

> 布洛陀知晓，造新鼓才是。把火石来砍，造个公铜鼓。铜石掺红石，还要放金石。母鼓配公鼓，结对在壮乡。布洛陀发话，留作人间宝……

现在，铜鼓分公母，打铜鼓要公母搭配的说法，据传说就是这样来的。

布努瑶对铜鼓的起源也有相似的传说。流传于大化七百弄、板升一带的瑶族创世史诗《密洛陀》说，铜鼓是密洛陀指派她半人半神的儿子雅耶雅仪制造的：

> 密洛陀找来雅耶雅仪，密洛西温和把话讲："现在给你重新做，制造模样按我讲。面上铸太阳，光芒金闪闪；十二种动物绕四周，敲响动物吓破胆；'严''锣'两旁铸四耳，悬挂敲打声远扬。"……雅耶舀沙做模型，雅仪马上画图样；雅耶开山采矿石，雅仪筛选铜石矿。雅耶把矿装进炉，雅仪赶忙拉风箱。风箱扑扑叫得欢，火焰烈烈闪红光。矿石娘解成水样，铜铁熔化成液汤……密洛陀右手拿鼓槌，密洛西左手拿鼓捧。右手鼓槌打鼓面，左手鼓棒打鼓腰。

巴马、东兰一带的布努瑶传说铜鼓是密洛陀的丈夫布洛西遗留下来的。布洛西天天出去治山治水，重新安排山河。他知道自己将越走越远，难以回家，于是在临行前对密洛陀说：

> "你在家料理家务，抚养3个儿子，等他们长大了，让他们各自谋生。我藏在山洞里的那面铜鼓，要留给生活最苦的儿子。"3个儿子长大后分家，密洛陀把这面铜鼓给了最小的儿子，他就是布努瑶的祖先。

铜鼓既是神人制造，自然就具有神一样的威力，能够主宰人间祸福。因而人们对铜鼓敬畏有加，唯恐对铜鼓不敬而失去神的保佑甚至遭受神的惩罚，由此产生了对于铜鼓的诸多禁忌。例如，一些壮族不允许异姓人手摸或敲打铜鼓，原因是担心异姓人手沾耳屎或其他污物触及鼓面太阳纹，使该铜鼓太阳纹的"火"熄灭而打不响；东兰、巴马的布努瑶忌讳女人坐铜鼓，认为女人不洁，坐铜鼓祖宗会发怒；凤山县金牙乡瑶族则禁止一切人坐铜鼓，认为人坐铜鼓会有灾难。

对铜鼓毕恭毕敬的突出表现，是使用铜鼓的民族均有祭祀铜鼓的习俗。他们认为铜鼓这一神物四时均有神灵守护（白裤瑶认为铜鼓本身就是神），因而在使用铜鼓之前要祭鼓。祭鼓的目的是祭神，祈求神允许他们使用铜鼓。这在他们的祭鼓词中说得非常明白，布努瑶的祭鼓词云：

住在阴间的铜鼓神，住在地府的祖先神，
今天我们用酒来敬，今天我们用肉来请，
请铜鼓神来，请祖先神来。
有凳子给你们坐，有桌子给你们坐。
请你们先别喝酒，请你们先别吃肉。
先烧香给你们闻，先点香给你们喝。
告诉你们铜鼓神，告诉你们祖先神；
已到新年，已到佳节。
有酒有肉来供奉。
不要怪主人，不要怪客人。
不要给哪个头痛，不要给哪个眼花。
不要给哪个耳聋，不要给哪个眼瞎。
哪个发酒疯，不要闹到铜鼓。
哪家公婆打架，不要打到铜鼓。
铜鼓打给铜鼓神，铜鼓打给祖先神。
让神送给我们米粮，让神送给我们钱财。
今天有酒在这里，今天有肉在这里。
你们自己看自己吃，你们自己看自己喝。
盐不够你们自己放够，辣椒不够你们自己放辣，
酒足饭饱各自回自己庙堂。

祭词念毕，主祭者手持阴阳二板（半月形木板，一面凸，另一面凹，当地魔公的法器）掷于铜鼓鼓面。当出现一次两板阴面均朝上、一次阳面均朝上，另一次阴阳各一面朝上的结果时，就表示神已经允许使用铜鼓，这时方可敲打铜鼓。

各民族祭鼓时间不尽相同，但方法大同小异。壮族和苗族一年只祭一次铜鼓，时间在春节前的除夕之夜或大年初一清晨；瑶族则每逢用鼓必祭，而且在使用前后需各祭一次。至于祭鼓方法，各地大抵上是将铜鼓擦净后置于厅堂神台前，摆以酒、肉、饭，焚上香，主祭者（鼓主或魔公）念上一段祭词，然后铜鼓即可使用。

唯白裤瑶对祭品稍有讲究，他们认为祭品以猪肉、牛肉及红糯米饭为佳，忌羊肉、马肉及鸭子。原因是羊顽皮，喜以角抵物，马亦常以蹄踢物。以它们的肉祭铜鼓，日后铜鼓易遭损坏；鸭子声音沙哑，以鸭祭鼓，恐日后鼓声沙哑。

（二）作为神灵之器的铜鼓

神是法力无边、无所不能的。神造的铜鼓也应该神通广大、威力无穷。人们笃信铜鼓具有神的威力，是通神驱鬼、镇妖降魔的神灵之器。因此民间流传着它的诸多神奇故事。

传说铜鼓会飞，会在夜间飞下水去与“图额”打架。“图额”是水中恶龙（有的说是水怪），时常兴风作浪祸害人间。铜鼓容不得“图额”为非作歹，常在夜间从主人家的窗口或屋檐下飞出去，与水里的“图额”搏斗。它若胜，就会在第二早天亮之前飞回家中；若败，就被“图额”卡在水底永远上不来。人们说，一个地方只要有“图额”作乱，铜鼓就一定会在夜间飞出去，就是铁链也锁不住它。人们为了保住铜鼓，有的就在它的耳上挂一副山羊角，让它以此为武器去战胜恶龙；有的将铜鼓藏于粮仓内，在鼓身上挂一把谷穗，目的是让铜鼓看到它身边时时有粮食，以为“图额”已经不敢出来捣乱，人间已经年年粮食丰收了，而能安心住在主人家中。

人们还传说从铜鼓的一些部位可以看出祸福吉凶。比如，一些地方的壮族认为，铜鼓鼓面若大于鼓足，则此鼓会使鼓主所在村屯遭灾，而相反则会使鼓主的邻村受损。一些地方的壮族以鼓面乳钉数量来确定此鼓主凶或吉，他们在购买铜鼓时，必数鼓面乳钉颗数。方法是：以每十二颗为一组往下数，数至最后一组时，即以算命先生所用的命理学“十二宫”即“长生、沐浴、冠带、临官、帝旺、衰、病、死、墓、绝、胎、养”去数，看最末一颗乳钉落在“十二宫”中的哪个位置上。落在“长生”至“帝旺”五宫中的任何一宫，均为大吉大利，说明此鼓该买；“胎”、“养”二宫亦可用；而落在其余的任何一宫，均表示此鼓藏凶，不可购买，否则将对鼓主甚至整个宗族、村寨带来不吉。

有些地方传说，一些特别有灵气的铜鼓有时会自己发光。凤山县碧牙乡纳桑屯罗姓群众介绍该村铜鼓的来历时说，距他们五代有一位祖公，有一天在山坡上割草，看见有人带 12 面铜鼓从村前经过，其中的一面铜鼓发出耀眼光芒。该祖决定购买此鼓，旋即跑至这些人面前，但此时铜鼓却不发光了。由于无法确定发光的铜鼓是哪一面，该祖公遂动员族中兄弟，用水牛将 12 面铜鼓全部换了回来。

铜鼓作为一种“神器”，其最典型、最普遍的使用场合，是各民族的祭祀、丧葬活动。河池一带民间的传统信仰是“万物有灵”，其俗“畏神鬼，喜淫祀”①，直至现在依然保留着许多巫术礼仪活动。典型的如壮族“蚂蜗节”、布努瑶“大还愿”、白裤瑶“砍牛”、苗族老人的丧葬活动，等等。在这些活动中，铜鼓的“神器”功能得到了淋漓尽致的发挥。如布努瑶的“大还愿”时间长达十二昼夜（短的也有七昼夜），从始至终都使用铜鼓。特别是从第四天到第七天将祭坛移到室外的阶段，铜鼓必须连续敲打四昼夜，中间一刻都不能停，否则即被视为对神的不敬而导致整个还愿活动的失败。

现以“蚂蜗节”为例，探寻前贤未及深究的有关铜鼓“神器”功能的问题。

“蚂蜗节”与雷公的关系，得追溯到这一活动的起源。相传，古时候有一个人（名字各地传说不一）嫌青蛙叫声太吵，将一锅开水泼向田里的青蛙，许多青蛙都被烫死，没死的也全都跑走了，田野从此一片寂静。从这时起，连续 3 年大旱，庄稼颗粒无收。人们惊恐万分，急忙去找布洛陀。布洛陀说青蛙是雷公的儿女，是雷公派到人间来帮助人类的。你们烫死了青蛙，雷公发怒，因而连年不雨。布洛陀叫人们将蛙骨捡好分发各村寨，让各处的人都隆重祭祀并安葬，这样才能得到雷公的宽恕——这就是“蚂蜗节”的来历。但是，怎样才能使远在天上的雷公知道人们所做的这些事而宽恕人类呢？布洛陀告诉人们，举行“蚂蜗节”时要敲打铜鼓，只有铜鼓才可以把人间的信息传到天上。于是，人们就在“蚂蜗节”中打起了铜鼓——为了使雷公知道人间的祭蛙活动。另外，举行“蚂蜗节”的目的是祈求风调雨顺，人寿年丰，六畜兴旺。而这除了要求天上适时降雨之外，还必须使地上的那些妖魔鬼魅远离村寨、鸟兽害虫远离田野。正像他们所祈祷的那样：“蝗虫不来咬，鸟兽不来望”、“瘟疫让它在荒岭，野鬼让它在岩洞，哮喘归老虎，耳聋归聋猪，

① 脱脱，等. 宋史・列传・蛮夷三［M］. 北京：中华书局，1977：14209.

归到山那边的聋猪，归到树梢上的乌鸦”。要实现这些愿望，仅仅祈求雷公还不够，还必须祈求另一位大神，即此活动的主祭之神——青蛙神。青蛙神神通广大，上天入地无所不能，地上的妖魔鬼怪、鸟兽百虫都惧怕它。红水河沿岸流传的《蛙王的故事》，甚至说它带兵出征，“拿着铜鼓、环首刀和宝剑，骑着水牛去同蛮王作战”，战无不胜，攻无不克，[①] 因此人们对它十分崇拜。但是，怎样才能请来青蛙神？怎样送走青蛙神呢？人们认为还是要依靠铜鼓，只有铜鼓才能做到这一切。他们在葬蛙时的祭祠中这样告诉青蛙神：

> 青蛙神，青蛙神，今天给你来送行，铜鼓伴你回天宫。明年铜鼓一响你就回，铜鼓召唤你就来。

铜鼓在“蚂蜗节”中担当如此重要的角色，以至于人们认定没有铜鼓就不能举办“蚂蜗节”。据不完全统计，红水河流域自大化县板升乡至天峨县芭暮乡河段，1950 年以前经常使用的葬蛙场地（亦即青蛙墓地。一个青蛙墓地固定为一村或数村所有）达 100 余处，东兰县仅大同一乡即达 33 处之多。

现在，这一区域内仍在使用的葬蛙场地已不到 10 处，而东兰县大同乡的这一活动已经绝迹。究其原因，就是这里的大批铜鼓在“大炼钢铁”及“文化大革命”中被毁掉了。

实际上，铜鼓不可能与“蚂蜗节”同时出现。“蚂蜗节”肇端于人类社会的史前时期，来源于原始稻作部落的青蛙崇拜，而那时还远远没有铜鼓。但是，后来出现的铜鼓却成了“蚂蜗节”赖以存在的基础，这不能不归结到它的“神器”功能。“原始人是相信有相当多的鬼神存在的，不过他们对这些超自然力量的态度，总是限于想尽办法使它们为自己谋利益。为了讨好某个鬼神，非洲野蛮人竭力设法使它愉快。他用美味食品（祭品）来收买它，并且为了表示尊敬，给它跳一些他自己从中得到最大快乐的舞蹈”[②]。铜鼓之所以被

① 张声震. 壮族通史［M］. 北京：民族出版社，1997：234.

② ［俄］普列汉诺夫. 论艺术（没有地址的信）［M］. 曹葆华，译. 北京：生活·读书·新知三联书店，1973：102 ~ 103.

用于“蚂蜗节”并最终成为这一活动必不可少的神器，正是由于人们相信铜鼓具有媚神、悦神的功能，只有使用铜鼓，才能够“使神愉快”，才能够使神“得到最大快乐”。而一旦离开了铜鼓，“蚂蜗节”所有的目的便无从实现。

需要说明的是，这里的一些民族将祭祀活动中的铜鼓视为铜鼓的首要功用。无论什么时候，只要举行这些活动，铜鼓均可使用，而其他活动则不一定。如南丹苗族的铜鼓，其正常使用时间是每年秋收结束至第二年正月间，以春节为高潮，这期间铜鼓可自由使用。正月三十晚将鼓收藏，直至秋后再启用。在收鼓期间，唯丧事一项可以启用铜鼓，其他活动概不得动用。

（三）作为镇寨（宅）之宝的铜鼓

铜鼓是神灵之物，可以镇妖驱邪，祛祸纳吉，因而又被人们视为镇寨之重器，传家之至宝。对于一个村寨来说，拥有一面铜鼓，整个村寨就会祥光永罩。壮族民间有一首《村寨铜鼓歌》唱道：

> 鸟靠翅膀高飞，房靠柱子屹立。寨有铜鼓才吉祥，福气永无穷尽时。粮满下家仓，财满上家门，有吃又有穿，村人多高寿……

同样，对于一个家庭、一个宗族来说，拥有一面铜鼓，就会时时吉星高挂。民间常有这样的情况，一面铜鼓是同宗的几个家庭的共同财产，这面铜鼓就由这几个家庭轮流保管，用他们的话说是“让福气轮流转”；某个家庭（或宗族或村寨）若感到连年运气不佳，首先想到的也是如何设法买回一面铜鼓，以驱散晦气。东兰县金谷乡板路村华姓群众还说：

> 从前，他们的一位先祖起新房时，地理先生说此地犯凶，除非有一面高音铜鼓来镇守，否则不能居住。该祖即与族中几位弟兄外出找铜鼓，走了三天三夜，找到了铜鼓师。铜鼓师铸了一面 42 斤重的公鼓给他们带回来，后来家中果然一直平安无事。

正因为铜鼓是消灾纳福的宝器，因而这一带老百姓都将铜鼓视为传家之宝而代代珍藏。除非铜鼓破裂无法使用而必须出卖以另购新鼓，否则绝不能出卖，更不许丢失。出卖或丢失祖传铜鼓，就意味着家庭乃至宗族的衰败，这样的人往往被视为败家子。为了保护祖传铜鼓，有的付出了沉重的代价。1947 年秋，东兰县金谷乡板六村的 4 面铜鼓被一股匪徒掠走（有的说是国民党军队，因向该村索铜不成而掠走铜鼓）。该村火速联络附近几个同姓村，集中了 50 多人持枪前去夺鼓。激战中，两位村民被打死，但铜鼓终得如数夺回。“文化大革命”期间，这 4 面铜鼓又被收缴，和其他村被收缴的铜鼓一同置于该县兰阳供销社仓库内，日夜有人把守。该村探明情况后，派出几位青年于夜间赶了 40 多里山路，冒着危险，硬是将 4 面铜鼓“偷”了回来。正因为如此，河池才得以有如此之多的铜鼓保存至今。

但必须指出的是，壮族铜鼓之所以能在壮族地区历经千年而不衰，与历代封建王朝执行的羁縻政策、土司制度所造成的封闭、落后有直接关系。在全球化成为不可阻挡的趋势的今天，传世铜鼓的这些功能均已悄然发生了变化，有的甚至已经消失。但值得庆幸的是，近年来，在多种力量的交织下，壮族铜鼓文化得到了复兴。

二、壮族铜鼓文化的复兴

铜鼓文化是壮族人民主要的传统文化形态。在新的历史条件下，壮民族推陈出新，与时俱进，使铜鼓文化表现出一定的经济和社会效益。

（一）壮族铜鼓文化的演变

铜鼓是中国南方以及东南亚各国古老文化的象征，也是技术传播、文化交流的缩影。它源于陶釜—铜釜，两千多年前的春秋时期发源于云南，后逐渐流行于西南和岭南，并传播到整个东南亚，不仅作为权力、财富的象征，而且还具有娱乐、赛神、传递信息、指挥军阵等多种社会文化功能，在诸民族的社会生活中成为不可缺少的重要器物，并形成了独特的铜鼓文化。时至今日，除了部分铜鼓被珍藏于各国博物馆及王宫之外，尚有数以千计的铜鼓，以它们独特的魅力活跃于中国南方和与之接壤的东南亚国家的少数民族之中，承载着丰富的有形和无形的铜鼓文化。

在各民族的铜鼓文化中，又以壮族为最。在绵延两千多年的历程中，虽曾一度消歇，但自20世纪90年代以来，随着壮族人民生活水平的提高，政治、文化氛围的相对宽松，又渐呈复兴、繁荣之景象。总体来讲，壮族铜鼓文化的演变可分为形成期、发展期、衰落期和复兴期四个阶段。

1. 形成期

壮族铜鼓文化从壮族的自然崇拜融合而来。自然崇拜是人类最古老的观念之一。原始人相信人和动物、植物乃至自然现象、无生物之间存在着某种亲族关系，由于当时人们还过着群婚制的“不知有父”的生活，并且根本不知道性交和生育的联系，因而自然崇拜便具有了生育的象征。在更深层意义上，这一象征是原始人对世界主宰力量的认知。崇拜物不仅赋予人类生命，而且是世界的力量之源。壮民族居住在南方高温多雨地区，经济活动以农业为主，很早就出现了蛙神、雷神、铜鼓等崇拜物。后来，随着部族纷争，民族统一，这些崇拜物都被融合到铜鼓上，便形成了铜鼓文化。

李亦园先生曾从文化功能论角度，对铜鼓文化的形成作了论述。他说：“铜鼓、青蛙只是神话或仪式中的象征物体，少数民族们不过是经由讲述、展演这些象征物来表达他们生活中最企求的东西，以满足他们生存之所需；其间铜鼓代表雷王，祭铜鼓如享雷王，击铜鼓象征雷声；青蛙咯咯叫，有如细小雷声，所以他们认为青蛙是雷女，也要孝敬她，不幸杀了青蛙，便要赔罪。更有甚者，青蛙产卵繁多，形容它是女性，也象征子孙的繁衍，所以铜鼓上甚至雕有相叠交媾中的所谓累蹲蛙。归根究底，这一切都是为了生产，祈求作物的生产丰足，也企求人类的子孙繁衍。”①

不论还有什么样的说法，总而言之，铜鼓文化的产生是统一的壮民族形成的重要标志。它体现着血缘关系与族缘关系的一致性，在文化上反映出壮

① 李亦园. 铜鼓的故事［N］. 联合报 · 副刊［台北］，2002-08-15.

民族信仰从多神崇拜向一神崇拜的转变。“蛙纹铜鼓是一个综合体，是以蛙图腾和铜鼓图腾为中心的部落共同联合体，也是壮民族先民图腾意识、功利目的、审美价值、心理追求、巫术信仰的共同体。”①

2. 发展期

在这一文化转型中，壮族人民也将铜鼓文化推向高峰。正如蒋廷瑜先生所说：“公元 1 世纪至 7 世纪，壮族先民僚人铸造了鼓面有繁杂立体装饰的冷水冲型铜鼓，俚人创造了体质硕大、工艺精湛的北流型和灵山型铜鼓，把铜鼓文化推向了历史的最高峰。”②

如壮民族的铜鼓制作，造型多样，纹饰精致复杂，现代人都难以仿造，工匠们不仅要掌握冶炼技术，而且须掌握造型、绘画、雕刻技术和声学知识。再如，在文化功能的变迁与整合方面，千百年来，铜鼓已渗透到壮族的神话、传说、宗教、习俗、文学、艺术等文化诸形态中，以铜鼓为核心的铜鼓文化乃是壮民族文化的最基本特征。铜鼓与壮族舞蹈的关系也十分密切，不仅创造了铜鼓舞，而且反映在铜鼓本身的纹饰上。铜鼓的腰部，常常饰以羽人舞蹈的图案，舞蹈者往往头戴羽冠，身披羽饰，手舞足蹈。民间至今还流行着铜鼓乐，农闲时，相邻村寨常聚村郊赛铜鼓。还有，壮族的节日，神话传说，文学故事等更是离不开铜鼓了。

3. 衰落期

全世界现仅存 2400 多面铜鼓，而广西河池地区就有 1400 多面，其中东兰县 560 多面，金谷一个乡就独占 120 多面。但如今敲的铜鼓，响的都是文物，都是家传之物，市面上见不到。铜鼓的铸造技艺年久失传，作坊无从考究，眼下也没有办法来按原样复制。由此看来，铜鼓文化历经了一个衰落期。

对这一个时期，学术界基本的看法是铜鼓文化的最高峰在汉代。汉以降，唐、宋时，作为乐器来伴歌节舞以为娱乐已渐成民俗，及至明清，统治阶级为了加强中央集权，限制南方地方势力的扩张，实行了“改土归流”的政策，

① 李溱．论壮族蛙神崇拜［J］．广西民族研究，2002（1）：63 ~ 66.

② 蒋廷瑜．铜鼓艺术研究［M］．南宁：广西人民出版社，1988：296 ~ 297.

铜鼓已不再被作为权力的象征，铜鼓文化也日渐衰落。

4. 复兴期

明清以后，铜鼓虽在官方丧失了其权力意义，制作也已消歇，但在壮族民间仍具有神圣性。是否拥有铜鼓、铜鼓的质量好不好，乃是家族或宗族、村落竞争的主要尺度。因而，大量的铜鼓为民间所收藏。这就在物质文化和精神文化上，为20世纪末铜鼓文化的复兴提供了基础。

总之，铜鼓文化生动地反映了壮民族的经济、社会发展，有机地整合了壮民族的文化，在漫长的历史发展中，已沉淀为民族心理结构的一部分。也正因为如此，壮族人民才把铜鼓视若万物之宝，村魂、民族魂的象征。

（二）壮族铜鼓文化复兴的表现

20世纪90年代以来，在壮族地区复兴了铜鼓文化。这主要表现为从官方、学术界到民间的各个层次，已形成了挖掘、重视、保护、传承铜鼓文化的氛围，也组织开展了一系列铜鼓文化活动。尽管其出发点各有不同，但在一定程度上开创了铜鼓文化的繁荣局面。

1. 官方

自20世纪90年代以来，在政府的大力扶持下，广西文学艺术界设立了广西壮族自治区最高文学艺术奖——铜鼓奖；广西百色市在全城最高处建有铜鼓楼，还建造了现今广西最大的铜鼓雕塑；南宁市青秀山建成全国最大的铜鼓歌台，还有一个铜鼓群雕；河池市铜鼓山歌艺术节已成功举办了十一届，使该节成为广西的“三节”之一，成为河池市政府对外宣传、发展经济、弘扬民族文化的知名品牌。

2. 学术界

学术界对铜鼓文化的关注起步较早，主要表现在以下几方面。

（1）收藏与展览

到目前为止，广西各级文物管理部门收藏铜鼓已达700多面。其中，广西民族博物馆拥有铜鼓340多面，是世界上收藏铜鼓最多、类型较齐全、档次最高的博物馆。这些铜鼓原藏广西壮族自治区博物馆。1963年，著名考古学家、历史学家郭沫若先生参观该馆举办的铜鼓展览时，对广西收藏的铜鼓赞赏不已，当即写下了《满江红》词，称赞广西铜鼓是“壮家文化”。1982年，这些铜鼓拿到北京展出，受到首都人民和国际友人的高度赞扬。2008年，这些铜鼓转藏广西民族博物馆。至此，广西民族博物馆的铜鼓陈列成为铜鼓文化展览的重要窗口。

（2）研究会的成立和活动开展

1980年3月，在广西南宁市召开了古代铜鼓学术讨论会，并成立了中国古代铜鼓研究会。该会成立后，积极组织学术交流，先后召开了6次学术讨论会，其中2次是全国性的，4次是国际性的，共收到论文350多篇，出版论文集4部。①

（3）研究领域广泛

1980年前后，为了筹备南宁古代铜鼓学术讨论会，广西博物馆成立了铜鼓调查组，进行了全国性的铜鼓资料大普查，第一次基本摸清了全国铜鼓收藏的家底，并对1360多面铜鼓做了实体观察、测量、传拓、摄影，记录了完备的资料。如今，学术界对铜鼓的研究呈现出多学科综合的态势，内容涉及铜鼓的起源、分类、族属、用途、装饰艺术、合金成分、矿料来源、铸造等，学科上大致可分为两个相互沟通的层面：一是铜鼓文化风俗研究，主要是考古学、民族学、社会学、人类学等学科；另一是铸造，力图复制、再现铜鼓物质文化，主要涉及物理化学、冶金学、音律学等学科。

（4）研究成果丰硕

1980年中国古代铜鼓研究会成立，研究进入高潮，学术界出版了一大批论著。仅是20世纪90年代前后，出版的专著就有中国古代铜鼓研究会的《中国古代铜鼓》（1988年，文物出版社），蒋廷瑜的《铜鼓艺术研究》(1988年，广西人民出版社)，汪宁生的《铜鼓与南方民族》(1989年，吉林教育出版社)，姚舜安、万辅彬、蒋廷瑜的《北流型铜鼓探秘》（1990年，广西人民出版社），万辅彬等人的《中国古代铜鼓科学研究》(1992年，广西民族出版

① 蒋廷瑜．铜鼓研究一世纪［J］．民族研究，2000（1）：30 ~ 40，110 ~ 111．

社）等 10 余部，有力地推动了铜鼓研究的展开与铜鼓文化知识的普及。

3. 经济界

“文化搭台，经济唱戏”已是社会共识，铜鼓文化也不例外。许多经济行业，尤其是旅游业都利用铜鼓来大做文章，招揽生意，提高效益。如坐落于广西博物馆民族文物苑的铜鼓雕塑群，就是仿几种不同类型的铜鼓雕塑而成，高达 16 米多，如今已成为一个旅游观光点，几乎成了广西的标志；百色市兴建的世纪铜鼓广场、铜鼓楼，已成了革命老区一个旅游景点；河池地区每年岁末年初举行的铜鼓山歌艺术节，也给该地区旅游业注入了新的内容，如此等等。①

4. 民间

20 世纪 90 年代以来，民间出现了不少铜鼓专家和收藏家，他们组织并参加了一系列铜鼓文化活动，促进了铜鼓文化的繁荣。如广西东兰县“铜鼓王”韦万义一个人就收藏了 20 面铜鼓。其中，最早的一面是唐代的，大多为宋代以后的；最大的一面铜鼓重约 25 千克，小的也有 20 千克左右。他不仅会打铜鼓，而且还创出了许多花样鼓点，让传统的 4 面鼓的打法有了更默契、更出彩的呈现。村中许多人都自发地跟他学习，到目前为止，他的徒弟已不下几十人。

在韦万义等民间“铜鼓王”的带动下，东兰县的铜鼓文化开展得有声有色。自 1999 年以来，该县连续参加了河池第一届、第二届、第三届铜鼓山歌艺术节活动，参加表演的铜鼓达 100 多面以上，为全地区之首。另外，还应邀参加在江苏举行的中华鼓王大赛开幕式表演，参加电视连续剧《中国有条红水河》的拍摄活动，参加中国龙滩水电工程的开工典礼，参加“中国文明之光铜鼓专集”表演，参加第九届中国金鸡百花电影节和南宁国际民歌节表演，参加上海举行的“中华鼓宴”演出。所有这些都表明铜鼓文化的复兴有着坚实的群众基础。

（三）铜鼓文化复兴的功能与实质

为了准确把握壮族铜鼓文化复兴的功能与实质，除文献资料外，我们在田野调查中主要运用了人类学的主位研究法，收集了东兰、南丹等地壮族老

① 薛艺兵. 铜鼓综述［J］. 音乐研究，1997（4）：64 ~ 69.

百姓对铜鼓文化复兴的看法。资料分析表明，在眼下的铜鼓文化活动中，铜鼓被赋予了新的、与时代相合拍的文化功能。它反映出壮族人民在物质生活水平提高后的精神风貌，是民族文化建设和社会主义精神文明建设的有机组成部分。

1. 铜鼓文化禁忌的科学化

铜鼓是壮族的圣物，家传、族传之宝，自然禁忌很多。过去的铜鼓禁忌充斥着歧视妇女的封建迷信色彩，主要有这么几条：不能锁，不能放在床底和女人的房里，妇女不能摸铜鼓，更不能进去坐，要不然铜鼓就不响了；要放在谷仓里，或供奉祖先灵位的台面下的大柜子里，还要把稻穗放在铜鼓的耳朵里，绑住铜鼓，以防铜鼓飞走（因为传说红水河里有个水鬼把庄稼搞坏了，铜鼓就自告奋勇与水鬼打架，把水鬼打败了，来年庄稼就丰收了，所以要和粮食相依为命）；脱下的衣服不能放在铜鼓里，以示对铜鼓的尊敬。

如今，民间的“铜鼓王”们认识到，铜鼓文化要生存、传承与发展，就是要敲，而不是藏；禁忌应有古有今，所以就去除了过去铜鼓禁忌中的封建迷信色彩，有的还专门招收女弟子。但毕竟铜鼓是文物，不能复制，很珍贵，他们就在敲铜鼓上做了科学的规定，主要有以下几条：

一是红白事不能打，因为鼓少，怕人家喝酒醉了，乱敲、乱打，毁了铜鼓。二是逢年过节敲时，铜鼓要紧跟主人，主人应小心看好铜鼓，原因还是怕人家喝酒醉了，乱敲、乱打，毁了铜鼓。三是鼓槌要有讲究。过去是用布鞋底做槌芯，外面包上牛皮，这样做出的鼓槌太硬了，因为鞋底硬。现在是用棉布卷紧，再用纱布包好，要做工精细，软硬适中。硬了打不好，软了打不响，公鼓槌要硬些，母鼓槌要软些。而且鼓槌的大小、长短都应注意，大小以打鼓人握着合手为原则，长短应等同于鼓面太阳花的直径。

2. 铜鼓文化功能的现代化

据铜鼓收藏者韦万义（见图 4-20）等人介绍，“文化大革命”中铜鼓文化活动曾一度消歇。1991 年，第四届全国民族运动会后，地方政府承认过去做了对不起群众的事，向群众主动道了歉，老百姓这才把手里的铜鼓拿出来，参与政府组织的活动。现在，搞铜鼓文化，在老百姓看来主要有以下功能。

一是铜鼓的声音代表着农村人的声音，是农村人需要的声音。老百姓们说现在村子里吵嘴的少了，没有了，因为铜鼓的声音超过了人们的声音。农村敲的铜鼓都是中上音，低音不用了。因为铜鼓的声音随着年代的变化而变化，以前人民群众讲话的声音低点，如今这个年代，人民群众讲话声音高点，因为饭吃饱了，有钱了。

图4-20 铜鼓收藏者韦万义（韦丹风 提供）

二是铜鼓文化活动减少了歪风邪气，促进了社会主义精神文明建设。村民们说现在敲铜鼓大年初一是各村在自己的山头上敲，村里的人不管男女老幼都要来，表演山歌、舞蹈等节目；初二以后是把几个村子的铜鼓集中到一个村子里，这就增加了朋友往来和邻舍之间的团结。没举行铜鼓节时，村子里有打架的、赌博的、山林宅地纠纷的，这几年铜鼓一敲，大家相互沟通，矛盾也少了许多。

三是铜鼓文化活动是一种健身活动。老人们说，逢年过节敲铜鼓，敲完后，饭也吃得多了；晚上睡觉，铜鼓的录音带一放，就睡着了；敲过一阵铜鼓后，肩周炎也好了。

3. 新的铜鼓民间传说

自铜鼓文化活动复兴以来，在壮族老百姓中间流传着不少关于铜鼓的故事，形成了新的铜鼓民间传说。如铜鼓避邪。有的老百姓说，敲了铜鼓后，猫头鹰都不敢来村里叫了；有的说，村头有条沟，以前白天人都不敢过，敲了铜鼓后，晚上都敢过了。

铜鼓能呼风唤雨。村民们说，1995年香港有家电视台来东兰县某村拍铜鼓片时，鼓刚一敲，大风就来了。还说，过年时一定要敲铜鼓，敲了来年必定风调雨顺，要不然就大旱，如此等等。

三、壮族铜鼓铸造工艺的复兴

壮族先民是最早铸造和使用铜鼓的族群之一，从春秋到明清时期乃至现代，一直在使用铜鼓。但是，由于民间对铜鼓的铸造技术有“秘不外传”和“传男不传女”之规约，所以，明清以后，铜鼓的铸造及其技术逐步消失或失传了。

近代以来，壮族及其他民族民间使用的皆为传世铜鼓，而且多是晚期的麻江型铜鼓。经过数百年的变迁、收缴或长期使用，这些铜鼓如今破损严重，数量日趋减少。广西南丹白裤瑶族在丧葬的仪式中都要敲铜鼓，据南丹里湖生态博物馆课题组的调查，在所参加的六次丧葬仪式所观察到的约 100 余面铜鼓中，近一半有不同程度的破损。蛮降寨一陆姓人家收藏的 5 面铜鼓，分别叫米水、米漏、米土、米麦、米姐（音译），鼓面都有不同程度的裂痕，没有一面是完好的。那坡县念毕彝族在跳弓节使用的两面铜鼓，均已破损。由于世传的铜鼓有减无增，因此，铜鼓这一宝贵的历史文化遗产已面临失传、消失的境际。

（一）铜鼓的铸造工艺

据研究，铜鼓的铸造年代最晚到清代中晚期，也就是说，民间铸造铜鼓活动在清代以后就已经停止，铸造技术也随之失传。20 世纪 80 年代以来，国内外有关部门的专家和技术人员，都在为铜鼓的复制、失传的铸造工艺的复原进行探索与试验。1982 年，广西壮族自治区博物馆、云南省博物馆与北京钢铁学院冶金史研究室（今北京科技大学冶金与材料史研究所）合作，对八大类型 92 面铜鼓取样，分别采用原子吸收光谱分析和金相检验的方法，对这些铜鼓的合金成分及金属材质进行分析；同时对每面铜鼓的体形大小、器壁厚薄、鼓高与鼓身最大径的比值等进行精确的测量。① 其分析、测量的数据公布之后，被研究这一领域的许多学者所采用。同时，一些学者根据古代

① 蒋廷瑜．壮族铜鼓研究［M］．广西人民出版社，2005：211.

铜鼓表面遗留的痕迹，分析了铜鼓的铸造工艺，认为制范面的泥料是经过研磨、筛选或淘洗的细泥配制成的；大多数铜鼓暴露有芯垫，其中的冷水冲型、北流型、灵山型等采用方形芯垫；冷水冲型、北流型和灵山型鼓的绝大多数鼓身两侧各有一条合范缝；北流型、灵山型，大多数冷水冲型浇口设在鼓侧的范缝上，缝隙式浇注，使青铜合金熔液沿着铸型自下而上通过缝隙浇口由两面注入模腔，液流顺畅，充填迅速。根据对铜鼓镶嵌痕迹的分析，可知铜鼓的立体蛙饰和其他饰物以及一部分鼓耳应是采用失蜡法铸造。这些装饰与鼓身的结合，应是用多块范组合的浑铸法，使它们铸接到鼓体上。根据这些研究成果，得知古代铸造铜鼓的方法有：

1. 泥型合范法

其主要工序如下。

（1）制模型

首先用木料做成一个鼓形木模作为范芯骨架，然后敷以掺有谷壳的粗泥料作范芯的底层，再敷上掺有草灰、牛粪的细泥料作表层，使表面光滑并且有较好的透气性和退让性。最后，捏塑四个实心耳安在耳的部位。

（2）翻外范

先在泥模型鼓表面涂以牛油，防止粘连，然后分块（面范 1 块、身范 2 块或面范 1 块、身范 4 块）敷以细泥料和掺加草灰、麻丝等的粗泥料，形成外范，在外范上按设计留好浇口，拆开外范后在范面刻印花纹。

（3）做芯范（内模）

鼓芯范是由泥模型鼓减薄而成。其做法是在泥模型鼓周身嵌入一定数量的铜芯垫，然后按芯垫印痕厚度刮去一层泥料，并磨光即成。

（4）合范

第一种是鼓面向上的合范；第二种是足沿向上的合范。合范后，用泥把各条范缝封严，并以绳索把整个范绑扎紧，经低温烘烤，使泥范中的水分蒸发，干透硬化。

（5）浇注

先将鼓范烘烤预热至 600℃左右，然后从鼓面中央或足沿的浇口杯内注入合金熔液，使之进入型腔。

（6）拆范及整理

浇注之后，拆开外范，取出内范，锯凿掉浇冒口，清除内外壁上的泥料，修饰花纹及立体装饰物，使铜鼓表面光滑，花纹清晰。

（7）定音

铜鼓作为乐器，对音质有严格的要求，必须请专门的鼓师进行调音。调音准确后，则可使用。

2. 失蜡法

其工序如下。

（1）塑制芯范

先做一木模型鼓为底衬，敷以粗细两层泥料，用刮板做成芯范。

（2）塑制蜡模

首先在芯范上敷蜡并按设计厚度均匀地刮平，然后在蜡面上制花，形成与铜鼓一样的蜡模型鼓。

（3）塑制外范

把细泥敷在蜡模上做外范，各块都要均匀填实，以保证铸型轮廓和花纹的清晰，又在细泥外敷上一层粗泥料以增加强度。制范时注意在鼓面中心太阳光体处留出浇口，在蛙的眼位穿出气孔，在足沿留出蜡口，使外范成为一个浑然一体的完整铸范。

（4）化蜡

用小火烘烤化蜡，蜡从足沿出蜡口流出后空出型腔就是浇铸鼓体的空间。

（5）浇注、拆范和修整

与泥型合范法基本相同，不过拆范时要特别小心留意，以免损伤了立体造型装饰，拆范修整后便竣工了。

据一些学者判断，冷水冲型、北流型、灵山型及部分石寨山型等体形较大的铜鼓可能采用了蜡模泥范法。该法采用了泥型合范与失蜡法两者的优点。其工序与失蜡法大体相同，也是先做芯范，然后做蜡模，但不同的是不在蜡面上刻印花纹，而是在泥制外芯上压印花纹。[①]

一些专业的研究部门进行了铜鼓的复制和仿制工作。北京科技大学冶金与材料史研究所就将蜡模泥范法运用于具体的铸造实验，铸出了一批麻江型铜鼓。1998 年，该研究所李延祥博士对一些铜鼓作了调音之后，将其中的 4 面寄至广西河池市文物管理站，委托文物管理站将这些铜鼓携至乡下，和民间传世铜鼓进行比较，以检验其质量。文物管理站将这几面铜鼓拿到东兰民间，也拿到河池市的铜鼓山歌艺术节。经过群众一年多的使用，他们对这些新铸铜鼓作出如下评价：外观与传世铜鼓大致相同；鼓壁太厚：与同尺寸的传世铜鼓相比，新铜鼓的重量要超过 7 千克以上；声音传不远：与传世铜鼓一道使用时，在鼓旁边可以听到新铜鼓的声音，但稍一走远就只听到老铜鼓声，听不到新铜鼓的声音；声音余音不长：平均要比传世铜鼓短十二三秒。

上述几个问题中，最核心的问题是鼓壁太厚，其他不足皆因此而产生。但是，要将鼓壁降至传世铜鼓的厚度，就必须在铸造时将内外范之间的间隙减小，但这样又会增加浇铸中所产生的气隔，给浇铸带来极大困难。2004 年，该研究所又铸造出两面麻江型铜鼓，壁厚依然如故，而音质反不如第一批铜鼓，说明这一问题确实是铜鼓铸造过程中的一大难题。

在这方面花费时间最长，投入人力、资金最多的是广西民族学院。1995 年，广西民族学院课题负责人万辅彬领导的一个研究小组与广西壮族自治区博物馆、上海博物馆等单位合作，在上海博物馆用陶瓷型模试铸出一面麻江型铜鼓，但效果不佳。之后，他们在广西民族学院组建了中国第一个铜鼓铸造实验室，继续开展麻江型铜鼓铸造试验。在后来长达三年多的时间里，他们投入大量的资金及人力，先后铸造了十几次，也仅铸出两面铜鼓，没有完全取得成功。

上述铜鼓铸造试验所运用的技术、方法都是现代的，但铜鼓铸造的难题却始终未能得到解决。值得指出的是，近年来，铜鼓的复制或仿制是一项比较热门的工艺，浙江、江西等一些乐器厂、工艺品制造厂相继进行铜鼓的铸

① 万辅彬. 唐代以前广西冶铜铸铜成就概览［J］. 广西民族学院学报（自然科学版），2001（2）：114 ~ 120.

造，取得了一定的成绩。现在，在不少的工艺品商场都有外观和传世的麻江型鼓一样的工艺品铜鼓销售。但仿制的铜鼓只是停留在学术研究和一般工艺品的层面上，一直没有得到使用铜鼓的民族的认可。

（二）河池环江民间复兴的铜鼓铸造工艺

近年来，河池市环江毛南族自治县上朝社区平治村板才屯的韦启初、韦启叁兄弟，经过多年探索与试验，采用沙模铸造方法攻克了铜鼓铸造中的道道难关，于 2003 年成功铸造出形声俱佳的麻江型铜鼓。

上朝地处环江北部，与贵州省荔波县接壤。这里有着丰富的煤炭及铅锌矿资源，明代以来官方就一直在这里采矿、冶炼，民间铸造业十分活跃。久负盛名的环江铁锅，就出自这里。韦启初、韦启叁兄弟出生于铸造世家，其祖父和父亲都是铸造高手。特别是父亲韦政权（1916 ~ 1988 年）精于铸造，泥模、沙模及冶炼技术娴熟。1952 年，韦政权因铸造技术高超，被上朝铁锅厂看中，成为该厂铸造技术员，在铁锅厂工作达 10 年之久。韦启初兄弟从小耳濡目染，初中毕业时，就已学到父亲的铸造技术。1985 年，韦启初兄弟在父亲的指导下，开始了铸造生涯。先是用泥模、沙模铸造铝锅、铁锅。几年以后，转向铜九龙杯、双鱼铜洗的仿制，均获得成功，所仿制的双鱼喷水铜洗可以乱真。1993 年，兄弟俩在一个贵州人那里见到一面铜鼓，被铜鼓的精美所吸引，从而萌发了仿制古代铜鼓的念头。回家后不久，开始用沙模试铸，但因不成功而作罢。

沙模铸造是我国一种传统的铸造工艺，民间应用普遍。沙模铸造也称为“翻砂”，是将熔化的金属浇注入铸型空腔中，冷却凝固后获得产品的生产方法。制造铁质铸件通常采用砂型。砂型的原料以砂子为主，并与黏结剂、水等混合而成。砂型材料必须具有一定的黏合强度，以便塑成所需的形状并能经受高温铁水的灼烧而不破损。为了在砂型内塑成与铸件形状相符的空腔，必须先用木材制成模型，称为木模。空心的铸件需要制成砂芯子和相应的芯子木模。有了木模，就可以翻制空腔砂型（俗称“翻砂”）。在制造砂型时，要考虑上下砂箱如何分开才能把木模取出，还要考虑铁水从何处注入以及怎样注满空腔以获得优质的铸件。砂型制成后，就可以浇注，也就是将铁水注入砂型的空腔中。壮族民间多用此法来铸造犁头、铁锅等日常生产和生活用具。

2000 年，韦氏兄弟再次投入铸造铜鼓的试验。从选沙到制模，进而到铸造的整个工艺流程，都经过反复揣摩和多次试验。在历经数不清的失败之后，终于在 2003 年取得了重大突破，铸造出外观几乎能乱真的麻江型铜鼓。

韦氏兄弟铸造铜鼓的特色在于铜鼓模具，其模具包括底座、外筒套、鼓身模、内筒套、鼓面模和模盖。特征在于圆盘底座纵向剖面呈“凸”形，圆筒状的内套筒竖直安装在圆盘底座的中央。筒身比鼓身模低，上端封口，鼓身模竖直安装在以内套筒为中心的“凸”形圆盘底座上。鼓身模块为两块，呈扇形对接围成。圆筒状的外筒竖直套接在“凸”形圆盘底座的凸肩上，其筒身比鼓身模高，由至少两块扇形外模块连接围成。模盖呈翻盖式，活动式连接在与底座相连的支架上，并与外套筒上端口相配接。

广西环江县上朝镇的韦启初兄弟把沙模铸造工艺应用到铜鼓的铸造中，能够一次成型地铸造出鼓壁厚薄与传世铜鼓相当的铜鼓铸件。用沙模法铸造铜鼓的工序复杂，主要有制模、浇铸、打磨几个步骤。

1. 制模

制模是完成铜鼓铸造的第一道工序，模具的种类包括沙模、金属材质和木质的各类模具。其中包含沙子筑成的鼓芯模具与浇铸架（图 4-21）、铜鼓模具、铜鼓的鼓身模具、外范、鼓面模板、鼓耳模具、鼓的纹饰模具等（图 4-22）。

图 4-21　鼓芯模具（左）和浇铸架（右）（韦丹凤　摄）

鼓身模具

外范模具

鼓面模具和太阳纹模具

浇铸孔模具

西字纹、云纹等模具

龙纹及其他纹饰模具

图 4-22　**铜鼓模具**（韦丹凤　摄）

在沙模法铸鼓的过程中，各类模具是可以反复使用的。其中，金属材质的模具有鼓身模具两块、外范 4 块、鼓面模具 1 块、1 个鼓芯模具、1 套浇铸架及部分的纹饰模具（太阳纹、十二生肖、乳钉纹等），木质的模具主要是部分的纹饰模具（西字纹、云纹、雷纹、复线角形纹等）。

金属材质的鼓身模具、外范、鼓面模具是按照铜鼓的形状做出来的，而金属材质的纹饰模具和木质的纹饰模具是按照铜鼓上的纹饰样式做成的，在制作模具的过程中已事先在模具上按照铜鼓的样式雕刻好相应的纹饰。鼓芯模具（以制作直径 55 厘米的铜鼓为例）略有不同，是一个直径约 30 厘米，高约 30 厘米的圆柱体，底部由一个“十”字形的钢架支撑旁侧，十字的交叉处立一根 10 厘米的螺旋钢条，上方和四周打满圆形小孔，小孔直径约 0.2 厘米。浇铸架主要用钢铁和水泥浇铸而成，分为上下两个部分，上盖由两个同心圆组成，同心圆由厚约 0.2 厘米钢块围成，大圆直径约 60 厘米，小圆直径约 20 厘米，大圆与小圆由 4 块长约 38 厘米钢块以十字形连接。大圆外侧焊接一个弓形手柄。上盖的内侧由 3 个同心圆构成，同心圆用直径约 0.2 厘米的钢筋来制作，其中，最外侧的同心圆直径约 60 厘米，中间的同心圆直径 55 厘米，内侧同心圆直径 16 厘米。3 个同心圆用同等大小的钢筋以米字形连接在一起。其中，内侧的同心圆和中间的同心圆在同一个平面上，最外面的大同心圆与钢板制作的同心圆大小一致且在同一平面上，与另两个在同一平面的圆高度相差约 2 厘米，两个圆显示出“凸”面圆。浇铸架的下部底座由钢板和水泥制作，也是由 3 个同心圆组成，大圆直径与上盖直径相当，中间的同心圆直径约 54 厘米，中心的小圆直径约 30 厘米，中间的同心圆和小圆先用宽约 7 厘米的钢块做出圆的形状，然后用水泥把两个圆连接起来。这样，中间的圆和小圆就比外围的大圆高出约 7 厘米，且它们在同一个平面上，小圆的中心是留空的，使底座也形成了一个“凸”圆形。底部焊接着 4 块用于做支脚的钢条呈“口”字形，“口”字把中心漏空的小圆围住。上下两个部分由两根高约 40 厘米的钢柱连接起来。

沙模的制作需要的原料主要有沙子、石膏粉，同时还需上述模具的配合才能完成。

支开浇铸架，把鼓芯模具安放在浇铸架的下部的中心圆位置上，鼓芯从浇铸架的底部“口”字支脚部用螺丝钉和钢条固定。

把安装好的浇铸架（见图 4-23）及鼓芯平放，再把两片铜鼓鼓身模具放在鼓芯的外面，用铁丝固定住鼓身。

图 4-23　安装浇铸架（韦丹凤　摄）

往固定好的鼓芯和鼓身模具里填充预先准备的沙子，沙子一般分为 4 ~ 5 次加入，每次加入 3 ~ 5 铲子的沙子，从鼓芯模具上方加入。每次加完沙子后，用手把堆积在鼓芯模具上的沙子推到鼓芯与鼓身中间的缝隙里，再用木棍把鼓芯与鼓身缝隙间的沙子夯实（图 4-24 ①）。此过程反复进行，直到把沙子填实到 9/10 处时加入一个圆形的铁丝（图 4-24 ②），此圆比鼓身的

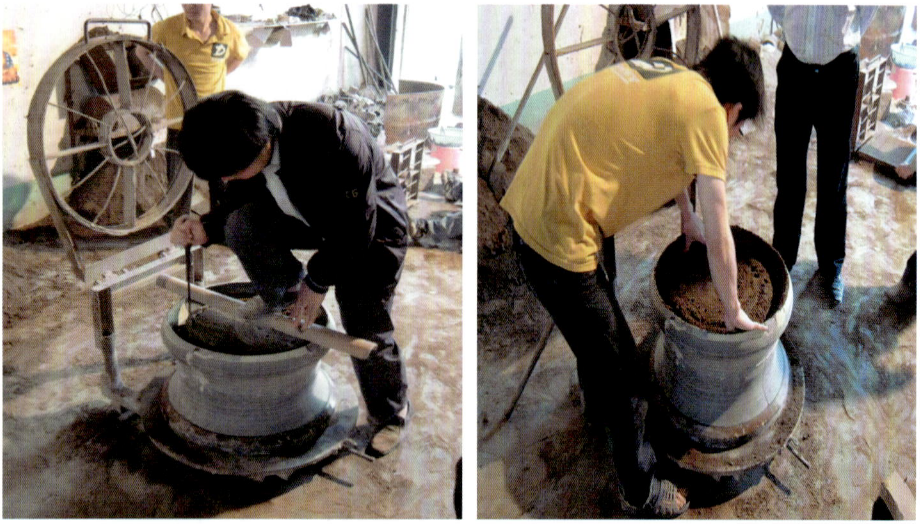

①往装好的模具中填沙子并夯实　　②把铁丝圈放入模具中

图 4-24　制作沙模（一）（韦丹凤　摄）

直径略小些，然后再填入沙子夯实并整平，使鼓身与沙子都在同一水平面上。完成这步骤后，把旁边掉落的沙子用刷子清理干净。

把外范装上。4 块外范均标有序号，把它们安装在固定的位置上，外范的水泥面与浇铸架的底座贴近，4 块外范放好位置后用螺丝钉把外范与外范连接固定起来。固定好后，把铜鼓鼓面模具放入铜鼓鼓身之上。往外范和鼓身之间的空隙填入沙子，填入沙子的方法与上述填充沙子的方法相同，但不需加入铁圈。外范模具比鼓身模具高出 2 厘米，并且外范的钢板结合处被做成了 30 度的斜角。这样填满沙子后，鼓面所在的平面与外范可以做出一个 30 度角的斜坡。

把浇铸架的盖子盖上，用浇铸架上的“米”字形测定打入木块的位置（图 4-25 ①）。确定好后打开浇铸架的盖子，把事先准备好的楔型木块沿 45 度角打入斜坡内（图 4-25 ②），被打入坡内的木块共 4 块。全部打入完成后再加入少许沙子，把木块盖住并压实，斜坡仍然需保持 30 度角。把鼓面的沙子清理干净。

用筛子在鼓面及鼓斜坡处筛上一层细沙（图 4-25 ③）。这层细沙无需压实，把它整平即可。

盖上浇铸架的盖子，填入沙子，将 4 块木块沿 45 度角打插入沙子中（图 4-25 ④），4 块木块的位置与之前打入斜坡的木块对接上。填入的沙子也需夯实，4 块木块的另一端露在外面，在木块与木块之间打入 4 根直径约 0.3 厘米、长约 15 厘米的铜条。铜条的位置与插入木块的位置在同一圆周上，铜条打入的深度要与铜鼓鼓面平行。

打开浇铸架的盖子，盖子后面用一个木板支起（图 4-26 ①）。此时，铜鼓鼓面的纹饰被印在了浇铸架的盖子上。然后，在鼓面及鼓面旁边的斜坡上均匀地撒上一层薄的石膏粉（图 4-26 ②），盖上浇铸架的盖子，人踩上盖子踩压并用木棍夯实沙子。打开盖子，鼓面的纹饰连同石膏粉一起附在了盖子上。

拆卸模具，用勺子钩边，把鼓面模具取出。再拆开外范的螺丝，拿下外范。把固定鼓身的铁丝扭开，取出鼓身模具。

加工外范沙模，把取下的鼓身，压印在外范的沙模上（图 4-26 ③），使外范沙模上的纹饰更加的清晰，并在沙模的相应位置上用勺子挖一个类似椭圆形的洞，把鼓耳模具按压进去（图 4-26 ④），印上鼓耳的纹饰。在插入木块的地方

①把浇铸架的盖子盖上用于定位

②把定位好的木块打入斜坡内

③在鼓面上筛上一层细沙

④把浇铸架盖上填沙子，并插入四块楔型木块

图 4-25　制作铜鼓沙模（二）（韦丹凤　摄）

挖一个长方形的洞，使其与木块相通，并取出木块（图 4-26⑤）。在沙模上均匀地撒上一层薄石膏粉，然后再把铜鼓鼓身的纹饰和鼓耳的纹饰压印上去，在鼓耳所挖的鼓耳洞里填上与洞一样宽但略短且薄的模型，用沙子把此模型盖住并撒上一层石膏粉。再把鼓身身上其他的纹饰，如云纹、雷纹、复线角形纹等纹饰用事先做好的纹饰模具加印上去。用此方法把 4 块外范都加工完成。

加工鼓面纹饰，先把乳钉纹按压鼓面上，然后盖上一层薄膜，把太阳纹、生肖纹、西字纹等纹饰模具压印在鼓面上。印纹完成后拆下薄膜。

整平鼓身沙模，把鼓身沙模旁边及鼓面上的沙子整平，并清扫旁边的沙

①用木块顶住浇铸架的盖子

②撒好石膏粉的鼓身沙模

③把鼓身模具印压在外范沙模上

④往鼓耳槽中填入鼓耳模具并用沙子盖住

⑤把浇铸架盖上的楔型木块取出并疏通通道

⑥把印好纹饰的外范装在浇铸架上

图 4-26 制作铜鼓沙模（三）（韦丹凤 摄）

子。再在鼓身及鼓面沙模上均匀地撒上一层石膏粉。

把印好纹饰的外范装在浇铸架上（图 4-26 ⑥），固定好。

取出上盖的 4 块木块并把边缘整平。

把支顶浇铸架的木板卸掉，盖上盖子。

把浇铸架盖子与外范之间的缝隙用沙子填实，用铁片和铜鼓鼓面把浇铸架围住。

2. 浇铸

浇铸需要 4 个铸鼓师用坩埚容器一起取来炼制好的铜水，并同时把铜水从 4 个浇铸孔加注到模具里。待铜水凝固后，打开浇铸架的盖子，拆掉铜鼓外范，把附着的沙子剔除即得铜鼓（见图 4-27）。

图 4-27　浇铸得鼓（韦丹凤　摄）

3. 打磨

铜鼓是一次浇铸成型的，但浇铸时的孔型及之前打入的 4 根铜钉仍然立于铜鼓上，边缘并不平整，需进行进一步的打磨处理（见图 4-28）。把 4 根铜钉切割掉，再用打磨机，把表面打磨得光滑平整。用电动纸磨轮和沙球把粘在铜鼓表面的石膏粉清理干净。调音也是通过打磨完成的，主要是在鼓面的内壁打磨，调整内壁的厚度，达到调音的目的。

这样用沙模铸造法（见图 4-29）一次成型的铸造铜鼓的过程就完成了。

图 4-28 打磨铜鼓（韦丹凤 摄）

采用上述铸造方法的优点在于：

1）模具结构简单，操作方便易行。

2）模具散热性好，内套筒具有散热的功能，而用沙子做成的沙模，透气性能大大优于泥模，浇铸时能快速冷却，浇铸时间也大为缩短，气隔问题也易于解决。用这种方法铸造出来的铜鼓，壁厚与传世铜鼓相当，有的甚至比传世铜鼓还薄。

3）铸造的效率高、成本低，又方便快捷。与泥模、陶模相比，泥模的制作较复杂且干燥缓慢，耗时约半月。倘若浇铸失败，泥模即作废，又要重新制模，再让其阴干，才能再铸。采用沙模不仅效率高，而且工艺简便，从在底座上安装鼓心模具开始，到夯实沙子、刻印纹饰、浇铸，3 个小时左右即可完成。若浇铸不成功，则可立即清理模具，重新装沙、夯实，几个小时后又可浇铸。沙子可反复利用，不像泥模那样用一次后就废弃不用了。广西博物馆委托韦氏

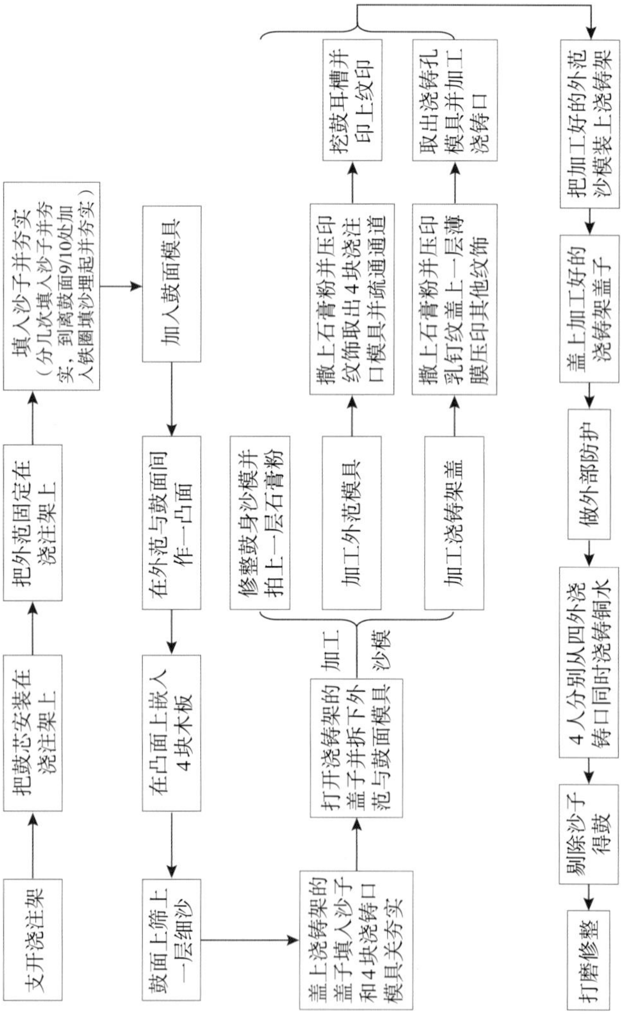
支开浇注架
把鼓芯安装在浇注架上
把外范固定在浇注架上
填入沙子并夯实
（分几次填入沙子并夯实，到离鼓面9/10处加入铁圈填沙埋起并夯实）
加入鼓面模具
在外范与鼓面间作一凸面
在凸面上嵌入4块木板
鼓面上筛上一层细沙
盖上浇铸架的盖子填入沙子和4块浇铸口模具夯实
打开浇铸架的盖子并拆下外范与鼓面模具
加工沙模
修整鼓身沙模并拍上一层石膏粉
加工外范模具
加工浇铸架盖
撒上石膏粉并压印纹饰取出4块浇注口模具并疏通通道
撒上石膏粉并压印乳钉纹盖上一层薄膜压印其他纹饰
挖鼓耳槽并印上纹印
取出浇铸孔模具并加工浇铸口
把加工好的外范沙模装上浇铸架
盖上加工好的浇铸架盖子
做外部防护
4人分别从四外浇铸口同时浇铸铜水
剔除沙子得鼓
打磨修整

图 4-29　沙模铸造法铸造铜鼓的工艺流程

兄弟铸造一面直径 110 厘米的大铜鼓，他们用 1 个月的时间就顺利完成了。

4）改进了传统的翻砂工艺，模具的各部件都可以用金属材料制成，因此模具是相对永久性的，可反复使用。当然，铜鼓的尺寸不同，模具的尺寸也不同。直径 60 厘米的铜鼓和直径 110 厘米的需要制作不同尺寸的模具。

2004 年，河池市文物管理站开始与韦氏兄弟合作，共同铸造麻江型铜鼓。其中，文物管理站负责新铸铜鼓的造型、尺寸、纹饰布局、合金配比及音高的确定。在一年多的时间里，已铸造出 100 多面麻江型铜鼓。这些铜鼓经南丹、东兰等地壮族、瑶族群众一年多的使用，证实完全符合他们的要求。

从 2006 年 7 月开始，韦氏兄弟铸造的铜鼓不断增多，到 11 月、12 月，每月铸造 40 面左右，最多时每天可铸造 4 面麻江型铜鼓。12 月 29 日，南丹县里湖乡的白裤瑶族购回 8 面铜鼓，与原收藏的传世铜鼓进行敲击比赛，其中有一面是当地公认的鼓王。韦氏兄弟铸造的两面鼓经过 4 个小时的敲击比赛，从音量、音质等方面都优于铜鼓王。韦氏兄弟铸造的铜鼓主要销往广西和贵州两地。据 2003 年、2004 年南丹白裤瑶生态博物馆课题组观察统计，白裤瑶族在砍牛活动中使用的铜鼓，10 面中有三四面是韦氏兄弟新铸造的。到目前为止，广西的壮族、瑶族群众购买、使用韦氏兄弟铸造的铜鼓达 200 多面。贵州方面购买韦氏兄弟铸造的铜鼓也有 200 面左右。

在成功铸造麻江型铜鼓的基础上，韦启初兄弟又开始进行大型铜鼓的铸造试验。2006 年 5 月，兄弟俩受广西壮族自治区博物馆的委托，为自治区文化厅铸造一面面径为 110 厘米、高 60 厘米的大铜鼓，作为中共广西壮族自治区委员会、广西壮族自治区人民政府的礼物，于 2006 年 6 月北京举办“广西文化周”活动时赠送给中共北京市委、北京市人民政府。经过 20 多天的努力，在经历了两次失败之后，他们终于成功地铸造出这面大铜鼓，从而把自己的铜鼓铸造技术提升到了一个新的水平。此后，用这个模具陆续铸造了 4 面直径 110 厘米的大铜鼓。

（三）广西南宁的张焕秋师傅用失蜡法铸造铜鼓

与环江韦氏兄弟不一样，广西南宁的张焕秋师傅采用失蜡法铸造铜鼓。

以下为具体的工艺过程：

1. 备料

备料主要包括准备制模材料、合金材料和燃料。

制模材料各时各地不同，南宁张焕秋师傅则采用含天然树脂较高、固体片状并经高温硫化的橡胶和特制的石膏（由石膏粉、石英耐火填料和各种添加剂的混合材料）。用此种方法制模可以一模铸多面铜鼓。除此之外，还需要准备一定量的石蜡或蜂蜡。对于燃料，张师傅则因煤便宜且耐烧而用煤做燃料。燃料主要用于烘干、预热泥范及熔化蜡模和金属。

铸造铜鼓需要有专门的场地，以遮挡风雨和确保浇注时的安全，一般都在屋外的空地上，地面要求为泥土地面，空间则要够几人通力合作即可。

2. 制模

包括制作母模、蜡模和壳型。

（1）制作母模

传统的方法制鼓要分内模和外范，内模一般用黏土做成，模型制好后要将其置于屋外阴凉处阴干，不能暴晒，否则容易开裂。待鼓模阴干后，再涂一层掺着牛粪和谷壳的黏土，并再将其阴干。然后，反复多次用洗米水洒在模上，这能让鼓模上的黏土更加紧密，既能确保上蜡模时黏土层不会脱落，也使黏土更具黏性，方便上蜡。

图 4-30　用橡胶模制好的鼓体（韦丹芳　摄）

张焕秋师傅为实现批量生产，在制作铜鼓时采用了金属母模（为便于制作蜡模，金属母模要分成鼓面和鼓身两部分），然后再用橡胶制成鼓面和鼓体模型。图 4-30 为用橡胶制好的鼓体，橡胶模型内装的是配好的蜡块。

（2）制作蜡模

配制蜡料的原材料是蜡、松香和油脂。蜡可用蜂蜡或石蜡，油脂为植物油，如豆油和麻油等。所用蜡料一般蜡占 60%，松香占 30%，油脂占 10%。配制时，先将蜡和松香加热到液态，然后倒入油脂并搅匀，等其冷凝成块状时，再反复拉拔，让蜡、松香和油脂充分混合，使其可塑性更好。

铜鼓蜡模大而薄，通身布满纹饰。因张师傅所用的橡胶模具具有高弹性和低刚度的特性，所以，在制蜡模时，要采用较高温度的液态蜡料和较低的注蜡压力。为了加快橡胶模具的冷却，要用风扇对着模具吹风。当橡胶模具冷却后，松开夹板，先取出内模，再从外模开边处打开。因橡胶具有较好的弹性，蜡模很容易脱出。图 4-31 为制作完成的蜡模和固定好的橡胶鼓体。制好的鼓面蜡模面积较大，为防止其弯曲变形，脱模后要将鼓面朝下置于平板上，并用一薄板轻压之，放入水中将其冷却。鼓面与鼓体的连接是用电烙铁焊合的，焊好后还要在鼓足的边缘处固定 4 个直径 2 ~ 3cm 的蜡管，以供铸鼓时注入金属熔液，并使气体能排出。这些浇注口的位置会直接影响铸鼓是否成功，浇注口须要让金属熔液顺利流入鼓面，并能随着空气的流动充满整个鼓模。如果位置不合适，鼓模里的气体无法排出，会影响鼓面和鼓体的美观；若大量气体无法排出，整个铸造将会以失败告终。

采用这种方法，可以反复使用橡胶模型，而不必在每一个蜡模上雕刻纹饰。蜡模制成后，要称出蜡的总重量，蜡的重量很关键，要熔融的合金重量是由蜡的重量决定的，一般蜡模与合金的比例为 1∶10。

图 4-31　制作完成的蜡模和固定好的橡胶鼓体（韦丹芳　摄）

3. 制作纹饰

张焕秋师傅制作铜鼓时不需要专门在蜡上雕刻纹饰，而只要将蜡贴在雕刻好的橡胶模上即可。

4. 制鼓模

蜡模制好后，要制作鼓型。据张焕秋师傅介绍，若按传统的方法铸鼓，将蜡贴好后，要将稠密的泥（2 份高岭土和 1 份谷糠搅拌而成）抹在蜡上，还要把每一个缝隙都填平。待这层泥干燥后，还要再抹一层由黄土和谷壳搅拌而成的泥。等这层泥也干后，就可以把鼓型放到窑里烧，一方面是让泥更硬，另一方面也要让鼓模里的蜡熔化流出。张焕秋师傅在制作鼓模时采用的是石膏灌模法。这种方法不需要将内模和外范分开，而是用钢板固定住蜡模，然后从壁沿和蜡模间空隙处灌入特制的石膏浆。浆料不能直接冲刷蜡模，在灌浆时还要适当地震动，以便浆料能灌满。脱蜡采用的是加热的方法，一般是在铸鼓前与加热鼓模同时进行（见图 4-32）。

图 4-32　烧制鼓型（韦丹芳　摄）

5. 铸造

铸造铜鼓的成功率并不高。据张师傅介绍，鼓型铸好后，要成功铸鼓，把握好鼓型的温度和金属熔液的温度是关键。每铸一面鼓，铸造的时间要持续一天一夜。在铸鼓前一晚，就要将鼓型放到窑中焙烧至少 8 个小时，鼓型放置要稍稍倾斜，以便鼓型内的蜡全部流出。还要为窑顶留出空隙，以确保通风和观察鼓型颜色的变化。铸鼓师就是根据颜色的变化来判断何时可以浇注，由于没有任何科学仪器，温度只能由铸鼓者的经验判断，因此对铸鼓师的要求极高。据张师傅估计，浇注时鼓型的温度大约为 550℃。如果在鼓型的温度还未达到铸鼓温度便把熔融的金属倒入鼓型中，铸鼓将必然以失败告终；而如果鼓型过热，熔融的金属就会涌出铜鼓，破坏铜鼓纹饰。

铸鼓当天早上，铸鼓师观察窑中温度后，便开始将铸鼓所需要的金属熔化。铸鼓师将坩埚放到另一窑中，坩埚外用金属圈紧（以便取出），坩埚上下均放上木炭后，便将炭点燃，随着温度的升高，金属开始熔化。金属熔液的温度大约为 1100℃。等鼓型和合金的温度都适宜时，便将烧制鼓型的窑拆掉，取出鼓型，并将其倒置于约有半个鼓高的坑里。然后，把坩埚放到鼓型边，几人合力把坩埚倾斜，以便将金属溶液浇入浇注口中。合金被浇入浇注口后，鼓型就被留在土里，让其慢慢变冷。当它变冷后，便用木槌将鼓型打坏，铜鼓便铸成了。

6. 修整

铜鼓铸成后，还要对铜鼓进行最后的修整。首先，将浇注口切断，并将其磨平。其次，要检查鼓面纹饰是否清晰，若不清晰则要将之雕刻清楚；若鼓面累蹲蛙脱落，则要再次铸造，并将其焊到鼓面上。最后，还要将鼓面磨平，清洗干净。

总之，民间使用铜鼓是铜鼓文化的基础。广西壮族、瑶族等民族民间铜鼓的使用场合是喜庆、祭祀和丧葬，这些活动的举办以及活动中铜鼓的使用，与人们千百年来的传统观念密切关联。随着社会经济的发展，传统文化不可避免地受到冲击和影响，铜鼓文化也不例外。但是，随着国家对文化的重视力度不断加强，韦氏兄弟成功地复制出古代铜鼓，使已经失传了的铜鼓铸造技术得到恢复，铜鼓文化又得到延续和发展，呈现出勃勃生机。

目前，韦氏兄弟铸造的铜鼓已为壮族、瑶族群众所认可，这是最难能可贵的。白裤瑶族原来破旧的铜鼓将会渐渐被取代。韦氏兄弟继承了传统工艺，又有所创新发展，除了铸造技术外，在调音技术、铜料等方面也有独到的探索并取得成功。广西少数民族使用铜鼓的要求各有不同，白裤瑶族追求鼓声响亮、悠长，铜鼓主要是伴奏使用，而河池的壮族则讲究音调，通常有 4 个调，可以演奏乐曲。韦氏兄弟铸造的铜鼓已经能调出 4 个音阶，由于使用了新的材料，新铸造铜鼓的音色、音质都比老铜鼓好，声音持续时间也比老铜鼓长。韦氏兄弟铜鼓的铸造成功，使得产生于两千多年前的铜鼓文化又得到了延续和发展。

Chapter 5 The Practice of Protection and Inheritance of Bronze Drum Culture

第五章

铜鼓文化保护与传承的实践

自课题获得批准后，课题组在进行文献调查和田野调查的同时，还积极参与铜鼓文化的实践工作，希望透过保护的实践来更好地探讨铜鼓文化的传承和保护问题。

第一节 参与申报第一批国家民族民间传统文化保护试点工程

2003年年初，文化部启动了中国民族民间文化保护工程。这一工程由政府组织实施推动，是对我国具有历史、文化和科学价值的民族民间文化进行有效保护的一项系统工程，也是一项重要的文化建设的基础性工作，具有长期性、复杂性和艰巨性的特点。2003年9月，文化部决定在全国选择一批项目作为试点，然后在试点项目取得经验的基础上全面推进民族民间文化保护工程的开展。接到文化部有关申报中国民族民间文化保护工程试点项目的通知后，广西壮族自治区文化厅决定由广西民族文化艺术研究院（该院院长廖明君为课题组成员）牵头，组织包括课题组负责人万辅彬、成员蒋廷瑜、吴伟峰在内的多位专家讨论并编撰“广西红水河铜鼓艺术保护”申报方案。

一、以红水河流域铜鼓艺术为题申报的原因

之所以将红水河流域的铜鼓艺术作为申报内容，一方面，是鉴于铜鼓文化已流传两千多年，在大部分地区和民族中已相继退出历史舞台，仅留下了某些遗迹和历史的回忆；只有很小部分地区和民族，还保存着使用铜鼓古老习俗，成为绵延千古的铜鼓文化的“活化石”。而在红水河流域，以东兰、天峨、南丹、巴马等县为中心的这一块，是积淀铜鼓文化最多的地区。红水河流域

铜鼓文化还是一种跨民族综合性文化现象，具有娱神、娱人以及权力和财富象征等文化功能，对于了解生活在红水河流域的壮族、水族、瑶族、苗族等民族之间相互历史的交融和文化的互动具有重要的历史文化价值；而且，铜鼓文化又是跨国性的文化现象，红水河流域铜鼓文化对于了解中国与东南亚各国古代政治、经济、文化的互动有着重要的意义。同时，红水河流域铜鼓文化对于弘扬优秀传统文化、增强民族凝聚力和民族团结具有特别的现实意义。

另一方面，红水河流域铜鼓文化的保护工作已采取了一定的保护措施，已取得了一些保护成果并具有一定相关的工作基础：①河池市人民政府颁布了关于保护民间传世铜鼓的通告；②广西壮族自治区命名东兰县为广西铜鼓艺术之乡；③开展民间铜鼓普查取得初步成果；④开展了以铜鼓艺术为题材的相关艺术创作；⑤开展了铜鼓铸造试验；⑥开展了以铜鼓艺术为核心的相关学术考察研究。

更为重要的是，20 世纪以来，铜鼓文化遭到了许多冲击。目前，铜鼓使用地区已退缩到红水河流域的狭小范围。改革开放给红水河流域带来了经济的发展及文化的进步，同时也使得人们的传统观念发生了变化。由于科学文化知识的提高，人们不再敬畏和崇拜铜鼓，只把它作为一种娱乐工具。而现在的娱乐，除了蚂蜗节、唱山歌、跳铜鼓舞以外，还有电影、电视等丰富多彩的文化生活形式，使人们对铜鼓艺术的依赖已逐渐减弱。这种传统观念的改变，给铜鼓文化的传承带来了空前的危机。如果再不抓紧时间采取相应的保护措施，红水河流域民族民间具有悠久历史、内涵丰富的原生态铜鼓文化将会很快消亡。

2003 年 11 月，红水河流域铜鼓艺术入选中国民族民间文化保护工程第一批试点项目。

二、制订的工作方案

为更好地保护红水河流域的铜鼓艺术，以课题组成员为主的专家组制定了包括工作思路和重点、实施原则、保护目标、工作任务在内的工作方案。

1. 工作思路和重点

以人（铜鼓艺术的传承人）为本。在保护红水河流域与铜鼓文化紧密相关的民俗节庆的基础上，重点保护传承红水河流域各村寨中具有非物质文化遗产性质的铜鼓歌舞艺术。

2. 实施原则

政府主导、社会参与、长远规划、分步实施。坚持立法保护与政策保障相结合，政府保护与民间保护相结合，决策系统与咨询系统相结合，财政投入与社会资金相结合。保护工作坚持“保护为主，抢救第一，合理利用，继承发展”的指导方针，正确处理抢救、保护和利用的关系，在确保广西红水河流域铜鼓艺术获得有效保护的前提下，促进抢救、保护、利用的有机结合与协调统一。

3. 保护目标

以铜鼓保护为基础，以铜鼓艺术的传承为核心，以铜鼓艺术使用的文化空间的保存为重点，通过红水河流域铜鼓艺术保护工作的开展，使广西红水河流域铜鼓艺术得到有效保护，初步建立起比较完备的红水河流域铜鼓艺术保护制度和保护体系，在全社会形成自觉保护铜鼓艺术的意识，实现广西红水河流域铜鼓艺术保护工作的科学化、规范化、网络化、法制化。

4. 工作任务

第一，对广西红水河流域铜鼓艺术的历史特别是现状进行全面普查，进一步搜集挖掘整理广西红水河流域铜鼓艺术相关资料，全面了解和掌握广西红水河流域铜鼓艺术的历史及传承方式。在普查、登记、编纂的基础上，建立全面反映广西红水河流域铜鼓艺术基本面貌的档案资料数据库和工作网站。在此基础上，制订较为完备的具体的保护方案，推动广西红水河流域铜鼓艺术的有效传承和持续繁荣。

第二，建立健全广西红水河流域铜鼓艺术保护工作机制，形成以政府为主导、社会积极参与的保护格局。建立分级保护制度，分批建立各级《广西红水河流域铜鼓艺术保护名录》。

第三，以人为本。通过资助扶持红水河流域铜鼓艺术知识和技能的传承人以及培养新一代传承艺人等方式，建立具有广西特色的红水河流域铜鼓艺术传承保护体系。

第四，根据铜鼓艺术表演、民俗与节庆的相关情况，在红水河流域有针对性地选择若干个村寨建立铜鼓艺术保护传承站（点），命名一批铜鼓艺术家；分级建立广西红水河流域铜鼓艺术生态保护村；争取申报联合国“人类口头与非物质遗产代表作”；申报文化部命名东兰县为中国铜鼓艺术之乡。

第五，逐步建立一支与红水河流域铜鼓艺术研究保护要求相对称的专业工作队伍，培养红水河流域铜鼓艺术专业表演艺术家、管理工作者和研究者，加强演出、展览、研究，增强宣传的力度。

第六，以铜鼓音乐、舞蹈、民俗等的考察研究为重点，系统进行红水河流域铜鼓艺术研究工作，积极开展与国际特别是东南亚各国铜鼓艺术研究组织和学者的交流活动，编辑出版学术成果，为红水河流域铜鼓艺术的有效保护和科学弘扬提供持续的智力支持和理论指导。

第七，结合保护工作的实施开展，大力进行宣传教育，通过出版发行音像、文字读物及教材等来普及铜鼓艺术及其保护知识，在全社会形成比较自觉的铜鼓艺术保护意识。

三、制订的保护计划

我们认为，广西红水河流域铜鼓艺术保护工作大致上可以分为三个阶段：

第一阶段：成立广西壮族自治区红水河流域铜鼓艺术保护工作领导小组及工作机构，组织协调参与此项工作的有关部门、单位和人员；制订工作的整体规划和具体工作方案；解决实施项目必需的基本设备和资金；深入红水河流域对铜鼓艺术传承的现状进行普查，并进一步搜集、挖掘有关资料。

第二阶段：完成红水河流域（以东兰县、南丹县为重点）铜鼓艺术的普查工作，对现状做出全面、准确的评估，进一步实施工作方案；完成红水河流域（以东兰县、南丹县为重点）铜鼓艺术乐舞、图文、音像、实物等资料的整理工作，建立广西红水河流域（以东兰县、南丹县为重点）铜鼓艺术数据库；

举办三期铜鼓艺术传承骨干人才培训班和保护管理人员培训班；建立第一批5个（壮族2个、瑶族2个、苗族1个）红水河流域（以东兰县、南丹县为重点）铜鼓艺术保护传习馆和命名第一批20名（壮族8名、瑶族5名、苗族5名、彝族2名）广西红水河流域（以东兰县、南丹县为重点）铜鼓艺术家；筹建广西红水河流域铜鼓艺术数据库和信息网络；组织申报中国铜鼓艺术之乡。

第三阶段：建立第二批5个（壮族3个、瑶族1个、苗族1个）红水河流域（以东兰县、南丹县为重点）铜鼓艺术保护传习馆，命名第二批30名广西红水河流域（以东兰县、南丹县为重点）铜鼓艺术家；建立5个铜鼓艺术生态保护村（壮族2个、瑶族2个、苗族1个）；在东兰县、南丹县中小学设立铜鼓艺术传习班；编写出版《中国广西红水河流域铜鼓艺术荟萃》《中国广西红水河流域铜鼓艺术》多媒体读物；广西红水河流域铜鼓艺术信息网络开通；建立红水河流域铜鼓艺术保护体系和保护机制。

四、已完成的保护工作

近几年来，课题组与广西文化厅、河池市人民政府和红水河流域的群众合作，完成了以下几项保护工作。

第一，2004年6月10日～11日，广西文化厅与河池市人民政府在河池市东兰县联合举办广西红水河流域铜鼓艺术普查培训班。课题组负责人万辅彬，课题组成员廖明君、吴伟峰、梁富林等向126位来自基层的学员简介了铜鼓艺术的历史、功能、形态、特点和价值，并以《广西红水河流域铜鼓艺术调查表册》为教材，每一个表都逐项、逐条地进行讲解和答疑。然后，还选择了一个村子进行示范性模拟普查，从理论到实践加深了学员的认识。南丹县、东兰县根据当地的实际情况，也举办了铜鼓艺术普查培训班。

第二，2004年7月7日～9月27日，由课题组成员吴伟峰、梁富林带队，韦丹芳、刘莉等课题组成员和各县文物工作者共同开展了对河池、宜州、大化、东兰、巴马、凤山等地铜鼓的普查工作，初步摸清了南丹、东兰两县铜鼓艺术的基本概况，发现了一批颇具特点铜鼓艺术资料。在天峨县都隆屯，发现距今已有300多年历史的铜鼓鼓点的四季打法（也称十二生肖打法）：根据一年四季季节的变化，结合鼓面十二生肖的图像来击打演奏，在东兰县发现与铜鼓艺术联系密切的“舂榔舞”及瑶族民间艺人口衔铜鼓击打舞蹈。此外，还发现了一批铜鼓民间艺术家和民间铜鼓收藏家。

第三，项目组成员致力于少数民族地区铜鼓的调查研究，出版和发表了一系列的相关著作及文章，并大力呼吁保护铜鼓文化。出版的论著包括广西壮族自治区博物馆馆长吴伟峰和梁富林等主编，梁富林、蒋廷瑜、万辅彬等人作为主要作者编著的《河池铜鼓》一书（广西民族出版社，2009年5月），蒋英的《布依族铜鼓文化》（贵州民族出版社，2006年2月），蒋廷瑜和廖明君的《铜鼓文化》（浙江人民出版社，2007年3月），万辅彬、蒋廷瑜、韦丹芳的《铜鼓》（中国社会科学出版社，2008年）等。发表与铜鼓相关的学术论文20余篇。

第四，在此氛围中，铜鼓艺人们也在自发地传习着铜鼓的音乐、舞蹈；当地民众竞相恢复与铜鼓文化相关的习俗，如恢复蚂蜗节、重建铜鼓社亭、组织打铜鼓比赛，等等。

正是由于广西少数民族地区的民众、政府、专家等各方面的积极性，铜鼓文化的保护、传承与发展在一些县市特别是红水河流域有了一定的基础。但是，我们也发现目前红水河流域铜鼓文化保护工作还存在一些问题：在保护对象上，比较注重保护铜鼓本身，而忽略了非物质文化方面，如铜鼓音乐、舞蹈，使用仪式、铸造工艺等的保护；在保护主体上，村民们往往只是名义上的主人，外来力量却成了当地村寨铜鼓文化的代理人，如生态博物馆的建设方案，村民们只能被动地接受；在保护策略与措施上，缺乏系统的规划，保护措施也比较简单，通常是文博系统造册登记、拍照、拓片，没有调动社会各个方面的力量来系统地、综合地采取各种有效的手段对铜鼓文化实施保护。

第二节

参与申报联合国“急需保护的非物质文化遗产名录”工作

课题组负责人万辅彬，成员廖明君、吴伟峰、蒋廷瑜作为专家组主要成员，参与了广西文化厅正在进行的以“铜鼓习俗”为主题申报联合国“非物质文化遗产名录”的工作，目前已完成相关文本和音像资料收集制作。

专家组在撰写申报的文本时认为，铜鼓是我国南方古代濮人、越人创造的一种打击乐器，迄今已有 2700 多年历史，以广西数量最多，分布最广。广西西北部和贵州南部接壤的红水河流域是保留铜鼓文化最丰富的地区，至今还在使用铜鼓的民族主要有属壮侗语族的壮族、布依族、傣族、侗族、水族，属苗瑶语族的苗族、瑶族和属藏缅语族的彝族。这些少数民族素来有在节日庆典和喜丧祭祀等日子击打铜鼓的习俗，以表示庆贺或悼念之情，这一风俗一直沿袭至今。壮族祖先创造的北流型、灵山型、冷水冲型铜鼓，被称为“铜鼓艺术高峰期代表”。打铜鼓是广西壮族群众每年过三月三和春节等节日庆祝活动中必不可少的习俗。在公元前 7 世纪前后，生活在中国珠江流域的濮人从炊具铜釜中创造了打击乐器铜鼓。此后，铜鼓向北传入四川邛都，向东传入贵州、广西和广东，向南传入越南北部，向西传入缅甸、泰国。至今，铜鼓已流传了两千多年，在大部分地区和众多的民族中已相继退出历史舞台，只留下某些遗迹和历史的回忆，但仍有一部分地区和民族还保存着使用铜鼓的古老习俗，为绵延千古的铜鼓文化留下了“活化石”。铜鼓源远流长，影响深远。铜鼓声音洪亮，在古代是传递信息、发布号令的重要工具；作为祭祀、赏赐、进贡的重器，它也是权力和财富的标志。明清以来，随着社会的变化，成为一般的娱乐敲击乐器。人们常在喜庆的节日里敲奏它伴以歌舞，在宗教的活动中祭祀祖先，祈求神灵，人安粮丰。铜鼓文化至今仍是壮族文化的重要组织部分。红水河沿岸的壮家，以前几乎村村有铜鼓，逢年过节，红白喜事，家家都要打铜鼓，喜庆吉祥。沿红水河两岸村寨是壮族铜鼓文化艺术的深厚积淀区。近百年来，铜鼓历尽风雨沧桑，虽然几经大量损毁和流失，但却没有从壮族人的意识中和生活中被夺走，壮族人的铜鼓情结已经溶入了他们的血液之中。实际上，在壮族人的心目中，铜鼓是祖宗留给自己的文化根基和精神家园。铜鼓在失去权力象征的功能之后回到民众中，至今仍在民间使用，成为一种活着的文化遗存。红水河流域各民族的传统文化活动都使用铜鼓，铜鼓成为这些民族现存文化传统的活见证，从不同侧面反映了红水河流域使用铜鼓民族的经济状况、文化面貌和心理素质，以及他们在漫长的历史进程中为适应自然环境而产生的独特创造力。

此次申报联合国“急需保护的非物质文化遗产名录”的铜鼓习俗是以河池铜鼓习俗为主，将广西各地铜鼓习俗集结后共同打包申报。与其他少数民族文化一样，在现代文明的冲击下，铜鼓习俗同样面临衰落之势。一方面，铜鼓因在长期使用过程中不断地自然损坏。更为重要的是，随着铜鼓艺人的不断衰老、死亡，铜鼓的演奏、歌舞以及相关仪式、节庆的传承面临着非常严峻的危机。铜鼓习俗申报联合国“急需保护的非物质文化遗产名录”，不仅有利于世界文化多样性的保护，也有利于让悠久的铜鼓文化传承下去。

第三节 开展布依族铜鼓音乐的保护和传承

如何发扬、抢救、传承珍贵的非物质文化遗产，是民族文化工作者和各界有识之士面临的一项紧迫任务。多年来，课题组成员、子课题负责人、贵州师范大学音乐系蒋英副教授，利用节假日，深入贵州边远山区调查、访问，收集整理铜鼓音乐材料，拍摄了大量影像和图片资料，不仅将布依族几种铜鼓“十二则”鼓谱整理出来，使濒临失传的布依族铜鼓乐谱“十二则”得以传承，而且围绕铜鼓文化和民间习俗，写出了专著《布依族铜鼓文化》，对贵州铜鼓音乐的保护和传承做了大量的工作。

一、整理濒临失传的布依族铜鼓乐谱“十二则”

通过多年对布依族村寨的田野调查，蒋英收集、整理了大量不同区域、不同家族的铜鼓“十二则”鼓谱和铜鼓民歌，并积累了丰富的文字谱例、鼓谱实物、图片、影像等珍贵资料。在分别整理出《贵州省贞丰县布依族铜鼓十二则鼓谱》和普定县布依族铜鼓十二则《补陇嘎分云（陇嘎铜鼓鼓谱）》的基础上，蒋英对布依族铜鼓“十二则”的鼓调、演奏方法、谱式、音乐表现、内容表达、结构等进行了认真研究，濒临失传的布依族铜鼓“十二则”得以抢救，贵州省版权局已向蒋英颁发作品登记证。

（一）挖掘整理的民间传世鼓谱和鼓调

蒋英的调查发现，贵州布依族中传世的鼓谱、鼓调很多，各地保留着自己的特色，但“十二则”都保留完好的极少。以下为蒋英挖掘整理的普定县哪叭寨廖氏家族传世鼓谱《春节布依铜鼓娱乐表（也称为“布依族铜鼓谱”）》，据家族老人廖正儒介绍：鼓谱是家族祖辈流传下来的，其历史已无法考证。鼓谱全用布依语记载。

第一则：《坐云》[①]

两拜，拜了拜哪，革拜了，地哪，地哪两拜。

照了。

第二则：《送云》

两拜摆哪，照，革拜了，地哪两拜，照，革拜了。

地哪拜了，拜了摆哪，地哪拜了，两拜。

照了。

第三则：《三拜》

地哪拜了，两拜。

照了。

第四则：《照姐》

地哪拜了，两拜，革拜了，地哪拜了，两拜，革拜了。

地哪拜了，两拜，照，地哪拜了，两拜，革拜了。

地哪两拜，照，地哪拜了，革拜了，地哪两拜，照。

地哪拜了，两拜，革拜了，地哪两拜。

照了。

第五则：《左照长》

地哪倒拜哪，革两拜，地哪两拜，照，革拜了。

地哪拜了，拜了拜哪，地哪拜了，两拜。

① “坐云”（布依语），普定县哪叭寨廖氏家族保存的铜鼓谱中的第一则鼓谱。

照了。

第六则：《左照种》

地哪两拜，三拜摆哪，照，革拜了。

地哪拜了，拜了摆哪，照，革拜了。

地哪两拜，革拜了，两拜，两拜，三拜摆哪，照，革拜了。

地哪两拜，三拜摆哪，地哪两拜，照，革拜了。

地哪拜了，拜了摆哪，照，革拜了。

地哪两拜，革拜了，两拜，两拜，三拜摆哪，地哪两拜。

照了。

第七则：《鸟病双》

地哪两拜，地哪两拜，两拜摆哪，两拜摆哪，地哪两拜，地哪两拜。

地哪拜了，地哪摆哪，拜了摆哪，地哪拜了，长长。

地哪两拜，地哪两拜，两拜摆哪，两拜摆哪，地哪两拜，地哪两拜。

地哪拜了，地哪拜了，拜了摆哪，长长。

地哪两拜。

照了。

第八则：《考黑懂争》

地哪拜了，革拜了，拜了摆哪，革拜了，地哪拜了，革拜了。

地哪两拜，革拜了，地哪两拜，革拜了，地哪两拜，革拜了。

地哪拜了，拜了摆哪，地哪两拜，革拜了。地哪拜了，拜了摆哪，地哪两拜，革拜了。

地哪拜了，拜了摆哪，地哪两拜。

照了。

第九则：《鸟病单》

地哪两拜，两拜摆哪，地哪两拜，地哪拜了，地哪拜了，拜了摆哪，地哪拜了。

长仲，长仲，长仲，长长！

地哪两拜，两拜摆哪，地哪两拜，地哪拜了，地哪拜了，拜了摆哪，地哪拜了。

长仲，长仲，长仲，长长！

地哪两拜。

照了。

第十则：《云弱》

两拜，拜了摆哪，革两拜，地哪两拜，三拜摆哪两道，哪且哪道夺，革两拜。

两拜，拜了摆哪，革两拜，地哪两拜，三拜摆哪两道，哪且哪两道，革两拜。

两拜，拜了摆哪，革两拜，地哪两拜，三拜摆哪两道，哪且哪道夺，革两拜。

地哪两拜。

照了。

第十一则：《瓜毛》

地哪拜了，两拜，地哪拜了，两拜，地哪拜了，两拜，照。

地哪拜了，地哪拜了，地哪摆哪，地哪拜了，长长。

地哪两拜，地哪两拜，地哪两拜，照。

地哪拜了，地哪拜了，拜了摆哪，地哪拜了，长长。

地哪两拜。

照了。

第十二则：《送云》

两拜摆哪，照，革拜了，地哪两拜，照，革拜了。

地哪拜了，拜了摆哪，地哪拜了，两拜。

照了。

布依族传世鼓调是在布依语记载的鼓谱基础上，用四个汉字标音朗读（翻译）为敲击铜鼓和皮鼓的部位。“鼓调”分别用“云”（ying，击鼓腰）、“他”（ga，与铜鼓合奏敲击皮鼓边，所发出的声音）、“共”（gong，击鼓心）、“国”（ge，击鼓边）来表示，“〈 〉”则表示某段的临时反复记号。以下为蒋英收集的普定县哪叭寨廖氏家族传世鼓谱《春节布依铜鼓娱乐表》的鼓调。

第一则：《坐云》

云云他共共，云云他云共云国他共，云云他国，云云他云国共云共，云云他云共云国共，共共共。

第二则：《送云》

云云他云共共云国，云云他云共云国云共云云他共，云云他云国共云共，云云他云共云国云共云云他共，云云他云国共，云云他云共云国，云云他云国共，云云他云共共，云云他云共云国共共共。

第三则：《三拜》

云云他云国共，云云他云共共，云云他云共云国共，共共共。

第四则：《照姐》

云云他云国共，云云他云共共云他共，云云他云国共，云云他云共共云他共，云云他云国共，云云他云共共，云云他云共云国共，〈云云他云国共，他，共云共云他共〉，云云他云国共云共，云云他云共云国共，〈云云他云国共，他，共云共云他共〉，云云他云国共云共，云云他云共云国共，〈云云他云国共，他，共云共云他共〉，云云他云共云国共云共云共云共。

第五则：《左照长》

云云他云国共云国，他共云他共，云云他云国共云共，云云他云共云国云他共，云云他云国共，云云他云共云国，云云他云国共，云云他云共共，云云他云共云国共云共。

第六则：《左照种》

〈云云他云国共云共，共云共共云共〉，云云他云共云国云他共，云云他云云国共，云云他云共云国，云云他云共云国云他共，云云他云国共云共，云他共，〈云云他云共共，共云共共云国〉，云云他云共云国云他共，〈云云他云国共云共，共云共共云国〉，云云他云共云国云他共，云云他云国共，云云他云共国，云云他云共国云他共，云云他云国共云共，云他共，云云他云共，〈云云他云共共，共云共共云国〉。云云他云国共云共，云云他云共云国共，共云共云共。

第七则：《乌病双》

云云他云国共云共，云云他云国共云共，〈云他共共云国他云共共云国〉，云云他云国共云共，云云他云国共云共，云云他云国共，他，云云他云国共，他，他云他云共云国，他，云他云他国云共，他，他他，云云他云国共云共，云云他云国共云共，〈云他共共云国他云共共云国〉，云云他云国共，他，云云他云国共，他，他云他云共云国，他，云他云他国云共他，他他，云云他云国共云共，云云他云共云国共，共云共云共。

第八则：《考黑懂争》

云云他云国共云他共，云云他云共云国云他共，云云他云国共云他共，云云他云国共云共云他共，云云他云国共云共云他共，云云他云国共云共云他共，云云他云国云共，云云他云共云国，云云他云国共云共云他共，云云他云国云共，云云他云共云国，云云他云国共云共云他共，云云他云国云共，云云他云共云国，云云他云国共云共，云云他云共云国共，共云共云共。

第九则：《乌病单》

云云他云国共云共，云他共共云国，云云他云国共云共，云云他云国云共，他，他云他云国云共，他，云他云他共云国，他，他云他云国云共，他，他云他云共，他，云他云他共，他，他云他云共，他，他他他，云云他云国共云共，云他共共云国，云云他云国共云共，云云他云国云共，他，他云他云国云共，他，云他云他共云国，他，他云他云国云共，他，他云他云共，他，云他云他共，他，他云他云共，他，他他，云云他云国共云共，云云他云共云国共，共云共云共。

第十则：《云弱》

云云他云共共，云云他云共云国，他共云他共，〈云云他云国共云共，共云国共云共云国〉，云云他云国共云国，他共云他共，云云他云共共，

〈云云他云国共云共，共云共，共云国，共云共，共云国〉，云云他云国共云国云共云国，他共云他共，云云他云共共，云云他云共云国，他共云他共，云云他云国共云共，共云共，共云国，共云共，共云国，云云他云国共云国，他共云他共，云云他云国云共，云云他云共云国共，共云共。

第十一则：《瓜毛》

云云他云国云共，云云他云共共，云云他云国云共，云云他云共共，云云他云国云共，云云他云共共，云云他云共云国云共，云云他云国云共，他，他云他云国云共，他，他云他云国云共，他，他他他，云云他云国共云共，云云他云国共云共，云云他云国共云共，云云他云共云国云共，云云他云国云共，他，他云他云国云共，他，云他云他共云国，他，他云他云国云共，他，他他他，云云他云国共云共，云云他云共云国云共，共云共。

第十二则：《送云》

云云他云共共国，云云他云共云国云共，云他共，云云他云国共云共，云云他云共云国云共，云他共，云云他云国云共，云云他云共云国，云云他云国云共，云云他云共共，云云他云共云国云共，共云共云共。

廖氏家族铜鼓“谱式”记载形式，是几辈人传承下来的。家族中一些青年人，从小就开始学习击鼓，同时也学会运用这种符号记载的方式进行演奏。谱式符号具体表示为：“○”在上面的，击鼓心；“○”在下面的，击鼓边。如：第八则《考黑懂争》鼓谱谱式符号为：

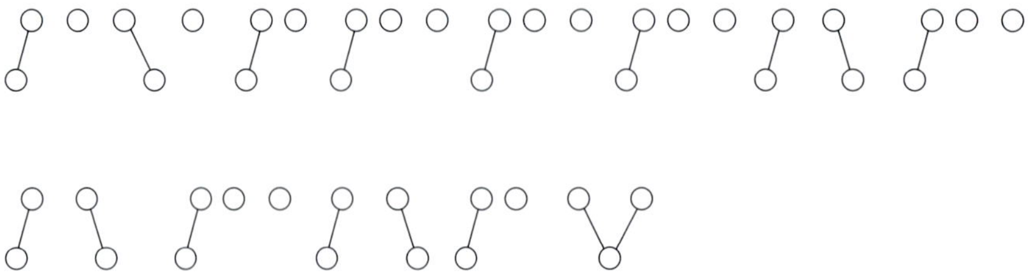

虽然在“谱式”的圆圈符号中没有记载竹条敲击鼓腰的标示（只记载了

敲击鼓面的鼓心和鼓边），但在“鼓调”中，不仅记载了敲击鼓腰的部位，而且还记载了铜鼓合奏中皮鼓演奏的节奏。

廖氏家族传承下来的铜鼓“十二则”谱式符号，已弄不清是哪一代人所编创的了，但它仍然流传至今并在布依族人民中使用着。在对铜鼓“十二则”的走访调查中，还是第一次见到布依族运用这种特殊的符号记录铜鼓演奏的谱式。虽然它对铜鼓演奏的部位记载还不够完善，是一种简略的记谱方式，可它记载了铜鼓演奏中节奏的主要骨架结构、音位和基本的击鼓部位，其中的鼓点节奏仍然保留着原始的信息。每则鼓点所发出的信息均表达不同的内容和含义。演奏者可根据符号标记位置的不同和记忆习惯去演奏，敲击时得心应手，每个音符丝毫不漏、清晰连贯。

（二）整理铜鼓“十二则”谱式

蒋英整理了不少布依族的铜鼓“十二则”谱式，因篇幅原因，仅以贵州省普定县王氏家族祖传铜鼓“十二则”鼓曲为例说明。

贵州省普定县王氏家族祖传铜鼓“十二则”鼓曲，是王氏家族承传人王汝洋[1]现场演奏，由蒋英的录音整理而成。根据敲击铜鼓的不同部位和鼓点的强弱关系，为了便于区别和掌握其鼓点节奏规律与音色变化，他将节奏划分为 2/4 节拍，并创立了一种简明、易懂、快捷的单击铜鼓的记谱符号。

> 根据布依族民间敲击铜鼓的方式和习惯，发现他们敲击铜鼓一般主要由三个点构成，即鼓心、鼓边和鼓腰。这三个击点，分别以“⊙”表示击鼓心；“△”表示击鼓边；“×”表示击鼓腰。
>
> 《补陇嘎分云》铜鼓谱式：
>
> 开场曲：《先云》
>
> × | ⊙ ⊙⊙ | ⊙ ⊙⊙ | ⊙ ×× | ×× ⊙ | △⊙ ××
> | ⊙ × | ⊙× ×× | ⊙× ×× | ⊙ × | ⊙× ⊙ | ⊙
> ⊙⊙ | ×× ×× | ⊙× ⊙× | ⊙ — ‖

① 王汝洋，男，40 岁，布依族，普定县陇戛乡小学校长，王氏家族铜鼓“十二则”传人，鼓师。

第一则：《三拜》

× | ⊙ × ×× | ⊙ × ×× | ⊙ ×× | ×× ⊙ × | ⊙ × ⊙
| ×× ×× | △ ×× | ×× ⊙ | ×× ×× | △ ×× | ××
△ | ⊙ ⊙⊙ | ×× ×× | ⊙ × ⊙△ | ⊙ ⊙⊙ | ⊙⊙ ⊙⊙ |
⊙ ×× | ×× △ | ⊙⊙ △⊙ | ⊙ ⊙ | ⊙ × ×× | ⊙ × ×
× | ⊙ × | ⊙ × ⊙ | ⊙ × ⊙ | ×× ×× | ⊙ × ⊙ × |
⊙

第二则：《松拜跛哪》

× | ⊙ × ×× | ⊙ × ×× | ⊙ ×× | ×× ⊙ | ⊙ × △
| ×× ×× | ⊙ × △ × | ⊙ × △ × | ⊙ ×× | ×× △ |
⊙ × ⊙ | ×× ×× | ⊙ × △ × | ⊙ ×× | ×× △ × | ⊙ ×
× | ×× ⊙ × | × △ × | ×× △ | ⊙ × ⊙ | ×× ×× |
⊙ × △ × | ⊙ ⊙ × | ⊙ × ⊙ × | ⊙ ×× | ×× △ | ⊙ ×
△ × | ⊙ × | ⊙ × △ × | ⊙ × △ × | ⊙ × | ⊙ × ⊙
| ⊙ × ⊙ | ×× ×× | ⊙ × ⊙ × | ⊙

第三则：《松拜》

× | ⊙ × ×× | ⊙ × ×× | ⊙ ×× | ×× △ | ⊙ × △
| ×× ×× | ⊙ × △ × | ⊙ ⊙ × | ⊙ × ⊙ × | ⊙ ×× |
×× △ | ⊙ × | ⊙ × △ × | ⊙ × △ × | ⊙ × | ⊙ ×
⊙ | ⊙ × ⊙ | ×× ×× | ⊙ × ⊙ × | ⊙

第四则：《照姐》

× | ⊙ × ×× | ⊙ × ×× | ⊙ ×× | ×× △ | ⊙ × △
× | ×× ⊙ | ×× ×× | △ ⊙ × | ⊙ × ×× | ⊙ ×× | ×
× △ | ⊙ × ⊙ | ×× ×× | ⊙ × △ × | ⊙ ×× | ×× △
× | ⊙ × | ⊙ × △⊙ | ×× ⊙ | ×× ×× | △ ⊙⊙ |
⊙ ×× | ×× ⊙ × | △ × ⊙ | ×× ×× | △ × ⊙ | × ⊙
× | ×× ×× | ⊙ ×× | ×× △ | ⊙⊙ ⊙ | ×× ×× | ⊙ ×
△ × | ⊙ ×× | ×× △ × | ⊙ × | ⊙⊙ ⊙ | ×× ×× |

⊙× △× | ⊙ ⊙⊙ | ⊙⊙ ⊙⊙ | ⊙ ×× | ×× △ | ⊙
× △× | ⊙ × | ⊙× △× | ⊙× △× | ⊙ × | ⊙⊙
⊙ | ⊙⊙ ⊙ | ×× ×× | ⊙× ⊙× | ⊙

第五则：《第哪跛切哪》

× | ⊙× ×× | ⊙× ×× | ⊙ ×× | ×× △ | ⊙× △
| × ⊙× | ×× ×× | △ ⊙⊙ | ⊙ ×× | ×× ⊙× | △×
⊙ | ×× ×× | ⊙× △ | ×× ×× | △ ⊙⊙ | ⊙ ×× | ×
× ⊙× | △× ⊙ | ⊙× ⊙× | ⊙× ⊙ | ×× ×× | △ ××
| △× △ | × ⊙× | △× ⊙× | △× ⊙ | × ⊙× | ⊙
⊙⊙ | ⊙ ×× | ×× ⊙× | ⊙× ⊙ | ⊙

第六则：《左照种》

× | ⊙× ×× | ⊙× ×× | ⊙ ×× | ×× △ | ⊙× ⊙
| ⊙× ⊙ | ⊙× △ | ×× ×× | ⊙× △× | ⊙× ×× |
⊙ ×× | ×× △× | ⊙ ×× | ×× ⊙× | △ ×× | ×× ⊙
× | ×× ⊙ | ×× ×× | △ ⊙× | ⊙× ×× | ⊙ ×× | ×
× ⊙ | ⊙ ×× | ×× ⊙ | ⊙ ⊙⊙ | ⊙ ⊙⊙ | △ ××
| ×× ⊙× | △× ⊙× | △× ⊙ | ×× ×× | △ ⊙× |
⊙ ⊙× | ⊙ ⊙× | △ ×× | ×× ⊙× | ×× ⊙× | ××
⊙ | ×× ×× | △ ⊙× | ×× ×× | ⊙× △ | ×× ×× | ⊙
× △× | ⊙ ×× | ×× △ | ⊙⊙ ⊙⊙ | ⊙⊙ ⊙ | ×× ××
| ⊙ ⊙ | ×× ×× | ⊙ ⊙ | ⊙⊙ ⊙ | ⊙⊙ △ | ××
×× | △ ⊙⊙ | ⊙ ×× | ×× ⊙× | ×× ⊙ | ⊙× ⊙×
| ⊙× ⊙ | ×× ×× | △ ⊙× | ⊙× ⊙ | × ⊙× | ×
× ⊙× | ×× ⊙ | × ⊙× | ⊙ ⊙× | ⊙ ×× | ×× ⊙
× | ⊙× ⊙ | ⊙

第七则：《若筒购》

× | ⊙× ×× | ⊙× ×× | ⊙ ×× | ×× △ | ⊙× ⊙
| ×× ×× | △ ⊙× | ⊙ ⊙× | ⊙ ⊙× | △ ⊙× | ⊙×

⊙× | △ ⊙× | ×× △ | ⊙× ⊙ | ×× ×× | △ ⊙⊙ |

⊙ ×× | ×× △× | ⊙ × | ×× ×× | ⊙× ⊙ | × ××

| ×× △× | ⊙ × | ×× ×× | △× ⊙ | × ×× | ×× ×

× | ×× △ | ⊙⊙ ⊙ | ×× ×× | △ ⊙⊙ | ⊙ ⊙⊙ | ⊙

⊙⊙ | △ ⊙⊙ | ⊙⊙ ⊙⊙ | △ ×× | ×× △ | ⊙⊙ ⊙

| ×× ×× | △ ⊙⊙ | ⊙ ×× | ×× △⊙ | ⊙ × | ×× ×

× | △× ⊙ | × ×× | ×× △× | ⊙ × | ×× ×× | △

× ⊙ | × ×× | × ×× | ×× △ | ⊙⊙ ⊙ | ×× ×× |

⊙× △× | ⊙ ⊙× | ⊙× ⊙× | ⊙ ×× | ×× △ | ⊙×

⊙× | ⊙ × | ⊙× △× | ⊙× △× | ⊙ × | ⊙⊙ ⊙

| ⊙⊙ ⊙ | ×× ×× | ⊙× ⊙× | ⊙

第八则：《考外懂川》

× | ⊙× ×× | ⊙× ×× | ⊙ ×× | ×× △× | ⊙× ×

× | ⊙ ×× | ×× ⊙× | △× ×× | ⊙ ×× | ×× ⊙× | ⊙

× ×× | ⊙ ×× | ×× △ | ⊙× ⊙× | △× ⊙ | ⊙× ××

| △ ⊙× | ⊙× ⊙× | ⊙ ×× | ×× △ | ⊙× ⊙× | ××

⊙ | ×× ×× | △× ⊙ | ×× ×× | ⊙× △ | ×× ×× | △

⊙⊙ | ⊙× ×× | ⊙ ×× | ×× △× | ⊙ ×× | ×× ⊙× |

△ ×× | ×× △ | ⊙× △× | ×× ⊙ | ×× ×× | △ ⊙×

| ×× ×× | ⊙× △ | ×× ×× | △ ⊙⊙ | ⊙ ×× | ×× ⊙

× | △× ⊙ | ⊙× ⊙× | ⊙× ⊙ | ×× ×× | △ ⊙⊙ | △

× ⊙ | × ⊙⊙ | ×× ⊙⊙ | ×× ⊙ | × ⊙⊙ | ⊙ ⊙⊙

| ⊙ ×× | ×× ⊙× | ⊙×⊙ | ⊙

第九则：《若筒不》

× | ⊙× ×× | ⊙× ×× | ⊙ ×× | ×× △ | ⊙× ⊙

| ⊙× ⊙ | ⊙× △ | ×× ×× | △ ⊙× | ⊙ ×× | ××

△× | ⊙ × | ×× ×× | △× ⊙ | × ×× | ×× ⊙× |

△ × | ×× ×× | △× ⊙ | × ×× | ×× ⊙ | × ×× |

×× ⊙ | × ×× | ×× ⊙ | × ×× | × ×× | ×× △ |

⊙⊙ ⊙ | ⊙⊙ ⊙ | ⊙⊙ △ | ×× ×× | △ ⊙⊙ | ⊙ ×

× | ×× △× | ⊙ × | ×× ×× | △× ⊙ | × ×× | ×

× ⊙⊙ | × × | ×× ×× | △× ⊙ | × ×× | ×× ⊙ | ×

×× | ×× ⊙ | × ×× | ×× ⊙ | × ×× | × ×× | ×

× △ | ⊙⊙ ⊙ | ×× ×× | ⊙⊙ ×× | ⊙ ⊙⊙ | ⊙× ⊙

× | ⊙ ×× | ×× △ | ⊙× ⊙× | ⊙ × | ⊙⊙ ×× | ⊙

⊙ ×× | ⊙ × | ⊙× ⊙ | ⊙× ⊙ | ×× ×× | ⊙× ⊙

× | ⊙

第十则：《云乃》

× | ⊙× ×× | ⊙× ×× | ⊙ ×× | ×× ⊙ | ⊙ ×× | ×

× ⊙× | △ × | ⊙× ×× | ⊙ ×× | ×× △ | ⊙⊙ ⊙

| ⊙⊙ ⊙ | ⊙⊙ △ | ⊙× ⊙× | ⊙⊙ × | ×× ×× | △ ⊙

⊙ | △ △ | ⊙⊙ ⊙⊙ | ⊙ ×× | ×× ⊙ | ⊙ ×× | ××

⊙⊙ | △ × | ⊙× ×× | ⊙ ×× | ×× △ | ⊙⊙ ⊙ | ⊙

⊙ ⊙ | ⊙⊙ △ | ⊙⊙ ⊙⊙ | ⊙⊙ △ | ×× ×× | △ ⊙⊙

| △× ⊙× | △ × | ⊙× ×× | ⊙ ×× | ×× ⊙ | ⊙ ⊙

× | ×× ⊙× | △ × | ⊙× ×× | ⊙ ×× | ×× △ | ⊙

× ⊙ | ⊙× ⊙ | ⊙× △ | ⊙× ⊙× | ⊙⊙ △ | ×× ×× |

△ ⊙× | △ × | ⊙× ×× | ⊙ ×× | ×× △ | ⊙× ⊙

| ×× ×× | ⊙× △× | ⊙ ⊙× | ⊙× ⊙× | ⊙ ×× | ××

△ | ⊙⊙ ×× | ⊙ × | ⊙⊙ ×× | ⊙⊙ ×× | ⊙ × | ⊙×

⊙ | ⊙× ⊙ | ×× ×× | ⊙× ⊙× | ⊙

第十一则：《瓜茅》

× | ⊙× ×× | ⊙× ×× | ⊙ ×× | ×× △ | ⊙ ×

× | ×× ⊙ | ⊙ ×× | ×× △× | ⊙ ×× | ×× ⊙ | ⊙

×× | ×× △× | ⊙ ×× | ×× ⊙ | ⊙ ⊙× | ×× ⊙×

| △× ⊙ | ×× ×× | △× ⊙ | × ×× | ×× △× | ⊙

× | ×× ×× | ⊙× △ | × ×× | ×× △× | ⊙ × |
×× × | ×× ×× | △ ⊙⊙ | ⊙ ×× | ×× △ | ⊙× ⊙
| ×× ×× | △ ⊙⊙ | ⊙ ×× | ×× △× | △× ⊙ | ×
× ×× | △× ⊙ | × ×× | ×× ×△ | ⊙ × | ×× ×× |
⊙× △ | × ×× | ×× ×△ | ⊙ × | ×× × | ×× ×
× | △ ⊙⊙ | ⊙ ×× | ×× ⊙× | △× ⊙ | ⊙× ⊙× |
⊙× ⊙ | ×× ×× | △ ⊙× | ×× ⊙ | × ⊙× | △× ⊙
× | △× ⊙ | × ⊙× | ⊙ ⊙× | ⊙ ×× | ×× ⊙× |
⊙× ⊙ | ⊙

第十二则：《送云》

× | ⊙× ×× | ⊙× ×× | ⊙ ×× | ×× ⊙ | ⊙⊙ △ |
×× ×× | ⊙× △× | ⊙× ×× | ⊙ ×× | ×× △ | ⊙⊙
⊙ | ×× ×× | ⊙× △× | ⊙ ×× | ×× △× | ⊙ ×× |
×× ⊙× | △ ×× | ×× △ | ⊙⊙ ⊙ | ×× ×× | ⊙× △
× | ⊙ ⊙× | ⊙× ⊙× | ⊙ ×× | ×× △ | ⊙⊙ ×× |
⊙ × | ⊙⊙ ×× | ⊙⊙ ×× | ⊙ × | ⊙⊙ ⊙ | ⊙⊙ ⊙
| ×× ×× | ⊙× ⊙× | ⊙

铜鼓“十二则”是用铜鼓演奏的12种核心谱式，是布依族民间艺术中最具神秘性和传奇色彩的传统音乐文化之一，具有深远而厚重的底蕴。以口语方式秘传于布依族的铜鼓乐谱“十二则”，长期散落于民间，濒临失传。布依族铜鼓“十二则”的流传演变主要有两种方式：一是家族祖传。家族保留了较为完整的“十二则”鼓谱、鼓调、演奏方法和表达内容。二是民间流传。受地域、经济和姻亲等条件的影响，各自保留的“十二则”相互融合、补充。虽然铜鼓“十二则”适用的场合和氛围有严格限制，但在具体的演奏中，演奏者可以根据地域、场合甚至心情适当发挥。不同的家族、地区，鼓谱结构也不尽相同，但是，击鼓方法、适用场合、节奏型之间的内在联系及合尾式机构特征等基本相似。铜鼓“十二则”在布依族不同的生活地域、宗亲家族，

表现形式也是异彩纷呈。蒋英发现，贵州省普定的铜鼓“十二则”鼓谱，鼓点音符排列密集、丰富，节奏流畅急促，最长一则有 74 个小节，全曲共 648 个小节。贞丰的铜鼓“十二则”鼓谱，鼓点排列稀疏单一，节奏舒缓，最长一则有 38 个小节，全曲共 347 个小节。

二、尝试将非物质文化遗产保护引入高等教育

民族民间文化进课堂，一直是课题组成员蒋英长期坚持去做的一件事。他结合自己研究的心得和成果，将铜鼓音乐文化融入课堂教学之中。他运用现代教学手段，向学生介绍贵州各少数民族的铜鼓音乐文化知识，展示贵州丰厚的民族文化底蕴。

在日积月累的教学中，他归纳整理出民族歌舞、民族器乐、民族戏曲等 10 大类作为高校非物质文化遗产的教学内容。他还根据各高校不同层次、不同专业的培养目标，建议在课程设置上分为三大板块：理工类高校，可在公共选修课中增设非物质文化遗产教育项目的课程内容，列入教学计划，计算学分；综合性高校的艺术专业，可将非物质文化遗产教育项目列为专业必修课程，同时也开设专业选修课程，列入教学计划，计算学分，其他专业则以公共选修课程为主，列入教学计划，计算学分；艺术院校与综合性大学艺术学院，可作为硕士生和博士生主要研究方向，培养高层次专业人才和研究人才。

我们认为，高校应该成为民族民间文化传承的主渠道。高校是培养高素质人才的基地和摇篮，在高校开展非物质文化遗产教育，培养更多民族文化的传播者，更好地为地方社会经济文化服务，这是高校肩负的历史重任和职责。将非物质文化遗产教育引进高校，具有特殊的教育价值。以理论研究为依托，民族文化的传承和发展，则具有更明显的战略意义。凭借贵州富有特色的地域民族传统文化资源优势，把民族民间文化艺术引入高校课堂，不仅能使民族民间传统文化得到传承和发扬，使学生的人文素质内涵得到大幅度拓展和提升，更能逐步改变长期以来学校教育远离少数民族多元文化背景和脱离民族学生生活实际的状况。

第四节 参与河池铜鼓的数字化工作

铜鼓是一种综合艺术品，集冶炼、铸造、绘画、雕塑、音乐、舞蹈于一身，其独特的造型和丰富的纹饰，反映了铸造铜鼓的民族当时的经济状况、文化面貌和心理素质，堪称一部民族历史的百科全书。课题组成员梁富林等花了 6 年的时间，将散落在河池民间的各种支离破碎的有关铜鼓的历史符号串联成册，编纂出版了《河池铜鼓》一书（吴伟峰等主编，广西民族出版社出版，2009 年 5 月），将河池铜鼓各种资料进行了信息数字化整理，为铜鼓文化的传承和保护工作奠定了基础。

河池作为当今仍保留着使用铜鼓习俗的最重要、最典型的地区之一，是目前世界上已知的民间传世铜鼓分布最为密集的地区，被誉为“世界铜鼓之乡”。为展现“世界铜鼓之乡”的美名，《河池铜鼓》一书的编纂出版应运而生。《河池铜鼓》共 120 万字，图文并茂，最大限度地将馆藏和传世的河池铜鼓数字化。该书共分 13 个章节，涉及的内容包括河池铜鼓的来源和管理、分布、类型、年代及装饰艺术等方面，从不同的角度全方位地分析介绍了河池铜鼓的特征、历史、表现形式及其文化的弘扬。这些数据来自浩繁的资料和先后开展的两次大规模的传世铜鼓的调查。其中，本课题负责人万辅彬负责《河池铜鼓》第六章河池铜鼓金属成分考察和第七章河池铜鼓的声学特性，课题组成员梁富林负责第一章河池铜鼓的来源及管理、第二章河池铜鼓的分布、

第八章河池铜鼓的使用、第十二章河池铜鼓舞蹈和附录部分，蒋廷瑜负责第三章河池铜鼓的类型，蒋廷瑜和梁富林共同撰写了绪言和第九章河池铜鼓的功能。

《河池铜鼓》向我们阐述了铜鼓文化的繁衍历程，同时也留给我们无尽的思考。如何保护并延续铜鼓文化？我们认为，铜鼓文化是一种创新的文化，铜鼓的形象成为民族文化的象征，并被大量地应用到现代的建筑中，使这些建筑成为现在深受欢迎的极富地方和民族特色的标志性建筑。由于铜鼓蕴含深厚的文化底蕴，独特的民族心理内涵，因此铜鼓文化有着强烈的生命力和广阔的前景，在现代社会生活中的影响越来越大，发展势头越来越猛。尽管如此，铜鼓文化保护仍是一项艰巨复杂的系统工程，需要长期投入和大力开发。

第五节 组织和参与东兰民间传世铜鼓文化论坛

广西东兰县是古代铜鼓重要的发祥地和传承地之一，也是铜鼓文化保留得最完整、最厚重的区域之一。为做好东兰民间传世铜鼓文化的保护、传承和发展工作，由课题组成员廖明君担任院长和中心主任的广西民族文化艺术研究院、广西非物质文化遗产研究中心与河池市人民政府合作，于 2011 年 3 月 31 日在东兰县召开了“东兰民间传世铜鼓文化论坛”。此次论坛的主持人为课题组成员廖明君，课题组负责人万辅彬，课题组成员蒋廷瑜和韦丹芳参加了此次论坛。课题组负责人在会上介绍了课题研究的进展。在谈到东兰铜鼓文化的保护和传承问题时，他提出了“四化”对策，即数字化、活化、进化和符号化。数字化是指通过摄影、录像、录音等多种方式将铜鼓文化的方方面面一一记录下来，并利用现代数字技术将其完好保存下来。活化是指利用多种形式将铜鼓文化激活，使之在现代化进程中仍能够在现实生活场景中得以传承与发展。进化是指将保护与推陈出新结合起来，努力在铜鼓的铸造工艺上取得新的突破，赋予铜鼓文化新的生命力。符号化是指将铜鼓作为一个民族凝聚力和认同感的文化标志，运用形象化的手法使之在建筑、雕塑、美术、服饰等领域体现出来。这一对策得到了与会专家的肯定。地方政府也表示，今后东兰铜鼓文化的保护要朝着这四个方面努力。

第六节 铜鼓的铸造试验

由于民间至今仍在使用铜鼓，所以保护铜鼓文化的最有效的手段之一，就是想方设法恢复铸造铜鼓的传统工艺，铸造出新的铜鼓给群众使用，以替换破损铜鼓，并使铜鼓得到不断补充，延续这一文化载体的存在。近年来，课题组也从多方筹集经费，进行了多次铜鼓铸造试验，为复兴铜鼓铸造技艺进行了不懈的努力。

一、用现代方法和技术进行的铜鼓铸造试验

据研究，铜鼓的铸造年代最晚到清代道光年间。也就是说，民间铸造铜鼓活动在清代晚期以后就已经停止，铸造技术也随之失传。20 世纪 80 年代以来，国内外有关部门的专家和技术人员，都在为铜鼓的复制、复原失传的铸造工艺进行探索与试验。1982 年，广西博物馆就曾与北京钢铁学院冶金史研究室（今北京科技大学冶金与材料史研究所）合作，对八大类型 92 面铜鼓取样，分别采用原子吸收光谱分析和金相检验的方法，对这些铜鼓的合金成分及金属材质进行了分析，同时对每面铜鼓的体形大小、器壁厚薄、鼓高与鼓身最大径的比值等进行了精确的测量和计算。这些分析、测量的数据公布之后，被研究这一领域的许多学者所采用。1995 年，我们又与上海博物馆等

单位合作，在上海博物馆用陶瓷型模试铸出一面麻江型铜鼓。1991 ~ 1998 年，我们与上海博物馆组成“世界铜鼓之王：北流 101 号铜鼓复制研究”课题组。经过全面细致的测绘研究后，在南宁重型机械厂二次合范浇铸，得到了一个令人不十分满意的“铜鼓王”复制品。之后，在广西民族学院组建了铜鼓铸造实验室，继续开展麻江型铜鼓铸造试验，成功地铸成 2 面。这些铜鼓铸造试验，除制模、翻模是传统工艺外，其余工艺的技术、方法都是现代的，成本也比较高，经济适用的铜鼓铸造技术始终未能得到真正解决。目前，课题组负责人又接受了广西文化厅的任务，准备着手重新复制“铜鼓王”。

项目组成员梁富林与北京科技大学冶金史研究所联合进行了民间铜鼓铸造试验。他们将新铸造的 4 面铜鼓拿给东兰县群众试用了半年多，后经我们调查发现，群众认为音质音量基本与原有铜鼓相当。因此，用新铸铜鼓更换损坏铜鼓并不断补充是可行的，群众是可以接受的。但由于受传统观念影响，部分壮族群众将他们世代相传的铜鼓视为神物，不愿轻易示人，宁愿让其破损，也不愿拿出来交换新鼓。加之民间铜鼓音高各不相同，新铸铜鼓必须满足各地对声音的不同需要，铸造难度也比较大。因此，以新铸铜鼓更换破损铜鼓，仍是一件较为棘手、复杂的工作。

二、与民间工匠合作铸造铜鼓

项目组成员梁富林还利用在河池工作的便利条件，与民间工匠合作，亲自动手开模铸鼓，试图复原失传百余年的古代铸造工艺，以保护和传承铜鼓文化。

河池铜鼓铸造工艺发展至明清“麻江型”时，声音造型完美娴熟，成为“一代绝唱”，此后技艺神秘失传。2004 年，梁富林在民间开展调查时，发现了环江驯乐乡铸鼓工匠韦启初、韦启叁兄弟正在利用沙模法铸造工艺铸造铜鼓，但他们所造铜鼓的形状和纹饰都不好。于是，课题组成员梁富林与之合作铸造麻江型铜鼓。其中，由梁富林负责新铸铜鼓的造型、尺寸、纹饰布局、合金配比及音高的确定。在此后一年多的时间里，铸造出 100 多面麻江型铜鼓。这些铜鼓经南丹、东兰等地壮族、瑶族群众的使用，证实基本符合他们的要求。2006 年 5 月，韦氏兄弟俩受广西博物馆的委托，为广西文化厅铸造面径为 110 厘米、高 60 厘米的大铜鼓。花费 20 多天，经历了两次失败之后，他们终于成功铸造出大铜鼓，从而把铜鼓铸造技术提升到了一个新的水平。2007 年，韦氏兄弟以“铜鼓模具”为名，向中华人民共和国知识产权局递交了发明专利申请。该申请获得批准，专利号为：200720153464。以下为该专利的内容：

> 本实用新型涉及一种铜鼓模具，包括底座、外筒套、鼓身模、内筒套、鼓面模和模盖。圆盘底座纵向截面呈“凸”型，圆筒状内筒套竖直安装连接在圆盘底座的中央，其筒高比鼓身模稍低，上端封口。鼓身模竖直安装在以内筒套为中心的“凸”型圆盘底座的凸台上，由至少两块扇形鼓身模块对接围成。圆筒状外筒套竖直套接在“凸”型圆盘底座的凸肩上，其筒高比鼓身模稍高，由至少两块扇形外模块连接围成，每一扇形外模块扇边径向设置连接有隔板，模盖呈翻盖式，活动式连接在与底座相连的支架上，并与外筒套上端口相配。本实用新型具有结构简单，铸造精度高，光洁度高，模具冷却快，生产效率高，而且可重复使用等优点。

至此，全国能一次性成型铸造大型铜鼓的只有韦氏兄弟一家。2010 年 10 月，韦氏兄弟为贵州省凯里市雷山县政府庆祝 13 年一届的鼓藏节铸造了两面直径为 3.61 米、高 1.6 米的特大麻江型铜鼓，两面鼓的铸造都是一次成型。

Chapter 6 Suggestions and Measures of Bronze Drum Culture Protection

第六章

铜鼓文化保护的建议和对策

铜鼓文化保护是一项难度大、政策性强的系统工程，涉及众多部门和社会的各个方面。我们认为，铜鼓文化的保护、继承与发展要坚持使之数字化、活化、进化和符号化，而要实施上述铜鼓文化保护的对策，则需要多方互动，形成合力，切实为铜鼓文化的保护而长期不懈地工作。

第一节 铜鼓文化保护与传承的理念与基本措施

经过几年的田野调查和参与铜鼓文化保护的实践，我们认为铜鼓文化的保护与传承是一项长期而艰巨的任务，需要有保护的理念和基本的措施。

一、保护的理念

我们认为对铜鼓文化的保护要坚持原生态的保护理念和参与式的保护理念。

1. 原生态的理念

原生态的保护理念在非物质文化遗产的保护中越来越受到重视。铜鼓文化的保护也应以原生态的保护作为其核心的理念。尽管这样的概念早已为大多数学者和官员认可，但在实际的操作中，我们却经常能看到与之相反的一幕幕。随着铜鼓文化的发展，不少地方都把传统的铜鼓习俗搬上舞台，以吸引更多游客。这本无可非议，但我们需要注意的是，那些被搬上舞台的习俗只是传统铜鼓习俗中的一个极小的细节，值得注意的是，对铜鼓文化拥有者而言，意义更为重大的其他习俗则有可能不断地被边缘化，甚至有可能最后只余下舞台上表演的铜鼓习俗。很多民族在使用铜鼓前都有一个隆重的祭鼓仪式，这样的仪式也曾多次被学者描述。但在一些地方，被搬上舞台表演的只有场面看起来比较壮观的铜鼓舞和敲铜鼓，祭铜鼓往往是被藏在不为人知的某个阴暗的房子中。铜鼓价格昂贵，往往是某个家族共同的财产，它被家族寄予了厚望：它是维系家族关系的重要纽带，也是祈求家族兴旺发达的神器，更是家族娱乐的乐器。因此，在铜鼓使用之前的祭祀活动中，只有家族的族长或师公才有资格担当主祭人。而在一些大型的活动中，虽然把祭铜鼓搬上了舞台，但整个祭祀的过程却大多被重新编排过，负责祭鼓的人不是村寨专门负责祭鼓的族长或师公，而是政府文化部门的领导。这种作法往往会伤害作为铜鼓文化拥有者的感情，也在无形中伤害了他们对铜鼓文化的热情。

不仅如此，在一些地方我们还看到了更恶劣的一幕：一位手持“长炮”的摄影师，正在指挥一个身着民族服装的铜鼓手肩扛几十斤重的铜鼓，站到悬崖边的护路石上（见图 6-1），以便他们能拍出效果更好的扛铜鼓图。整个过程持续了将近 20 分钟，直到人群中有人喊，你们快点吧，铜鼓太重了。铜鼓文化之所以能吸引众多人的眼球，一个重要的原因是它与生俱来的神秘性或说它至今仍以原生态存在于中国南方和东南亚偏远的山区中。当越来越多的游客以猎奇的心态走入深山，当铜鼓文化不断地被外界重新编排和重构后，铜鼓文化还能保存多久？这是我们在铜鼓文化的保护中必须要注意的问题。

图 6-1 摄影师指挥扛铜鼓的瑶民站在悬崖边的护路石上（韦丹芳 摄）

2. 参与性的理念

在全球化的今天，文化被认为是地区性的，文化遗产的确定取决于它所处的社会群体对遗产价值的重要性的认识。因此，我们不能忘记民俗和传统的重要性是自发的表现，在考虑文化保护范例时，我们认为应该采取“分散型文化遗产保护”的政策，就地保护修复和解释遗产。将遗产地的文物保护修复和解释的权利，通过当地政府与专家学者合作，授权给地方社区，由当地居民参与文化保护活动“照料自己的文化”。“参与式”正是实现这一目标的有效手段和途径。其核心思想在于“赋权”，使当地群众在他们熟悉的环境中能够充分地把他们自己的知识及技能运用到保护项目中去。因此，“参与式”可以作为一种可持续发展的工具，使当地社会经济结构和他们的价值观和行为动力相关联，以更加人性化的行动保护民族民间传统文化。

对“参与式”发展的关注大致是从 20 世纪 70 年代开始出现的，那时政府和非政府机构都着手创建更多的计划以“帮助扩大传统中得到承认的声音”（Slocum 及 Thomas-Slayter，1995 年）。“参与式”发展的长期目标是加强那些在社会和经济生活中被边缘化的人群参与制订跟他们生活有关的决策。其设想是用“参与式”方法赋权给当地人，使他们具有技能和自信，能够分析身处的现状，达成共识，做出决策和采取行动，以改善他们的处境。其最终目的是实现更公平和更持续的发展。“参与式”途径作为一种方法论和工作手段，现在已广泛应用于与农村发展有关的扶贫、妇女、资源环境、小流域治理等国际援助项目中。[①]“群众参与”对中国而言并不新鲜，在全球关注民族民间传统文化保护的今天，推广和应用“参与式”发展途径，使之致力于文化多样性保护不仅十分必要，而且完全可能。

“参与式”在民族民间传统文化保护项目中的应用，将有利于推动当地群众、专家学者和当地政府共同参与协作，建立不同机构与当地群体之间的沟通桥梁，支持政府在保护文化多样性方面的努力，鼓励当地民众通过应用传统的宇宙观、知识和创新技术，探索发展的替代途径，增强他们的生计发展

---

① 李小云. 谁是农村发展的主体［M］. 北京：中国农业出版社，1999：1.

和保持文化多样性的能力。“参与式”在民族民间传统文化保护项目中的功能主要集中于以下三个方面。

第一，协调组织。“参与式”将有效地协调组织处于不同利益的相关群体，促进政府、专家学者与当地居民共同参与到文化多样性保护和可持续发展项目中来。并在这种以当地人为主体的多方参与下，来发现和确认政府与专家学者辅助的机遇。通过合理有效辅助机制的建立，来实现资源的公平、合理地配置和管理，以实现当地传统文化的可持续发展。

第二，能力建设。通过提高研究者、实践者、资源管理者和当地居民的知识、技能，来有效地应对所面临的挑战和环境的变化。“参与式”将专家学者的角色由指挥者“降为”辅助者，协调政府“干预”和激发当地社区内部的潜在动力，来实现调动社区文化积极作用及建立社区项目有效运作机制的目的。学者及政府等所有的外部力量，只能起到一种协助作用，即协助当地人增加知识、技能，调动当地人利用自己的创新潜力和能力去发展自己的社区，即当地群体能够充分地参与文化的保护与发展。因此，发展的参与过程，也是一个提高能力、相互学习的过程。

第三，对话的桥梁。“参与式”帮助外来者在对社区文化“盲视”的情况下，促进不同的文化、学科和知识体系之间进行对话，加深相互的理解，缩短与当地人的距离，以便与当地人进行沟通、交流，并争取获得当地人的信任。专家可以向当地居民学习到很多东西，重要的是找到当地居民普通的“谈话”方式，以便跟他们贴心交流。

可见，“参与式”手段服务于传统文化保护的两大目标：一是对社区参与的调动；二是服务于具体的研究和操作目的。“参与式”正是试图通过某种操作手段来协调政府“干预”和社区内部潜在的运行机制。帮助外来者在对社区文化“盲视”的情况下，缩短与当地人的距离，以便与当地人进行沟通、交流，并争取获得当地人的信任。通过“参与式”将项目专家的角色由指挥者“降为”辅助者，来实现调动社区文化积极作用及建立社区项目有效运作机制的目的。社区工作的经验证明，当地人对社区文化的认识与了解是项目组织与实施工作成功与否的重要前提，当地居民的参与是可持续传统文化保护方案成功的保障。

我们认为"参与式"最重要的意义是让文化保护地的居民懂得了他们自己所肩负的责任：保护和平衡利用他们的环境和自然资源，以他们自己的节拍，在允许和可持续的范围内发展；传承、保护他们具有独特性和创造性的文化遗产（包括他们的无形遗产，他们的技术，他们的绝招）。正如游牧民族永远不会在敌对环境中放弃生存的可能性，工艺匠人不应当忘记传统材料和形式等一样，铜鼓之灵无论显还是隐，一切都在掌鼓人手中；民族民间传统文化怎样传习怎样流变，一切都在本民族心中。

二、保护的基本措施

我们认为，铜鼓文化传承与保护的基本措施可以概括为"四化"，即数字化、活化、进化和符号化。

（一）数字化

数字化本义是指信息数字化，在此我们所说的数字化指的是：通过现代信息技术将铜鼓文化的各种信息记录、保存下来，以实现铜鼓资料的多媒体化，并实行网络化管理，使铜鼓文化的信息资源社会化，便于传习、交流和研究。

在花山崖画上有古代骆越人敲击铜鼓的图像，还有铜鼓与羊角钮钟合奏的场景，然而这种简单的平面记录无法再现当时的激越的旋律与欢腾的场景；在唐代的一面铜鼓上曾经铸有一人敲击四面铜鼓的塑像，我们也无法知道他的敲击方式与广西东兰县四人合奏四面铜鼓的旋律是否相似；在石寨山铜鼓型贮贝器上的祭祀场面展现的许多铜鼓，它们的使用功能我们也不得而知。课题组成员蒋英在贵州布依族地区进行了十几年的田野调查，发现了不少十分珍贵的铜鼓打击乐谱，据说已经丢失了很多。他在贵州省贞丰县龙场镇对门山村访问一位布依族铜鼓老艺人时，及时地记录了他敲击铜鼓的乐谱，几年之后重访该村时，这位老人已经去世了，村子里其他人为没有学会老人家的铜鼓“十二则”而感到十分惋惜。所幸的是，蒋英此前已经记录了“十二则”，并成功地教会了该村的青年人。

我们认为，如果铜鼓文化圈内的各级政府及研究部门，组织人员运用多媒体技术，通过摄影、录像、录音等多种方式将铜鼓文化的方方面面（包括：文饰图案、音乐、舞蹈、铜鼓的各种社会文化功能、铜鼓铸造工艺……）一一记录下来，并陆续将其制作成光盘并编辑成书，以图文并茂的形式把它完好地保存下来，并使其网络化，铜鼓文化的传承将更形象、更有效、更持久。

（二）活化

利用多种形式将铜鼓文化激活，恢复铜鼓文化的文化生态，使之在现代化进程中能够继续传承与发展。

在以阶级斗争为纲的年代，铜鼓文化曾经一度遭到毁灭性的摧残，蚂蜗节被禁止了，铜鼓社亭被推倒了，麽公被批斗了，铜鼓被砸烂了，流传在民间数以千计的世传铜鼓被当作废旧物资拿去熔炼。特别是在文化大革命期间，铜鼓文化被当作封建、迷信、落后的东西进行批判，使铜鼓文化的生态环境破坏殆尽，一时间铜鼓文化销声匿迹、濒于灭绝。

铜鼓文化以铜鼓为物质载体，但它依托于人及人的社会活动而存在。铜鼓音乐、舞蹈、制作工艺都靠口传身授得以延续，它的文化根基存在于铜鼓文化圈内的各少数民族的村寨中。因此，我们只有保护好与铜鼓文化相关的人文、生态环境，铜鼓文化才能生机勃勃地发展与延续。一方面，政府鼓励民众开展一系列自救活动，以恢复与铜鼓文化密切相关的传统习俗，如过蚂蜗节、重建铜鼓社亭、祭拜蛙婆庙、在丧葬仪式中打铜鼓等，从而激活并唤醒人们对铜鼓文化的集体记忆；同时政府通过命名“铜鼓艺术家”荣誉称号并在经济上给予适当补贴，鼓励支持老一代铜鼓艺人继续做好铜鼓文化的传承，如通过办铜鼓演奏传习班、老艺人带徒弟等方式，将铜鼓文化的知识与技能传授给年轻人；地方政府一年一度举办铜鼓山歌艺术节，大力弘扬铜鼓文化，继承并发展铜鼓文化的社会功能；鼓励民间铸造工匠探索铜鼓的传统铸造工艺，给予优惠政策和积极扶持。另一方面，采取多种形式从各个方面有效地激活传统的铜鼓文化。

近年来，广西河池市南丹县白裤瑶地区和东兰县壮乡铜鼓文化生态恢复得较好。在蚂蜗节、丧葬祭祀活动中，使用铜鼓日益频繁；节庆盛典打击铜鼓的场面也越来越宏大，促进了对铜鼓的需求。临近的环江县民间铜鼓铸造工匠为适应需求不断改进铸造工艺，卖到南丹、东兰的新铜鼓已超过百面。2006 年 6 月，贵州六枝特区布依族文化生态园开园时，一次就从环江购买了 66 面麻江型铜鼓。铜鼓数量的增多，新鼓手也随之增加，使铜鼓的乐声在壮乡瑶寨更广泛地回响。可见，铜鼓文化的保护、传承与发展的首要任务就是要恢复铜鼓文化的文化生态，将传统的铜鼓文化激活。

可以说，以铜鼓为载体的铜鼓文化是依托于人本身而存在，以声音、形象和技艺为表现手段，并以口传身授使之传承。而它的文化根基存在于铜鼓文化圈内的各少数民族的村寨中，因此，我们只有保护好与铜鼓文化相关的人文生态环境，才能使铜鼓文化得以继续地传承下去。最重要的工作在于两个方面：

1）寻找铜鼓文化的传承人，通过政府命名“铜鼓艺术家”等荣誉方式以及采取经济上给予补贴等手段，来鼓励支持老一代铜鼓艺人继续做好铜鼓文化传承的传、帮、带工作，将铜鼓文化的相关技艺（铸造工艺、击鼓技巧及乐谱、铜鼓舞蹈）传授给年轻人；

2）营造宽松的文化生态，引导民众自觉保护、传承和发展铜鼓文化，恢复与铜鼓相关的传统节日（如蚂蜗节、重建铜鼓社亭、祭拜蛙婆庙、丧葬仪式等），从而激活并唤醒人们对铜鼓文化的集体记忆。

（三）进化

进化是指将保护传统与推陈出新结合起来，赋予铜鼓文化新的生命力。利用内部及外部动因，运用各种机制（包括市场机制）使铜鼓文化能够可持续发展。

传统文化的传承从来都是与创新相伴的，如四大徽班进京后，吸收了汉剧、昆剧、弋阳腔、河南梆子、河北梆子等精华，发展成为京剧。铜鼓文化的发展历程也是一部传统文化与传统工艺的进化史，唯有进化才是铜鼓文化与铜鼓铸造工艺最好的保护与传承。

铜鼓是由铜釜演变而成的，一开始是作为打击乐器出现的，纹饰极其简单，最初只有太阳纹（万家坝型铜鼓）；后来，纹饰日见繁复，造型越来越优美，成为王室的权力象征（如滇王墓中出土的石寨山型铜鼓）。东传到广西之后，在东汉及两晋时期，北流型、灵山型铜鼓不仅以高大为贵，而且有调音的痕迹，说明已经开始注意声学特性的改善。明清以后，铜鼓又由统治者的权力重器回到民间，恢复了打击乐器的本来面目（麻江型铜鼓），但依然带着礼器、神器的文化功能。可以说，铜鼓一开始是作为乐器出现的，后来成为权力象征的重器，再后来，又逐渐回到民间，恢复了乐器的本来面目，但依然具有神器的功能。如今，铜鼓文化也在新的形势下有了新的意寓。铜鼓的形象大量地被应用到现代的建筑中，还有许多以铜鼓命名的铜鼓奖、铜鼓山歌艺术节、铜鼓艺术团等。这表明铜鼓成了民族文化的象征。

铜鼓铸造技术也是在不断进化的。最初，铜鼓的成分单一，只是红铜，而且铸造工艺粗糙；后来，掺以锡，成为真正意义上的响器，并且铸造工艺精美；到东汉以后，粤式铜鼓（北流型、灵山型和冷水冲型铜鼓）以高大为贵，为了在铸造时提高流动性，加了比较多的铅；麻江型铜鼓小巧玲珑，讲究音响效果，壁薄声洪，铸造技艺相当纯熟。我们在考察环江毛南族自治县韦氏兄弟铸造铜鼓时，发现他们的铸造工艺（铜鼓合金成分、工艺方式）有了很大的改进，不再是泥范铸造，虽然不完全是古代的工艺，但他们产品的造型与音响都得到壮族、瑶族广大群众的认可。所以，我们认为保护传统工艺要允许有所改变，鼓励创新和进步。

（四）符号化

所谓符号，它是一个为大家公认的，不是单靠自己总结出来的东西，而是经过历史的积淀可以作为文化象征，即文化基因的表征。

诸多民族很早之前都有图腾，以此来作为其民族的一个标记，历史上很多民族、区域的文化都有自己的符号。众所周知，一旦某一图腾成为当地的一个文化符号，人们就会自觉地传承并应用在社会生活的各个方面，因此，只要民族还存在它就不会消失。有些地区在经济与社会的发展过程中也逐渐形成了自己的文化符号，如河北杨柳青和江苏桃花坞的年画，潍坊的风筝，东北的二人转，广西的刘三姐，陕北的信天游；又比如汉字、昆曲与京剧以及龙文化是中国和中华民族的文化符号。这些文化遗产符号化之后，将与这个区域及该区域的民众长期共存。

铜鼓有着丰富的人文内涵，已经成为中国南方少数民族地区及东南亚地区（如越南等国）的文化符号。自古以来，在中国南方和东南亚的许多地方以铜鼓命名的地名数以百计，如铜鼓山、铜鼓岭、铜鼓坡、铜鼓坳、铜鼓村、铜鼓寨、铜鼓滩、铜鼓塘，等等。使用铜鼓的各民族有许多关于铜鼓的故事、传说、歌谣，铜鼓成了他们生活的一个部分，并且宝贵而神圣。铜鼓的纹饰已经渗透到建筑、服装、室内装潢、旅游标志，等等。一年一度的南宁国际民歌节，自举办以来，历届的舞台美术设计，都是以铜鼓为背景，甚至舞台也是巨大的铜鼓造型，让人们感到铜鼓是勤劳、善良、能歌善舞的壮族的至爱；世纪之交，在北京新建的中华世纪坛，民族浮雕图案中就以铜鼓作为壮族的文化符号。如今，在广西的许多地方，铜鼓——这一符号的文化内涵已经泛化并多维化。好几个城市把铜鼓作为一个城市历史文化的象征和标志：在铜鼓王的出土地——北流市以铜鼓作为城标；在河池市新区开辟了硕大的铜鼓广场；百色市建起了耸入云霄的铜鼓楼；南宁市青秀山公园设立了巨大的铜鼓歌台，歌台中矗立了一组宏伟的铜鼓石雕。广西民族博物馆的建筑汲取了很多广西少数民族传统文化的元素，尤其是铜鼓状的陈列馆，突出了铜鼓这一光辉灿烂的民族文化符号。广西的文化艺术创作最高奖命名为铜鼓奖，在南宁举行的全国民族运动会奖杯是铜鼓杯。铜鼓文化已经是这一地区民族文化基因的重要组成部分，成为具有民族凝聚力和认同感的文化标志。

越南、缅甸、老挝和泰国的一些地区也把铜鼓作为他们的历史文化象征。在这些地区，铜鼓也深深植根于民族的土壤，成为寄寓物质文化、精神文化的载体。只要这些民族依然存在，作为这些民族文化符号的铜鼓文化就一定会生生不息，难以湮灭。

铜鼓是中国南方古代少数民族创造的独具特色的历史文化瑰宝，有着丰富的人文内涵。两千年来，它以其独特的方式潜移默化地影响着人们的思想观念，已经成为中国南方少数民族地区及东南亚一些地区的文化符号。在广西的许多地方，铜鼓这一符号的文化内涵已经被更加充实化，多维化。广西壮族自治区首府——南宁，是一座古老而又充满活力的城市，在中国—东盟自由贸易区建立与发展过程中，南宁作为中国的前沿与窗口城市，正在利用传统文化塑造城市的新形象。广西民族博物馆即是新中国成立以来投资最大的文化项目，该馆建筑面积 3 万多平方米，主体建筑汲取了广西少数民族传统文化的元素，用象形的手法体现了铜鼓这一传统文化的理念，外形为一大两小 3 面铜鼓，“大铜鼓”高达 32 米，直径 44 米，使传统和现代文明获得了完美结合。广西民族博物馆体现了铜鼓这一传统文化的理念，展示出勤劳勇敢的广西各族人民所创造的光辉灿烂的民族文化，成为广西南宁市的一个民族凝聚力和认同感的文化标志。可以预期，铜鼓及铜鼓文化将与广西长期共存。

第二节 铜鼓文化的保护需要各方形成合力才能实现

铜鼓文化的保护是一项系统工程，涉及众多部门和社会的各个方面，需要政府、民众、铜鼓艺人、学者和研究部门、媒体及社会各方面各司其职、通力合作。

一、政府部门主导，制定相关法律法规

政府部门作为文化保护工作的主体，需要在新的文化背景下，更新观念，将铜鼓文化放在人类文化多样性的背景下，重视铜鼓文化在地域文明和民族文化所具有的价值，做好铜鼓文化的保护、传承与发展的相关工作。

1. 制定相关法律法规，为铜鼓文化的保护提供法律保障

保护价值珍贵的传统文化，除了民间原有的传承渠道外，在现代社会中，国家政权的主导作用也是不可缺少的。因此，各级人民政府在铜鼓文化的保护与传承工作方面，最重要一条就是根据需要制定相关的法律法规，使铜鼓文化保护工作有法可依，真正能够做到依法保护。现阶段，《广西壮族自治区民族民间传统文化保护条例》已经颁布，河池市人民政府也已颁布《关于保护民间传世铜鼓的通告》。应该说，在铜鼓文化保护的重地广西，铜鼓文化的保护已经具有了一定的法律基础。但是，鉴于铜鼓文化的保护是一项全国

性乃至国际性的工作，因此，除了相关的省（自治区）立法予以保护外，也需要国家立法予以保护，只有这样，铜鼓文化保护才有可能全面上升为国家意志；更需要相关市（县）立法予以保护，这样才能结合各地区的具体情况，使铜鼓文化保护工作落到实处。而且，也还需要通过联合国与东南亚各国协调，将铜鼓文化作为人类共有的文化遗产，进行整体保护。并与国际有关公约衔接，规范管理。

2. 鼓励铜鼓铸造工艺的探索

由于时间久远，作为一种民间传承的铜鼓文化，其相关的铸造方法并未能记录下来和进行有效的传承。20 世纪 90 年代，北京科技大学、广西博物馆、广西民族学院先后对铜鼓铸造工艺进行过研究。广西博物馆、广西民族学院经国务院文化部的批准，在广西壮族自治区相关部门的支持下，与北京、上海等科研单位合作，开展了铜鼓王 101 号（北流型大鼓）复制的试验工作，取得了阶段性成果。但由于种种原因，未能取得满意的结果。

近 10 年来，河池市环江县韦氏兄弟进行了铸造铜鼓的成功探索，取得了突破性的进展，得到了乡村民众的认同，也得到了政府的鼓励。这是一个可喜的开端，今后仍然需要政府加大力度鼓励和扶持，尽快形成铸造铜鼓的基地，从物质上解决铜鼓文化的传承问题。

3. 注重铜鼓文化传承的工作

作为一历史悠久世代相传的活态文化，铜鼓文化保护工作的关键乃在于人，即铜鼓文化的传承人。因此，一方面，政府要通过命名等荣誉方式以及采取经济上给予补贴等手段来鼓励支持老一代铜鼓艺人，在探讨总结的基础上将有关铜鼓文化的知识与技能传递给年轻人；另一方面，政府要让村子里的年轻人认识铜鼓文化的悠久历史和珍贵价值，增强他们对于铜鼓文化的自信心和自豪感，从而使他们自觉地向老一辈的铜鼓文化民间艺人学习，主动传承铜鼓文化。虽然民间师徒之间口授相传是铜鼓文化千百年来的主要传承方式，但随着现代社会的出现，人类知识的传授已经转向以学校教育为主，因此，铜鼓文化的保护传承，也必须以学校教育为主要途径，可在第二课堂活动中使铜鼓文化在少年儿童中得以传承。

4. 营造良好的社会保护氛围

政府还应大力组织“铜鼓习俗”申报联合国非物质文化遗产名录，鼓励并坚持举办铜鼓艺术节等相关活动。要大力加强铜鼓文化保护的宣传工作，电台、电视台、报纸、互联网等新闻媒体也要利用多种方式，充分发挥舆论导向的作用，积极开展铜鼓文化保护的宣传工作，培养全社会对铜鼓文化保护工作的参与意识，注重效果，形成声势，造成影响。要大力宣传铜鼓文化保护工作的重要意义，积极普及铜鼓文化保护知识，培养全民保护铜鼓文化的观念和意识，努力在全社会形成保护铜鼓文化的社会环境和舆论氛围。

5. 加强领导，形成合力

保护铜鼓文化，是贯彻国务院办公厅《关于加强我国非物质文化遗产保护工作意见》和《广西壮族自治区人民政府关于加强我区非物质文化遗产保护工作意见》以及落实《广西壮族自治区民族民间传统文化保护条例》的重要组成部分，是各级党委、政府和全社会的共同责任。因此，政府有关部门特别是文化部门，要与各方面协调，动员社会各方面力量，真正将这项工作列入各级党委和政府的重要议事日程，纳入当地经济和社会发展总体规划，纳入财政预算。文化部门要和有关部门一道，按照各自职责，互相配合，落实任务，发挥合力，共同推进铜鼓文化保护工作的实施。

总之，政府部门在出台民族民间传统文化（包括铜鼓文化）保护的法律法规之后，还要进一步做好引导工作，制订保护、传承与发展民族民间文化工作的规划，采取各种有效措施，包括给予铜鼓文化保护的具体项目一定的资金投入。因为政府掌握着一般老百姓所缺乏的公共资源，政府的职能应是使公共资源有效地为公众服务，包括为保护民族民间传统文化服务。过去办得有声有色的“铜鼓山歌艺术节”，有利于铜鼓文化的传承与弘扬，今后政府应该继续组织广大群众办得更好。但不要事无巨细一概包揽，因为民族民间传统文化的根扎在民众之中，只要给予宽松的政策环境，良好的文化生态，长期生于斯长于斯的民众会照料好他们自己深爱的文化。保护权应该交给民族民间文化真正的拥有者——当地民众，切忌越俎代庖，即使政府换届，民族民间传统文化也会健康传承。

二、发挥博物馆保护和宣传铜鼓文化的特殊作用

博物馆作为传统文化保护与宣传的重要单位，应发挥其特殊作用。其中，最有效的方式便是通过举办展览等方式，保护、传承和宣传铜鼓文化。

广西博物馆早在 1978 年就举办了“广西古代铜鼓展览”，展览面积 600 平方米，展出了不同时代、不同类型的铜鼓 50 多面，与展览同时展出的还有铜鼓纹饰拓片、照片和与铜鼓同时出土的其他历史文物资料。这是我国首次举办的铜鼓专题展览。1982 年，中国古代铜鼓研究会联络广西、广东、云南、贵州、四川 5 省（区）博物馆在北京民族文化宫举办了“中国古代铜鼓展览”，展出铜鼓 122 面，辅助展品 71 件，并在中国历史博物馆、中央民族学院、中国社会科学院考古研究所举行了 4 次学术报告会，在民族文化宫举行了 6 场专题讲座，接待观众达 28 万多人。1990 年，北京亚运会期间，“广西民族文化展”在北京民族文化宫举行，铜鼓王以及广西南丹白裤瑶族现场表演敲铜鼓成为展会的亮点。1991 年，广西博物馆“古代铜鼓陈列”开放，展厅面积达 700 多平方米，陈列包括八个类型的古代铜鼓约 50 面，各种铜鼓和伴出器物配上模型、场景和照片、拓片以及录像资料，使展览内容丰富、形式生动。该展览在 1998 年广西壮族自治区 40 周年大庆时又作重大修改，展出面积增加到 900 多平方米，内容和形式都有所创新，成为该馆的固定陈列之一，继续向广大海内外观众开放。1994 年，全国社会发展成就展在北京展览馆隆重举办，铜鼓是广西馆展品的主题之一，其中作为民族文化创新项目的定音铜鼓演奏深受观众欢迎，党和国家领导人江泽民总书记等曾驻足观看。2001 年 8 月，由广西、云南、贵州三省（区）文化厅和博物馆联合举办的“声震神州——桂、滇、黔铜鼓大观”展览在北京中国历史博物馆隆重展出。展览荟萃了三地的铜鼓精华，分古代铜鼓的发现、古代铜鼓的艺术、铜鼓的功能、绚丽的铜鼓文化四个部分。2002 年 10 月，由广西博物馆和陕西历史博物馆联合举办的“揭开神秘的面纱——广西民族文化展”在陕西历史博物馆隆重展出，展览分为瓯骆文明、多彩民族、神秘铜鼓三个部分。铜鼓

部分展示了包括铜鼓王在内的有代表性的精美铜鼓，白裤瑶族每天现场表演的敲铜鼓深受观众欢迎。

新建成的广西民族博物馆，接收了广西博物馆的铜鼓陈列。铜鼓列为该馆基本陈列，展示面积近 1200 平方米。展示内容包括：

青铜宝藏——铜鼓的形态、铜鼓的铸造、铜鼓的发现与分布等一般情况介绍。其中，有铸造铜鼓工场的复原场景。

铜鼓源流——系统介绍和展示铜鼓的起源和发展历程、铜鼓的类型及其特征、铜鼓的纹饰与含义、铜鼓的音乐性能、铜鼓的实用功能和社会功能以及使用方法等关于铜鼓的历史、文化面貌。这一部分展示的铜鼓最多，铜鼓纹饰拓片也比较多。大型场景为“击鼓集众”，设一个铜鼓亭，内放 101 号鼓（即“铜鼓王”），安置可控录音设备，用于需要时播放此鼓声音。

当代铜鼓——全面展示风格各异的各少数民族铜鼓习俗文化，包括铜鼓的演奏、铜鼓歌舞、铜鼓的传说与禁忌以及与铜鼓相关的节日喜庆、丧葬仪式、生产生活等习俗。此外，展览内容还涉及各地新兴的铜鼓艺术节和铜鼓艺术在盛大节日、民族工艺开发、歌舞与美术中的广泛应用。整个陈列展出广西历代铜鼓珍品及相关文物或复制品约 150 件（套），配以适量的模型、图片、场景和多媒体设备，系统地介绍了中国南方及东南亚地区所特有的铜鼓文化，揭示了广西民族历史上与周边民族的来往和文化交流，重点突出了广西铜鼓历史悠久、类型齐全、体形硕大、纹饰繁缛、工艺精湛、藏量丰富以及当代铜鼓文化多姿多彩的特点，体现广西各民族人民的聪明智慧和历史文化成就。

文博部门在搞好博物馆的铜鼓收藏与陈列的同时，还应该有选择地建设铜鼓文化生态博物馆。根据国际上民族文化生态博物馆建设的经验，铜鼓文化生态博物馆的建设应该遵循以下几个原则：

第一，村民是铜鼓文化的主人，有权认同与解释该文化；

第二，文化的含义与价值必须与人联系起来，不能见物不见人；

第三，铜鼓文化生态博物馆的核心是公众参与，必须以民主方式管理；

第四，在旅游与保护发生冲突时，保护优先，不应出售文物，但鼓励制造传统工艺纪念品出售；

第五，避免短期经济行为损害长期利益；

第六，对文化遗产进行整体保护，其中传统技术和物质文化资料是核心；

第七，观众有义务以尊重的态度遵守一定的行为准则；

第八，促进社区经济发展、改善居民生活。

这些实践原则是为了更好地在文化原生地保护文化，更好地尊重村民的主人地位。在配合保护工程进行调查研究和实物收集保管、陈列展示等工作中，有关部门应具备人才、学术资源和保管、陈列设施等软、硬件优势。为此，须明确博物馆在无形文化遗产保护中的职责，将传统工艺研究、保护纳入博物馆的范围，采取系列措施使传统工艺调查研究、实物收集保管和陈列展示应成为博物馆的经常性工作和重要内容。

三、营造宽松的文化生态，引导民众自觉保护、传承铜鼓文化

铜鼓文化的根基在铜鼓文化圈内的各少数民族村寨，它需要适宜它生存与发展的文化生态。从我们的调查来看，在中国南方，铜鼓文化仍有相当的群众基础。也就是说，仍有为数不少的群众对铜鼓及铜鼓文化有一定的心理认同。正如拉德克利夫·布朗所言，人类社会生活的本质是由人的心理——生理结构的本质所决定的。[①] 在中国南方不少民族中，从古代延续至今一直在使用铜鼓，不少民族都曾经把铜鼓置于神圣的地位，这种长期存在的心理认同对现代文明的冲击有一定的抵御能力，也为铜鼓文化的保护和传承奠定了很好的文化生态基础。

在 20 世纪 50 ~ 60 年代，政府曾将现代化作为首要任务，极“左”的思维方式和作风使不少执行者对任何传统都进行了反复的“清剿”，导致很多相当宝贵的铜鼓被当作炼铜的材料从广西、贵州、云南各地的废品收购站

① ［英］拉德克利夫·布朗. 社会人类学方法［M］. 夏建中，译.北京：华夏出版社 2002：59.

发往全国各地。今天，北方一些省市博物馆中展示的铜鼓中就有不少是从当时的“废品”中截获而得的。与此同时，乡村的铜鼓文化习俗也几乎无一例外地遭到了禁止。近年来，随着社会和时代的发展，各地农村和农民的生活都发生了巨大的变化。中国南方铜鼓文化区也是一样，在生活的巨大变化中，铜鼓也从以前的圣物演变为乐器，虽然在一些祭祀中仍要使用铜鼓，但如今铜鼓更重要的功用是它的乐器的功能。也正因为这一职能的变化，使得人们有时候会卖掉铜鼓，以换取孩子的学费；而在一些舞台化的表演中，铜鼓文化也被加入了很多商业化的元素，从而使传统的铜鼓文化不断式微。而这些年不少地方也出现了由政府主导下的铜鼓文化的保护。我们不能否认地方政府确实做了相当多的工作，政府不仅在各种仪式行为中使用铜鼓和铜鼓文化符号，还支持学者的相关研究，在某些时候也支持了村寨铜鼓文化活动的举行。但是，这些工作在取得显著成果的同时也存在着一些缺陷，最为人诟病的就是政府的行为太过于符号化，即使直接参与各种仪式活动的政府工作人员也未必了解铜鼓文化的内涵，更不要说接受其宣传的受众了。而对于普通老百姓而言，如果没有切实的利益，也很难让农民成为文化保护的主体；但若是把铜鼓文化推向市场，它的文化的内涵又不可避免地会遇到更多的问题。

鉴于历史的经验教训，绝不能再搞极“左”路线的那一套，一定要营造宽松的、比较自由的文化环境，给铜鼓文化适宜生存的文化生态。引导民众自觉自愿地保护、传承铜鼓文化，如恢复蚂蜗节、修建铜鼓社亭、修葺蛙婆庙等，从而激活并唤醒人们对铜鼓文化的集体记忆，使铜鼓文化得以自然地延续和传承。

铜鼓文化是稻作文明与青铜文化共同培育的中国南方和东南亚诸多民族的历史记忆，包含铜鼓艺术、铸造技术、相关的习俗及各民族的生活方式等等，它是这一区域历史的沉淀，也是历史留给后人的宝贵财富。但随着全球化进程的不断推进，这些偏安一隅的独具特色的铜鼓文化也在经历形式化的保护和商业化利用的双重威胁，致使这些独具特色的文化景观也在逐渐失去其原有的生命力。我们所倡导的铜鼓文化的保护是一种动态的保护。因为在经济飞速发展的今天，铜鼓文化也和其他诸多传统文化一样，无法避免地陷入保护与发展的冲突当中。如果我们要保护的只是一种静态的铜鼓文化，那它迟早会和很多早已消失的文化一样，只有在博物馆中才能找到它的踪影。所以，我们对铜鼓文化进行保护时，应该是一种动态的保护。也就是说，我们应该充分尊重作为铜鼓文化拥有者的当地人的权利和利益，在对铜鼓文化的开发中，要采用参与式的理念，即开发什么，怎样开发都应该赋权于民，要充分地尊重当地人，鼓励当地居民的参与，以调动当地人的积极性。

铜鼓文化在广西的壮、瑶、苗、彝等民族中有着浓厚的群众基础。在经历历次运动过后，很多的村寨自觉地恢复了昔日的铜鼓习俗，这些习俗包括祭鼓、藏鼓、铜鼓舞等。不仅如此，早已失传的铜鼓铸造工艺也在这种浓厚的铜鼓文化的刺激下，被不少村寨的工匠重新挖掘、试铸并获得了初步的成功，为铜鼓文化的发展奠定了基础。而面对曾经濒临失传的铜鼓演奏技艺，也在这种浓厚的鼓文化氛围中得到了传承——越来越多的年轻人主动学习，越来越多的演奏高手收徒授艺、言传身教。

村寨的铜鼓文化之所以能呈现出蓬勃生机，与近年来地方政府对铜鼓文化的重视和引导有直接的联系。换一句话来说，铜鼓活态文化的保护主体是政府，只有在地方政府的引导下，完善相关的法律法规，并在全区范围内，特别是历史上盛行铜鼓的地方普及铜鼓文化保护知识，致力于在全社会形成保护铜鼓文化的社会环境和舆论氛围，才能让铜鼓文化走得更远。当然，政府在铜鼓文化的保护更重要的是赋权于民，只有广大人民群众积极参与的铜鼓文化才是活态的铜鼓文化。

四、组织并鼓励铜鼓艺人传、帮、带

带徒传艺活动，作为一种千百年来沿袭下来的民间艺术传承机制，并不是一种简单的技能技巧的传习方式和民间知识的传授方法，而是悠久的农耕文明时代民间文化特有的传承法则。[①] 铜鼓文化作为一种民间文化，它在传

① 乌丙安. 非物质文化遗产保护理论与方法［M］. 北京：文化艺术出版社，2010：147.

承的过程中也秉承着口传心授的传统，甚至在一些地方还沿袭着古老的口传心授的规矩或依靠徒弟自身的灵性、悟性“偷艺”的习俗。在铜鼓文化的传承与保护中，要坚持保护这种民间文化固有的带徒传艺的传承机制，尊重民间传承人选徒、收徒、授徒、出徒的传统，只有这样，才能更好地发挥铜鼓艺人的积极性，也才能更好地传承铜鼓文化。

我们在贵州布依族做调查时，发现布依族铜鼓音乐文化之所以能绵延上千年的历史并深深扎根于民间，应归功于一代代铜鼓艺人对布依族铜鼓与铜鼓音乐文化的传承与流传。如作为贵州安顺地区镇宁县扁担山凹子寨罗氏家族铜鼓“十二则”传人的罗朝柱，他的铜鼓“十二则”就是和罗东山、罗朝普、罗国凡三位老人学习的。这三位老人是寨子里有威望、有知识的人，曾经读过“私塾”，毛笔字写得很好，被称为“老才学”。这三位老人喜欢击铜鼓，三人击鼓的调子是一样的。他们不但保存有鼓谱，而且热衷于向年轻人传授打铜鼓。如今这三位老人虽然都已辞世，但珍贵的铜鼓“十二则”被罗朝柱等人传承了下来。如今，罗朝柱成为了全寨的铜鼓权威，寨子里也有一些年轻人正在向他学习铜鼓“十二则”。

在广西的调查中，我们也看到了环江铸鼓大师韦启初将铸鼓技艺传授给他的两个儿子的一幕。韦启初的儿子原本并不愿意像他一样整天与铜铁打交道，但这几年看到一个小小的铜鼓竟然能引起那么大的关注，这么多以前在他们看来离他们生活很远的政府官员、学者、商人都开始一次次关注他父亲的工作，而且铸造铜鼓也给他们带来了巨大的经济收入。于是，两兄弟便开始向父亲学习铸造铜鼓。在我们去调查时，韦启初的两个儿子已经可以独立铸鼓了。

可以说，正是这些铜鼓艺人的不懈努力，使铜鼓文化能代代相传。在新的历史条件下，要组织并鼓励铜鼓艺人继续做好铜鼓音乐、舞蹈以及铸造工艺等传、帮、带的工作，将有关铜鼓文化的知识与技能传递给年轻人。对此，政府应提供方便条件并给予一定的资助。对于传、帮、带卓有成效的铜鼓艺人，政府应给予精神鼓励和物质奖励。

五、发挥学者和研究部门的智库作用

自 20 世纪 80 年代以来，中国的铜鼓专家、学者做了大量的研究工作。他们通过文献整理、考古发掘、田野调查、工艺研究以及实验测试，厘清了铜鼓的起源、传播与发展，揭示了铜鼓的社会文化功能并给铜鼓进行了科学分类。通过铜鼓专家、学者们坚持不懈的努力，铜鼓文化的伟大意义逐步被揭示出来，使铜鼓研究在一定的区域内成了一门显学。他们的工作推动了铜鼓文化的保护、传承与发展。我们认为，铜鼓专家、学者以及研究部门今后在继续进行铜鼓学术研究的同时，要大力宣传铜鼓文化保护的重大意义，举办各种研讨会包括中国南方与东南亚铜鼓与青铜文化系列国际会议，协助政府及相关部门调查、发现保护铜鼓文化的先进典型和存在的问题。今天，学者们已经协助地方政府成功地争取了第一批国家民族民间传统文化保护试点工程项目——“广西红水河流域铜鼓艺术保护工程”的立项；正在积极参与“铜鼓习俗”申报联合国非物质文化遗产名录工作；并为政府提供咨询，使保护、传承与发展铜鼓文化的活动长期、健康地开展下去。相应地，政府应继续重视并发挥学者和研究部门在铜鼓文化的保护、传承与发展中的智库作用。

六、鼓励企业开发与赞助

铜鼓铸造厂商已经从无到有，还应从小到大。要鼓励企业继续为保护、继承和发展铜鼓文化进行开发与赞助，把经济效益和社会效益结合起来。不仅要为民族地区继续生产各类实用的铜鼓，还要大力制作铜鼓工艺品和旅游纪念品。同时，为适应铜鼓文化圈内的一些城市需要，还应开发大型铜鼓的铸造工艺。

除了环江韦氏兄弟铸造铜鼓外，我们在调查中还发现地方政府也在鼓励民间小作坊研制铜鼓，并给予了一定的支持。如 2009 年 12 月 23 日动工兴建，占地 13 亩，总投资 1200 万元的东兰县铜鼓制造厂就是其中的一个。该厂坐落在东兰县城，属民营企业，有 18 个不同规格型号的铜鼓投入生产。东兰县拔群广场上高高耸立的 24 面 1.8 米高的大铜鼓和上海世博会上参与演奏和表演的专用铜鼓都是由该厂制造的。东兰铜鼓铸造厂之所以能成功，是与政府的支持和当地拥有的浓厚的铜鼓文化分不开的。东兰县不但传世铜鼓数量多，而且与铜鼓相关的民俗也是独具魅力，2004 年，东兰县被广西文化厅命名为“广西铜鼓艺术之乡”。2006 年，东兰铜鼓入选第一批国家级非物质文化遗产名录。这些荣誉为东兰铜鼓文化的弘扬迎来了良好的契机，政府部门也因此加大力度宣传和发展东兰铜鼓文化，打造铜鼓制造厂则成为东兰县铜鼓文化品牌建设的头号工程。而与之相配套的是对铜鼓铸造工艺的挖掘和技艺传承人的培养。为了尽快成功铸鼓，东兰县铜鼓铸造厂多方请教冶炼和铸造专家，并深入到村寨寻访铸鼓传人，最终采用现代科技与传统工艺相结合的方法，铸成直径分别为 40 厘米、50 厘米和 180 厘米的铜鼓。

东兰县铜鼓铸造厂的前身是东兰县长江乡集祥村的一家铸造铜鼓的小作坊。作坊老板叫罗明金，他现在是壮族村寨铜鼓铸造技艺传承人，也是东兰县铜鼓铸造厂的负责人之一。当时的作坊包括他在内共有 5 人，他们铸造铜鼓的方式相当的原始，整个工艺过程都是手工操作。铜鼓的铸造基本方法为泥沙合模法、蜡泥混模法和失蜡法几种，鼓上的纹饰造型亦用失蜡法和刻印拓模法铸成。他们铸造的铜鼓（见图 6-2）一般为直径 50 厘米，价钱为 3000 ~ 4000 元。

图 6-2 罗明金在集祥村小作坊制造成功的铜鼓（韦丹凤　提供）

“广西东兰音乐铜鼓文化传播有限责任公司”则是一家专业从事东兰音乐铜鼓研发、传播东兰铜鼓文化的企业。该企业拥有一支村寨工艺专业的工程师，公司工程师继承了传统的铜鼓铸造工艺，经过 8 年坚持不懈的探索和千百次的实验创新，研制铸造出了新一代音乐铜鼓。音乐铜鼓既保留了传统铜鼓的古雅神韵，又融进了现代的铸造工艺，攻克了传世铜鼓音域窄，音阶不全的难题，使之能演奏不同的音乐。这不仅是传承，而且有发展。

铜鼓铸造业的发展一方面有赖于良好的铜鼓文化生态，另一方面还要依靠市场调节。反之，它的发展又有利于铜鼓器物的传承、保护和发展。有实力的企业家们，在力所能及的范围内可对铜鼓文化的宣传、保护和研究给予赞助。实际上，这在一定的程度上也能扩大他们的知名度，促进企业的发展，形成良性循环。

七、推动媒体积极宣传

电台、电视台、报纸、互联网等新闻媒体也要利用多种方式，充分发挥舆论导向的作用，积极开展保护铜鼓文化的宣传工作。我们也看到，近年来，包括网络、报纸、电台、电视台在内的多种媒体都刊发了很多铜鼓的相关报道，这些报道扩大了人们对铜鼓文化的认识。今后，还要大力宣传铜鼓文化保护工作的重要意义，积极普及铜鼓文化保护知识，培养民众保护铜鼓文化的观念和参与意识，宣传铜鼓收藏家、铜鼓艺人、铜鼓铸造师、铜鼓研究专家和在保护、传承与发展铜鼓文化事业中的先进人物事迹，努力在铜鼓文化圈内形成保护铜鼓文化的社会环境和舆论氛围，形成声势，扩大影响。

联合国《保护无形文化遗产公约》称："保护——指采取措施，确保无形文化遗产的生命力，包括这种遗产各个方面的确认、立档、研究、保存、保护、宣传、弘扬、承传（主要通过正规和非正规教育）和振兴。"在这互为联系、环环相扣的众多环节中，保护和传承起着核心的作用，而振兴则具有前瞻性的指向。相信采取活化、进化、数字化以及符号化等对策，对铜鼓文化实施保护，积极促进政府、民众、学者和研究部门、铜鼓艺人、媒体及社会各方面的协同动作，将会使铜鼓文化得以更好地保护、传承与发展。

结束语

在现代文明的浪潮中，随着全球一体化的进程，文化的趋同是一个严峻的现实。全球化时代所带来最大的负面影响就是消耗文化的差异性和多样性，它严重影响了民族民间传统文化的传承。流传了两千多年的铜鼓凝聚着南方民族的深层文化基因，体现了南方民族伟大的文化创造力。但是，随着时间的流逝，铜鼓铸造技艺已经渐渐失传，以铜鼓为载体的铜鼓文化也岌岌可危。在现代化进程中，怎样保护铜鼓文化并予以传承发扬，是我们急需解决的重要课题。铜鼓文化保护是一项难度很大、政策性很强的系统工程，涉及众多行业和部门乃至社会的各个层面。在实施铜鼓文化保护的活化、进化、数字化与符号化的对策时，还需要政府、民众、学者和研究部门、铜鼓艺人、社会力量及媒体各相关层面的鼎力协助，群策群力，以确保民族民间传统文化得以更好地保护、传承与发展。

我们认为，在以阶级斗争为纲的年代，不单单是铜鼓文化遭到摧残，很多民族民间传统文化，如广西的歌圩文化、傩文化……也都惨遭厄运。这些民族民间传统文化的保护、传承与发展也需要活化、进化、数字化与符号化。另外，我们要为民族民间传统文化营造更好的文化生态，使之在进化中得到更好的传承与发展。事实证明，如果一种传统文化故步自封，必然如物理学所说的封闭系统的熵不断增加，最后是要衰亡的。唯有非平衡态的开放系统才能形成负熵流，不断发展，不断进步。

每个民族都有自己特有的文化，如果让其泯灭了，是一种极大的悲哀。保护民族民间传统文化就是在保护民族文化的“基因”。今天，人们都明白保护生物多样性的重要性，没有生物多样性，世界将变成荒漠；同样，没有文化的多样性，我们的精神家园将成为文化的荒漠。所以，越是在全球化的时代，文化的走向越要本土化。守护我们的民族民间传统文化，对于我们国家在全球化的进程中保持自己的位置有着极其重要的意义。保护、继承和发展包括铜鼓文化在内的民族民间传统文化，光荣而艰巨，任重而道远。

参考文献

一、著作类

[1] 达里尔 · A. 波塞，格雷厄姆 · 杜特费尔德 . 超越知识产权——为原住民和当地社区争取传统资源权利 [M]. 昆明：云南科技出版社，2003.

[2] [奥] F. 黑格尔. 东南亚古代金属鼓 [M]. 石钟健，黎广秀，译. 上海：上海古籍出版社，2004.

[3] 范宏贵，顾有识，等. 壮族历史与文化 [M]. 南宁：广西民族出版社，1997.

[4] [德] 斐迪南 · 滕尼斯 . 共同体与社会——纯粹社会学的基本概念 [M]. 林荣远，译 . 北京：商务印书馆，1999.

[5] 高文德. 中国少数民族史大辞典 [M]. 长春：吉林教育出版社，1995.

[6] 郝苏民. 西北各民族在行动（抢救保护非物质文化遗产）[M]. 北京：民族出版社，2006.

[7] 黄兴球. 老挝族群论 [M]. 北京：民族出版社，2006.

[8] 蒋廷瑜. 铜鼓艺术研究 [M]. 南宁：广西人民出版社，1988.

[9] 蒋廷瑜. 古代铜鼓通论 [M]. 北京：紫禁城出版社，1999.

[10] 蒋廷瑜. 壮族铜鼓研究 [M]. 南宁：广西人民出版社，2005.

[11] [英] 拉德克利夫 · 布朗 . 社会人类学方法 [M] . 夏建中，译. 北京：华夏出版社，2002.

[12] 李欣. 数字化保护：非物质文化遗产保护的新路向 [M]. 北京：科学出版社，2011.

[13] [唐] 刘恂. 岭表录异 [M]. 广州：广东人民出版社，1983.

[14] 马承源. 中国青铜器 [M]. 上海：上海古籍出版社，2003.

[15] [日] 名和太郎. 经济与文化 [M]. 高增杰，郝玉珍，译. 北京：中国经济出版社，1987.

[16] 农冠品，过伟. 壮族民间故事选 [M]. 桂林：广西民族出版社，1992.

[17] 万辅彬. 中国古代铜鼓科学研究 [M]. 南宁：广西民族出版社，1992.

[18] 汪宁生. 汪宁生论著萃编 [M]. 昆明：云南民族出版社，2001.

[19] 王文章. 非物质文化遗产概论 [M]. 北京：文化艺术出版社，2006.

[20] 吴伟峰，梁富林，等. 河池铜鼓 [M]. 南宁：广西民族出版社，2009.

[21] 乌丙安. 非物质文化遗产保护理论与方法 [M]. 北京：文化艺术出版社，2010.

[22] 严洪昌，蒲亨强. 中国鼓文化研究 [M]. 南宁：广西教育出版社，1997.

[23] 杨荫浏. 中国古代音乐史稿 [M]. 北京：人民音乐出版社，1981.

[24] 于希谦. 中国南方鼓文化与地域社区生活 [M]. 昆明：云南民族出版社，1995.

[25] 玉时阶. 白裤瑶社会 [M]. 南宁：广西师范大学出版社，1989.

[26] 詹·乔·弗雷泽. 金枝 [M]. 北京：中国民间文艺出版社，1987.

[27] 张光直. 中国青铜时代（第二集）[M]. 北京：生活·读书·新知三联书店，1990.

[28] 张声震. 壮族通史 [M]. 北京：民族出版社，1997.

[29] [宋] 周去非. 岭外代答（影印本）[M]. 台北：台湾商务印书馆，中华民国75年（1986年）.

[30] 朱荣，毛殊凡，周可达，等. 中国白裤瑶 [M]. 南宁：广西民族出版社，1992.

[31] 百色市志编纂委员会. 百色市志 [M]. 南宁：广西人民出版社，1993.

[32] 关岭布依族苗族自治县概况编写组. 关岭布依族苗族自治县概况 [M]. 贵阳：贵州民族出版社，1985.

[33] 贵州省水城县政协文史委员会，水城县民族事务委员会. 水城文史资料·少数民族专辑 [M]. [出版者不详]，1989.

[34] 南丹县地方志编纂委员会. 南丹县志 [M]. 南宁：广西人民出版社，1994.

[35] 云南省民间文学集成办公室. 哈尼族神话传说集成 [M]. 北京：中国民间文艺出版社，1990.

[36] 贞丰县史志征集编纂委员会. 贞丰县志 [M]. 贵阳：贵州人民出版社，1994.

[37] 中国古代铜鼓研究会. 中国古代铜鼓 [M]. 北京：文物出版社，1988.

二、论文类

[1] 柏天明. 浅谈铜鼓太阳纹饰的源流 [J]. 文山州高等师范专科学校学报，2003 (4)：255 ~ 256.

[2] 蔡群，任荣喜，邱望标. 贵州少数民族非物质文化遗产的数字化保护方法研究 [J]. 贵州工业大学学报 (自然科学版)，2007 (4)：43 ~ 46.

[3] 常凌翀. 新媒体语境下西藏非物质文化遗产的数字化保护与传承探究 [J]. 西南民族大学学报 (人文社会科学版)，2010 (11)：39 ~ 42.

[4] 陈文. 中国南方古代铜鼓立体塑像研究 [J]. 学术论坛，1996 (2)：91 ~ 94.

[5] 陈淳，殷敏. 三星堆青铜树象征性研究 [J]. 四川文物，2005 (6)：38 ~ 44.

[6] 陈华文. 论非物质文化遗产生产性保护的几个问题 [J]. 广西民族大学学报 (哲学社会科学版)，2010 (5)：87 ~ 91.

[7] 崔凤军，罗春培. 旅游与非物质文化遗产的保护 [J]. 法制与社会，2006 (19)：195 ~ 196.

[8] 丁永祥. 论非物质文化遗产保护的责任主体 [J]. 广西师范学院学报 (哲学社会科学版)，2008 (4)：9 ~ 13.

[9] 东方既晓. 克木古国之谜 (上部) [J]. 西双版纳，2006 (3)：43 ~ 44.

[10] 范宏贵. 泰国铜鼓见闻 [J]. 中国古代铜鼓研究通讯，2001 (17)：26.

[11] 范宏贵. 敲铜鼓祭祖的克木人 [N]. 中国民族报，2004-06-11 (4).

[12] 冯汉骥. 云南晋宁出土铜鼓研究 [J]. 文物，1974 (1)：58 ~ 59.

[13] 冯晓宪，舒瑜，彭秀英. 贵州少数民族民间舞蹈数字化保护与开发研究 [J]. 贵州社会科学，2010 (3)：30 ~ 32.

[14] 高立士. 克木人的社会历史初探 [J]. 云南社会科学，1996 (5)：64 ~ 65.

[15] 高艳玲. 对广西铜鼓文化的开发式保护思考 [J]. 广西社会主义学院学报，

2009（6）：70.

［16］郭禾. 对非物质文化遗产私权保护模式的质疑［J］. 中国人民大学学报，2011（2）：28 ~ 33.

［17］郭悦. 分离还是统一：非物质文化遗产与旅游工艺品——以靖西绣球为例［J］. 广西民族研究，2009（4）：197 ~ 203.

［18］郭智东. 中国非物质文化遗产生产性保护座谈会在京召开［J］. 民族论坛，2012（4）：87.

［19］韩富贵. 基于旅游资源开发的西藏非物质文化遗产生产性保护模式研究［J］. 四川民族学院学报，2011（1）：67 ~ 69.

［20］阚勇. 沧源佤族铜鼓考察纪略［C］// 中国古代铜鼓研究会. 第二次古代铜鼓鼓学术讨论会资料集. 1984：103 ~ 109.

［21］何明. 云南铜鼓图饰的文化内涵与审美意义［J］. 民族艺术研究，1992（4）：70 ~ 74.

［22］何洪. 铜鼓乐论［J］. 民族艺术，1994（4）：136 ~ 152.

［23］贺能坤. 西南少数民族非物质文化传承与学校教育改革研究［J］. 重庆文理学院学报（社会科学版），2008（4）：5 ~ 8.

［24］贺能坤、张学敏. 构建少数民族非物质文化传承的新机制——促进西南少数民族非物质文化传承的学校教育改革研究［J］. 民族教育研究，2008（6）：47 ~ 51.

［25］胡振东. 云南型铜鼓的传播与濮人的变迁［C］// 中国铜鼓研究会. 中国铜鼓研究会第二次学术讨论会论文集. 北京：文物出版社，1986：142 ~ 151.

［26］黄晓. 产业化视角下的贵州民族民间文化资源保护［J］. 贵州社会科学，2003（2）：51 ~ 53.

［27］黄玉烨. 论非物质文化遗产的私权保护［J］. 中国法学，2008（5）：136 ~ 145.

［28］江日青. 论桂西北旅游发展中铜鼓文化的保护传承［J］. 传承，2010（9）：162.

［29］蒋廷瑜. 铜鼓研究一世纪［J］. 民族研究，2000（1）：30 ~ 40，110 ~ 111.

［30］靖桥，盖海红，王靖敏. 河北非物质文化遗产与高校课程相融合的可行性研究［J］. 河北师范大学学报（教育版），2010（3）：126 ~ 128.

［31］［法］莱维（Paul L è vy）. Origine de la Forme des Tambours de Browze du Typel（第一式铜鼓起源）［J］. Dan Vi è Nam，Hanoi，1948（2）：17 ~ 22.

［32］李建成，孙泉. 关于非物质文化遗产进校园工作的思考［J］. 承德民族师专学报，2007（4）：70 ~ 72.

［33］李军．土家族织锦遗产的数字化保护［J］．暨南大学学报（自然科学版），2011（5）：468 ~ 472.

［34］李昆声，黄德荣．试论万家坝型铜鼓［J］．考古，1990（5）：459 ~ 466.

［35］李昆声，黄德荣．再论万家坝型铜鼓［J］．考古学报，2007（2）：207 ~ 232.

［36］李溱．论壮族蛙神崇拜［J］．广西民族研究，2002（1）：63 ~ 66.

［37］李伟卿．中国南方铜鼓的分类与断代［J］．考古，1979（1）：66 ~ 78.

［38］李伟卿．试论铜鼓中的滇西“蛙鼓”［J］．考古，1986（7）：647 ~ 655.

［39］李晓岑．云南早期铜鼓矿料来源的铅同位素考证［J］．考古，1992（5）：464 ~ 468，455.

［40］李昕．论非物质文化遗产保护产业化运作的可能性［J］．贵州民族研究，2008（2）：68 ~ 73.

［41］李昕．可经营性非物质文化遗产保护产业化运作合理性探讨［J］．广西民族研究，2009（1）：165 ~ 171.

［42］梁妮，陈钰文．论如何打造广西铜鼓文化品牌［J］．广西大学学报（哲学社会科学版），2012（增刊）：98 ~ 99.

［43］廖明君．铜鼓文化与稻作文化［C］// 陶立璠．亚细亚民俗研究（第六辑）——国际亚细亚民俗学会学术会议论文集．北京：学苑出版社，2006：178 ~ 203.

［44］廖明君，周星．非物质文化遗产保护的日本经验［J］．民族艺术，2007（1）：26 ~ 35.

［45］林凤群．非物质文化遗产生产性保护刍议——以咀香园杏仁饼传统制作工艺为例［J］．文化遗产，2010（1）：146 ~ 149.

［46］刘坤．非物质文化遗产保护中的政府角色研究——基于宪政理论的视角［J］．青海民族研究，2009（3）：96 ~ 101.

［47］刘焱．非物质文化遗产保护机制的两个正义原则考量［J］．求索，2008（1）：156 ~ 158.

［48］刘桂莲．抢救与保护非物质文化遗产的思考［J］．中国土族，2006（4）：62 ~ 63.

［49］刘水良，吴吉林，姚小云．湘西地区非物质文化遗产产业化经营思考［J］．邵阳学院学报（社会科学版），2011（6）：64 ~ 67.

［50］刘晓辉．贵州非物质文化遗产应纳入民族乡村学校教育［J］．贵州工业大学学报（社会科学版），2007（3）：178 ~ 180，184.

[51] 卢家鑫. 民族歌舞戏剧与地区旅游开发 [J]. 贵州民族学院学报（哲学社会科学版），2006（6）：117 ~ 121.

[52] 吕军. 吉林省非物质文化遗产保护与文化产业化关系初探 [J]. 博物馆研究，2010（1）：60 ~ 65.

[53] 吕品田. 重振手工与非物质文化遗产生产性方式保护 [J]. 中南民族大学学报（人文社会科学版），2009（4）：4 ~ 5.

[54] 罗浩. 高校参与非物质文化遗产保护工作的对策研究 [J]. 今日南国，2009（9）：11 ~ 12.

[55] [越] 罗天宝. 关于越南倮倮族铜鼓的问题 [C] // 铜鼓和青铜文化再探索——中国南方及东南亚地区古代铜鼓和青铜文化第三次国际学术讨论会论文集 [J]. 民族艺术，1997（增刊）：123 ~ 132.

[56] M. P. 塞斯蒂文. 石寨山铜鼓在社会生活和宗教礼仪中的意义 [J]. 蔡葵，译. 云南文物，1982（11）；转引自：蒋廷瑜. 铜鼓艺术研究 [M]. 南宁：广西人民出版社，1988：85.

[57] 马静. 浅析非物质文化遗产数字化保护——以傣锦为例 [J]. 艺术与设计（理论），2011（11）：34 ~ 36.

[58] 牟延林，吴安新. 非物质文化遗产保护中的政府主导与政府责任 [J]. 现代法学，2008（1）：179 ~ 186.

[59] [丹] 佩尔·索伦森. 泰国翁巴洞穴及其出土的第五面铜鼓 [J]. 蔡葵，译. 东南亚史前社会晚期，（吉隆坡）1979；云南省博物馆，中国古代铜鼓研究会. 民族考古译文集（第 1 辑）. 1985：70 ~ 71.

[60] 彭冬梅，潘鲁生，孙守迁. 数字化保护——非物质文化遗产保护的新手段 [J]. 美术研究，2006（1）：47 ~ 51.

[61] [泰] 菩冲·占达维，那他帕特拉·占达维. 泰国史前金属时代的铜鼓和工具 [C] // 铜鼓和青铜文化新探索——中国南方及东南亚地区古代铜鼓和青铜文化第二次国际学术讨论会论文集. 南宁：广西民族出版社，1993：72 ~ 79.

[62] 普丽春. 论学校传承少数民族非物质文化遗产的教育 [J]. 当代教育与文化，2010（1）：19 ~ 25.

[63] 秦红增，万辅彬. 壮族铜鼓文化的复兴及其对保护民族村寨文化的启示 [J]. 中南民族大学学报（人文社会科学版），2005（6）：42 ~ 45.

[64] [美] 邱兹惠. 试论东南亚所见之万家坝式鼓 [C] // 铜鼓和青铜文化的再探索

[J]. 民族艺术，1997（增刊）：31.

[65] 饶宗颐. 说錞于与铜鼓 [J]. 东吴大学中国艺术史集刊，1973，1（3）：39 ~ 50.

[66] 饶宗颐. 铜鼓续考 [J]. 东吴大学中国艺术史集刊，1974，3（8）：20 ~ 38.

[67] 热依拉 · 达吾提，阿依古丽 · 买买提. 维吾尔麦西莱甫与学校教育 [J]. 新疆艺术学院学报，2004（2）：51 ~ 53.

[68] [越] 阮成斋. 黑格尔第Ⅱ类型铜鼓探讨 [J]. 王金地，译. 越南历史博物馆科学通报，1985（3）；中国古代铜鼓研究会. 中国古代铜鼓研究通讯 [J]. 1992（8）：28 ~ 37.

[69] 桑圣毅，肖庆华. 论非物质民族民间文化的学校保护路径 [J]. 贵州民族研究，2011（6）：136 ~ 139.

[70] [老挝] 宋 · 帕塞亚蒙坤. 老挝南塔省的克木族人与铜鼓（节选）[J]. 韦经桃，译；中国古代铜鼓研究通讯，2003 ~ 2004（19）:30.

[71] 宋欢. 旅游开发与非物质文化遗产保护 [J]. 沧桑，2006（4）：88 ~ 89.

[72] 宋俊华. 文化生产与非物质文化遗产生产性保护 [J]. 文化遗产，2012（1）：1 ~ 5.

[73] 苏东海. 建立与巩固——中国生态博物馆发展的思考 [J]. 中国博物馆，2005（3）：12 ~ 13.

[74] 孙伟. 让民族传统文化薪火相传——论高校艺术教育在非物质文化遗产保护中的作用 [J]. 民族艺术研究，2011（4）：166 ~ 171.

[75] 覃德清. 红水河流域文化艺术遗产保护及其衍生载体的建设 [J]. 贵州民族研究，2005（2）：72.

[76] 覃乃昌. "郘" 文化圈论 [J]. 广西民族研究，1999（4）：40 ~ 47.

[77] 谭宏，王天祥. 地方性高等院校与边区非物质文化遗产——以渝黔川边区为例 [J]. 重庆文理学院学报（社会科学版），2006（2）：7 ~ 11.

[78] 谭宏. 对非物质文化遗产生产性方式保护的几点理解 [J]. 江汉论坛，2010（3）：130 ~ 134.

[79] 谭启术. 政府该如何保护非物质文化遗产 [J]. 学习月刊，2007（13）：27 ~ 28.

[80] 特木尔巴根. 民族教育在保护少数民族非物质文化遗产中的作用 [J]. 内蒙古师范大学学报（教育版），2008（7）：41 ~ 44.

[81] 佟玉权，赵玲. 非物质文化遗产保护利用的产业化途径及评价体系 [J]. 学术

交流，2011（11）：187 ~ 191.

[82] 万辅彬. 铜鼎与铜鼓社会文化功能比较研究 [J]. 广西民族研究，2003（1）：68 ~ 74.

[83] 万辅彬，房明惠，韦冬萍. 越南东山铜鼓再认识和铜鼓分类新说 [J]. 广西民族学院学报（哲学社会科学版），2003（6）：81 ~ 82.

[84] 汪欣. 对非物质文化遗产生产性保护理念的认识 [J]. 艺苑，2011（2）：97 ~ 100.

[85] 汪立珍. 少数民族非物质文化遗产的保护与教育 [J]. 民族教育研究，2005（6）：61 ~ 66.

[86] 汪宁生. 试论中国古代铜鼓 [J]. 考古学报，1978（2）：159 ~ 192.

[87] 汪宁生. 佤族铜鼓 [C] // 中国古代铜鼓研究会. 古代铜鼓学术讨论会论文集，北京：文物出版社，1982：210 ~ 211.

[88] 王大为. 浅谈对非物质文化遗产传承人的保护 [J]. 墨河学刊，2007（3）：51 ~ 52.

[89] 王光荣. 圣竹・神鼓・虎龙山・招魂礼——广西那坡彝族非物质文化载体之探究 [J]. 广西师范学院学报（哲学社会科学版），2006（2）：11 ~ 16.

[90] 王光文. 非物质文化遗产知识产权保护初探 [J]. 理论研究，2007（4）：22 ~ 25.

[91] [法] V. 戈鹭波. 东京和安南北部青铜时代 [J].（法国）远东博古学院集刊，1929（29）：1 ~ 46；云南省博物馆，中国古代铜鼓研究会. 民族考古译文集（第 1 辑）. 1985：261.

[92] 王松华，廖嵘. 产业化视角下的非物质文化遗产保护 [J]. 同济大学学报（社会科学版），2008（1）：107 ~ 112.

[93] 王焯. 非物质文化遗产产业化原则的界定与模式构建 [J]. 江西社会科学，2010（8）：214 ~ 218.

[94] 王卓亚，李惠英. 高校非物质文化遗产教育现状及对策 [J]. 知识经济，2010（9）：154.

[95] 吴晓秋，唐文元. 盘江流域布依族丧葬中的铜鼓 [J]. 贵州文史丛刊，1998（2）：86 ~ 87.

[96] 吴正彪. 民族文化知识进课堂与发挥学校教育在保护和传承非物质文化遗产中的作用 [J]. 民族教育研究，2008（6）：52 ~ 55.

[97] 吴卓峰. 大盘江布依族铜鼓及铜鼓曲的文化考察 [J]. 贵州大学学报(艺术版), 2005(1): 40～44.

[98] 谢梦. 恩施州非物质文化遗产的保护与教育——以宣恩县高罗乡小茅坡营苗寨民俗村为例 [J]. 湖北民族学院学报(哲学社会科学版), 2008(5): 48～52.

[99] 谢克林. 从花鼓灯的保护探讨非物质文化遗产保护机制体系的构建 [J]. 北京舞蹈学院学报, 2004(4): 57～61.

[100] 辛儒. 我国非物质文化遗产产业化经营问题探讨 [J]. 生产力研究, 2008(6): 4～5, 12.

[101] 徐赣丽. 非物质文化遗产的开发式保护框架 [J]. 广西民族研究, 2005(4): 173～180.

[102] 薛艺兵. 铜鼓综述 [J]. 音乐研究, 1997(4).

[103] 杨甫旺. 彝族铜鼓礼俗与稻作文化 [J]. 楚雄师范学院学报, 2001(4): 45～48.

[104] 杨璐源. 西部地区非物质文化遗产保护的地方立法研究 [J]. 法制与社会, 2012(1): 20～21.

[105] 姚岚. 中堡苗族葬俗考察 [J]. 广西大学学报(哲学社会科学版), 1992(4): 102～107.

[106] 姚舜安, 滕成达. 泰国铜鼓概述 [J]. 广西民族学院学报(哲学社会科学版), 1997(3): 78～79.

[107] 叶春生. 以广东凉茶为例看"非遗"的生产性保护 [J]. 寻根, 2009(6): 13～17.

[108] 雨佳. 老挝的拴线仪式 [J]. 东南亚南亚信息, 1997(16): 15.

[109] 苑利, 顾军. 非物质文化遗产的产业化开发与商业化经营 [J]. 河南社会科学, 2009(4): 20～21.

[110] 袁华韬, 黄万稳, 唐剑玲. 铜鼓文化保护与传承——以东兰县长江乡兰阳村周乐屯为例 [J]. 广西民族学院学报(自然科学版), 2005(4): 61～66, 84.

[111] 袁晓波, 崔艳峰. 非物质文化遗产知识产权保护新探 [J]. 学术交流, 2009(7): 45～48.

[112] 张爱琴. 我国少数民族非物质文化遗产学校教育传承的政策分析 [J]. 民族教育研究, 2010(1): 19～23.

[113] 张光直. 从商周青铜器谈文明与国家的起源 [M] // 张光直. 中国青铜时代.

北京：生活 · 读书 · 新知三联书店，1990：494 ~ 497.

[114] 张光直. 商周青铜器上的动物纹样 [M] // 张光直. 中国青铜时代. 北京：生活 · 读书 · 新知三联书店，1990：445.

[115] 张红敏. 论非物质文化遗产中的“软件”价值及保护机制 [J]. 齐齐哈尔师范高等专科学校学报，2007（3）：70 ~ 71.

[116] 张世铨. 论古代铜鼓的分式 [C] // 中国古代铜鼓研究会. 古代铜鼓学术讨论会论文集，北京：文物出版社，1982：210 ~ 211.

[117] 张月芬，孙林. 中国建木神话体系及其渊源考——兼论与印度神话的关系 [J]. 西藏民族学院学报（社会科学版），1998（2/3）：91.

[118] 张增祺. 铜鼓的起源与传播 [C] // 中国古代铜鼓研究会. 古代铜鼓学术讨论会论文集. 北京：文物出版社，1982：79 ~ 86.

[119] 赵德利. 主导 · 主脑 · 主体——非物质文化遗产保护中的角色定位 [J]. 宝鸡文理学院学报（社会科学版），2006（1）：72 ~ 74.

[120] 周大鸣，秦红增. 人类学视野中的文化冲突及其消解 [J]. 民族研究，2002（4）：30 ~ 36.

[121] 周真刚. 习惯法对少数民族传统文化的保护 [J]. 西南民族大学学报（人文社会科学版），2011（3）：48 ~ 53.

[122] 北京钢铁学院冶金史研究室，等. 广西、云南铜鼓铸造工艺初探、广西云南铜鼓合金成分及金属材质的研究 [C] // 中国铜鼓研究会. 中国铜鼓研究会第二次学术讨论会论文集. 北京：文物出版社，1986：74 ~ 131.

三、硕士与博士论文

[1] 陈鑫. 新疆非物质文化遗产的教育传承研究——以乌鲁木齐十所中学为例 [D]. 新疆大学，2010：1 ~ 53.

[2] 杜丽. 甘肃省非物质文化遗产在中学美术教育中的应用研究 [D]. 陕西师范大学，2011：1 ~ 35.

[3] 郝好燕. 广西非物质文化遗产在小学美术教育中传承的探究 [D]. 广西师范大学，2011：1 ~ 38.

[4] 黄文富. 东兰壮族铜鼓习俗研究 [D]. 广西民族大学中国少数民族语言文学，2011：1 ~ 89.

[5] 黄赛凤. 政府主导的西藏非物质文化遗产保护研究 [D]. 西藏大学，2010：1 ~ 60.

[6] 黎美杏. 论《保护非物质文化遗产公约》及其在中国的适用 [D]. 广西师范大学，2011：1 ~ 36.

[7] 李墨丝. 非物质文化遗产保护法制研究——以国际条约和国内立法为中心 [D]. 华东政法大学，2009：1 ~ 263.

[8] 刘杰. 非物质文化遗产权的私权性研究 [D]. 湖南大学，2007：1 ~ 36.

[9] 刘莉. 白裤瑶铜鼓的传承与保护研究——以南丹县里湖瑶族乡怀里村为例 [D]. 广西民族大学，2006：1 ~ 48.

[10] 刘智英. 白裤瑶铜鼓文化及其变迁研究——以广西南丹县里湖乡怀里村白裤瑶为例 [D]. 广西民族大学，2007：1 ~ 36.

[11] 罗茜. 中国非物质文化遗产保护性旅游开发问题研究 [D]. 湘潭大学，2006：1 ~ 46.

[12] 彭冬梅. 面向剪纸艺术的非物质文化遗产数字化保护技术研究 [D]. 浙江大学，2008：1 ~ 129.

[13] 祁樱. 非物质文化保护与开发中的政府行为外部性研究 [D]. 电子科技大学，2011：1 ~ 53.

[14] 谭荣. 非物质文化遗产保护中的政府行为研究——以舟山市为例，浙江海洋学院，2011：1 ~ 33.

[15] 韦丹凤. 广西活态铜鼓文化研究 [D]. 广西民族大学，2011：1 ~ 75.

[16] 谢兴华. 论地方政府在保护少数民族非物质文化遗产中的主导作用——以巴塘弦子为例 [D]. 中央民族大学，2011：1 ~ 58.

[17] 易文君. 中国国家级非物质文化遗产保护中的地方政府职能研究——以湖北武当武术为例 [D]. 华中农业大学，2011：1 ~ 60.

[18] 杨莹. 非物质文化遗产保护与传承中地方政府责任研究——以江苏吴江“芦墟山歌”为例 [D]. 华东理工大学，2011：1 ~ 40.

[19] 苑岚冰. 普通高校传承非物质文化遗产可行性的研究 [D]. 河北师范大学，2009：1 ~ 49.

[20] 臧萍. 农村非物质文化遗产适度产业化及其管理策略 [D]. 大连海事大学，2011：1 ~ 64.

[21] 周志勇. 论政府主导下的非物质文化遗产保护 [D]. 湖南大学，2007：1 ~ 49.

四、外文资料

[1][日]川島秀義. テォヌにおける銅鼓の分佈とその關係[A]//. 東南アヅ考古學會研究報告第 4 號，2006.

[2][日]川島秀義. ヘーガー III 式銅鼓の分類と編年[J]. 東南アジア考古学 26 號 ,2006.

[3] Daniel Wüger. 以知识产权法防止对非物质文化遗产的盗用[A]//Coenraad J. Visser. 知识产权法服务于传统知识[M]. Michael Finger. Poor People's Knowledge.

[4][日]今村啓爾. ヘーガー I 式銅鼓におけるっの系統，东京大学文学部考古学研究室研究纪要，1992.

[5] H.I.Marshall.The Karen People of Bruma：A Study in Anthropology and Ethnology（reprinted in 1980）[M]. New York：AMS Press，1922.

[6] Mason，Francis. The Karen Apostle or Memoir of Ko Thamh-byu，the first[9] Karen Convert，with Notices Concerning His Nation[M]. Boston：Gould，Kendall and Lincoln，1843.

[7] Promoting Intellectual Property in Developing Countries，World Bank，2004.

[8] Richard M.Cooler. The Karen Bronze Drums of Burma[M]. E.J.Brill，1995.

索 引

A

B

C

D

F

G

J

K

L

N

P

Q

R

S

T

W

X

Y

Z

后记

研究铜鼓，我是从科技考古视角开始寻找问题的，第一个课题——“北流型铜鼓矿料来源研究”是在中国科技大学李志超教授的启发和指导下提出来的，接着和李世红教授一道研究“铜鼓的声学特性”与“粤式铜鼓调音”问题，之后涉猎“铜鼓铸造与复制问题”……随着对铜鼓文化的了解和田野调查的深入，渐渐认识到铜鼓文化保护、传承和发展的重要性，再加上自2000年起指导科技史专业研究生的过程中，深切地体会到科学技术与文化是孪生姐妹，于是我的铜鼓研究便从科技考古视角扩展到整个铜鼓文化视野，并于2003年申报了国家社会科学基金项目“铜鼓文化保护、传承与发展研究”。这一项目的完成和《大器铜鼓——铜鼓文化的发展、传承与保护研究》的高质量出版，得益于我和几位同人的通力合作。

首先要提到的是中国古代铜鼓研究会原理事长蒋廷瑜先生。我和廷瑜先生自20世纪80年代携手。30年来，在铜鼓研究方面，他给了我许多指导和帮助：是廷瑜先生的《铜鼓史话》（文物出版社，1982年）让我对铜鼓产生了浓厚的兴趣；是廷瑜先生负责编辑的《古代铜鼓学术讨论会论文集》把我引上铜鼓文化研究之路；是他领导的广西博物馆给我们提供了研究铜鼓矿料来源和粤式铜鼓背面铲痕的样品；是他领衔和我们一道进行世界铜鼓王复制研究。廷瑜先生与我还曾和姚舜安教授合著了《北流型铜鼓探秘》（广西人民出版社,1990年2月)，前几年他又和我及韦丹芳博士等合著了《铜鼓》(中国社会出版社，2008年3月)一书。2009年，我和廷瑜先生又应广东省阳江市文化局之邀，对刚出土的“周亨铜鼓”进行科学鉴定……令我非常高兴的是，蒋先生欣然接受邀请，参加我主持的国家社会科学基金资助项目“铜鼓文化保护、继承和发展研究”。他的参与为这一项目的顺利开展，提供了很好的专业指导，增添了重要的研究力量。

作为《河池铜鼓》《越南铜鼓》主编之一——广西博物馆馆长吴伟峰研究员，在铜鼓文化研究上也很有建树，在保护铜鼓文化的工作中身体力行，对于活态铜鼓文化的研究十分重视，不仅主持了“铜鼓博物馆”筹备工作，还参与策划了白裤瑶民族文化生态博物馆建设、支持了红水河铜鼓文化的保护工程。广西民族文化研究院院长廖明君研究员不仅高屋建瓴地对广西民族文化艺术保护与发展有宏观的把握，策划与组织起草了《广西壮族自治区民族民间传统文化保护条例》，而且亲自主持“广西红水河流域铜鼓艺术保护工程”“珠江流域中上游地区少数民族铜鼓艺术与非物质文化遗产保护”等研究项目，组织申报了中国民族民间文化保护工程首批试点项目“广西红水河流域铜鼓艺术保护工程”并获得成功，还和蒋廷瑜先生合著有《铜鼓文化》一书。他们的加盟使“铜鼓文化保护、传承与发展研究”更好地体现了理论与实践相结合的特色。

贵州师范学院音乐学院蒋英院长是铜鼓音乐研究专家，长期致力于贵州布依族、水族等少数民族铜鼓文化研究。他多次深入田野调查，获得了丰富的“布依族铜鼓十二则”第一手音乐资料，为铜鼓文化的保护做出了宝贵的贡献。

我的大弟子——第一个硕士毕业生韦丹芳，在北京科技大学攻读科技史专业博士学位时，做的毕业论文是《老挝克木人铜鼓及铜鼓文化研究》，她是中国第一个以老挝铜鼓为研究对象的科技史专业博士。她的研究让我们比较深入地了解东南亚国家的铜鼓文化，使我们的课题研究更具有国际性。

我们的国家社科基金项目告一段落了，在项目成果基础上撰写的《大器铜鼓——铜鼓文化的发展、传承与保护研究》出版了。但我们关于铜鼓文化保护、传承与发展的研究并没有结束，我们将和所有热爱铜鼓文化的人士将铜鼓文化保护、传承与发展的善事继续下去！

最后，要衷心感谢中国科学技术出版社的苏青社长、颜实总编辑和责任编辑王晓义，在他们的热心帮助和支持下，不仅使这本书获得了国家出版基金的资助，而且使这本书有高质量的编辑、精美的装帧。希望今后继续合作。

万辅彬　于相思湖畔

2013 年春